北京市京师（深圳）律师事务所 BEIJING JINGSH LAW FIRM SHENZHEN OFFICE | 系列丛书

Criminal Compliance Guide To Listed Company

上市公司
刑事合规指引

凌征虎 / 著

法律出版社
LAW PRESS · CHINA
北京

图书在版编目(CIP)数据

上市公司刑事合规指引 / 凌征虎著. -- 北京 : 法律出版社, 2022
ISBN 978-7-5197-6581-1

Ⅰ. ①上… Ⅱ. ①凌… Ⅲ. ①上市公司-企业经营管理-刑事犯罪-风险管理-研究-中国 Ⅳ. ①D924.399.4②D922.291.914

中国版本图书馆 CIP 数据核字(2022)第 049518 号

上市公司刑事合规指引
SHANGSHI GONGSI XINGSHI HEGUI ZHIYIN

凌征虎 著

策划编辑 邢艳萍
责任编辑 邢艳萍
装帧设计 汪奇峰

出版发行 法律出版社
编辑统筹 法律应用出版分社
责任校对 似 玉
责任印制 刘晓伟
经　　销 新华书店

开本 710 毫米×1000 毫米 1/16
印张 28.75　字数 495 千
版本 2022 年 6 月第 1 版
印次 2022 年 6 月第 1 次印刷
印刷 保定市中画美凯印刷有限公司

地址:北京市丰台区莲花池西里 7 号(100073)
网址:www.lawpress.com.cn
投稿邮箱:info@lawpress.com.cn
举报盗版邮箱:jbwq@lawpress.com.cn

销售电话:010-83938349
客服电话:010-83938350
咨询电话:010-63939796

书号:ISBN 978-7-5197-6581-1
定价:105.00 元
凡购买本社图书,如有印装错误,我社负责退换。电话:010-83938349

序　一

凌征虎律师是2019年的第十四期广东青年律师“千优百俊”培训班学员，是我培训教授的学生之一，欣闻其又出新书，托我作序。“千优百俊”计划是广东省律师协会（以下简称省律协）培养优秀青年律师和领导人才的重要工程，青年律师著书立说是走专业化道路的重要途径，也是我在省律协一直大力倡导的，本人不胜欣慰，遂慨然应允。

为推动中央企业全面加强合规管理，2018年11月2日，国资委发布《中央企业合规管理指引（试行）》，2018年12月2日，国家发展改革委、外交部、商务部、人民银行、国资委、外汇局、全国工商联七部委联合发布《企业境外经营合规管理指引》。此后，各省、自治区、直辖市相关部门陆续发布地方企业合规管理指引，包括刑事合规管理在内的企业合规管理，在中央和地方企业如火如荼地开展起来。

上市公司作为我国市场经济重要参与主体，关系着众多投资者的利益，也影响着我国的经济秩序，无论上市公司的行为是涉及行政违法还是刑事犯罪，都触及能否继续参与资本市场的“红线”，而刑事风险无疑是上市公司最大的风险，一旦因为刑事风险导致上市资格被剥夺则公司将面临被强制退市的风险，在当前中央到地方全面开展企业合规的大背景下，上市公司更需要严格开展自查自纠，加强企业合规尤其是刑事合规管理。

本书通过司法大数据分析上市公司刑事风险现状，对各交易所上市公司刑事案件罪名频次及涉案公司占比等进行统计分析，指出上市公司进行刑事合规管理的必要性和可行性，就上市公司生产经营各环节结合典型案例指出对应的刑事风险点并提出切实可行的刑事合规指引，特别强调在司法实践中，当面对潜在或即将发生的刑事风险时，上市公司应积极对待和正确应对，这对上市公司及公司管理者个人来说都是至关重要的。上市公司在面对监管部门的立案调查和作出行政处罚决定时，应迅速作出反应，积极寻求专业应对，结合法律法规和执法实践，预判刑事法律风险，提出切实有效、合理合法的应对措施或申辩法律意见。对于可以通过民事赔偿或接受行政处罚来解决的问题，避免消极逃避、拖延导致最终演化为刑事案件。

本书既有相对的理论高度，又有一定的实践深度，对上市公司及其管理人员具有鲜明的警示和教育作用，有助于上市公司及证券市场参与主体积极开展刑事合规管理，不断提升刑事法律风险防范意识，完善企业自身的风险防控体系，实现上市公司持续健康稳定发展。

广州市律师协会名誉会长

广东省律师协会原副会长

2022年4月

序　二

我国资本市场经过三十余年的快速发展，已经成为全球第二大股票市场、第二大债券市场和第一大商品期货市场。之所以能够取得如此巨大成就，系因我国资本市场在吸收借鉴成熟市场经验的基础上，立足本国国情，创造性地构建了一系列制度机制，发挥了重要作用，可以自豪地说，中国资本市场创造的制度正逐渐为国际资本市场监管提供中国智慧和经验。

资本市场的迅猛发展对于我国上市公司而言，既是机遇，也是挑战，能抓住机遇者勇立潮头，违反规则者可能锒铛入狱，公司也将面临股价受挫甚至退市风险。上市公司作为资本市场的基石，相较于其他市场经济参与主体在投资者人数、经济体量、监管方式等方面存在较多差异，导致其可能涉及的刑事风险类型更加多样，影响范围更广。上市公司刑事合规风险，一直是公司、股东及高级管理人员所面临的最大风险，这些风险催生了上市公司刑事合规业务。上市公司刑事合规管理，尤其是反腐败、反舞弊领域的合规管理，无论过去，还是现在，直至将来始终是上市公司刑事合规管理最主要、最核心的内容之一。上市公司开展刑事合规管理，对公司、股东及高级管理人员而言，能有效阻断可能产生的刑事风险，避免承担刑事责任，是上市公司刑事风险防范的最佳方式。在国家全面推进企业合规建设的当下，有必要对上市公司刑事合规进行专门的研究。

本书作者专注于公司纠纷和刑事案件处理，以上市公司刑事合规为研究视角，通过大数据分析上市公司的刑事风险现状，将上市公司的刑事风险分为上市公司及高级管理人员作为被告人的刑事风险和上市公司作为被害人和自诉人的刑事风险，并对上市公司生产经营各环节的刑事风险逐一进行阐述，分别提炼出证券一级市场、证券二级市场、上市公司治理运营、上市公司高级管理人员腐败与舞弊、上市公司作为被害人和自诉人等典型案例的裁判规则，采用“刑事责任 + 立案标准 + 风险提示 + 刑事合规指引”的体例，深入浅出地将上市公司潜在的刑事风险进行逐一剖析并提出了有针对性的刑事合规指引。本书对上市公司自查刑事风险并进行刑事合规管理有较强的实用性，希望此书的出版，能进一步推动业界对上市公司刑事合规业务的深入研究，能对上市公司的规范治理及刑事法律风险防范起到积极作用。

是为序。

深圳市律师协会会长

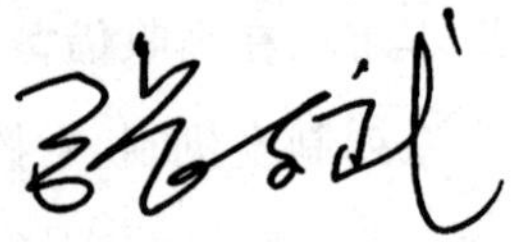

2022 年 4 月

前　言

上市公司作为国民经济的支柱，是当前及未来创新与发展的主要力量，在全面依法治国深入推进的背景下，公司治理能力、合规管理能力、风险防控能力等已成为评价上市公司核心竞争力的重要因素。随着我国资本市场的快速发展，关于上市公司刑事犯罪的话题也屡见报端，特别是一直以来屡遭诟病的财务造假、违规担保、资金占用、信息披露、操纵股价以及腐败舞弊等，不仅给投资者合法权益造成严重损害，也极大破坏了上市公司公平、公正的竞争秩序。

在最高人民检察院全面推动企业合规改革政策背景下，企业合规尤其是刑事合规已成为企业的刚需，企业合规经营、合规指引的要求会越来越高。上市公司与其他市场主体在经济体量、投资者人数、监管方式等方面有较大差异，其可能涉及的刑事风险的类型更加多样，影响范围更广，上市公司从刑事合规专业角度做好刑事风险防控势在必行。2019 年，93 家上市公司卷入刑事案件，其中，41 家上市公司关联主体涉嫌构成刑事犯罪，20 位上市公司实际控制人或董事长陷入刑事追责程序。[1] 据不完全统计，2020 年全年共有 19 家上市公司受到证监会行政处罚，55 家上市公司卷入刑事案件，其中 28 家上市公司关联主体涉嫌构成刑事犯罪，15 位上市公司实际控制人或董事长陷入刑事追责程序。[2] 实际上，现实中涉刑体量可能更大，因为很多案件因不予起诉而未进入最后审判程序；也有些犯罪行为未被发现，或者发现后作为行政违法进行规制，并未进

〔1〕 常俊峰、吴巍：《中国上市公司刑事犯罪报告（2019 年度）》，载金杜律师事务所官网 2020 年 1 月 8 日，https://www.chinalawinsight.com/2020/01/articles/criminal-offence/。

〔2〕 常俊峰、吴巍：《中国上市公司刑事犯罪报告（2020 年度）》，载金杜律师事务所官网 2021 年 1 月 19 日，https://www.chinalawinsight.com/2021/01/articles/publication/。

入刑事司法规制的领域;此外也存在中国裁判文书网公布不全面等因素。上市公司所触发的刑事案件涵盖了“危害公共安全罪”“破坏社会主义市场经济秩序罪”“侵犯公民人身权利和民主权利罪”“侵犯财产罪”“妨害社会管理秩序罪”“贪污贿赂罪”“渎职罪”等罪名体系下的各类犯罪。

2020 年 10 月 5 日,《国务院关于进一步提高上市公司质量的意见》发布,明确提出提高上市公司及相关主体违法违规成本,推动增加法制供给,推动修订相关法律法规,加重财务造假、资金占用等违法违规行为的行政、刑事法律责任,完善证券民事诉讼和赔偿制度,大幅提高相关责任主体违法违规成本。2021 年 7 月 6 日,《中共中央办公厅、国务院办公厅关于依法从严打击证券违法活动的意见》公布,成为资本市场历史上第一次以中共中央办公厅、国务院办公厅名义联合印发的打击证券违法活动的专门文件,是当前和今后一个时期国家全方位加强和改进证券监管执法工作的行动纲领,意义重大、影响深远。上市公司不但要遵守监管规则,合法合规运行,更要在刑事合规的轨道上运行。上市公司刑事风险不仅包括企业高管铤而走险、触犯刑法的风险,还有作为被害人和自诉人遭遇的刑事法律风险。上市公司涉及的罪名种类多,犯罪案件数量大,涉案金额庞大,诉讼周期较长,追缴赃款难度高,涉案人群广泛,社会影响恶劣。上市公司刑事法律风险可以招致上市公司重创甚至退市、倒闭,可能形成上市公司控制者终局性败局,上市公司刑事法律风险的自身灾难性、责任多重性,决定了上市公司必须要有刑事合规意识。2020 年 3 月,最高人民检察院在 6 个基层检察院率先部署了企业刑事合规不起诉改革的试点工作,随后,全国各地相继开展了相关探索。历经一年发展,刑事合规不起诉在制度建设和司法实践方面均取得了良好效果。2021 年 4 月,《最高人民检察院关于开展企业合规改革试点工作的方案》发布,启动了第二期企业刑事合规不起诉改革试点,标志着企业合规制度改革步入了新阶段。

特别感谢法律出版社对本书出版的大力支持,感谢北京市京师(深圳)律师事务所各位领导和同事的支持和鼓励。感谢广东省律师协会原副会长、广州市律师协会名誉会长王波,深圳市律师协会会长张斌,两位老师百忙之中为本书指导作序。

由于刑事裁判文书的公开数量少以及大数据检索方法具有局限性等因素，本书数据统计部分无法穷尽所有案例，存在瑕疵在所难免，希望读者指正。

希望本书能为上市公司管理层、资本市场监管人员、企业合规人员、企业高级管理人员、证券中介机构等资本市场从业人员，以及执业律师、相关研究人员提供参考，以期为中国上市公司刑事合规治理尽绵薄之力。

目 录

第一篇 上市公司刑事法律风险现状

第二篇　上市公司生产经营各环节刑事案例及合规指引

01

第一篇

上市公司刑事法律风险现状

第一章　上市公司刑事风险概述

第一节　上市公司刑事风险高发的原因

一、金融证券领域监管越趋严格，高压监管成新常态

证监会于 2021 年 6 月 11 日发布《中国证券监督管理委员会关于修改部分证券期货规章的决定》，于 2020 年 10 月 30 日发布《中国证券监督管理委员会关于修改、废止部分证券期货制度文件的决定》，对 3 件规章、5 件规范性文件、1 件其他制度文件进行集中修改、废止，进一步完善资本市场法规体系。此次专项规章制度清理工作集中修改的内容包括违规对外提供担保且尚未解除的理解与适用、证券公司客户的资金归入自有财产或者挪用客户资金的法律责任调整等，进一步加强资本市场基础制度建设，加大市场监管规范力度。2021 年 7 月 6 日，根据《中共中央办公厅、国务院办公厅关于依法从严打击证券违法活动的意见》（以下简称《从严打击证券违法活动意见》），国家对证券领域违法犯罪活动查处打击的动向已经显现，《从严打击证券违法活动意见》提出要“提高立法效率，增强法律供给及时性”，可以预见，证券领域的相关法律、法规、司法解释、规章等的出台频率将进一步提高，同时在刑事规制、行政处罚、民事赔偿等制度层面均提出完善意见，以全面夯实违法主体的法律责任。针对证券欺诈发行、虚假陈述、操纵市场、背信损害上市公司利益等大案要案，形成从重从快的办案节奏，加快执法部门和司法机关之间的案件衔接工作，加大对相关控股股东、实际控制人和董监高的追责力度，并严格控制缓刑的适用。随着新《证券法》《刑法修正案（十一）》的贯彻实施，执法司法机关将通过对重点类型、重要

领域典型案件的严厉惩处，切实提高上市公司违法犯罪成本。

同时，《从严打击证券违法活动意见》明确，资本市场强监管规制将形成长期持续态势，至少会持续至2025年，并在此期间将不断优化行政执法和刑事司法的高效顺畅衔接，增加证券执法司法透明度、规范性和公信力，切实提升证券违法犯罪成本。可以预见，在未来几年中，证券监管将持续保持高压态势，形成强监管的新常态，相关潜在的违法违规案件将进一步受到司法规制。

二、上市公司的实际控制人及高管缺乏刑事合规意识

相当多的上市公司实际控制人、高级管理人员（以下简称高管）并不具备法律风险的前瞻性，对证券犯罪的高发态势也缺乏管理者应有的敏感，大多数上市公司没有相关刑事风险的评估机制，也没有切实可行的刑事合规机制可供操作。同时，很多上市公司刑事案件中，个人意志往往在上市公司高管犯罪现象中起了相当大的作用。比如，关联交易和同业竞争一直是上市公司治理的重灾区，而关联交易行为也是上市公司经常受到处罚的违法行为之一，由此引发的贿赂性案件也呈高发态势。

三、上市公司涉及较多交叉法律问题导致刑事风险增大

在同一个案件中可能出现多种法律关系并存的现象，例如，“刑民交叉案件”，[1]案件性质既涉及刑事法律关系，又涉及民事法律关系，相互间存在交叉、牵连、影响；还有“行刑交叉案件”，即案件性质既涉及行政处罚，又涉及刑事责任，处理包括两种情况：其一，刑事责任与行政责任并置，二者并非互相包含与吸收的关系；其二，刑事责任与行政责任虽然不能替代，但二者存在竞合，能够折抵，折抵仅限于拘留折抵拘役和有期徒刑，罚款折抵罚金。[2] 上市公司中大量交叉法律问题的存在，造成上市公司的刑事风险点识别难度大，且错综复杂的法律关系要求很强的判断、识别及应对能力。就“黄光裕内幕交易、泄露内

---

〔1〕 参见何帆：《刑民交叉案件审理的基本思路》，中国法制出版社2007年版，第25～26页。

〔2〕 参见赵宏：《行刑交叉案件的实体法问题》，载《国家检察官学院学报》2021年第4期。

幕信息案”来说,黄光裕利用职务便利,在拟将中关村上市公司与黄光裕经营管理的北京鹏泰投资有限公司进行资产置换事项中利用预先得知的内幕消息,通过控制他人的股票账户,购入“中关村”股票1.04亿余股,成交额共计人民币13.22亿余元,其内幕交易额达业界之最。在这一类案件中就涉及内幕交易与侵犯商业秘密的刑民交叉问题。构成内幕交易、泄露内幕信息罪的客观表现包括知道内幕信息的内幕人员或非内幕人员将内幕信息非法泄露和公开,而侵犯商业秘密罪的客观方面包括披露、使用或者允许他人使用以不正当手段获取的权利人的商业秘密和违反约定或者违反权利人有关保守商业秘密的要求,披露、使用或者允许他人使用其所掌握的商业秘密两种情形。因此,内幕交易罪与侵犯商业秘密罪就存在一定的联系,如两者的犯罪对象都具有秘密性,两者的客观方面都包括泄露或提前公开不该公开的相关内容等。一些企业很难区分清楚罪与非罪的界限,往往导致贻误刑事风险隔离的最佳时机。

四、刑事处罚力度不足以震慑涉案者

北京德和衡律师事务所毛洪涛等发布的《2018~2020中国上市公司高管涉刑及风险防范研究报告白皮书》显示,2018年1月1日至2020年6月30日上市公司刑事案例中,无一适用死刑(包括死缓)、无期徒刑的案例。人民法院对被告人量刑在15年以上(不含15年)有期徒刑的有2人,量刑在10年以上(不含10年)15年以下有期徒刑的有5人,量刑在5年以上(不含5年)10年以下有期徒刑的有5人,量刑在3年以上(不含3年)5年以下有期徒刑的有8人,量刑在3年以下有期徒刑的有38人,拘役的有14人,缓刑的有28人,单处罚金的有14人,免除刑罚的1人,作出不起诉决定的有2人,有1人无法查询到具体量刑情况。可见,量刑在3年有期徒刑以下刑罚的仍占绝大多数,而且在3年以下有期徒刑及拘役中(52人),以缓刑方式执行刑罚的比例较高(28人)。[1] 一般来说,上市公司作为公众公司,上市公司高管犯罪危害极大,不仅波及众多投

---

〔1〕 参见毛洪涛等:《2018~2020中国上市公司高管涉刑及风险防范研究报告白皮书》,载道客巴巴文档2020年10月20日,http://www.doc88.com/p-90059425700705.html。

资者,亦给证券市场带来严重破坏,但他们往往所受处罚并不重,无论是刑事判罚还是行政处罚金额,与其非法所得或者犯罪后果相比,并不严厉。

上市公司高管违法及犯罪的处罚不足以震慑涉案者,很多行政处罚的金额与不当得利相比可能九牛一毛。同时,资本市场的许多案件,都是中国证监会以及各地证监部门移送的案件,相对来讲专业性比较强,也有监管部门进行相应处罚或调解后刑事移送的比例降低的情况,这对于上市公司高管犯罪的遏制力度便会大打折扣。因此,证监机构与司法部门还应进一步完善联系与协调机制,在涉资本市场的案件中充分配合侦查机关,给出建设性意见,对涉嫌犯罪的,坚决移送立案。

第二节　上市公司刑事法律风险的特征

一、上市公司刑事风险与民事和行政风险存在相互牵连,影响范围更广

例如在违规披露、不披露重要信息罪的责任认定中,上市公司相关人员除了要承担刑事责任外,还可能面临民事赔偿和行政处罚,人民法院、证券监管部门将分别依据各自的证据认定规则以及程序和实体法律,对行为定性和法律责任作出判断,也常常由于某一方面的案件而牵出其他法律风险。此外,业界的负面评价和社会公众的负面舆论亦将对涉案企业及其人员造成不利影响,这种影响不仅存在于其承担刑事责任的期间之内,甚至将在刑事责任终结之后仍长久地持续下去,这也导致影响范围更广,给公司造成的危害更大。

二、上市公司刑事风险常常与民事或行政风险交叉,增加识别难度

司法实践中,有可能出现远超过刑事追诉标准的违法金额,行政处罚下的违法行为也并不意味着必然发生刑事风险,因为通行的证据法理论认为,行政诉讼采用明显优势证明标准,而刑事诉讼要求的证明标准则更加严格,即必须达到证据确实、充分或排除合理怀疑的程度。但由于上市公司特殊的融资模

式、创新的发展形式、庞杂的管理体系等，使涉及上市公司的刑事犯罪常常因刑民交叉、刑行交叉而界限模糊，尤其是上市公司普遍具有较多的分公司和子公司，使风控管理变得更艰巨，仅靠公司法务人员的经验很难全面识别潜在各处环节的风险点，需要有专业的刑事律师通过结构化的模型，全面识别上市公司可能存在的风险，再结合公司的实际情况、整体的目标和发展战略，准确地评估风险可能给上市公司带来的最终影响或危害后果，继而提出科学的法律意见和合规管理建议。

三、上市公司高管人员面临的刑事风控责任更大

上市公司高管犯罪，往往牵涉众多投资人利益，亦可能对资本市场健康良性发展秩序带来负面影响。根据《公司法》第 147 条第 1 款的规定，董事、监事、高管应当遵守法律、行政法规和公司章程，对公司负有忠实义务和勤勉义务。根据《证券法》第 51 条的规定，证券交易内幕信息知情人包括：(1) 发行人及其董事、监事、高级管理人员；(2) 持有公司 5% 以上股份的股东及其董事、监事、高级管理人员，公司的实际控制人及其董事、监事、高级管理人员；(3) 发行人控股或者实际控制的公司及其董事、监事、高级管理人员；(4) 由于所任公司职务或者因与公司业务往来可以获取公司有关内幕信息的人员；(5) 上市公司收购人或者重大资产交易方及其控股股东、实际控制人、董事、监事和高级管理人员；(6) 因职务、工作可以获取内幕信息的证券交易场所、证券公司、证券登记结算机构、证券服务机构的有关人员；(7) 因职责、工作可以获取内幕信息的证券监督管理机构工作人员；(8) 因法定职责对证券的发行、交易或者对上市公司及其收购、重大资产交易进行管理可以获取内幕信息的有关主管部门、监管机构的工作人员；(9) 国务院证券监督管理机构规定的可以获取内幕信息的其他人员。知情人员利用其在公司上市以前或者上市过程中掌握的上市公司内幕信息进行违法交易的，很容易面临内幕交易或者操纵证券市场的刑事风险。上市公司高管刑事风控责任更大，上市公司高管一旦涉刑，不仅涉案人员可能会被采取拘留、逮捕等强制措施，影响涉案人员的人身权利，还将进一步导致该上市公司面临决策人员缺位的情形，影响上市公司生产经营。根据《证券法》《上市

公司信息披露管理办法》的规定，发生可能对上市公司股票交易价格产生较大影响的重大事件，投资者尚未得知时，上市公司应予公告。重大事件包括“公司董事、监事、高级管理人员涉嫌犯罪”。《公司法》第152条规定：“董事、高级管理人员违反法律、行政法规或者公司章程的规定，损害股东利益的，股东可以向人民法院提起诉讼。”对于控股股东或者董事、高管违法犯罪损害股东利益，股东均可以向人民法院提起诉讼主张索赔。

因此，上市公司高管一旦涉刑，不仅自己会面临处罚，还会影响整个上市公司的正常发展，严重阻碍上市公司做大、做强，甚至会影响股民的利益，其刑事风险和责任更大。

四、上市公司董事、监事、高管犯罪占比最高

据统计，公司实际控制人以及董事、监事、高管是上市公司涉嫌刑事犯罪主体的主要组成人员。尽管2018年多个国家部委及司法机关专门发文强调保护民营企业家的重要性，但实践中，在上市公司实际控制人确实触犯《刑法》的情形下，企业家身份无法成为“免罚金牌”。此外，上市公司关联公司触犯《刑法》的情况也值得关注，随着信息披露工作日渐完善，上市公司关联公司涉刑情况也陆续被全面披露，其关联公司合规建设情况也将接受监管部门及社会公众的监督。

第三节　上市公司的刑事司法规制趋势

一、全面加强证券市场刑事司法规制

（一）证券一级市场的刑事司法规制

2020年12月26日，在《刑法修正案（十一）》通过当日，中国证监会专门发表《彰显“零容忍”决心，保障资本市场平稳健康发展——中国证券监督管理委员会祝贺刑法修正案（十一）通过》一文，强调证监会将以认真贯彻落实《刑法

修正案(十一)》为契机,不断深化与司法机关的协作配合,坚持“零容忍”打击证券一级市场、二级市场等各类证券违法犯罪行为,全力保障资本市场平稳健康发展。证券一级市场最新进行的刑事司法规制的重点表现在《刑法修正案(十一)》对欺诈发行股票、债券罪[1]的修改。和原条文相比,此次将欺诈发行股票、债券罪的犯罪对象从股票和公司、企业债券扩充到了包括存托凭证在内的国务院依法认定的其他全部证券类型,并且也通过兜底性规定扩充了涉刑发行文件的种类。在刑事追责路径上,刑事立法明文确定了穿透式的刑事追责方式,将控股股东、实际控制人也纳入本罪的追责范围。在刑罚适用上,将欺诈发行的法定最高刑从5年有期徒刑提升至15年有期徒刑,并且同步提升了罚金刑的标准上限,从之前的处非法募集资金金额的“1%以上5%以下”提升至“20%以上1倍以下”。同时,对单位犯罪也同样加大了处罚力度,这一立法修正,标志着刑事司法规制对证券一级市场全面介入,上市公司在证券发行阶段就必须承担起刑事合规义务。

(二)证券二级市场的刑事司法规制

《刑法修正案(十一)》对证券二级市场的刑事司法规制主要体现在对违规披露、不披露重要信息罪和操纵证券、期货市场罪的立法修正。对违规披露、不披露重要信息罪,将法定最高刑从3年有期徒刑提升至10年有期徒刑,并同样明确了穿透式的刑事追责方法,将上市公司的控股股东及实际控制人也纳入本罪的追责范围。也就是除了信息披露违法主体需承担责任外,如果控股股东、实际控制人指使或者组织实施,或者隐瞒了重要信息而导致违规披露,刑法的追责范围将延伸至控股股东和实际控制人。此外,还特别增加了本罪的单位犯罪,如果相关主体都是单位的,刑事责任还将延伸至该单位的主管人员和直接责任人员。对操纵证券、期货市场罪而言,《刑法修正案(十一)》将“虚假申报”、“蛊惑交易”和“抢帽子”等行为新增至本罪的构成要件范围内,并同时保

---

〔1〕《最高人民法院、最高人民检察院关于执行〈中华人民共和国刑法〉确定罪名的补充规定(七)》将《刑法》第160条(《刑法修正案(十一)》第8条)修改为欺诈发行证券罪,取消欺诈发行股票、债券罪罪名,下同。

留了兜底性追责条款。通过对违规披露、不披露重要信息罪和操纵证券、期货市场罪的立法修正，为监管部门加大对证券二级市场刑事司法规制提供了充足的法律依据。

二、加大上市公司治理刑事司法规制

由于上市公司同时承担公众公司和证券发行人的双重责任，其治理运营制度和内部合规控制是企业自身商业市场的需求，同时也受到金融监管和刑事法律的双重规制。但是，在上市公司治理实践中，资金占用、违规担保等已成为上市公司的突出问题，其中衍生出的财务造假、职务贪腐以及背信履职又将触发其他类型的刑事犯罪。例如违规披露、不披露重要信息罪，非国家工作人员受贿罪，职务侵占罪，背信损害上市公司利益罪等罪名就直接涉及上市公司治理效果。2020 年 10 月 5 日，《国务院关于进一步提高上市公司质量的意见》明确提出提高上市公司治理水平，一要规范公司治理和内部控制，明确控股股东、实际控制人、董事、监事和高级管理人员的职责界限和法律责任。控股股东、实际控制人要履行诚信义务，维护上市公司独立性，切实保障上市公司和投资者的合法权益。二要提升信息披露质量，以提升透明度为目标，优化规则体系，督促上市公司、股东及相关信息披露义务人真实、准确、完整、及时、公平披露信息。以投资者需求为导向，完善分行业信息披露标准，优化披露内容，增强信息披露针对性和有效性。可以预见，在提升上市公司质量的金融政策背景下，结合《刑法修正案（十一）》的刑事司法规制作用，将在刑事司法层面发挥提升上市公司质量的法律功能。

三、进一步加大对上市公司职务腐败的打击力度

2021 年 3 月 1 日施行的《刑法修正案（十一）》中，刑事立法已对上市公司涉及高频罪名非法吸收公众存款罪、职务侵占罪和挪用资金罪的刑事处罚力度进行了大幅提升。例如，非法吸收公众存款罪的最高刑从 10 年有期徒刑，被提升至 15 年有期徒刑；职务侵占罪的最高刑从 15 年有期徒刑，被提升至无期徒刑；挪用资金罪的最高刑从 10 年有期徒刑，被提升至 15 年有期徒刑。很显然，

在当前的刑事政策背景下，上市公司涉及的腐败行为将面临更为严厉的刑事处罚。

四、行政执法与刑事司法将进一步有效衔接，形成违法打击合力

根据相关法律规定，行政执法机关发现证券违法犯罪的，应依法向公安机关移送。《证券法》第178条规定，国务院证券监督管理机构依法履行职责，发现证券违法行为涉嫌犯罪的，应当依法将案件移送司法机关处理；发现公职人员涉嫌职务违法或者职务犯罪的，应当依法移送监察机关处理。根据《行政执法机关移送涉嫌犯罪案件的规定》（2020年修订）第3条第1款规定，"行政执法机关在依法查处违法行为过程中，发现违法事实涉及的金额、违法事实的情节、违法事实造成的后果等，根据刑法关于破坏社会主义市场经济秩序罪、妨害社会管理秩序罪等罪的规定和最高人民法院、最高人民检察院关于破坏社会主义市场经济秩序罪、妨害社会管理秩序罪等罪的司法解释以及最高人民检察院、公安部关于经济犯罪案件的追诉标准等规定，涉嫌构成犯罪，依法需要追究刑事责任的，必须依照本规定向公安机关移送"。

当前的政策趋势下，将进一步加强行刑交叉领域的司法衔接机制，根据《从严打击证券违法活动意见》，要建立打击资本市场违法活动的协调工作机制，并完善侦查、检察、审判体制机制，通过建立监管协调工作机制，实现行政执法与刑事司法的全面协作，由公安机关和检察机关派驻中国证监会，共享案件情报，共同会商案件线索，在行政执法和刑事司法中相互配合，形成执法司法合力化机制。在此趋势下，行政机关与司法机关的协作机制将更加紧密，将通过此举形成高效打击证券犯罪的合力，优化公安部证券犯罪侦查编制资源配置，加强一线侦查力量建设，这无不反映出证券犯罪已成为刑事司法的重点领域。从《刑法修正案（十一）》的主要内容来看，其进一步强化了行政犯的二次违法性特征，将前置《证券法》的规制要素全面纳入刑事立法中，从而确立了行政执法与刑事司法对具体案件规制的合力，降低行政执法与刑事司法的衔接成本。《国务院关于进一步提高上市公司质量的意见》第6条规定，提高上市公司及相关主体违法违规成本，要加强行政机关与司法机关协作配合，实现涉刑案件快

速移送、快速查办，严厉查处违法犯罪行为。

五、以科技为支撑的现代化监管执法力度和范围加大，新兴犯罪将进一步得到规制

随着2021年6月10日《数据安全法》的发布，在后续证券监管中，上市公司数据安全、跨境数据流动和涉密信息管理也将成为刑事规制重点。根据《从严打击证券违法活动意见》的规定，监管执法范围将加大，监管部门将加强跨境监管执法司法协作，并针对跨境监管合作、中概股监管、法律域外适用制度提出了一系列指导意见。可以看出，国家对境外上市公司相关风险日益重视，监管态度日益积极，未来将在证券违法行为的跨境监管、跨境执法方面作出一定探索和创新。监管部门还将通过加强跨境监管合作，完善数据安全、跨境数据流动、涉密信息管理等相关立法工作，推进相关监管制度体系建设。新兴科技也将为监管执法提供强大支持，随着大数据、人工智能等技术的深入应用，以科技为支撑的现代化监管执法新模式将使监测预警体系更加完善，执法网络更加严密，并不断提高证券违法线索发现和排查的广度、速度、精准度，新兴犯罪将进一步得到规制。

第二章　上市公司刑事合规概述

第一节　合规与刑事合规

一、合规的概念

“合规”（compliance）一词是一个“舶来品”，最早被翻译成“对法律的遵守”。一般认为，1977 年美国颁布《反海外腐败法》是合规产生的标志。美国对企业海外投资中商业受贿的规定非常严格，动辄达上百亿元的罚款，所以在 20 世纪 70 年代末，美国到海外投资的企业纷纷建立起了合规部门。目前美国的合规不是解决美国本国的问题，主要是解决美国企业到海外投资的商业贿赂问题。在美国的推动下，联合国制定了反腐败国际公约，把合规作为反腐败的一项重要内容。2010 年，英国颁布了有史以来最严厉的《反贿赂法》，加强对英国到海外投资企业商业合规行为的监察。

企业合规审查开始走进中国大众视野的第一案是轰动一时的葛兰素史克（中国）投资有限公司涉嫌商业贿赂事件，中国政府于 2013 年对葛兰素史克（中国）投资有限公司启动了第一次合规调查，由公安部领导，证监会介入，最后交由湖南省公安厅办理。2014 年长沙中级人民法院开庭审理，最后以单位行贿罪认定该单位构成对非国家工作人员行贿罪，判处罚金 30 亿元人民币，这是迄今为止中国法院对商业贿赂犯罪开出的单笔罚金最高的罚单。

在我国，“合规”一词最早出现于金融领域，根据《商业银行合规风险管理指引》第 3 条第 2 款的规定，合规定义为商业银行的经营活动与法律、规则和准则相一致。随着企业法律风险意识的增强，合规也逐步由金融行业拓展到其他各个行业和领域。

综观目前学术界学者对合规概念的论述，“合规”一词至少包含以下两种概念：第一，合规首先意味着企业在运行过程中要遵守的法律法规、商业行为守则以及企业规章制度，此为合规的前提；第二，合规是指法规本身与被遵守的法规是否一致，即行为与合规所设定前提的一致性，此为合规的关键。[1]

综上，合规是指符合、遵守、执行适用于企业的合规规范，首先要求企业的经济活动合乎法律规定；其次要求企业的经济活动合乎内部的各项章程规则；最后要求企业的经济活动符合经营中的商业伦理。

二、我国企业合规业务的发展

2016年，《国务院国有资产监督管理委员会关于在部分中央企业开展合规管理体系建设试点工作的通知》印发，指定了中国石油天然气集团有限公司、中国移动通信集团有限公司、招商局集团有限公司、中国东方电气集团有限公司、中国铁路工程集团有限公司等五家央企作为合规管理试点企业。

2017年12月29日，原国家质量监督检验检疫总局[2]原国家标准化管理委员会发布了GB/T 35770—2017《合规管理体系　指南》，于2018年7月1日起实施，该指南以良好治理、比例原则、透明和可持续性原则为基础，给出了合规管理体系的各项要素以及各类组织建立、实施、评价和改进合规管理体系的指导和建议。该指南的实施与应用，不仅能够帮助各类组织降低不合规发生的风险、强化社会责任、实现可持续发展，而且还对营造公平竞争的市场环境、推进法治国家建设具有重要作用。

当前，企业合规已经成为世界趋势，特别是跨国企业必须从公司治理角度，建立企业合规机制防范法律风险。随着我国营商体制改革的进一步深化，以及国家“一带一路”的发展，我国企业“走出去”已然成为全球市场竞争中的重要力量。然而，未能有效建立合规制度使我国部分企业在“走出去”的过程中多次

---

[1] [德]托马斯·罗什：《合规与刑法：问题、内涵与展望——对所谓的“刑事合规”理论的介绍》，李本灿译，载《刑法论丛》2016年第4期。

[2] 2018年机构整合为国家市场监督管理总局。

遭遇被动合规,承担被列入制裁名单和巨额罚金等不利后果,如2018年6月,美国商务部与中兴通讯公司达成解除制裁、恢复运营的协议,中兴通讯公司支付10亿美元罚款,另外准备4亿美元保证金交由第三方保管,并且更换管理团队,聘请美方认可的合规官。中兴通讯事件促使我国参与国际竞争的大型企业开始重视合规,国家有关部门也针对企业合规管理制定、颁布一系列企业合规文件积极引导,如2018年11月2日国务院国有资产监督管理委员会发布《中央企业合规管理指引(试行)》;2018年12月26日国家发改委、外交部、商务部等7部门联合发布《企业境外经营合规管理指引》;2019年12月4日,《中共中央、国务院关于营造更好发展环境支持民营企业改革发展的意见》发布,明确提及民营企业应当开展合规管理;2020年3月20日,证监会发布了《证券公司和证券投资基金管理公司合规管理办法》,为促进证券公司和证券投资基金管理公司加强内部合规管理,实现持续规范发展做了指导措施。

2020年3月,最高人民检察院从助力企业发展大局的角度,率先提出在检察工作中探索刑事合规,同时启动涉案违法犯罪依法不捕、不诉、不判处实刑的企业合规监管试点工作,并确定6个基层检察院为试点单位;2020年12月,最高人民检察院召开企业合规试点工作座谈会,提出创新检察履职,助力构建中国特色的企业合规制度;2020年12月16日,《辽宁省人民检察院关于建立涉罪企业合规考察制度的意见》发布,规定了检察机关联合相关行政监管部门共同探索合规考察制度,进而明确了合规考察制度的适用范围;2021年3月,最高人民检察院启动了第二期企业合规改革试点工作,第二期改革试点范围较第一期有所扩大,涉及北京、辽宁、上海、江苏、浙江、福建、山东、湖北、湖南、广东等十个省(直辖市)。上述省级人民检察院可根据本地情况,自行确定1~2个设区的市级检察院及其所辖基层院作为试点单位。至此,检察机关助力企业合规建设大幕已然拉开。检察机关拟从制定刑事司法制度与政策的层面督促、吸引企业开展刑事合规以防范刑事法律风险,把对涉案企业的事后打击转换到促进前端治理,从而从微观层面保障企业的可持续发展,改造企业不良经营模式、加强企业自我监管、预防企业犯罪;从宏观层面为经济秩序和社会秩序的构建提供基础性保障机制。

可见,监管要求、业务需求和安全事件成为企业合规的几大驱动力,企业合规建设已迫在眉睫。

鉴于行政监管部门及检察机关对合规工作的探索起步不久,合规制度在我国尚处于萌芽阶段。虽然合规在我国的发展历程较短,但基于合规在域外为企业所带来的积极效用及经验推测,未来,合规在我国将会对企业、行业,乃至整个社会产生积极且深远的影响。

从合规业务产生和发展的历史角度来看,最初的合规实质上是指刑事合规,但随着合规业务的开展和推广,企业合规业务呈现多种模式。刑事合规虽然是大合规概念的分支,但由于企业涉及刑事风险的严酷性,一旦触发,关乎企业和相关人员的财产、人身自由甚至是生命,刑事合规无疑是企业合规业务的核心。

三、刑事合规

何为刑事合规?目前学术界和实务界尚没有一套统一的概念和定义,但相关学者已从公司治理、行政法、刑法、刑事诉讼法、刑事辩护等领域对此进行了关注和探索。学者托马斯·罗什认为:刑事合规包含所有客观上事前必要的或者事后被刑法认可的规范性、制度性以及技术性的属于某一组织的措施,这些措施的相对人既可以是组织的成员、商业合作者,也可以是国家或者社会大众。这些措施的目的是降低组织或者组织成员实施的与组织有关的国内或者国外的经济犯罪行为的风险或者是相应的犯罪嫌疑的风险;或者与刑事执法机构达成一致而对刑事处罚产生积极影响,并最终借此提高企业的价值。我国学者李本灿认为:刑事合规实际上是借助刑事手法推动组织自我管理的相关立法和实践。应当将刑事合规设定为企业刑事责任的积极抗辩理由,使其在定罪和量刑的两个环节上发挥作用。[1] 北京大学法学院陈瑞华教授认为:刑事合规指的是刑事指控来临之前,律师帮助公司企业及高管进行相关调查、诊断法律风险,依法化解可能的刑事追诉,提出应对刑事调查的具体方案。南京大学教授孙国

---

〔1〕 参见李本灿:《企业犯罪预防中合规计划制度的借鉴》,载《中国法学》2015 年第 5 期。

祥认为:刑事合规,一般是指为避免因企业或企业员工相关行为给企业带来的刑事责任,国家通过刑事政策方面的正向激励和责任归咎,推动企业以刑事法律的标准来识别、评估和预防企业的刑事风险,制订并实施遵守刑事法律的计划和措施。[1] 北京师范大学刑事法律科学研究院名誉院长高铭暄指出:刑事合规作为21世纪新的国际刑事政策趋势,预示着原先主要作为事后惩罚之法的刑法,开始向事前预防之法转型,并因此拓展了刑法参与社会治理的深度和广度。这种趋势与我国完善和发展中国特色社会主义制度,推进国家治理体系与治理能力现代化这一全面深化改革的总目标高度契合,也是我国经济社会进入高质量发展阶段治理法人犯罪的必然要求,值得我们高度重视。

四、上市公司刑事合规

笔者认为,上市公司刑事合规指的是上市公司为避免因公司或公司员工相关行为给公司带来的刑事责任,上市公司及高管委托外部专业人士进行相关调查、识别、诊断、预估刑事风险并进行刑事合规制度设计、可行性分析,以此规范经营活动,通过国家刑事政策的正向激励和责任归咎机制,制订并实施遵守刑事法律的计划和措施,做出应对刑事调查的具体方案,依法化解可能的刑事追诉,避免遭遇刑事法律追诉的一系列措施。上市公司具有公众公司属性,同时担负着证券发行人的刑事合规义务和责任,包括不得欺诈发行证券、不得虚假陈述、不得内幕交易、不得泄露内幕信息、不得操纵证券市场、不得背信损害上市公司利益等,而这些刑事合规义务,是专属于上市公司及关联人员的,贯穿于上市公司治理与证券发行、证券交易始终。从这个角度看,上市公司的刑事合规,实际上是紧密围绕着其公众公司责任和证券法律责任展开的,并且受到证券监管和刑事司法的持续监督。与之相应,在刑事合规方案的构建上,专业人士就需要结合上市公司的特殊性,注重刑事风险防范和刑事合规的专业性和精准性。

综观近年宏观经济发展方向,资本市场监管的重大调整是对国家层面维护

---

[1] 参见孙国祥:《刑事合规的理念、机能和中国的构建》,载《中国刑事法杂志》2019年第2期。

金融安全、防范系统性风险的金融政策的回应，尤其是在证券市场注册制改革的推动中，提升上市公司质量、规范证券市场交易行为成为资本市场金融监管的工作重点。在金融监管和刑事规制的双重压力下，上市公司如何完善刑事合规机制，预防并及时化解刑事风险，就变得更具现实意义。此外，上市公司刑事合规不能脱离企业合规单独存在，两者之间相互交叉，有重合之处，上市公司刑事合规可以和企业合规相互并存、彼此融入，共同有效地推进企业合规和刑事合规。

在上市公司刑事合规机制的构建中，应当注重以下几个方面。

1. 证券一级市场的刑事合规

《刑法修正案（十一）》对证券一级市场规制及上市公司质量提升作出了积极回应，证券一级市场的刑事合规，侧重于对擅自发行股票、公司、企业债券罪，欺诈发行股、债券罪，非法吸收公众存款罪、集资诈骗罪等的刑事风险控制。

2. 证券二级市场的刑事合规

证券二级市场刑事合规，侧重于对违规披露、不披露重要信息，内幕交易，泄露内幕信息，操纵证券、期货市场，编造并传播证券、期货虚假信息等刑事风险控制。在刑事合规方案设计中，专业人员应当充分融合证券二级市场的金融特征，确保刑事合规制度的精准性。

3. 上市公司治理过程中的刑事合规

上市公司刑事合规重点莫过于上市公司治理环节，上市公司治理过程中的刑事合规侧重于为避免上市公司治理中的涉刑风险制定针对性的刑事合规方案，包括：(1)规范上市公司主体自身行为，避免陷入单位犯罪的风险；(2)通过专业设计责任分隔制度，分隔公司责任与员工个人责任，避免将相关人员个人违法违规行为认定为是单位行为；(3)在公司涉刑的危机事件中，上市公司主体与相关责任人员能够建立相互协调机制，能结合合规证据、法律论证和证券专业性知识，设计风险化解与控制方案；(4)规范公司相关人员的企业管理行为和市场交易行为，避免公司主动或被动陷入刑事风险事件。

第二节　合规不起诉制度和独立监控人制度

一、合规不起诉制度

构建中国刑事合规制度的最大“瓶颈”在于缺乏刑事法激励机制,因此急需在比较研究的基础上,寻找刑事合规激励机制,本土化构建中国特色的刑事合规,为中国企业发展出谋划策,为中国经济发展保驾护航。特别注意挖掘认罪认罚从宽制度这一现有的刑事法资源,发挥检察机关在处置涉企业犯罪中的诉前主导作用,这是构建中国式刑事合规的极佳契机和突破口。[1] 随着国家治理现代化的深入、健全和支持民营经济发展的深入、疫情防控与复工复产的深入发展以及检察机关参与社会治理的角色转化,我国检察机关开始了对企业“合规不起诉”制度的探索。

2020 年 3 月,最高人民检察院启动涉案违法犯罪依法不捕、不诉、不判处实刑的企业合规监管试点工作,并确定上海市浦东新区、金山区人民检察院,深圳市南山区、宝安区人民检察院,江苏省张家港市人民检察院,山东省郯城县人民检察院等 6 个检察院为试点单位。[2] 2021 年 4 月,最高人民检察院下发《关于开展企业合规改革试点工作的方案》,正式启动第二期企业合规改革试点工作,并将改革试点扩大到北京、辽宁、上海、江苏、浙江、福建、山东、湖北、湖南、广东等十个省(直辖市)。[3]

试行的“合规不起诉”制度中,涉案企业在满足合规要求的前提下,可获得包括不起诉在内的司法处理结果。其目的是有效地惩治并预防企业违法犯罪,

---

〔1〕 参见李勇:《检察视角下中国刑事合规之构建》,载《国家检察官学院学报》2020 年第 4 期。

〔2〕 参见李玉华:《刑事合规:创新检察履职助推企业高质量发展》,载最高人民检察院官网,https://www.spp.gov.cn/spp/llyj/202103/t20210315_512650.shtml。

〔3〕 参见徐日丹:《促进“严管”制度化,防范“厚爱”被滥用——检察机关企业合规改革试点工作综述》,载检察日报网,http://newspaper.jcrb.com/2021/20210409/20210409_001/20210409_001_4.htm。

令涉案企业有机会进行事后的刑事合规建设，重新步入正轨，继续健康可持续的发展。上市公司刑事合规制度的构建，也适应我国探索合规不起诉制度的司法实践。所谓合规不起诉制度，一般是指检察机关对涉嫌刑事犯罪的企业，发现其具有建立合规体系意愿的，可以要求企业针对违法犯罪事实提出专项合规计划，督促企业推进企业合规管理体系的建设，合规整改合格后，检察机关依法作出不起诉决定的制度。[1]

一般而言，根据企业合规体系搭建程序的不同，合规不起诉制度主要包括两种模式，即"检察建议模式"和"附条件不起诉模式"。"检察建议模式"也被称为"不起诉后建议合规模式"，主要是指检察机关在对涉案企业作出相对不起诉决定后，向该企业送达构建合规体系的建议书，要求企业在一定的考验期内建立合规体系。"附条件不起诉模式"又被称为"不起诉前督促合规模式"，此种模式对于促进涉案企业构建和落实合规体系具有更大的优势。在该模式下，检察机关在对涉案企业作出不起诉决定之前，通常会设定一定期限的考察期，监督企业构建并具体落实合规体系，且仅在检察机关对该合规体系验收合格后，才对涉案企业作出不起诉的决定。[2]

目前，各地检察机关也在对合规不起诉制度根据本地区不同情况进行有益探索，根据当前合规不起诉制度的相关研究倾向，可以得出以下几方面的动态：第一，合规不起诉制度的适用对象范围较广。检察机关通常规定将合规不起诉制度既适用于企业犯罪案件，也适用于企业经营者、管理者、关键技术人员等重要生产经营人员与企业生产经营相关的个人犯罪案件，例如辽宁省人民检察院等十机关制定的《辽宁省关于建立涉罪企业合规考察制度的意见》即采用上述规定。[3] 第二，适用条件有限制。在适用条件上，合规不起诉制度一般适用于直接负责的主管人员和其他直接责任人员依法可能被判处 3 年以下有期徒刑的轻罪案件。虽然该制度目前不适用于犯有严重罪行的企业，但不排除将其作

---

〔1〕 参见陈瑞华：《企业合规不起诉制度研究》，载《中国刑事法杂志》2021 年第 1 期。

〔2〕 参见李勇：《企业附条件不起诉的立法建议》，载《中国刑事法杂志》2021 年第 2 期。

〔3〕 参见《辽宁省关于建立涉罪企业合规考察制度的意见》，载华辩网 2020 年 12 月 16 日，http://www.148hb.com/newsview/8572.html。

为部分重大刑事案件中量刑的考量因素。[1] 第三，启动合规不起诉的主体特殊。最高人民检察院在《关于开展企业合规改革试点工作方案》中明确，合规不起诉制度的启动主体只能是检察机关，但为促进社会综合治理与发挥合规不起诉制度的社会效果，其他的公权力机关，如法院、司法行政机关、公安机关、监察机关，甚至有关权力机关、监督机关，代表委员个人，可以在具体案件中提出适用该制度的建议。

浙江省岱山县人民检察院办理的某公司伪造增值税专用发票一案即为企业合规不起诉典型案例。2015 年，某公司由于资金流紧张急需申请贷款，于是购买了大量伪造的增值税专用发票用于证明抵押物价值，向银行骗取贷款（续贷）人民币 400 余万元。由于伪造增值税专用发票、虚构抵押物，不仅企业被刑事立案，涉案员工也被移送岱山县人民检察院审查起诉。该案中，涉案企业以合规整改和出具自查及整改承诺书的方式，最终换得岱山县人民检察院的不起诉决定。当前，最高人民检察院先后两批次进行合规改革试点，标志着“合规不起诉”已进入体系化、制度化发展阶段。

二、独立监控人制度

2020 年 8 月 28 日，深圳市宝安区司法局发布了《关于企业刑事合规独立监控人选任及管理规定（试行）》，主要内容涉及企业刑事合规独立监控人的资质条件、选任方式、流程和管理，旨在监督、激励企业进行合规管理，为检察机关监督涉嫌犯罪企业进行合规整改提供帮助。该规定首次明确了企业刑事合规独立监控人的概念。独立监控人是指受犯罪嫌疑企业委托，对企业刑事合规情况进行调查、规划、监督的律师事务所。独立监控人的工作职责为就企业刑事合规情况进行调查，协助犯罪嫌疑企业制订合规计划以及协助区人民检察院监督合规计划的执行，并针对其履职情况、企业刑事合规建设出具阶段性书面监控报告，作为区人民检察院作相应处理决定的参考。

---

〔1〕 刘相文、汤敏志、李雨芳：《合规不起诉制度，开启我国企业合规建设新阶段》，载中伦律师事务所官网，http://www.zhonglun.com/Content/2021/04－30/1701214583.html。

独立监控人在合规不起诉制度中是非常重要且常见的配套措施。由于独立监控人设置的主要作用在于协助涉嫌犯罪企业整改违法违规行为、制订合规计划并监督其执行,因此对独立监控人有独立性和专业性的基本要求:

一是独立性。由检察院或者涉嫌犯罪企业委托第三方机构作为独立监控人。一方面,可以避免检察机关作为监督机关而产生的正当性、廉政性等问题;另一方面,在一定程度上也可以减轻检察机关的负担。

二是专业性。内部调查、诊断企业合规风险、完善企业经营方式与合规制度等合规程序都需要独立监控人的专业协助,才可以达到预防企业再次违法、激励企业合规经营、推动企业良性循环发展的目的。

独立监控人制度在美国、英国、法国、加拿大已有充分实践,追溯独立监控人制度在我国的发展,早在2018年美国制裁中兴通讯事件中已经可见独立监控人制度的适用,美国商务部与中兴通讯达成《替代和解协议》,该协议中即包含接受指定的合规监察官和中兴通讯公司聘用特别合规协调员,并有义务接受美国在出口管制合规计划重建方面的监督和指导的约定。

目前,各地区人民检察院已开启了独立监控人制度试点工作。例如,2019年11月,无锡市新吴区人民检察院针对一起虚开增值税专用发票案件作出了相对不起诉处理。在作出不起诉决定的同时,检察机关也针对企业经营、合规等问题发出检察建议书,该公司据此聘请专家及执业律师组成的法律专业团队制定了一整套合规方案。在该案中,企业聘请的专家及执业律师组成的法律专业团队即为独立监控人,独立监控人在犯罪嫌疑企业的合规整改中发挥重要作用,独立监控人的职责在于发现企业需整改的问题、协助企业建立健全刑事合规制度、监督企业的合规计划的落实,同时也发挥连接犯罪嫌疑企业与检察机关的桥梁作用。

最高人民检察院检察长张军在全国检察长会议上的讲话指出:“合规不起诉及独立监控人制度的主旨和初衷在于,既要以更大的力度保护民营企业和企业家合法权益,切实做到依法能不捕的不捕、能不诉的不诉、能不判实刑的就提出适用缓刑建议,又要有力推动民营企业筑牢守法合规经营底线。”2021年6月3日,《最高人民检察院、司法部、财政部、生态环境部、国务院国有资产监督管理委员会、国家税务总局、国家市场监督管理总局、中华全国工商业联合会、中国国际贸易促进委员会关于建立涉案企业合规第三方监督评估机制的指导意见(试行)》印发,明确了企业涉案后进行事后刑事合规的第三方监督评估机制。

我国刑事合规独立监控人制度最初在深圳市宝安区试点,无论是从试点规模还是试点内容来看,其还处于初始阶段,同时在实践中还存在如进驻时间、监察期限、职责范围、费用标准、与律师执业规范的冲突等问题尚未统一。但是,着眼于刑事合规在国内的发展趋势以及国际发展情况,刑事合规独立监控人制度的建立是大势所趋,我们期待独立监控人制度能进一步推广和完善。

第三节　刑事风险防控与刑事合规的关系

"风险社会"理论的奠基者安东尼·吉登斯有句名言:"我们生活在这样一个社会里——危险更多地来自我们自己而不是外界。"企业刑事法律风险是影响企业和市场经济健康发展的重要风险之一;而企业刑事法律风险防控,是指企业为避免在经营管理过程中因外部法律变化或违反有关刑事法律规定而造成企业以及高管等承担刑事责任而采取的适当措施。刑事风险防控倾向于一项法律产品,随着刑事法律日趋严密化和复杂化而产生,现代刑法本质上就是风险刑法,具有给个人或企业带来刑事责任的危险性,由于刑法具有一定的滞后性,随着现代科学和技术发展,刑法也会通过调整各种司法解释、指导案例等形式来适应这一变化,在这种情况下,无论是个人还是企业都具有刑事风险防控的需求。

企业通常要防范以下三类刑事犯罪风险:第一类是企业运营行为违规,触犯刑法规定的单位犯罪条款,这时候单位和主管人员、直接责任人员等要受到刑事处罚,此类犯罪是企业行为不合规引发的刑事责任;第二类是企业管理人员或普通职员个人违背公司忠实义务、法律法规所引发的刑事责任,企业刑事合规制度建立和运行的缺失是这类刑事风险的主要原因;第三类是企业作为被告人和自诉人的刑事法律风险,这类刑事风险也进一步促使企业加强刑事合规管理,不仅要防备内部刑事风险,还要防范企业被动陷入的刑事法律风险。

企业的刑事法律风险防控措施包括以下几方面:第一,企业内部要设立合规管理机构。这需要企业根据自身的业务性质、地域范围、监管要求等设置相应的合规管理机构,与合规管理任务相匹配。同时要把握具体合规管理机构的设立原则、在企业内部的地位和层级、所充当的角色与职责、与其他部门的关系等。此外,合规管理机构负责制定合规管理制度,并确保这些政策制度被贯彻落实。第二,企业要建立有效运行的合规机制。要把企业的合规风险管理真正落实到业务操作层面,就必须要把政策制度的规定转变为可执行的流程,以确保各项业务操作符合外部法律和内部政策的要求,同时使合规政策与实际的工作实践衔接一致,并落实到每一个岗位、环节。第三,企业要重视合规文化建设。企业领导重视企业合规文化理念,同时全体员工认同并遵守带有本企业特点的合规价值观和理念,以及确保这些理念在生产经营、管理制度、员工行为方式等方面得到有效践行,为企业最终实现合规经营提供保证。

从实质内容来看,刑事合规与刑事法律风险防控高度重合,业界相关讨论认为,刑事法律风险防控是刑事合规的前身,刑事合规是刑事法律风险防控的最佳方式。随着刑事司法的应用和社会治理的进步,刑法的具体作用及目的已经开始发生转变,我们将刑法预防犯罪的作用分为一般的预防和积极的预防。传统的刑法都是通过对已然之罪进行定罪处罚,借助刑罚的严酷性对已经犯罪的人施加刑罚,并利用刑法的威慑力对潜在的犯罪因素起到遏制效果,这属于刑法的一般预防;而从刑事合规角度出发,刑法不仅仅与过去相关,更关乎未来,从刑事合规角度预防刑事法律风险,既吸收了传统的理论效果,让企业主动将预防思维导入企业的生产经营过程,从源头上降低企业刑事法律风险,同时在刑事政策上变得更加积极,能有效阻断可能产生的刑事法律风险,更加有利于犯罪预防。

因此,如果想做好刑事法律风险防控,必须做好刑事合规,做好了刑事合规,可最大限度防范刑事法律风险。可以说,刑事合规开启了从企业犯罪的源头预防企业犯罪的合作治理模式。刑事合规是刑事法律风险防控的最佳方式,是刑事法律风险防控的重大进步。

第四节　上市公司刑事合规的必要性

一、上市公司刑事风险高发,建立刑事合规机制迫在眉睫

近年来,上市公司刑事风险呈高发态势,企业一旦涉嫌犯罪,其所导致的后果往往是极为严重的,尤其是上市公司,对企业本身、企业员工甚至整个行业都会产生严重的负面影响。为使上市公司的运行合法、合规,防范刑事法律风险,就有必要对上市公司潜在的刑事风险点进行排查梳理,并建立刑事合规管理制度、创立合规部门、树立合规意识、培育合规文化。

二、刑事合规可最大限度降低上市公司陷入单位犯罪的风险

上市公司迫切需要建立刑事合规机制,避免刑事合规风险。我国《刑法》涉及单位犯罪的法律条文占全部条文的30%以上,单位犯罪的罪名也占全部犯罪罪名的30%以上,十大类犯罪中有七大类涉及单位犯罪。我国对单位犯罪采取双罚制,对单位科处罚金,企业直接主管人员和直接责任人员也将面临刑事处罚,后果不可谓不严重。现实中,常见员工个人涉嫌给公司、企业带来刑事风险的案例。实践中,检察院通常会收集公司的规章制度作为证据,上市公司是否建立刑事合规机制,针对特定违法行为是否有明确、成文的禁止性规定,以及在业务开展过程中对相关违法行为是否有有效的预防和监管措施并加以落实,将可能作为区分单位犯罪或个人犯罪时的一项重要依据。

三、建立上市公司刑事合规制度,避免在国际竞争中被遏制

上市公司刑事合规制度的本质就是上市公司治理的现代化与国际化,上市公司刑事合规制度是最现代化的企业管理制度。上市公司作为国民经济的重要力量,应当充分认识刑事合规的价值,避免在国际竞争中陷入被动状态。

建立刑事合规制度,可以及时预警,将违法犯罪遏制在萌芽或者未遂状态,

使违法犯罪难以得逞，从而避免损失，即使上市公司出现了违法犯罪行为，合规制度也可以为公司赢得亡羊补牢的机会，避免整个公司受到牵连；在管理层面，上市公司建立刑事合规制度可以给高管提供明确的指引，有利于防范高管实施违法犯罪行为，保护高管的利益和安全。

四、当前趋严的证券监管政策下，必须加强上市公司刑事合规

随着证券行政执法与刑事司法的进一步有效衔接，证券违法刑事规制被提前至行政执法中，上市公司在面对监管机构行政执法时，其抗辩法律意见的有效组织，不仅需要结合行政监管规定，还需要充分考量刑事涉罪构成要件、刑事司法政策等因素；同时从刑事合规的角度看，在构建刑事风险防范机制时，上市公司也需要同步将刑事合规的内容提前至证券监管合规制度构建之中，刑事合规机制的构建也要求更加具备前瞻意识。因此，在上市公司监管政策趋于严格的背景下，刑事司法和行政监管之间形成密切衔接的违法打击合力，上市公司如何把握刑事合规义务关键点，明确刑事合规方案的构建方向和实操规则，将成为更为紧迫而又现实的问题，必须将刑事合规提上日程。

五、上市公司刑事合规能有效控制和化解刑事法律风险

首先，上市公司通过制定和执行刑事合规方案，能够有效控制刑事法律风险；通过建立合规制度有效分隔单位责任和关联人员个人责任承担，避免陷入单位犯罪风险；通过收集和保留企业合规管理制度和合规证据，阻断刑事法律风险。其次，上市公司及关联人员在发生涉刑风险事件时，能够快速形成专业且富有针对性的合规抗辩方案，及时向监管部门和司法机关释明涉案事实与法律依据，限缩追责范围，最大限度降低或化解涉刑风险。

六、建立上市公司刑事合规，有利于企业长远发展

上市公司刑事合规能够节省国家司法资源，降低司法治理成本，2021 年 3 月 8 日最高人民检察院工作报告表示将“督促涉案企业合规管理”纳入司法改

革工作进程，工作报告还提出，为了积极响应党中央提出的“六稳六保”[1]任务部署，进一步优化营商环境，检察机关将会在接下来积极探索、督促涉案企业合规管理，促进严管制度化，这些都预示着刑事合规工作在司法实践中已经获得了一定程度的认可。同时，上市公司刑事合规还能减少企业风险治理消耗，实现从被动合规到主动合规思维意识转变，有利于上市公司的长远和可持续发展。

第五节　上市公司刑事合规的构成范围

上市公司发行股票，面向社会公开募集资金，其商业活动和经营行为会对社会经济和公众利益产生重大影响，证券市场产生的巨大经济利益在时刻考验着上市公司、关联企业及人员。我国刑事法律对于证券活动有专门性规制，尤其在强监管背景之下，对证券违法犯罪行为的打击力度显著加大，违法犯罪的责任承担也有所加重。上市公司刑事合规的构成范围与一般企业刑事合规有共同点，又存在特殊之处，在于上市公司经济体量、投资者人数、监管方式等方面更复杂多样，刑事合规涉及面更广。笔者将上市公司的刑事合规构成范围分为事前的刑事合规、事中的刑事合规和事后的刑事合规，并针对不同阶段的刑事合规构成范围逐一分析。

一、事前的刑事合规

事前的刑事合规，是指上市公司在尚无明显刑事法律风险的情形下聘请法律专业人士提供常态化日常性刑事合规法律服务，预防刑事法律风险。事前的刑事合规包括：帮助企业重新建章立制、审查企业的重大经营决策、完善规章制度、审查重大商事合同的刑事法律风险、提供刑事合规咨询、提出合规意见书、

---

〔1〕“六稳”指稳就业、稳金融、稳外贸、稳外资、稳投资、稳预期工作，“六保”指保居民就业、保基本民生、保市场主体、保粮食能源安全、保产业链供应链稳定、保基层运转任务。

开展合规培训,发现企业的经营或交易行为中的刑事法律风险、协助企业堵塞漏洞、引导和促使员工遵守刑事法律法规、构建良好的刑事合规文化等。上市公司的事前刑事合规具体内容可重点包括以下几方面:

(1)建立刑事合规制度,包括对公司内部控制体系、反商业贿赂管控体系、财务审计体系等监管工作进行调研、汇总、数据分析,查找企业内部监管漏洞。完善公司刑事合规体系和风控体系,将刑事合规管理制度融入企业日常经营管理的制度当中,并对公司各部门各环节进行风险提示。

(2)协助公司建立刑事合规风险登记、备案、信息披露以及相关档案保管制度,使相关刑事风险控制的信息能在企业合规系统中得以呈现,对相关常见风险建立预警机制。

(3)建立公司内部检查制度,对公司刑事合规重点领域进行定期或不定期巡视监控,及时发现隐患,及时查出违法违规行为。

(4)建立公司内部及外部投诉举报机制,畅通投诉举报路径,做好对举报线索人的保护措施和奖励安排。

(5)开展刑事合规培训,在证券一级市场、二级市场、公司生产经营和公司治理、高管履职等各个方面做好刑事合规排查,提出避免刑事风险的建议,建立对应合规部门,培育合规文化。

二、事中的刑事合规

如果上市公司在事前并没有进行刑事合规,那么事中的刑事合规也能发挥重要作用,事中的刑事合规是指在上市公司或高管、员工已经面临明显的刑事法律风险的情况下,专业律师介入为其提供有针对性的防范或避免刑事法律风险的服务。所谓“已经面临明显的刑事法律风险”,是指针对企业或高管的刑事诉讼程序虽然尚未启动,侦查机关既没有进行立案,也没有采取刑事侦查措施,但是根据种种迹象,该企业或高管、员工已经感受到存在被立案侦查的现实可能性。例如,政府对特定行业的预警或将进行专项整治行动的新闻报道;与上市公司有密切合作关系的关联公司正在接受立案侦查;证券监管部门已经让公司或者高管、员工配合调查;公司的相关人员已经被限制出境;公司相关资产或银行账户被调查或冻结；对公司或高管、员工的行政调查显示案件可能被移交侦查机关等。[1] 这些迹象都显示，针对公司或高管、员工的刑事侦查活动即将展开，其面临受到刑事指控的极大可能性。

事中的刑事合规同样非常重要。例如，在协助处理上市公司人员信息披露违规或内幕交易案中，在行政调查阶段，通过组织达到刑事合规标准的抗辩证据，证明案件存在合理怀疑，行政执法部门将慎重考虑是否向刑事司法机关移送案件。事中的刑事合规也是防范上市公司刑事风险的重要环节。事中的刑事合规工作主要有三个方面：第一，开展刑事合规尽职调查。对公司或者高管所从事的相关活动是否涉及刑事法律风险进行全面调查，对这些交易和经营活动的细节进行了解和分析，协助应对相关部门调查、突击检查和问询，针对公司的刑事风险进行评估并作出相应调查报告。第二，诊断刑事法律风险。对各项交易和经营行为进行排查，同时根据法律规定，明确指出这些交易、经营等行为是否触犯了刑法，可能触犯何种罪名。第三，提出防范刑事法律风险的建议。在法律允许的范围内，提出避开特定罪名的具体补救措施，包括退回相应款项、弥补相应损失、还清相应债务、补齐相应合同等。

三、事后的刑事合规

上市公司的事后刑事合规主要指向刑事辩护业务，虽然目前存在一些争议，有观点认为，企业涉及刑事犯罪的辩护时已不属于刑事合规范畴，但大部分学者认为刑事合规的宗旨是采取可能的措施避免企业承担刑事责任，而刑事辩护作为企业承担刑事责任的最后一道防线，理应属于刑事合规体系范畴。笔者赞同后一种观点，根据法律规定，未经人民法院依法判决，对任何人都不得确定有罪，而刑事辩护业务贯穿于企业涉及刑事风险后从公安机关侦查阶段、检察院审查起诉阶段到法院审判阶段，理应属于刑事合规的业务界限。且目前单位犯罪与个人共同犯罪的实践中，刑事合规的概念已经被辩护律师作为辩护点提出，刑事合规已然属于刑事辩护体系范畴，做好刑事合规离不开丰富的刑事辩

---

〔1〕 参见陈瑞华：《“体检式刑事法律服务”的兴起》，载《中国律师》2018年第1期。

护经验。因此,在上市公司涉及刑事风险的情况下,将事后的刑事辩护体系纳入上市公司刑事合规体系,可以最大限度化解上市公司及高管可能的刑事法律风险。

典型案例 企业刑事合规抗辩不起诉第一案

案号:(2017)甘01刑终89号

2011年至2013年9月,被告人郑某、杨某分别担任雀巢(中国)有限公司西北区婴儿营养部市务经理、兰州分公司婴儿营养部甘肃区域经理,为了抢占市场份额,推销雀巢奶粉,授意该公司兰州分公司婴儿营养部员工被告人杨某某、李某某、杜某某、孙某通过拉关系、支付好处费等手段,多次从兰州大学第一附属医院、兰州军区总医院、兰州兰石医院等多家医院医务人员手中非法获取公民个人信息。其中,被告人郑某自2012年2月开始,通过上述手段,非法获取公民个人信息40,507条;被告人杨某自2011年开始,通过上述手段,非法获取公民个人信息45,659条;被告人杨某某通过上述手段,非法获取公民个人信息20,085条;被告人李某某通过上述手段,非法获取公民个人信息14,163条;被告人杜某某通过上述手段,非法获取公民个人信息10,448条;被告人孙某通过上述手段,非法获取公民个人信息963条。其间,被告人王某某利用其担任兰州大学第一附属医院妇产科护师的便利,将其在工作中收集的公民个人信息2074条非法提供给被告人杨某甲、孙某,收取好处费13,610元。被告人丁某某利用其担任兰州军区总医院妇产科护师的便利,将其在工作中收集的公民个人信息996条非法提供给被告人李某某,收取好处费4250元。被告人杨某甲利用其担任兰州兰石医院妇产科护师的便利,将其在工作中收集的公民个人信息724条非法提供给被告人杜某某,收取好处费6995元。

甘肃省兰州市城关区人民法院判决如下:被告人郑某犯侵犯公民个人信息罪,判处有期徒刑1年6个月,缓刑2年,罚金4000元;被告人杨某犯侵犯公民个人信息罪,判处有期徒刑1年6个月,缓刑2年,罚金4000元;被告人杨某某犯侵犯公民个人信息罪,判处有期徒刑1年,缓刑1年,罚金3000元;被告人李某某犯侵犯公民个人信息罪，判处有期徒刑10个月，缓刑1年，罚金2000元；被告人杜某某犯侵犯公民个人信息罪，判处有期徒刑8个月，缓刑1年，罚金2000元；被告人孙某犯侵犯公民个人信息罪，免予刑事处罚；被告人王某某犯侵犯公民个人信息罪，判处拘役6个月，缓刑10个月，罚金1000元；被告人丁某某犯侵犯公民个人信息罪，判处拘役5个月，缓刑6个月，罚金1000元；被告人杨某甲犯侵犯公民个人信息罪，判处拘役4个月，缓刑6个月，罚金1000元。

一审判决后，郑某等被告人均以涉案行为属于单位犯罪等理由提出上诉，2017年5月31日，兰州市中级人民法院作出终审裁定：驳回上诉，维持原判。

该案被誉为"企业刑事合规抗辩第一案"，该案非法获取个人信息的雀巢（中国）有限公司员工以及非法提供个人信息的医院员工均受到了相应的刑事处罚。雀巢（中国）有限公司员工辩称为了完成公司的任务收集公民个人信息，但从终审裁定中可以看到，法院充分认可雀巢（中国）有限公司所制定和实施的含有个人信息保护合规内容的《员工行为规范》等公司政策，案件审理中重点审查了雀巢（中国）有限公司的公司指示（复印于雀巢公司员工培训教材）、雀巢（中国）有限公司情况说明及雀巢公司DR（DR指0～3个月月龄的婴儿用雀巢奶粉的客户）的概念、目标任务、与DR相关的信息获取方式等情况，均证实雀巢（中国）有限公司从不允许员工以非法方式收集消费者个人信息，并且从不为此向员工、医务人员提供资金。雀巢（中国）有限公司在《雀巢指示》以及《关于与保健系统关系的图文指引》等文件中明确规定，"对医务专业人员不得进行金钱、物质引诱"。对于这些规定和要求，雀巢（中国）有限公司要求所有营养专员接受培训并签署承诺函。法院终审裁定认为，单位犯罪是为本单位谋取非法利益，在客观上实施了由本单位集体决定或者由负责人决定的行为。雀巢（中国）有限公司政策、员工行为规范等证据证实，雀巢（中国）有限公司已建立了有效的合规制度，已尽到合规管理的义务，具有规避、防范合规风险的意识，并进行了合规培训，雀巢（中国）有限公司禁止员工从事侵犯公民个人信息的违法犯罪行为，由此认定多名被告人的行为违反了公司的合规管理规定，为提升个人业绩而实施犯罪为个人行为，而非单位行为。

作为上市公司,应尽早建立一套行之有效的合规制度防范此类风险,当相关刑事风险发生时,合规制度的制定与落实可以作为一个有力的辩护理由向法院提出,完善的合规制度可以有效地将企业责任与员工个人行为进行分割,可最大限度阻却追究单位的刑事责任。

事后的刑事合规即建立应对刑事风险事件的处理机制,主要内容包括:第一,向涉及刑事风险的公司或高管讲解涉及罪名的入罪标准、构成要件、罪与非罪的界限以及量刑规则;第二,讲解刑事诉讼流程、基本的证据规则、讯问笔录的效力及如何面对违法调查等;第三,协助分清无罪证据和罪轻证据,做好对无罪证据、罪轻证据的收集和保全工作,将涉嫌犯罪的事实对公司的影响降到最低;第四,做好各阶段的辩护工作,根据相关事实和法律依法维护涉案公司或高管合法权益,为其提出不起诉、从轻、减轻或免除处罚的法律意见。

第三章　上市公司及高管涉罪的刑事风险现状

第一节　统计分析数据样本说明

一、上市公司

本书中的上市公司,是指公开发行的股票经过国务院或者国务院授权的证券管理部门批准在证券交易所上市交易的股份有限公司,包括在上海证券交易所、深圳证券交易所和我国香港特别行政区交易所(以下简称香港交易所)挂牌上市的境内公司,由于北京证券交易所于2021年9月3日注册成立而未纳入统计范围。根据上海证券交易所、深圳证券交易所、香港交易所官网公布的数据,截至2021年11月1日,上海证券交易所共2044家上市公司,分别是主板1692家、科创板352家;深圳证券交易所共2570家上市公司,分别是主板1520家、创业板1050家;在香港交易所挂牌的上市公司有464家。

二、上市公司范围

本书上市公司范围包括上海证券交易所、深圳证券交易所、香港交易所的上市公司,具体范围见表1。

表1　上市公司范围

交易所	上市公司类型
上海证券交易所	主板
	科创板
	暂停上市、终止上市公司
深圳证券交易所	主板
	创业板
	暂停和终止上市公司
香港交易所	中资红筹股上市公司
	中国企业 H 股上市公司
	我国香港特别行政区创业板

三、上市公司高管范围

本书所称的上市公司高管，是指上市公司的董事、监事以及公司经理、副经理、董事会秘书、财务负责人和其他重要岗位的工作人员。

四、分析方法

以中国裁判文书网中的全部刑事案件为数据库源，截至2021 年 11 月 1 日，中国裁判文书网共收录裁判文书 124, 596, 841 篇，其中刑事文书 9, 663, 688 篇。以上市公司法定全称和证券简称作为关键词，在中国裁判文书网逐一进行检索，再对上市公司涉及的所有刑事裁判文书根据罪名、基本案情、法院查明、法院判决等要素进行分析，最后提取上市公司直接关联的刑事案件。

五、特别说明

为避免数据样本重复，首先，检索时仅提取一审刑事判决；其次，将沪深交易所的上市公司又在香港交易所上市的 137 家公司选取出来，对这 137 家上市公司只检索一次；最后，剔除上市公司作为被害人和自诉人的刑事案件，提取上市公司及上市公司高管作为被告人涉刑的案件数量，作为本章统计分析样本。

第二节　涉案上市公司上市交易所分布统计

一、上市公司及高管在各交易所的涉罪频次分布统计

分别对上海证券交易所、深圳证券交易所、香港交易所中的上市公司及高管涉罪频次进行统计，上市公司及高管在各交易所的涉案频次及占比情况见表2。

表2　上市公司及高管在各交易所的涉案频次及占比情况

交易所	涉案频次/件	占比/%
上海证券交易所	1772	72.10
深圳证券交易所	651	26.48
香港交易所	35	1.42
合计	2458	100.00

二、上市公司及高管在各交易所的涉案公司数量分布统计

对上海证券交易所、深圳证券交易所、香港交易所的上市公司及高管刑事涉案情况进行统计分析，得出各交易所的涉案公司数量及占比情况见表3。

表3　上市公司及高管在各交易所的涉案公司数量及占比情况

交易所	公司总量/家	涉案公司数量/家	占比/%
上海证券交易所	2044	174	8.51
深圳证券交易所	2570	148	5.76
香港交易所	464	26	5.60
总计	5078	348	19.87

第三节　上市公司及高管作为被告人涉案罪名结构统计

对上海证券交易所、深圳证券交易所、香港交易所的上市公司及高管作为被告人的涉案罪名进行分析统计，按照《刑法》分则中的罪名结构进行解析，得出各章节的罪名、频次、占比、法定最高刑情况见表4。

表4　上市公司及高管作为被告人涉案罪名结构情况

章	节	罪名	频次/件	占比/%	法定最高刑
第二章 危害公共安全罪		危险驾驶罪	242	9.85	6个月
		重大责任事故罪	17	0.69	7年
		破坏广播电视设施、公用电信设施罪	9	0.37	15年
		危险物品肇事罪	6	0.24	7年
		交通肇事罪	5	0.20	15年
		破坏易燃易爆设备罪	5	0.20	死刑
		重大劳动安全事故罪	2	0.08	7年
第三章 破坏社会主义市场经济秩序罪	第一节 生产、销售伪劣商品罪	生产、销售伪劣产品罪	4	0.16	无期徒刑
	第二节 走私罪	走私废物罪	1	0.04	15年
	第三节 妨害对公司、企业的管理秩序罪	非国家工作人员受贿罪	99	4.03	无期徒刑
		国有公司、企业、事业单位人员失职罪	22	0.90	7年
		对非国家工作人员行贿罪	20	0.81	10年
		国有公司、企业、事业单位人员滥用职权罪	12	0.50	7年
		违规披露、不披露重要信息罪	12	0.50	10年

续表

章	节	罪名	频次/件	占比/%	法定最高刑
第三章 破坏社会主义市场经济秩序罪	第三节 妨害对公司、企业的管理秩序罪	背信损害上市公司利益罪	10	0.40	7年
		欺诈发行证券罪	4	0.16	15年
		为亲友非法牟利罪	2	0.08	7年
		签订、履行合同失职被骗罪	1	0.04	7年
	第四节 破坏金融管理秩序罪	内幕交易、泄露内幕信息罪	95	3.87	10年
		利用未公开信息交易罪	55	2.24	10年
		骗取贷款、票据承兑、金融票证罪	40	1.63	7年
		非法吸收公众存款罪	37	1.51	15年
		违法发放贷款罪	33	1.34	15年
		操纵证券、期货市场罪	14	0.57	10年
		违规出具金融票证罪	5	0.20	15年
		妨害信用卡管理罪	2	0.08	10年
		编造并传播证券、期货交易虚假信息罪	2	0.08	5年
		擅自发行股票、公司、企业债券罪	1	0.04	5年
	第五节 金融诈骗罪	信用卡诈骗罪	68	2.77	无期徒刑
		保险诈骗罪	13	0.53	15年
		集资诈骗罪	10	0.40	无期徒刑
		贷款诈骗罪	7	0.28	无期徒刑
	第六节 危害税收征管罪	虚开增值税专用发票、用于骗取出口退税、抵扣税款发票罪	23	0.94	无期徒刑
		虚开发票罪	3	0.12	7年
	第七节 侵犯知识产权罪	假冒注册商标罪	11	0.45	10年
		侵犯商业秘密罪	7	0.28	10年
		销售假冒注册商标的商品罪	4	0.16	10年
		侵犯著作权罪	3	0.12	10年

续表

章	节	罪名	频次/件	占比/%	法定最高刑
第三章破坏社会主义市场经济秩序罪	第八节扰乱市场秩序罪	串通投标罪	30	1.22	3年
		合同诈骗罪	15	0.61	无期徒刑
		非法经营罪	8	0.33	15年
		提供虚假证明文件罪	1	0.04	10年
第四章侵犯公民人身权利、民主权利罪		故意伤害罪	4	0.16	死刑
		侵犯公民个人信息罪	3	0.12	7年
第五章侵犯财产罪		职务侵占罪	169	6.88	无期徒刑
		挪用资金罪	125	5.09	15年
		诈骗罪	112	4.56	无期徒刑
		盗窃罪	97	3.95	无期徒刑
		故意毁坏财物罪	35	1.43	7年
		侵占罪	3	0.12	5年
		拒不支付劳动报酬罪	2	0.08	7年
第六章妨害社会管理秩序罪	第一节扰乱公共秩序罪	伪造公司、企业、事业单位、人民团体印章罪	20	0.81	3年
		伪造、变造、买卖国家机关公文、证件、印章罪	8	0.33	10年
		妨害公务罪	2	0.08	3年
		赌博罪	1	0.04	3年
		开设赌场罪	1	0.04	10年
		寻衅滋事罪	1	0.04	10年
		破坏计算机信息系统罪	1	0.04	15年
	第二节妨害司法罪	掩饰、隐瞒犯罪所得罪	4	0.16	7年
		非法处置查封、扣押、冻结的财产罪	1	0.04	3年
	第六节破坏环境资源保护罪	污染环境罪	2	0.08	15年
		非法占用农用地罪	1	0.04	5年
		非法采矿罪	1	0.04	7年

续表

章	节	罪名	频次/件	占比/%	法定最高刑
第八章 贪污贿赂罪		受贿罪	357	14.52	死刑
		贪污罪	173	7.04	死刑
		行贿罪	129	5.24	无期徒刑
		挪用公款罪	109	4.43	无期徒刑
		单位行贿罪	56	2.28	5年
		私分国有资产罪	16	0.65	7年
		单位受贿罪	11	0.45	5年
		对单位行贿罪	9	0.37	3年
		巨额财产来源不明罪	2	0.08	10年
		利用影响力受贿罪	1	0.04	15年
		介绍贿赂罪	1	0.04	3年
第九章 渎职罪		滥用职权罪	37	1.51	10年
		玩忽职守罪	4	0.16	10年
总计			2458	100.00	—

第四节　上市公司及高管作为被告人涉案罪名频次统计

对上海证券交易所、深圳证券交易所、香港交易所上市公司及高管涉案罪名进行汇总分析，上市公司及高管罪名频次排名及占比情况见表5。

表5　上市公司及高管罪名频次排名及占比情况

罪　名	频次/件	占比/%
受贿罪	357	14.52
危险驾驶罪	242	9.85
贪污罪	173	7.04
职务侵占罪	169	6.88
行贿罪	129	5.24

续表

罪　名	频次/件	占比/%
挪用资金罪	125	5.09
诈骗罪	112	4.56
挪用公款罪	109	4.43
非国家工作人员受贿罪	99	4.03
盗窃罪	97	3.95
内幕交易、泄露内幕信息罪	95	3.87
信用卡诈骗罪	68	2.77
单位行贿罪	56	2.28
利用未公开信息交易罪	55	2.24
骗取贷款、票据承兑、金融票证罪	40	1.63
非法吸收公众存款罪	37	1.51
滥用职权罪	37	1.51
故意毁坏财物罪	35	1.43
违法发放贷款罪	33	1.34
串通投标罪	30	1.22
虚开增值税专用发票、用于骗取出口退税、抵扣税款发票罪	23	0.94
国有公司、企业、事业单位人员失职罪	22	0.90
伪造公司、企业、事业单位、人民团体印章罪	20	0.81
对非国家工作人员行贿罪	20	0.81
重大责任事故罪	17	0.69
私分国有资产罪	16	0.65
合同诈骗罪	15	0.61
操纵证券、期货市场罪	14	0.57
保险诈骗罪	13	0.53
国有公司、企业、事业单位人员滥用职权罪	12	0.50
违规披露、不披露重要信息罪	12	0.50
单位受贿罪	11	0.45
假冒注册商标罪	11	0.45

续表

罪名	频次/件	占比/%
集资诈骗罪	10	0.40
背信损害上市公司利益罪	10	0.40
对单位行贿罪	9	0.37
破坏广播电视设施、公用电信设施罪	9	0.37
伪造、变造、买卖国家机关公文、证件、印章罪	8	0.33
非法经营罪	8	0.33
侵犯商业秘密罪	7	0.28
贷款诈骗罪	7	0.28
危险物品肇事罪	6	0.24
违规出具金融票证罪	5	0.20
破坏易燃易爆设备罪	5	0.20
交通肇事罪	5	0.20
欺诈发行证券罪	4	0.16
玩忽职守罪	4	0.16
生产、销售伪劣产品罪	4	0.16
销售假冒注册商标的商品罪	4	0.16
故意伤害罪	4	0.16
掩饰、隐瞒犯罪所得罪	4	0.16
侵犯公民个人信息罪	3	0.12
侵占罪	3	0.12
侵犯著作权罪	3	0.12
虚开发票罪	3	0.12
编造并传播证券、期货交易虚假信息罪	2	0.08
妨害公务罪	2	0.08
拒不支付劳动报酬罪	2	0.08
污染环境罪	2	0.08
重大劳动安全事故罪	2	0.08
为亲友非法牟利罪	2	0.08

续表

罪　　名	频次/件	占比/%
妨害信用卡管理罪	2	0.08
巨额财产来源不明罪	2	0.08
擅自发行股票、公司、企业债券罪	1	0.04
非法处置查封、扣押、冻结的财产罪	1	0.04
签订、履行合同失职被骗罪	1	0.04
走私废物罪	1	0.04
利用影响力受贿罪	1	0.04
赌博罪	1	0.04
非法采矿罪	1	0.04
介绍贿赂罪	1	0.04
提供虚假证明文件罪	1	0.04
非法占用农用地罪	1	0.04
破坏计算机信息系统罪	1	0.04
开设赌场罪	1	0.04
寻衅滋事罪	1	0.04
总计	2458	100.00

第四章　上市公司作为被害人和自诉人的刑事风险现状

第一节　统计分析数据样本说明

一、上市公司

本书中的上市公司，是指公开发行的股票经过国务院或者国务院授权的证券管理部门批准在证券交易所上市交易的股份有限公司，包括在上海证券交易所、深圳证券交易所和公司在香港交易所挂牌上市的境内公司，由于北京证券交易所于2021年9月3日注册成立而未纳入统计范围。根据上海证券交易所、深圳证券交易所和香港交易所官网公布的数据，截至2021年10月25日，上海证券交易所共2044家上市公司，分别是主板1692家、科创板352家；深圳证券交易所共2570家上市公司，分别是主板1520家，创业板1050家；在香港交易所挂牌的上市公司有464家。

二、上市公司范围

本书上市公司范围包括上海证券交易所、深圳证券交易所、香港交易所的上市公司，具体范围见表6。

表 6　上市公司范围

交易所	上市公司类型
上海证券交易所	主板
	科创板
	暂停上市、终止上市公司
深圳证券交易所	主板
	创业板
	暂停和终止上市公司
香港交易所	中资红筹股上市公司
	中国企业 H 股上市公司
	我国香港特别行政区创业板

三、关于上市公司作为被害人和自诉人

本书所称的上市公司作为被害人和自诉人是指上市公司分别在刑事公诉和刑事自诉案件中作为合法权益遭受犯罪行为侵害的当事人。

四、分析方法

以中国裁判文书网中的全部刑事案件为数据库源，截至 2021 年 11 月 1 日，中国裁判文书网共收录裁判文书 124, 596, 841 篇，其中刑事文书 9, 663, 688 篇。以上市公司法定全称和证券简称作为关键词，在中国裁判文书网逐一进行检索，再对上市公司涉及的所有刑事裁判文书根据罪名、基本案情、法院查明、法院判决等要素进行分析，最后提取上市公司直接关联的刑事案件。

五、特别说明

为避免数据样本重复，首先，检索时仅提取一审刑事判决数量；其次，有 137 家在上海、深圳证券交易所上市的公司同时又在香港交易所上市，在对香港交易所上市公司进行检索分析时，对这 137 家上市公司进行排除；最后，剔除上市公司及上市公司高管作为被告人的刑事案件数量，提取上市公司作为受害人和

自诉人的刑事案件,作为本章统计分析样本。

第二节 涉案上市公司上市交易所分布统计

一、各交易所上市公司作为被害人和自诉人的涉案分布统计

对上海证券交易所、深圳证券交易所、香港交易所的上市公司刑事涉案情况进行统计分析,分别得出各交易所上市公司作为被害人和自诉人的涉案频次及占比情况见表7。

表7 各交易所上市公司作为被害人和自诉人的涉案频次及占比情况

交易所	涉案频次/件	占比/%
上海证券交易所	4150	65.63
深圳证券交易所	2111	33.39
香港交易所	62	0.98
合计	6323	100.00

二、上市公司作为被害人和自诉人在各交易所的涉案公司数量分布统计

对上海证券交易所、深圳证券交易所、香港交易所的上市公司涉案情况进行统计分析,分别得出各交易所的涉案公司数量及占比情况见表8。

表8 上市公司作为被害人和自诉人在各交易所的涉案公司数量分布情况

交易所	公司总量/家	涉案公司数量/家	占比/%
上海证券交易所	2044	302	14.78
深圳证券交易所	2570	178	6.92
香港交易所	464	30	6.46
总计	5078	510	28.16

第三节　涉案上市公司作为被害人和自诉人罪名结构统计

对上海证券交易所、深圳证券交易所、香港交易所上市公司作为被害人和自诉人涉刑罪名进行统计，按照《刑法》分则中的罪名结构进行解析，得出各章节的罪名、频次、占比、法定最高刑情况见表9。

表9　上市公司作为被害人和自诉人罪名结构分析

章	节	罪名	频次/件	占比/%	法定最高刑
第二章 危害公共安全罪		破坏广播电视设施、公用电信设施罪	24	0.38	15年
		破坏易燃易爆设备罪	17	0.27	死刑
		破坏电力设备罪	5	0.07	死刑
		过失损坏广播电视设施、公用电信设施罪	1	0.02	7年
		失火罪	3	0.05	7年
		放火罪	1	0.02	死刑
		危险品肇事罪	1	0.02	7年
第三章 破坏社会主义市场经济秩序罪	第一节 生产、销售伪劣商品罪	生产、销售、提供假药罪	102	1.61	死刑
		生产、销售伪劣产品罪	53	0.83	无期徒刑
	第三节 妨害对公司、企业的管理秩序罪	国有公司、企业、事业单位人员失职罪	13	0.21	7年
		国有公司、企业、事业单位人员滥用职权罪	4	0.06	7年
		隐匿、故意销毁会计凭证、会计账簿、财务会计报告罪	3	0.05	5年

续表

章	节	罪名	频次/件	占比/%	法定最高刑
第三章 破坏社会主义市场经济秩序罪	第四节 破坏金融管理秩序罪	骗取贷款、票据承兑、金融票证罪	186	2.94	7年
		违法发放贷款罪	30	0.47	15年
		妨害信用卡管理罪	15	0.24	10年
		非法吸收公众存款罪	6	0.09	15年
		违规出具金融票证罪	4	0.06	15年
		操纵证券、期货市场罪	3	0.05	10年
		窃取、收买、非法提供信用卡信息罪	2	0.03	10年
		伪造、变造金融票证罪	1	0.02	无期徒刑
	第五节 金融诈骗罪	信用卡诈骗罪	2508	39.66	无期徒刑
		保险诈骗罪	57	0.90	15年
		贷款诈骗罪	37	0.59	无期徒刑
		票据诈骗罪	8	0.13	无期徒刑
		信用证诈骗罪	3	0.05	无期徒刑
		集资诈骗罪	1	0.02	无期徒刑
	第六节 危害税收征管罪	虚开增值税专用发票、用于骗取出口退税、抵扣税款发票罪	138	2.18	无期徒刑
		虚开发票罪	4	0.06	7年
		非法购买增值税专用发票、购买伪造的增值税专用发票罪	3	0.05	5年
	第七节 侵犯知识产权罪	销售假冒注册商标的商品罪	258	4.08	10年
		假冒注册商标罪	221	3.50	10年
		非法制造、销售非法制造的注册商标标识罪	42	0.66	10年
		侵犯商业秘密罪	7	0.11	10年
		侵犯著作权罪	4	0.06	10年

续表

章	节	罪名	频次/件	占比/%	法定最高刑
第三章 破坏社会主义市场经济秩序罪	第八节 扰乱市场秩序罪	合同诈骗罪	41	0.65	无期徒刑
		非法经营罪	5	0.07	15年
		强迫交易罪	1	0.02	7年
		提供虚假证明文件罪	1	0.02	10年
第五章 侵犯财产罪		盗窃罪	560	8.86	无期徒刑
		职务侵占罪	239	3.78	无期徒刑
		诈骗罪	71	1.12	无期徒刑
		故意毁坏财物罪	55	0.87	7年
		抢劫罪	6	0.09	死刑
		破坏生产经营罪	6	0.09	7年
		侵占罪	2	0.03	5年
		抢夺罪	1	0.02	无期徒刑
		敲诈勒索罪	1	0.02	15年
第六章 妨害社会管理秩序罪	第一节 扰乱公共秩序罪	伪造公司、企业、事业单位、人民团体印章罪	140	2.21	3年
		伪造、变造、买卖国家机关公文、证件、印章罪	22	0.35	10年
		非法获取计算机信息系统数据、非法控制计算机信息系统罪	5	0.07	7年
		破坏计算机信息系统罪	3	0.05	15年
		非法侵入计算机信息系统罪	2	0.03	3年
	第二节 妨害司法罪	拒不执行判决、裁定罪	1380	21.83	7年
		非法处置查封、扣押、冻结的财产罪	3	0.05	3年
	第六节 破坏环境资源保护罪	盗伐林木罪	8	0.13	15年
		污染环境罪	3	0.05	15年
		危害国家重点保护植物罪	2	0.03	7年
		非法采矿罪	1	0.02	7年
总计			6323	100.00	—

第四节　上市公司作为被害人和自诉人涉案罪名频次统计

对上海证券交易所、深圳证券交易所、香港交易所上市公司作为被害人和自诉人涉案罪名进行汇总，得出各罪名频次排名及占比情况见表10。

表10　上市公司作为被害人和自诉人罪名频次排名及占比情况

罪　　名	频次/件	占比/%
信用卡诈骗罪	2508	39.66
拒不执行判决、裁定罪	1380	21.83
盗窃罪	560	8.86
销售假冒注册商标的商品罪	258	4.08
职务侵占罪	239	3.78
假冒注册商标罪	221	3.50
骗取贷款、票据承兑、金融票证罪	186	2.94
伪造公司、企业、事业单位、人民团体印章罪	140	2.21
虚开增值税专用发票罪、用于骗取出口退税、抵扣税款发票罪	138	2.18
生产、销售、提供假药罪	102	1.61
诈骗罪	71	1.12
保险诈骗罪	57	0.90
故意毁坏财物罪	55	0.87
生产、销售伪劣产品罪	53	0.83
非法制造、销售非法制造的注册商标标识罪	42	0.66
合同诈骗罪	41	0.65
贷款诈骗罪	37	0.59
违法发放贷款罪	30	0.47
破坏广播电视设施、公用电信设施罪	24	0.38
伪造、变造、买卖国家机关公文、证件、印章罪	22	0.35
破坏易燃易爆设备罪	17	0.27

续表

罪　　名	频次/件	占比/%
妨害信用卡管理罪	15	0.24
国有公司、企业、事业单位人员失职罪	13	0.21
票据诈骗罪	8	0.13
盗伐林木罪	8	0.13
侵犯商业秘密罪	7	0.11
破坏生产经营罪	6	0.09
非法吸收公众存款罪	6	0.09
抢劫罪	6	0.09
非法经营罪	5	0.07
非法获取计算机信息系统数据、非法控制计算机信息系统罪	5	0.07
破坏电力设备罪	5	0.07
国有公司、企业、事业单位人员滥用职权罪	4	0.06
虚开发票罪	4	0.06
违规出具金融票证罪	4	0.06
侵犯著作权罪	4	0.06
非法购买增值税专用发票、购买伪造的增值税专用发票罪	3	0.05
污染环境罪	3	0.05
失火罪	3	0.05
非法处置查封、扣押、冻结的财产罪	3	0.05
破坏计算机信息系统罪	3	0.05
操纵证券、期货市场罪	3	0.05
隐匿、故意销毁会计凭证、会计账簿、财务会计报告罪	3	0.05
信用证诈骗罪	3	0.05
窃取、收买、非法提供信用卡信息罪	2	0.03
非法侵入计算机信息系统罪	2	0.03
危害国家重点保护植物罪	2	0.03
侵占罪	2	0.03
集资诈骗罪	1	0.02

续表

罪　　名	频次/件	占比/%
强迫交易罪	1	0.02
危险品肇事罪	1	0.02
放火罪	1	0.02
过失损坏广播电视设施、公用电信设施罪	1	0.02
非法采矿罪	1	0.02
提供虚假证明文件罪	1	0.02
伪造、变造金融票证罪	1	0.02
敲诈勒索罪	1	0.02
抢夺罪	1	0.02
总计	6323	100.00

02

第二篇

上市公司生产经营各环节刑事案例及合规指引

第五章　证券一级市场的刑事案例及合规指引

第一节　欺诈发行证券罪

刑事责任

《刑法》第160条规定：在招股说明书、认股书、公司、企业债券募集办法等发行文件中隐瞒重要事实或者编造重大虚假内容，发行股票或者公司、企业债券、存托凭证或者国务院依法认定的其他证券，数额巨大、后果严重或者有其他严重情节的，处5年以下有期徒刑或者拘役，并处或者单处罚金；数额特别巨大、后果特别严重或者有其他特别严重情节的，处5年以上有期徒刑，并处罚金。

控股股东、实际控制人组织、指使实施前款行为的，处5年以下有期徒刑或者拘役，并处或者单处非法募集资金金额20%以上1倍以下罚金；数额特别巨大、后果特别严重或者有其他特别严重情节的，处5年以上有期徒刑，并处非法募集资金金额20%以上1倍以下罚金。

单位犯前两款罪的，对单位判处非法募集资金金额20%以上1倍以下罚金，并对其直接负责的主管人员和其他直接责任人员，依照第1款的规定处罚。

立案标准

《最高人民检察院、公安部关于公安机关管辖的刑事案件立案追诉标准的规定（二）》（2022修订）第5条规定：在招股说明书、认股书、公司、企业债券募集办法等发行文件中隐瞒重要事实或者编造重大虚假内容,发行股票或者公司、企业债券、存托凭证或者国务院依法认定的其他证券,涉嫌下列情形之一的,应予立案追诉:

(1)非法募集资金金额在1000万元以上的;

(2)虚增或者虚减资产达到当期资产总额30%以上的;

(3)虚增或者虚减营业收入达到当期营业收入总额30%以上的;

(4)虚增或者虚减利润达到当期利润总额30%以上的;

(5)隐瞒或者编造的重大诉讼、仲裁、担保、关联交易或者其他重大事项所涉及的数额或者连续12个月的累计数额达到最近一期披露的净资产50%以上的;

(6)造成投资者直接经济损失数额累计在100万元以上的;

(7)为欺诈发行证券而伪造、变造国家机关公文、有效证明文件或者相关凭证、单据的;

(8)为欺诈发行证券向负有金融监督管理职责的单位或者人员行贿的;

(9)募集的资金全部或者主要用于违法犯罪活动的;

(10)其他后果严重或者有其他严重情节的情形。

典型案例 金亚科技股份有限公司、周某辉等欺诈发行证券案

案号:(2020)川01刑初323号

【案情简介】

1.欺诈发行证券罪的犯罪事实

2008年至2009年7月,被告人周某辉作为成都金亚科技股份有限公司[现更名为金亚科技股份有限公司(以下简称金亚科技)]的股东、董事长及实际控制人,为使该公司在A股顺利上市挂牌交易,以公司名义授意财务总监花某国、销售经理郑某强等人进行财务数据造假,并在不同场合以明示或暗示的方式要求公司其他部门员工予以协助配合。后被告人郑某强根据被告人花某国等人所提出的数据要求,通过伪造销售合同、客户印章以及中国工商银行、成都商业

银行(现更名为成都银行)、上海浦东发展银行等金融机构的收、付款回执单等方式,形成文件名为“006 账套”的虚假财务账目数据,虚增、夸大公司 2006 年度至 2008 年度以及 2009 年第一、第二季度营业收入及盈利能力。金亚科技在向中国证券监督管理委员会提交的《首次公开发行股票并在创业板上市招股说明书》等文件中使用上述虚假数据,隐瞒公司真实经营状况。后经中国证券监督管理委员会核准,金亚科技于 2009 年 10 月 30 日在深圳证券交易所正式挂牌交易,获准公开发行股票人民币普通股(股票代码:300028)3700 万股,募集资金净额人民币 3.9186 亿元。

经鉴定,金亚科技 IPO 财务申报审批材料存在作假,其中 2008 年以及 2009 年 1 ~ 6 月营业收入作假金额分别为人民币 137,067,587.60 元、人民币 79,946,942.67 元,作假幅度分别为披露金额的 87.06%、84.47%;净利润作假金额分别为人民币 42,817,348.78 元、人民币 19,100,787.75 元,作假幅度分别为披露金额的 106.77%、101.87%;净资产作假金额分别为人民币 177,306,132.82 元、人民币 168,683,920.57 元,作假幅度分别为披露金额的 89.40%、69.11%。

2. 违规披露、不披露重要信息罪的犯罪事实

金亚科技 2013 年大幅亏损,为扭转公司亏损,时任公司董事长的周某辉在 2014 年年初定下公司当年利润须达到 3000 万元的目标,并要求财务负责人于每个季度末将真实的利润数据和按照年初利润目标分解的季度利润数据报给周某辉,最后由其来确定当季对外披露的利润数据。经周某辉确认后,财务总监丁某和将该季度应该达到的利润数据告诉财务经理李某、成本会计刘某、出纳张某等财务人员,并要求他们按照该数据来做账。具体分工为,李某负责制作虚假的财务报表,刘某负责制作虚假的产品出入库单,张某负责制作虚假银行流水及收付款单据并在单据上加盖伪造的银行印章,商务经理舒某则配合制作虚假产品发货通知单。金亚科技利用上述手段,通过虚构客户、伪造合同、伪造银行单据、伪造材料产品收发记录、隐瞒费用支出等方式虚增利润。2015 年 4 月 1 日,金亚科技依据虚假的账套核算数据对外披露了《金亚科技股份有限公司 2014 年度报告》。

经鉴定,金亚科技截至 2014 年 12 月 31 日的真实营业收入为人民币 129,565,619.35 元,营业成本为人民币 175,422,462.25 元,利润总额为人民

币-44,754,860.82元,该公司2014年真实的经营情况处于亏损状态。金亚科技对外披露的2014年年报中营业收入作假金额为人民币72,348,816.33元,作假幅度为披露金额的35.83%;净利润作假金额为人民币84,141,310.46元,作假幅度为披露金额的213.72%;净资产作假金额为人民币346,437,166.92元,作假幅度为披露金额的51.68%。金亚科技通过上述财务处理方式使该公司2014年年度报告利润总额由亏损变为盈利。

另查明,中国证券监督管理委员会于2018年3月1日对金亚科技给予警告,并处以人民币60万元的罚款;对周某辉给予警告,并处以人民币90万元的罚款,终身市场禁入;对丁某和给予警告,并处以人民币30万元的罚款,10年证券市场禁入。

周某辉于2018年7月5日主动向公安机关投案并如实供述其犯罪事实。2018年7月17日,公安机关分别在成都市温江区××街××号××栋××单元××号××及金牛区××社区××路××号××楼将花某国、郑某强抓获。2020年9月23日,公安机关口头传唤丁某和到案接受调查。

【法院认为】

被告单位金亚科技在招股说明书中隐瞒重要事实、编造重大虚假内容,发行股票,数额巨大,被告人周某辉作为公司直接负责的主管人员,被告人花某国、郑某强作为公司其他直接责任人员,其行为均已构成欺诈发行股票罪。金亚科技作为依法负有信息披露义务的公司,在2014年年报披露中向股东和社会公众提供虚假的财务会计报告,情节严重,被告人周某辉作为公司直接负责的主管人员,被告人丁某和作为公司其他直接责任人员,其行为均已构成违规披露重要信息罪。被告人周某辉一人犯数罪,应依法数罪并罚。

被告人周某辉主动向公安机关投案并如实供述其犯罪事实,系自首,依法可以从轻或减轻处罚。周某辉作为金亚科技直接负责的主管人员,自动投案并如实交代金亚科技犯罪事实,系单位自首,依法可以从轻或减轻处罚。被告人花某国、郑某强、丁某和归案后如实供述其犯罪事实,依法可以从轻处罚。被告单位金亚科技及被告人周某辉、花某国、郑某强、丁某和自愿认罪认罚,依法可以从轻处罚。综合考虑被告人周某辉、花某国、郑某强、丁某和的犯罪情节及认罪、悔罪态度,适用缓刑对所居住社区没有重大不良影响,对上述被告人可适用缓刑。

【法院判决】

四川省成都市中级人民法院作出一审判决:(1)被告单位金亚科技犯欺诈发行证券罪,判处罚金人民币392万元。(2)被告人周某辉犯欺诈发行证券罪,判处有期徒刑2年;犯违规披露重要信息罪,判处有期徒刑1年6个月,并处罚金人民币10万元。数罪并罚,决定执行有期徒刑3年,缓刑5年,并处罚金人民币10万元。(3)被告人花某国犯欺诈发行证券罪,判处有期徒刑1年6个月,缓刑3年。(4)被告人郑某强犯欺诈发行证券罪,判处有期徒刑1年6个月,缓刑3年。(5)被告人丁某和犯违规披露重要信息罪,判处有期徒刑1年3个月,缓刑2年,并处罚金人民币5万元。

本判决已生效。

典型案例　丹东欣泰电气股份有限公司欺诈发行证券案

案号:(2017)辽06刑初11号

【案情简介】

被告单位丹东欣泰电气股份有限公司(以下简称欣泰电气公司)2016年7月5日因本案被证监会责令整改,给予警告,并处以人民币832万元罚款。被告人温某乙,原系欣泰电气公司董事长,2016年7月5日因本案被证监会给予警告,并处以人民币892万元罚款。被告人刘某胜,原系欣泰电气公司财务总监,2016年7月5日因本案被证监会给予警告,并处以人民币60万元罚款。

2011年3月30日,被告单位欣泰电气公司提出在创业板上市的申请,但因持续盈利能力不符合条件而被证监会驳回。2011年至2013年6月,被告人温某乙、刘某胜合谋决定采取虚减应收账款、少计提坏账准备等手段,虚构有关财务数据,并在向证监会报送的首次公开发行股票并在创业板上市申请文件的定期财务报告中载入重大虚假内容。2014年1月3日,证监会核准欣泰电气公司在创业板上市。随后欣泰电气公司在《首次公开发行股票并在创业板上市招股说明书》中亦载入了具有重大虚假内容的财务报告。2014年1月27日,欣泰电气公司股票在深圳证券交易所创业板挂牌上市,首次以每股发行价16.31元的价格向社会公众公开发行1577.8 万股,共募集资金人民币 2.57 亿元。

被告单位欣泰电气公司上市后,被告人温某乙、刘某胜继续沿用前述手段进行财务造假,向公众披露了具有重大虚假内容的 2013 年年度报告、2014 年半年度报告、2014 年年度报告等重要信息。2017 年 7 月,深圳证券交易所决定欣泰电气公司退市、摘牌,主承销商兴业证券股份有限公司先行赔付 1 万余名投资人的损失共计人民币 2.36 亿余元。

【法院认为】

被告单位欣泰电气公司、被告人温某乙、刘某胜的行为均构成欺诈发行股票罪;被告人温某乙、刘某胜的行为还构成违规披露重要信息罪,依法应当数罪并罚。温某乙到案后如实供述自己的罪行,刘某胜具有自首情节,依法可以从轻处罚。

【法院判决】

辽宁省丹东市中级人民法院作出一审判决:(1)以欺诈发行股票罪判处被告单位欣泰电气公司罚金人民币 832 万元(已缴纳);(2)以欺诈发行股票罪、违规披露重要信息罪判处被告人温某乙有期徒刑 3 年,并处罚金人民币 10 万元(已缴纳);以欺诈发行股票罪、违规披露重要信息罪判处被告人刘某胜有期徒刑 3 年,并处罚金人民币 8 万元(已履行)。

本判决已生效。

风险提示

一、欺诈发行导致严重社会危害后果,相关单位及人员将被严肃追责

欺诈发行证券的实际受害者是特定投资者,不过由于公开发行是向不特定投资者发出的要约邀请,因此欺诈发行的潜在受害者就是不特定多数的投资者即一级市场的投资公众,欺诈发行会严重蛀蚀资本市场的诚信基础,而一旦投资公众对市场失去信心甚至退出市场,市场也就不复存在了。证券市场的安全源于市场公平性的客观存在以及公众对公平性的信赖,从这种意义上,欺诈发行不仅损害投资者利益,还会威胁到整个发行市场的安全。股票、债券审批、发

行、运营的各个阶段都规定了相应法律责任,随意操作很容易触碰法律的红线,因此,证券审批、发行、运营每个阶段都需要做到合法合规,必须在合规的基础上运作。同时,本罪主体主要是单位,采取双罚制,一旦被认定造成严重后果,单位和相关的负责人均有可能构成犯罪而被严肃追责。

目前,我国正在推进以信息披露为核心的证券发行注册制。市场主体的诚信建设,事关资本市场长期健康发展。欺诈发行、财务造假等违法犯罪行为,严重挑战信息披露制度的严肃性,严重破坏市场诚信基础,严重损害投资者利益,是证券市场的"毒瘤",必须坚决依法从严惩处。上述案例,充分体现了监管部门对资本市场违法犯罪行为"零容忍"的态度和决心,对当前从严惩处资本市场财务造假、欺诈违法犯罪行为具有重要警示作用。另外,《刑法修正案(十一)》对欺诈发行股票、债券罪的刑法条文进行修改,进一步加大对这类犯罪的惩罚力度。

二、监管机构将向公安机关移送案件,进行刑事追责

《行政执法机关移送涉嫌犯罪案件的规定》(2020 年修订)第 3 条第 1 款规定:"行政执法机关在依法查处违法行为过程中,发现违法事实涉及的金额、违法事实的情节、违法事实造成的后果等,根据刑法关于破坏社会主义市场经济秩序罪、妨害社会管理秩序罪等罪的规定和最高人民法院、最高人民检察院关于破坏社会主义市场经济秩序罪、妨害社会管理秩序罪等罪的司法解释以及最高人民检察院、公安部关于经济犯罪案件的追诉标准等规定,涉嫌构成犯罪,依法需要追究刑事责任的,必须依照本规定向公安机关移送。"

当前从严化监管政策的核心在于行政执法和刑事司法的合力协作,这意味着,在出现证券合规风险事件时,行政执法和刑事司法将同步介入,相关违规行为将直接受到刑事司法审查。同时,随着监管当局理念的转变,在行刑交叉领域,将有越来越多的行政处罚案件被各地证监局向公安机关移送,上市公司的行政法律风险有向行刑交叉领域加速蔓延的趋势。在这一政策背景下,证券领域的刑事风险将骤然提升,这也对企业的刑事合规能力提出了更高的要求。

三、上市公司可能因欺诈发行被强制退市

根据《深圳证券交易所创业板股票上市规则》第 10.5.1 条的规定,上市公

司存在欺诈发行、重大信息披露违法或者其他严重损害证券市场秩序的重大违法行为，其股票将被强制退市。

四、上市公司可能被行政处罚，实际控制人被限制市场进入

由于欺诈发行证券，上市公司以及董事长、实际控制人、高级管理人员可能被证监会作出行政处罚或市场禁入决定。前述案例中，中国证券监督管理委员会于2018年3月1日对金亚科技给予警告，并处以人民币60万元的罚款；对周某辉给予警告，并处以人民币90万元的罚款，终身市场禁入；对丁某和给予警告，并处以人民币30万元的罚款，10年证券市场禁入。

五、欺诈发行可能引发民事赔偿诉讼

欺诈发行证券案中，涉案公司在招股说明书、认股书、公司、企业债券募集办法中隐瞒重要事实或者编造重大虚假内容，发行股票或者公司、企业债券，数额巨大、后果严重或者有其他严重情节，根据《证券法》与《最高人民法院关于审理证券市场虚假陈述侵权民事赔偿案件的若干规定》，权益受到损害的投资者均可提起民事赔偿诉讼。实践中，如果欺诈事实和投资者利益损害之间存在清晰的因果关系，涉案公司将承担投资者民事赔偿责任。

六、法律新规对欺诈发行责任加重，追责范围加大

2020年3月1日起正式施行的《证券法》大幅提高了欺诈发行的违法成本，对市场相关参与主体，包括发行人、控股股东、实际控制人、保荐人、证券公司、承销机构等的处罚力度都有相应的提高，彰显了监管层加大力度处罚证券市场违法犯罪的决心。根据《证券法》第181条第1款的规定，发行人在其公告的证券发行文件中隐瞒重要事实或者编造重大虚假内容，尚未发行证券的，处以200万元以上2000万元以下的罚款；已经发行证券的，要处非法所募资金金额10%以上1倍以下的罚款。《刑法修正案（十一）》对欺诈发行证券加重了刑罚力度，法定最高刑从5年有期徒刑提升至15年有期徒刑；在刑事追责路径上，将控股股东、实际控制人也纳入了欺诈发行追责范围。《刑法修正案（十一）》修改前，发行人、控股股东或实际控制人（未担任董事、监事、高管职务的）组织、指使实施上述行为的，可能成立该罪的教唆犯或间接正犯，《刑法修正案（十一）》施行后，将控股股东、实际控制人组织、指使实施的行为，直接规定为欺诈发行证券罪的实行行为，便于独立定罪量刑。

刑事合规指引

一、加强刑事风险意识，完善刑事合规治理

目前普遍采用的"行政处罚＋刑事处罚"相结合的手段极大地提高了违法违规成本，企业切不可心存侥幸心理，一旦被罚，后果严重；一旦涉刑，实际控制人不仅面临被行政处罚、终身禁入市场的风险，还会同时被追究刑事责任，上市公司的董事、监事、高级管理人员也将承担连带责任。上市公司应完善刑事合规治理，严格按照法律法规和各监管部门的要求规范治理，这样才能行稳致远。

二、披露文件应客观真实，避免隐瞒重要事实

上市公司应做好披露文件的刑事合规排查，欺诈发行的行为表现为在招股说明书、认股书以及公司、企业债券募集办法等重要文件中隐瞒重要事实或者编造重大虚假内容。根据证监会的要求，发行人至少需要如实披露以下方面的情况：主体资格、经营情况、规范运营情况；发行人、控股股东或实际控制人遵纪守法情况、财务状况、所募资金使用说明等，并完善相关合规制度。同时，企业应根据自身的经营情况、财务状况、行业前景、未来收益等做真实客观的预测、描述和推断，真实反映投资对象信息，不可编造重大虚假内容，否则，均会按欺诈发行承担刑事责任。

三、董事、监事和高级管理人员要真正做到勤勉尽责，合法合规履职

2020年8月19日《广东省高级人民法院关于为深圳证券交易所创业板改革并试点注册制提供司法保障实施意见》印发，指出严格落实创业板证券发行人及其相关人员对信息披露的法定责任，发行人的董事、监事和高级管理人员对证券发行文件和定期报告行使异议权的，不当然免除其勤勉尽责义务。因此，董事、监事、高级管理人员应真正做到勤勉尽责，严格按照法律法规和企业规章制度要求规范履职行为，发现有违法违规行为或者涉嫌犯罪的风险，要及时提出并制止，否则一样难逃罪责。

四、防止将行政违法行为入刑

根据法律规定，行为人承担欺诈发行的刑事责任，不仅要求其在招股说明

书、认股书、公司、企业债券募集办法中隐瞒重要事实或者编造重大虚假内容,还必须实施了发行证券的行为,但是如果没有实施发行证券的行为,只是对相关资料进行了隐瞒或编造,没有造成严重后果,没有其他严重情节,则不构成欺诈发行证券罪,可由相关监管部门处以行政处罚。

五、防止发行国务院规定的"其他证券"涉刑

《刑法修正案(十一)》取消了欺诈发行股票、债券罪,改为欺诈发行证券罪。修改前,欺诈发行的范围比较明确,仅限于股票、公司或企业债券;修改后,欺诈发行的范围为股票、公司或企业债券、存托凭证,以及国务院依法认定的其他证券。这里的国务院依法认定的"其他证券",虽然属于概括性规定,但企业对概括性规定的内涵应具备认知或认知可能性,违反后不能以不知道为违法阻却事由。欺诈发行证券列举的股票、公司债券、存托凭证,分别由《公司法》《证券法》《企业债券管理条例》规定,国务院依法认定的"其他证券",其语义应在所列举证券种类范围之内。总的来说,上市公司应建立和完善刑事合规制度,熟悉证券发行相关法律法规,防止发行未经上述法律法规认可的其他证券而涉刑。

第二节　擅自发行股票、公司、企业债券罪

刑事责任

《刑法》第 179 条规定:未经国家有关主管部门批准,擅自发行股票或者公司、企业债券,数额巨大、后果严重或者有其他严重情节的,处 5 年以下有期徒刑或者拘役,并处或者单处非法募集资金金额 1% 以上 5% 以下罚金。

单位犯前款罪的,对单位判处罚金,并对其直接负责的主管人员和其他直接责任人员,处 5 年以下有期徒刑或者拘役。

立案标准

《最高人民检察院、公安部关于公安机关管辖的刑事案件立案追诉标准的规定(二)》(2022 修订)第 29 条规定:未经国家有关主管部门批准或者注册,擅自发行股票或者公司、企业债券,涉嫌下列情形之一的,应予立案追诉:

(1)非法募集资金金额在 100 万元以上的;

(2)造成投资者直接经济损失数额累计在 50 万元以上的;

(3)募集的资金全部或者主要用于违法犯罪活动的;

(4)其他后果严重或者有其他严重情节的情形。

本条规定的"擅自发行股票或者公司、企业债券",是指向社会不特定对象发行、以转让股权等方式变相发行股票或者公司、企业债券,或者向特定对象发行、变相发行股票或者公司、企业债券累计超过 200 人的行为。

典型案例　某医药科技股份公司擅自发行股票案

案号:(2016)鄂 0106 刑初 115 号

【案情简介】

湖北龙丹生物医药科技股份有限公司(以下简称龙丹公司)于 1998 年 11 月成立,主要由被告人张某霖实际出资并担任法定代表人,企业类型为非上市股份有限公司。2004 年 11 月,龙丹公司与湖北省股权托管中心签订股权托管协议书,委托湖北省股权托管中心作为其股权托管服务机构,负责为被告单位龙丹公司进行股份登记及托管资料的管理。2005 年 11 月,公司法定代表人变更为李某,但其仅为挂名,被告人张某霖仍负责被告单位龙丹公司的经营管理,是被告单位龙丹公司的实际控制人。经过数次增资配股、股权变更,截至 2006 年 5 月,被告单位龙丹公司注册资金为人民币 6175 万元,全部由自然人股东持股。

2004 年,为帮助被告单位龙丹公司募集资金扩大生产经营及运作上市等,经被告人徐某平介绍,被告人张某霖结识了湖北大唐产权经纪有限公司(以下简称大唐公司)相关人员,并约定由大唐公司作为中介机构向社会公众推销被告单位龙丹公司的股份,随后被告人张某霖聘用被告人徐某平为公司证券部经理,授权其代表被告单位龙丹公司办理股份过户手续。2005 年 3 月至 2006 年 12 月,未经国家主管部门批准,被告单位龙丹公司通过大唐公司及武汉通联产权交易有限公司中介,委托上海泽丰产权经纪有限公司、上海晟海产权经纪有限公司、上海宏熙投资管理有限公司、阿米卡司投资咨询(北京)有限公司、安徽金昇投资顾问有限公司等,对外虚假宣传被告单位龙丹公司即将上市,以每股 3.5 元至 6 元的价格,向社会公众转让被告单位龙丹公司自然人股东的股份(股票简称龙丹生物),共计向 1400 余人转让股份 1980 余万股。其中被告单位龙丹公司按每股 0.6 元的价格,非法募集资金 1190 余万元,致使购买被告单位龙丹公司股票的投资人遭受重大经济损失。

被告人张某霖于 2015 年 1 月 20 日被公安机关抓获,被告人徐某平于 2015 年 7 月 15 日主动到公安机关投案。

【法院认为】

被告单位龙丹公司破坏金融管理秩序,未经国家有关主管部门批准,擅自发行股票,数额巨大;被告人张某霖作为被告单位的主管人员、被告人徐某平作为被告单位的直接责任人员,其行为均已构成擅自发行股票罪。公诉机关对被告单位龙丹公司、被告人张某霖、徐某平的指控事实清楚,证据确实、充分,适用法律正确,指控的罪名成立。被告人张某霖如实供述犯罪事实并当庭自愿认罪,可以从轻处罚。被告人徐某平在犯罪后主动投案并如实供述犯罪事实,是自首,可以从轻处罚。对被告人张某霖、徐某平辩护人的相关辩护意见,本院予以采纳。被告人徐某平提议并积极参与被告单位龙丹公司向社会公众发行股票,获取非法利益,在共同犯罪中起主要作用,对其辩护人关于被告人徐某平系从犯的辩护意见,本院不予采纳。关于部分被害人认为本案应当以集资诈骗罪追究刑事责任的意见,与查明的事实和法律规定相悖,本院不予采纳,理由如下:(1)相关法律及司法解释规定,集资诈骗罪的构成要件在主观上是以非法占有为目的,客观上使用诈骗方法进行非法集资。而本案被告单位龙丹公司在发行股票时,公司尚在经营并具有一定资产,其将公司股权托管,转让股权时均进行了登记备案,办理了相关手续,虽然被告单位龙丹公司发行股票的行为未经批准，但股权转让并非虚构，因此，被告单位龙丹公司具有发行股票的真实性，其在主观上没有非法占有的故意。(2)审理中没有确实、充分的证据能够证明被告单位龙丹公司及主管人员未将非法募集的资金用于生产经营，或者具有转移资金、挥霍资金、隐匿财产的行为。

【法院判决】

湖北省武汉市武昌区人民法院作出一审判决：(1)被告单位龙丹公司犯擅自发行股票罪，判处罚金30万元；(2)被告人张某霖犯擅自发行股票罪，判处有期徒刑2年；(3)被告人徐某平犯擅自发行股票罪，判处有期徒刑1年9个月。

本判决已生效。

风险提示

一、注意擅自发行的定性

擅自发行系未经国家有关主管部门批准的发行。这里的未经批准既包括根本未向主管部门提出申请，也包括虽然提出申请，但未得到批准和对已作出批准决定但发现不符合法律规定，又予以撤销，还包括虽经过批准，但未按照规定的方式、范围发行股票、公司、企业债券等。本案中，龙丹公司的发行行为未经过任何机关的审查、批准，系未经批准的擅自发行行为。

二、注意擅自发行股票的表现形式

以下行为均可能涉嫌擅自发行股票罪：(1)编造公司将在境内外上市或证券发行获得批准等虚假消息，诱骗社会公众购买所谓“原始股”，或者私下签署股权转让协议、认购协议；(2)非法中介机构以投资咨询机构、外国公司驻华代表处等名义，向社会公众非法买卖或代理买卖股票；(3)通过购买权益份额或签订投资协议、持股协议等方式，非法或变相公开发行证券；(4)跨地区成立多家公司，以不同公司的名义售卖股权或者通过传销模式售卖股权。

三、禁止未经批准擅自公开发行或变相公开发行

《证券法》规定，向不特定对象或向特定对象累计超过200人发行证券(依

法实施员工持股计划的员工人数不计算在内),属于公开发行证券。公开发行证券,必须经国务院证券监管机构或国务院授权的部门核准。2006 年 12 月,《国务院办公厅关于严厉打击非法发行股票和非法经营证券业务有关问题的通知》规定,严禁擅自公开发行股票,向不特定对象发行股票或向特定对象发行股票后股东累计超过 200 人的,为公开发行,应依法报经证监会核准。未经核准擅自发行的,属于非法发行股票。严禁变相公开发行股票,向特定对象发行股票后股东累计不超过 200 人的,为非公开发行。非公开发行股票及其股权转让,不得采用广告、公告、广播、电话、传真、信函、推介会、说明会、网络、短信、公开劝诱等公开方式或变相公开方式向社会公众发行。严禁任何公司股东自行或委托他人以公开方式向社会公众转让股票。向特定对象转让股票,未依法报经证监会核准的,转让后,公司股东累计不得超过 200 人。因此,公司、公司股东违反规定,擅自向社会公众转让股票,应当追究其擅自发行股票的责任,公司与其股东合谋实施擅自发行行为的,公司与其股东共同承担责任。

四、到股权托管中心托管不影响犯罪定性

一些行为人将转让的股权到托管中心托管并报相关部门备案,仅从形式上将部分受让人列为公司股东,但实质上,投资人从未参与公司经营管理和决策,不享受股东权利和履行股东义务,投资人购买股权的目的是期望公司上市后获得股票溢价收益。而根据托管中心的职能,其作为第三方中介组织,仅负责为股权转让双方办理过户登记手续,并向受让人发放托管卡(记载有股权名称、双方姓名、证件信息、转让份额、托管账号等信息,受让人凭托管卡号和账户密码,可以查询到个人持股情况及托管中心提供的公司相关信息)。对于股权转让行为托管中心只负责登记备案,并没有审核及监督义务。因此,股权托管作为一种表面形式,不能掩盖擅自发行行为本身涉及的违法犯罪性质。

刑事合规指引

一、注意区分特定对象与不特定对象,避免无意识犯罪

证券发行前需要明确发行属于“公开发行”还是“非公开发行”,确定受让人属于“不特定对象”还是“特定对象”，熟悉发行的法定流程，完善证券发行合规管理制度，避免无意识犯罪。区分特定对象与不特定对象，应当结合投资者的选择程序、承担风险能力与人数等因素综合分析。通常情况下，出让方委托中介机构面向社会公众采用推广会等方式进行宣传，随后筛选出合适的投资人，审查投资人的资产价值与申报财产内容的真实性、是否具备识别并承担风险能力等内容，明确提示投资风险，有明确的人数和资金总量的限制。对于符合上述条件的，应当认定为属于特定对象。相反，对于不设定任何标准和人数条件，不考察投资人的具体情况，只要出资即予以接纳的情况，应当认为属于向不特定对象转让股权。

二、避免名为股权转让，实为股票发行

由于上市公司涉及社会公众权益，转让股权必须接受多方监管，要求运作模式必须合法规范，包括中介机构的主体资格、签订合同的内容、披露信息的要求、财务公开情况、区分收费账户与公司账户、按约履行权利义务等。合法地转让股权应由第三方对公司财务状况进行审计，结合审计结论、运营情况等综合因素，出让方确定统一合理的出让价格，报证券监管部门批准备案后向全社会公布。依据《公司法》和《证券法》的相关规定，股份公司的股权表现形式就是股票，即股东所持有的股份数的凭证，包括上市公司的股票，也包括未上市股份公司的股权。现实中，一些公司发放给受让人的自然人股东缴款凭证卡中，记载有公司名称、成立时间、法人代码、股本总额、编号、股东姓名、持股数量及法定代表人印章，符合股票的特征和要件，且承诺即将上市股票能够获利。从受让人的真实意思表示来看，其主观目的是通过先期购买股票，进而等公司上市后依靠股票升值盈利，受让人购买的是未上市股份公司的股票，因此，本质上转让股权的行为实质上就是发行股票，情节严重的构成擅自发行股票罪。

三、避免采用公开的形式转让股权

判断公开与非公开方式，要看信息沟通渠道是否畅通。非公开发行是指基于相互信任与意思自治原则，双方能够交流获取真实有效的信息，无须借助第三方力量来传递信息达到沟通目的。而公开发行由于面向社会公众且信息不对称，出让方需要借助中介力量，利用广告、公告、广播、电话、推介会、说明会、网络等方式传递信息,以达到吸引投资人并获取资金的目的。

四、避免非法占有擅自发行股票取得的资金,导致触犯更严重的集资诈骗罪

实践中存在利用擅自发行股票的方法取得资金以实施集资诈骗的情况,擅自发行股票罪与集资诈骗罪的主要区别在于主观上是否具有非法占有的目的。集资诈骗罪是以非法占有为目的,行为人发行股票只是诈骗财产的一种手段,在取得钱款后往往出现携款逃跑、挥霍滥用、抽逃转移资金、隐匿销毁账目等情况。擅自发行股票罪的主观方面则是为了非法募集生产经营资金用于公司的生产经营活动,包括租用厂房,购买设备,支付工资、研发费用等,不具备非法占有的目的。因此,要注意在不同的主观目的下,擅自发行股票、公司、企业债券的行为可能被认定为集资诈骗罪,擅自发行股票、公司、企业债券罪的法定最高刑为5年,而集资诈骗罪法定最高刑为无期徒刑。

五、尚未发行的或公安机关立案前及时清偿的,可避免入罪

因本罪所惩治的是侵犯股票、公司、企业债券发行管理制度的行为,行为人是否实际已经发行了股票、公司、企业债券,是区分罪与非罪的重要界限,如尚未发行或正在准备发行的,不构成擅自发行股票、公司、企业债券罪;如不是采取发行股票、公司、企业债券的方式,而是采取其他方法非法集资的,不构成擅自发行股票、公司、企业债券罪;根据擅自发行股票、公司、企业债券罪的追诉标准,如果在立案前,行为人如能将擅自发行取得的资金在公安机关立案前及时清偿或清退的,可避免入罪。

第三节　非法吸收公众存款罪

刑事责任

《刑法》第176条规定:非法吸收公众存款或者变相吸收公众存款,扰乱金融秩序的,处3年以下有期徒刑或者拘役,并处或者单处罚金;数额巨大或者有其他严重情节的,处3年以上10年以下有期徒刑,并处罚金;数额特别巨大或者有其他特别严重情节的,处 10 年以上有期徒刑,并处罚金。

单位犯前款罪的,对单位判处罚金,并对其直接负责的主管人员和其他直接责任人员,依照前款的规定处罚。

有前两款行为,在提起公诉前积极退赃退赔,减少损害结果发生的,可以从轻或者减轻处罚。

立案标准

《最高人民检察院、公安部关于公安机关管辖的刑事案件立案追诉标准的规定(二)》(2022 修订)第 23 条规定:非法吸收公众存款或者变相吸收公众存款,扰乱金融秩序,涉嫌下列情形之一的,应予立案追诉:

(1)非法吸收或者变相吸收公众存款数额在 100 万元以上的;

(2)非法吸收或者变相吸收公众存款对象 150 人以上的;

(3)非法吸收或者变相吸收公众存款,给集资参与人造成直接经济损失数额在 50 万元以上的;

非法吸收或者变相吸收公众存款数额在 50 万元以上或者给集资参与人造成直接经济损失数额在 25 万元以上,同时涉嫌下列情形之一的,应予立案追诉:

(1)因非法集资受过刑事追究的;

(2)2 年内因非法集资受过行政处罚的;

(3)造成恶劣社会影响或者其他严重后果的。

典型案例　某银行行长非法吸收公众存款案

案号:(2017)赣 0403 刑初 118 号

【案情简介】

被告人淦某闽自 2009 年开始,一直利用其工作便利从事资金过桥、投资获取高额回报的业务,并以高额利息吸引其亲戚、朋友、业务伙伴等将资金放在其处投资获利。

2012年1月,被告人淦某闽时任中国农业银行九江市分行白水湖支行行长,其朋友即被告人孙某焰告知,自己的弟弟即被告人孙某亚在广州汕头从事资金借贷业务,将钱投资到同学蚁某处,用于银行资金过桥和房地产开发,可获取高额利息,若有资金可以向其弟弟投资。被告人淦某闽便以获利月息2分至9分不等,向魏某、钟某、范某等25名被害人吸收大量资金。在此过程中,被害人魏某、钟某、范某先后在被告人淦某闽任职的白水湖支行行长办公室内认识了被告人孙某焰,被告人孙某焰均以被告人孙某亚投资项目需要资金为由向被害人融资,被害人钟某按照孙某焰的要求,将融资款103.5万元汇入孙某亚指定的银行账户,被害人魏某按照被告人孙某焰的要求,将融资款196万元汇入被告人孙某亚指定的银行账户。

2013年年底,三名被告人的资金链断裂,无法偿还众人的融资款,导致案发。至案发,被告人淦某闽、孙某亚吸收25名被害人投资款共计人民币3627万元,已还本付息共计人民币923.95万元,尚有2703.05万元未偿还。

另外,2013年,毛某通过被告人淦某闽与被告人孙某焰、孙某亚相识,孙某亚向毛某推荐蚁某的投资项目,毛某于2013年6月前往广州汕头实地考察与蚁某相关的工程、投资,经考察后决定将资金通过孙某亚投资在蚁某处,先后向孙某亚、蚁某汇款共计人民币6800万元,蚁某及孙某亚已还本付息人民币3034.5006万元;2013年7月25日,因孙某亚不在九江,特委托孙某焰代其与毛某签订了2000万元的借款协议,并于2013年9月15日以借款人身份在协议上补充签字,蚁某作为担保人补充签字;2013年8月12日,毛某与孙某亚签订借款2000万元的借款协议,担保人张某,2013年8月12日,孙某亚及蚁某在协议上补充写明"截至2015年8月12日,以上欠款尚未还清,已付金额以银行流水为准",蚁某作为担保人在协议上签字;2013年6月27日,蚁某向毛某出具不可撤销担保函,承诺为确保毛某与孙某焰、孙某亚2013年6月27日至2014年6月27日在最高债权额度人民币11,000万元内签订的所有借款合同的履行,蚁某自愿为孙某焰、孙某亚提供最高额担保,保证方式为无限连带责任保证;2013年6月27日,蚁某的姨母蔡某1向毛某出具不可撤销担保函,承诺为确保毛某与孙某焰、孙某亚2013年6月27日至2014年6月27日在最高债权额度人民币11,000万元内签订的所有借款合同的履行，蔡某1自愿为孙某焰、孙某亚提供最高额担保，保证方式为无限连带责任保证；2013年6月27日，蚁某的母亲蔡某2向毛某出具不可撤销担保函，承诺为确保毛某与孙某焰及孙某亚2013年6月27日至2014年6月27日在最高债权额度人民币10,600万元内签订的所有借款合同的履行，蔡某2自愿为孙某焰、孙某亚提供最高额担保，保证方式为无限连带责任保证。

【法院认为】

1. 关于本案被告人的行为是否构成非法吸收公众存款罪的问题

经查，认定被告人淦某闽、孙某亚、孙某焰的行为是民间借贷还是非法吸收公众存款，关键在于被告人的行为是否具有社会性和公开性的特征。被告人孙某亚、淦某闽、孙某焰一开始向身边熟识的亲友借款，发展到通过亲友向社会公众介绍的方式向不特定人借款，这种口口相传的方式达到从单线借款到多线借款的效果，经历了由向特定人借款到让特定人帮助各被告人借款的转变。此时，三名被告人对借款的辐射面不加控制，放任借款人任意扩大，借款性质已经发生了转变。《最高人民法院、最高人民检察院、公安部关于办理非法集资刑事案件适用法律若干问题的意见》[1]规定：在向亲友或者单位内部人员吸收资金的过程中，明知亲友或者单位内部人员向不特定对象吸收资金而予以放任的，属于向社会公众吸收资金；明知吸收资金的信息向社会公众扩散而予以放任的，属于向社会公开宣传。三名被告人的行为符合该规定，具有社会性和公开性特征，依法均构成非法吸收公众存款罪。

2. 关于毛某的投资款是否为犯罪金额的问题

被告人淦某闽的辩护人认为毛某的投资与被告人淦某闽无关；被告人孙某亚的辩护人认为毛某的投资款应认定为民间借贷。经查，毛某自2008年开始便与淦某闽一起从事资金过桥等投资业务，双方银行账户互有大量资金往来；2013年5月，毛某经淦某闽介绍与孙某亚相识，孙某亚向毛某介绍蚁某的工程及投资项目需要资金，毛某于2013年5月24日、5月29日通过孙某亚向蚁某投资共计2200万元；2013年6月，毛某前往广州汕头实地考察，蚁某向其介绍

---

〔1〕 2022年修正后已无该规定。

了其从事的各种工程及投资项目，以投资需要资金为由向毛某借款，并与其母亲蔡某2、姨母蔡某1一起向毛某出具了不可撤销担保函，承诺在最高债权额度人民币1100万元内自愿为孙某焰、孙某亚提供最高额担保，保证方式为无限连带责任，毛某遂决定继续在蚁某处投资，便陆续通过孙某亚向蚁某投资4600万元，现有证据不能证实毛某的投资款是非法吸收公众存款而得，故毛某与孙某亚、孙某焰、蚁某、蔡某1、蔡某2之间属于民事纠纷，且与被告人淦某闽无关联，涉及款项应从犯罪数额中予以扣除。被告人淦某闽、孙某亚的辩护人提出的上述辩护意见，与本案查明的事实和法律规定相符，本院予以采纳。

3. 关于本案涉案金额与还本付息金额如何认定

经查，被告人淦某闽从2009年开始从事资金过桥等投资获利业务，其于2012年1月开始将被害人的资金转至被告人孙某亚的账户，在此之前的投资款已全部还本付息，与起诉书指控的犯罪事实不具关联性；司法会计鉴定意见书鉴定的范围是淦某闽提供的银行账号、一部分被害人自行提供的部分银行账号、孙某亚提供的部分银行账号、蚁某提供的部分银行账号2009年5月至2016年12月以来的资金往来，且一部分被害人是现金存款、一部分被害人是现金领取利息，故该司法会计鉴定不能全面反映自2012年1月淦某闽将资金汇至孙某亚、蚁某账号以来，被告人淦某闽与各被害人之间的借款及还本付息情况。结合各被告人在公安机关及当庭的供述、被害人的陈述、被害人提供的借条、银行转账凭证及司法会计鉴定，本院综合评判如下：本案涉案被害人25人，涉案资金共计人民币3627万元，已还本付息共计人民币923.95万元（此部分被害人已收取的利息、本金应予折抵本金），尚有人民币2703.05万元未偿还；起诉书指控的被害人琚某汇给毛某的资金10万元及被害人杨某1汇给毛某的资金80万元，无证据证实与本案具有关联性，本院在犯罪金额中予以核减。

综上，被告人淦某闽、孙某亚、孙某焰违反国家金融管理法律，非法向社会公众吸收资金，扰乱金融秩序，数额巨大，其行为均已构成非法吸收公众存款罪。公诉机关指控的主要犯罪事实清楚，证据确实、充分，指控的罪名成立；但部分指控有误，本院予以纠正。被告人淦某闽、孙某亚在共同犯罪中起主要作用，是主犯，应当按照其所参与的全部犯罪处罚；被告人孙某焰在共同犯罪中起次要作用，是从犯，依法应当减轻处罚。被告人淦某闽、孙某亚案发后主动投案，并如实供述自己的罪行，是自首，依法可以从轻处罚。被告人淦某闽取得了部分被害人的谅解，可酌情从轻处罚。被告人淦某闽、孙某亚的辩护人提出的两被告人有自首情节、无犯罪前科、认罪态度较好、淦某闽取得部分被害人谅解的辩护意见，经查属实，本院在量刑时予以考虑。

【法院判决】

江西省九江市浔阳区人民法院作出一审判决：(1)被告人淦某闽犯非法吸收公众存款罪，判处有期徒刑4年，并处罚金10万元；(2)被告人孙某亚犯非法吸收公众存款罪，判处有期徒刑4年3个月，并处罚金10万元；(3)被告人孙某焰犯非法吸收公众存款罪，判处有期徒刑1年7个月，并处罚金5万元；(4)尚未退还的犯罪所得2703.05万元，责令被告人淦某闽、孙某亚、孙某焰退赔各被害人。

本判决已生效。

风险提示

一、注意“公众”的定性

非法吸收公众存款罪中，所谓“公众”是指吸收存款对象的不特定性，即社会上大多数人。这里的人包括自然人、法人，存款包括个人存款和机构存款，所以公众包括法人。根据《最高人民法院关于审理非法集资刑事案件具体应用法律若干问题的解释》(2022修正)第1条第2款的规定，未向社会公开宣传，在亲友或者单位内部针对特定对象吸收资金的，不属于非法吸收或者变相吸收公众存款。企业在刑事合规管理中，需正确区分“公众”与“非公众”，即不特定对象还是特定对象的区分，基于不同的时点、不同的标准，往往会得到不同的结果，特定对象与不特定对象甚至存在相互转化的可能，对此，企业在融资过程中务必提高警惕。

二、注意从本罪的表现形式看罪与非罪

注意从非法吸收公众存款的表现形式来看罪与非罪。《最高人民法院关于

审理非法集资刑事案件具体应用法律若干问题的解释》(2022修正)第1条规定:“违反国家金融管理法律规定,向社会公众(包括单位和个人)吸收资金的行为,同时具备下列四个条件的,除刑法另有规定的以外,应当认定为刑法第一百七十六条规定的‘非法吸收公众存款或者变相吸收公众存款’:(一)未经有关部门依法许可或者借用合法经营的形式吸收资金;(二)通过网络、媒体、推介会、传单、手机信息等途径向社会公开宣传;(三)承诺在一定期限内以货币、实物、股权等方式还本付息或者给付回报;(四)向社会公众即社会不特定对象吸收资金。未向社会公开宣传,在亲友或者单位内部针对特定对象吸收资金的,不属于非法吸收或者变相吸收公众存款。”

三、警惕以下形式的“非吸”行为

《最高人民法院关于审理非法集资刑事案件具体应用法律若干问题的解释》(2022修正)第2条规定:“实施下列行为之一,符合本解释第一条第一款规定的条件的,应当依照刑法第一百七十六条的规定,以非法吸收公众存款罪定罪处罚:(一)不具有房产销售的真实内容或者不以房产销售为主要目的,以返本销售、售后包租、约定回购、销售房产份额等方式非法吸收资金的;(二)以转让林权并代为管护等方式非法吸收资金的;(三)以代种植(养殖)、租种植(养殖)、联合种植(养殖)等方式非法吸收资金的;(四)不具有销售商品、提供服务的真实内容或者不以销售商品、提供服务为主要目的,以商品回购、寄存代售等方式非法吸收资金的;(五)不具有发行股票、债券的真实内容,以虚假转让股权、发售虚构债券等方式非法吸收资金的;(六)不具有募集基金的真实内容,以假借境外基金、发售虚构基金等方式非法吸收资金的;(七)不具有销售保险的真实内容,以假冒保险公司、伪造保险单据等方式非法吸收资金的;(八)以网络借贷、投资入股、虚拟币交易等方式非法吸收资金的;(九)以委托理财、融资租赁等方式非法吸收资金的;(十)以提供‘养老服务’、投资‘养老项目’、销售‘老年产品’等方式非法吸收资金的;(十一)利用民间‘会’‘社’等组织非法吸收资金的;(十二)其他非法吸收资金的行为。”

四、取消二元立案追诉标准

过去单位与个人被认定为共同犯罪的,单位和个人的定罪量刑存在5倍差，法官在量刑时如何处理成为难题。《最高人民检察院、公安部关于公安机关管辖的刑事案件立案追诉标准的规定(二)》(2022 修订)不再区分单位、个人两种主体。《最高人民法院关于审理非法集资刑事案件具体应用法律若干问题的解释》(2022 修正)也作了相应调整。

刑事合规指引

一、防止主体非法吸收公众存款

主体非法，是指未经有关机关批准，通过公开渠道宣传，吸收公众资金，承诺还本付息的行为主体。企业应避免通过媒体、推介会、传单等途径向社会公开宣传投资项目，吸收资金。

二、防止在主体合法的基础上变相吸收公众存款

拥有合法吸收资金主体资格的公司，进行的非法吸收公众存款活动是最具迷惑性的。如商业银行等相关金融机构推出资管业务，从主体资格上说，均拥有合法吸收公众资金进行经营的资质，但是就行为方式而言，绝对不能承诺保本付息，即杜绝刚性兑付。

三、防止借民间融资之名，行非法吸收之实

根据法律规定，合法借贷的利率应在国家规定范围内，有的行为人与投资者签订的本是民间借贷协议，但实际上却是以高息借贷的方式行非法吸收公众存款，也由一开始向身边熟识的亲友借款，发展到通过亲友以向社会公众介绍的方式向不特定人借款，通过口口相传的方式达到从单线借款到多线借款的效果，一旦由向特定人借款转变为让特定人帮助借款，性质即演变为非法吸收公众存款罪。根据《最高人民法院、最高人民检察院、公安部关于办理非法集资刑事案件适用法律若干问题的意见》第 2 条、第 3 条的规定，在向亲友或者单位内部人员吸收资金的过程中，明知亲友或者单位内部人员向不特定对象吸收资金而予以放任的，属于向社会公众吸收资金；明知吸收资金的信息向社会公众扩散而予以放任的，属于向社会公开宣传。

四、融资不得承诺保底收益，避免涉刑

有的金融公司与投资人签订《投资理财协议》《基金理财协议书》等协议，

承诺在一定期限内以一定年利率还本付息,也是违反了不得承诺保底收益的相关法律规定,属于变相非法吸收公众存款行为。2017 年公布的《中国人民银行关于规范金融机构资产管理业务的指导意见(征求意见稿)》则明确规定了资产管理不得承诺保本保收益,不得以任何形式垫资兑付。

五、谨防以"非法占有目的"转为更严重的集资诈骗罪

非法吸收公众存款罪和集资诈骗罪的核心区别在于是否具有"非法占有目的",行为人有以下客观行为能够推定其具有非法占有目的:(1)集资后不用于生产经营活动或者用于生产经营活动与筹集资金规模明显不成比例,致使集资款不能返还的;(2)肆意挥霍集资款,致使集资款不能返还的;(3)携带集资款逃匿的;(4)将集资款用于违法犯罪活动的;(5)抽逃、转移资金、隐匿财产,逃避返还资金的;(6)隐匿、销毁账目,或者搞假破产、假倒闭,逃避返还资金的;(7)拒不交代资金去向,逃避返还资金的;(8)其他可以认定非法占有目的的情形。

六、企业在被提起公诉前积极退赔,可尽可能减轻处罚

非法吸收公众存款行为破坏了国家的金融管理秩序,具体而言就是国家对吸收公众存款的审批许可制度。公众作为投资对象是否实际上遭受了投资款的损失,虽不是本罪的犯罪构成要件,但投资者有无损失是重要的量刑情节,根据非法吸收公众存款罪的追诉标准规定,在提起公诉前积极退赃退赔,减少损害结果发生的,可以从轻或者减轻处罚。

第四节　集资诈骗罪

刑事责任

《刑法》第 192 条规定:以非法占有为目的,使用诈骗方法非法集资,数额较大的,处 3 年以上 7 年以下有期徒刑,并处罚金;数额巨大或者有其他严重情节的,处 7 年以上有期徒刑或者无期徒刑,并处罚金或者没收财产。

单位犯前款罪的,对单位判处罚金,并对其直接负责的主管人员和其他直接责任人员,依照前款的规定处罚。

立案标准

《最高人民检察院、公安部关于公安机关管辖的刑事案件立案追诉标准的规定(二)》(2022 修订)第 44 条规定:以非法占有为目的,使用诈骗方法非法集资,数额在 10 万元以上的,应予立案追诉。

《最高人民法院关于审理非法集资刑事案件具体应用法律若干问题的解释》(2022 修正)第 7 条规定:以非法占有为目的,使用诈骗方法实施本解释第二条规定所列行为的,应当依照《刑法》第 192 条的规定,以集资诈骗罪定罪处罚。

使用诈骗方法非法集资,具有下列情形之一的,可以认定为"以非法占有为目的":

(1)集资后不用于生产经营活动或者用于生产经营活动与筹集资金规模明显不成比例,致使集资款不能返还的;

(2)肆意挥霍集资款,致使集资款不能返还的;

(3)携带集资款逃匿的;

(4)将集资款用于违法犯罪活动的;

(5)抽逃、转移资金、隐匿财产,逃避返还资金的;

(6)隐匿、销毁账目,或者搞假破产、假倒闭,逃避返还资金的;

(7)拒不交代资金去向,逃避返还资金的;

(8)其他可以认定非法占有目的的情形。

集资诈骗罪中的非法占有目的,应当区分情形进行具体认定。行为人部分非法集资行为具有非法占有目的的,对该部分非法集资行为所涉集资款以集资诈骗罪定罪处罚;非法集资共同犯罪中部分行为人具有非法占有目的,其他行为人没有非法占有集资款的共同故意和行为的,对具有非法占有目的的行为人以集资诈骗罪定罪处罚。

典型案例 中兴通讯公司何某梅集资诈骗案

案号:(2020)粤刑终631号

【案情简介】

2015年初至2017年3月,中兴通讯股份有限公司(以下简称中兴通讯公司)工会主席、被告人何某梅通过其微信公众号等途径发布集资信息,以高回报为诱饵,在中兴通讯公司工会全资控股的益和天成投资发展有限公司(以下简称益和天成公司)的电子商务平台上募集资金。何某梅使用大量私人账户接收、转移集资款,将所募集资金用于购买理财产品、房地产、买卖股票、归还所挪用公司资金、偿还个人债务、侵吞转移至境外等。在难以归还集资款时,何某梅虚构理财业绩继续募集资金。被告人胡某系中兴通讯公司工会干事,受何某梅指示,接收统计集资款、进行转账操作、买卖股票、代持股票和理财产品、解答集资对象问题、清退集资款。被告人何某梅系益和天成公司商贸服务部副部长,提供个人银行账户接收理财款,受何某梅指示,收集他人股票账户和相应银行卡、网银U盾供何某梅使用,代持理财资金和理财产品。何某梅还指使他人销毁账目、注销银行卡及安排胡某躲避。以上累计募集资金21.1916570107亿元,未退还资金8.9856809607亿元。

2015年3月至2016年年底,兼任中兴通讯公司工会全资控股的中兴宜和投资发展有限公司(以下简称中兴宜和公司)董事长的何某梅,指使担任中兴宜和公司财务总监的被告人季某,分多次将中兴宜和公司对公账户资金累计3.901272686亿元转账至个人及公司账户,用于买卖股票、购买房地产和理财产品等活动。胡某受何某梅指示负责具体操作。后何某梅将挪用的资金及利息归还至公司账户。

2011年12月29日至2015年4月8日,何某梅利用其身为中兴通讯公司工会主席的职务便利,指使手下工会干事以向中兴通讯公司员工发放保险理赔款的名义填写借款单或直接填写报销单,由其审批后从中兴通讯公司账户向他人转款共计310万元,用于个人使用。

【法院认为】

被告人何某梅以非法占有为目的,使用诈骗方法非法集资,数额特别巨大,又利用职务上的便利,挪用数额巨大的本单位资金归个人使用,将本单位数额巨大的财物非法占为己有,其行为已构成集资诈骗罪、挪用资金罪和职务侵占罪。被告人胡某协助他人非法吸收公众存款,扰乱金融秩序,数额巨大;还协助他人挪用本单位资金归个人使用,数额巨大,其行为已构成非法吸收公众存款罪和挪用资金罪。被告人季某利用职务上的便利,协助他人挪用本单位资金归个人使用,数额巨大,其行为已构成挪用资金罪。被告人何某梅协助他人非法吸收公众存款,扰乱金融秩序,数额巨大,其行为已构成非法吸收公众存款罪。何某梅、胡某一人犯数罪,依法应予数罪并罚。在共同犯罪中,何某梅起主要作用,系主犯,应当按其实施的全部犯罪处罚;胡某、季某起次要作用,系从犯,依法均可从轻处罚。何某梅自动投案并如实供述自己集资诈骗罪和挪用资金罪的事实,对该二罪构成自首,依法可以从轻处罚。胡某、季某、何某梅均能如实供述自己的罪行,依法可以从轻处罚。

【法院判决】

广东省深圳市中级人民法院作出一审判决:(1)被告人何某梅犯集资诈骗罪,判处有期徒刑15年,并处没收个人财产人民币2000万元;犯挪用资金罪,判处有期徒刑7年;犯职务侵占罪,判处有期徒刑6年。数罪并罚,总和刑期有期徒刑28年,没收个人财产人民币2000万元,决定执行有期徒刑20年,并处没收个人财产人民币2000万元。(2)被告人胡某犯非法吸收公众存款罪,判处有期徒刑4年,并处罚金人民币5万元;犯挪用资金罪,判处有期徒刑4年。数罪并罚,总和刑期有期徒刑8年,罚金人民币5万元,决定执行有期徒刑6年,并处罚金人民币5万元。(3)被告人季某犯挪用资金罪,判处有期徒刑4年。(4)被告人何某梅犯非法吸收公众存款罪,判处有期徒刑4年,并处罚金人民币5万元。(5)冻结及扣押在案的银行存款、股票、珠宝首饰依法予以没收,返还给中兴通讯公司工会。(6)继续追缴赃款赃物,返还给中兴通讯公司工会;不足部分,责令被告人何某梅退赔。

一审判决后,胡某、何某梅不服提出上诉,广东省高级人民法院经审理作出终审裁定:驳回上诉,维持原判。

典型案例 林某集资诈骗案

案号:(2014)南刑初字第5号

【案情简介】

林某,中国人民银行光泽县支行原办公室主任,2009年以来,被告人林某利用其担任中国人民银行光泽县支行原办公室主任的身份,编造投资债券或矿山需要资金的虚假信息,并许以高额的回报率,诱骗他人参与投资或者以上述理由向他人借款,并将投资款或借款用于偿还之前所欠债务或以炒股、购买彩票等方式挥霍。被告人林某在投资股票过程中亏损,为筹集资金继续股票投资,挽回损失,其向妻子刘某青谎称,自己正在投资购买经省级中国人民银行专门授权才能操作购买的国有上市公司债券,收入稳定,回报较高,需要资金。刘某青信以为真,将自家积蓄及亲戚的资金交给被告人林某使用。为谋利,刘某青还向邮政储蓄银行贷款交给林某使用,并将林某投资购买公司债券之事向亲友及同事发布。为能持续获得资金,被告人林某任由妻子刘某青向亲友、同事等公众发布其虚构的投资信息,并对投资给其使用者许以相当于月利息2分至3分不等的红利回报。同时,自己也对向其咨询投资公司债券的人员散布上述虚假投资信息,并以亲友矿山投资需要资金为由向他人集资借款。之后,朱某、郑某、伍某等不明真相的群众纷纷将资金通过银行转账和现金支付等方式,提供给被告人林某使用。从2009年起至2013年3月案发,被告人林某共向被害人朱某、郑某1、郑某2、伍某、林某甲、何某、官某爱、黄某、官某兰、陈某、刘某、官某鸿、李某、杨某、曾某、李某甲等人非法集资人民币2442.8524万元。其间,被告人林某将后期所集资金用于归还支付前期集资借款的本金和红利,并将巨额的集资借款用于个人股票投资,购买各种彩票及供自己使用的轿车等,造成各被害人巨额财产损失,无法归还。截至案发,扣除被告人林某以还本付利方式支付给各被害人的钱款,被告人林某实际骗取各被害人共计人民币746.923684万元。

1.被害人朱某与被告人林某妻子刘某青共事期间,从刘某青发布的信息中得知其夫被告人林某正在从事国有上市公司债券投资,可获高额回报。2011年7月13日至2012年2月13日,被害人朱某先后6次通过银行账户转账支付给被告人林某109.34万元。被告人林某将集资借款除用于归还支付前期集资借款的本金和红利外,还用于个人投资股票、购买彩票等。截至案发,被告人林某实际骗取被害人朱某109.34万元。

2.2010年7月,被害人郑某1从被告人林某通过其妻刘某青发布的信息中得知林某正在从事国有上市公司债券投资,投资回报相当于月利息2分至2.5分的收益,且收益稳定。2010年7月23日至2012年2月14日,被害人郑某1与妻子寇某以银行账户转账和现金存入的方式,共计支付给被告人林某320.4037万元用于公司债券投资。其间,被告人林某亦通过银行转账的方式共支付给被害人郑某1、寇某225.244867万元,加上被告人林某于案发前帮助被害人郑某1归还债务的4万元和这期间郑某从刘某青处拿走的2万元,共计从被告人林某处收到本金和红利共计231.244867万元。被告人林某将集资款除用于支付前期集资借款的本金和利息回报外,还将集资款用于个人投资股票、购买彩票等。截至案发,被告人林某实际骗取被害人郑某1、寇某共计89.158833万元。

3.被害人伍某在与被告人林某妻子刘某青共事期间,从刘某青处得知林某正在投资购买国有上市公司债券,投资回报相当于月利息2分,无风险。被害人伍某信以为真,遂将自己及亲友的资金筹集给被告人林某用于公司债券投资。2009年11月至2012年6月,被害人伍某采用现金存入和使用自己及亲友银行账户转账的方式,共计支付给被告人林某794.0850万元。其间,伍某亦通过自己及亲友的银行账户从被告人林某处收回本金及红利共计652.818467万元。被告人林某除将集资款用于支付前期集资借款的本金和红利回报外,还将集资款用于个人投资股票、购买彩票等。截至案发,被告人林某实际骗取被害人伍某共计141.2666万元。

4.2009年下半年,被告人林某向被害人黄某称,自己正在投资购买人民银行内部人员才能操作购买的上市公司债券,可获得相当于月利息2分的回报。

被害人黄某信以为真,遂将自己及亲友的资金筹集给被告人林某使用。从2009年下半年起至2012年6月,被害人黄某采用现金存入和银行账户转账的方式,先后支付给被告人林某及其妻子刘某青共计264.6549万元,供林某使用。其间,被害人黄某通过银行转账和收取现金的方式从被告人林某及其妻子刘某青处收回本利共计135.85875万元。被告人林某除将集资款用于归还或支付前期集资款的本金和红利回报外,还用于个人投资股票、购买彩票等。截至案发,被告人林某实际骗取被害人黄某共计128.79615万元。

5.2009年下半年,被害人郑某2从刘某青发布的信息中得知,被告人林某正在投资购买人民银行内部人员才能操作购买的公司债券,将资金提供给林某使用可获得相当于月利息2分的回报,且收入稳定。2009年11月至2012年6月,被害人郑某2采用银行账户转账的方式,共支付给被告人林某168.1万元用于购买公司债券。其间,被害人郑某2亦从被告人林某处收回本金及红利共计49.820062万元。被告人林某将集资款除用于归还支付前期集资借款的本金和红利外,还用于个人投资股票、购买彩票等。截至案发,被告人林某实际骗取被害人郑某2118.279938万元。

6.2009年6月,被害人林某甲从刘某青处得知,被告人林某正在投资购买人民银行内部员工才能操作购买的上市公司债券,投资给林某使用可获得相当于月利息2分的回报。林某甲信以为真,不仅将自有资金通过银行账户转给被告人林某使用,还动员母亲吴某、姐姐林某乙等家人将资金通过银行账户转账给林某使用。2009年6月至2012年5月,被害人林某甲通过其本人及林某丙、吴某等人的银行账户转账支付给被告人林某共计266万元,扣除何某使用林某甲、王某邻、吴某转账支付给被告人林某的13万元,及被告人林某妻子刘某青使用吴某银行账户转至林某银行账户的24万元,被害人林某甲、林某乙、吴某共计支付给被告人林某229万元。其间,被害人林某甲亦从被告人林某处收回本金及红利共计151.965722万元。被告人林某将集资款除用于支付前期集资借款的本金和利息回报外,还用于个人投资股票、购买彩票等。截至案发,被告人林某实际骗取被害人林某甲、林某乙、吴某共计77.034287万元。

7.被害人何某在与被告人林某妻子刘某青共事期间,从刘某青处得知被告人林某正在投资购买人民银行内部员工才能操作购买的上市公司债券，有相当于月利息2分的收益。从2010年起至2012年5月，被害人何某将钱交给同事林某甲，由林某甲用其控制的银行账户转款13万元给林某使用，之后何某又用自己和丈夫徐某明的银行账户转账支付7.5万元给被告人林某用于投资购买公司债券，共计支付给被告人林某20.5万元。其间，被害人何某从被告人林某处收回本金及红利共计3万元。被告人林某将集资款除用于归还支付前期集资借款的本金和红利回报外，还用于个人投资股票、购买彩票等。截至案发，被告人林某实际骗取被害人何某17.5万元。

8.2011年，被害人汪某从刘某青在亲戚间发布的信息中得知，把钱投到被告人林某处可赚取利息，其便让官某爱帮助操作，通过银行账户转账支付给被告人林某用于购买公司债券。其间，被害人汪某在本金收回的同时，从林某处收回红利约2000元。2012年5月29日，汪某再次从其银行账户转账10万元到被告人林某银行账户上，供林某使用。被告人林某将该款用于购买彩票等挥霍。截至案发，被告人林某实际骗取被害人汪某9.8万元。

9.2010年，被害人官某兰从刘某青发布的信息中得知，被告人林某正在投资购买国有上市公司债券，收益不错。2011年下半年，被害人官某兰两次通过刘某青支付给被告人林某共计7万元，用于投资公司债券。其间，被害人官某兰亦从林某处获得1万元收益。被告人林某将集资款除用于归还支付前期集资借款的本金和红利回报外，还用于个人投资股票、购买彩票等。截至案发，被告人林某实际骗取被害人官某兰6万元。

10.2012年3月，被害人陈某从刘某青处得知，被告人林某正在从事公司债券投资，有相当于月利息2分的收益，且回报稳定。当月月底的一天，被害人陈某在光泽县邮政银行一楼大厅交给刘某青2万元，用于投资林某的公司债券。其间，被害人陈某从林某处收到1000元红利。被告人林某将集资款除用于归还支付前期集资借款的本金和红利回报外，还用于购买彩票挥霍。截至案发，被告人林某实际骗取被害人陈某1.9万元。

11.2013年1月，被告人林某向被害人刘某谎称，其妹夫在江西开矿山需要投资，月息2分，其已投入资金并赚到钱。被害人刘某信以为真，于2013年1月

14日通过银行转账支付给被告人林某20万元,现金存入林某银行账户2万元,还于同月30日支付给被告人林某现金5万元。被告人林某将骗得的集资款除用于归还支付前期集资借款的本金和红利回报外,还用于购买彩票挥霍。截至案发,被告人林某实际骗取被害人刘某27万元。

12. 2010年上半年,被害人官某鸿从刘某青处得知,被告人林某正在投资购买人行内部人员才能操作的公司债券,可获得相当于月利息2分的回报。之后,被害人官某鸿分三次支付给刘某青共计9.6万元,用于被告人林某购买公司债券。其间,被害人官某鸿亦从刘某青处收到被告人林某支付的4.1320万元本金和红利。被告人林某将集资款除用于支付前期集资借款的本金和红利回报外,还将集资款用于投资股票、购买彩票等。截至案发,被告人林某实际骗取被害人官某鸿5.4680万元。

13. 2009年12月的一天,刘某青告诉被害人李某,其夫被告人林某正在投资购买人行内部员工才能操作购买的公司债券,月利息2.5分至3分,邀李某把钱投到林某处。李某信以为真,2010年1月至案发,通过现金支付和银行账户转账支付的方式共支付给被告人林某5.5223万元。同时,李某还让儿子李某丁支付给被告人林某5万元,父子俩共计支付给被告人林某10.5223万元,用于公司债券投资。其间,被害人李某亦从被告人林某处收到红利共计8457.33元。被告人林某将集资款除用于归还支付前期集资借款的本金和红利回报外,还用于投资股票、购买彩票等。截至案发,被告人林某实际骗取被害人李某、李某丁共计9.676567万元。

14. 2010年,被害人杨某从刘某青处得知,被告人林某正在投资人民银行内部才能购买的公司债券,将钱投资给林某使用,可从中收取红利。之后,杨某于2011年8月30日分三笔转账支付给刘某青1万元,刘某青收款后将钱转给被告人林某使用。其间,杨某于2011年10月24日从刘某青处收到红利2144元。被告人林某将集资款除用于归还支付前期集资借款的本金和红利息外,还用于投资股票、购买彩票等。截至案发,被告人林某实际骗取被害人杨某7856元。

15. 2010年,被害人李某甲得知被告人林某正在从事高收益的公司债券投资,分别于2010年3月30日和2011年10月12日通过自己的银行账户转账支付给林某7.2万元，用于公司债券投资。其间，被害人李某甲亦从被告人林某处收回本金和红利共计2.282291万元。被告人林某将集资款除用于归还支付前期集资借款的本金和红利回报外，还用于投资股票、购买彩票等。截至案发，被告人林某实际骗取被害人李某甲4.917709万元。

【法院认为】

被告人林某以非法占有为目的，虚构投资购买国有上市公司债券可获稳定收益的信息，以高息回报为诱饵，通过不明真相的妻子刘某青向社会公众发布，非法募集与其偿还能力和风险承受能力明显不符的数额特别巨大资金，并隐瞒真相，将集资借款用于高风险的股票投资及购买彩票、轿车等挥霍，致使巨额集资借款不能返还，其行为已构成集资诈骗罪，公诉机关指控的罪名成立。被告人林某实际骗取他人钱财共计746.923684万元，数额特别巨大，且案发后未能退赔犯罪所得，给被害人造成数额特别巨大的经济损失，应依法惩处。鉴于被告人林某犯罪后自动投案，并如实供认犯罪事实，具有自首情节，且在庭审中能自愿认罪，并获得部分被害人的谅解，依法予以从轻处罚。辩护人要求对被告人林某从轻处罚的辩护意见，理由成立，予以采信。

【法院判决】

福建省南平市中级人民法院作出一审判决：(1)被告人林某犯集资诈骗罪，判处有期徒刑14年6个月，并处没收财产人民币40万元；(2)从被告人林某处扣押的用于犯罪的无品牌的台式电脑主机一台(缺少硬盘和左侧箱盖)、户名为林某的建设银行6227001××××9704银行卡一张、户名为林某的建设银行4367421××××5386银行卡一张、户名为林某账号为6040188××××9711银行卡一张、户名为刘某青账号为6040188××××4720的邮政储蓄银行活期存折1本(存款余额26.59元)、户名为刘某青的6210984××××2471银行卡一张、硬盘6个等财物均予没收；(3)责令被告人林某将其与妻子刘某青共同共有的，光泽县杭川镇武林路15号403室房产(所有权证号为20×××480)中的个人份额，及被告人林某住房公积金10.648703万元中的个人份额，用于退赔各被害人；(4)从被告人林某处扣押的联想笔记本电脑一台，折价退赔各被害人；(5)责令被告人林某将其农业银行1398050×××3284账户的477.13元存款用于退赔各被害人;(6)追缴刘某青邮政储蓄银行6040188×××4720账户中被告人林某犯罪所得26.59元,返还各被害人;(7)向被告人林某追缴其用犯罪所得购买的闽H×××07大众牌(朗逸)轿车一辆,用于返还各被害人;(8)继续追缴被告人林某犯罪所得,返还各被害人。

本判决已生效。

风险提示

一、"非法占有为目的"的认定标准

使用诈骗方法非法集资,具有下列情形之一的,可以认定为"以非法占有为目的":(1)集资后不用于生产经营活动或者用于生产经营活动与筹集资金规模明显不成比例,致使集资款不能返还的;(2)肆意挥霍集资款,致使集资款不能返还的;(3)携带集资款逃匿的;(4)将集资款用于违法犯罪活动的;(5)抽逃、转移资金、隐匿财产,逃避返还资金的;(6)隐匿、销毁账目,或者搞假破产、假倒闭,逃避返还资金的;(7)拒不交代资金去向,逃避返还资金的;(8)其他可以认定非法占有目的的情形。

二、本罪区别于非法吸收公众存款罪

是否具有"非法占有目的",是正确区分集资诈骗罪和非法吸收公众存款罪的关键。虽然非法占有目的属于一种主观心理活动,但是可以通过客观事实加以推定,对非法占有目的的认定,主要围绕融资项目真实性、资金去向、归还能力等事实、证据进行综合判断。如果将所吸收资金大部分未用于生产经营活动,或名义上投入生产经营,但又通过各种方式抽逃转移资金,或供其个人肆意挥霍,归还本息主要通过借新还旧来实现,造成数额巨大的募集资金无法归还的,可以认定具有非法占有目的,属于集资诈骗罪;如果没有相关事实证据证明具有非法占有集资款目的,以非法吸收公众存款罪定罪处罚。此外,非法吸收公众存款罪与集资诈骗罪在犯罪数额的认定上也存在差别。非法吸收或者变相吸收公众存款的数额,以行为人所吸收的资金全额计算,案发前后已归还的数额,只作为量刑情节酌情考虑;集资诈骗的数额以行为人实际骗取的数额计

算，案发前已归还的数额在犯罪数额中扣除，行为人为实施集资诈骗活动而支付的广告费、中介费、手续费、回扣，或者用于行贿、赠与等费用，不予扣除。行为人为实施集资诈骗活动而支付的利息，除本金未归还可予折抵本金以外，应当计入诈骗数额。

三、集资诈骗容易引起群体性事件

参加集资的社会公众倾其所有进行投资，当集资款到期不能兑付时，不仅给参加集资人带来严重的经济损失，而且会给其带来极大的精神伤害。部分受骗受害群众在被骗至血本无归后，情绪波动特别大，容易联合具有相同经历的受害人，采取上访、静坐、游行、绝食等过激行为，制造影响，以求政府出面解决，极易造成严重的混乱，也会进一步加重对违法犯罪行为人的刑事处罚。

四、本罪非行政程序前置

虽然集资诈骗罪的犯罪构成要件之一是违反国家金融管理秩序，行为人要构成此罪以具备行政法上的违法性为前提，在此意义上刑事违法性从属于行政违法性，但这种属性只就实体层面而言，在程序上并无此种从属性。根据2011年8月18日发布的《最高人民法院关于非法集资刑事案件性质认定问题的通知》的规定，行政部门对于非法集资的性质认定，不是非法集资案件进入刑事程序的必经程序。行政部门未对非法集资作出性质认定的，不影响非法集资刑事案件的审判。人民法院应当依照《刑法》和《最高人民法院关于审理非法集资刑事案件具体应用法律若干问题的解释》(2022修正)等有关规定认定案件事实的性质，并认定相关行为是否构成犯罪。对于案情复杂、性质认定疑难的案件，人民法院可以在有关部门关于是否符合行业技术标准的行政认定意见的基础上，根据案件事实和法律规定作出性质认定。

刑事合规指引

一、企业应注重刑事合规建设和法治教育

刑事合规对上市公司具有重要意义，公司必须建立一整套内部完善的财务管理、经营活动监察制度，紧密结合司法动态及刑事政策的变化，健全公司合规管理制度,尤其是涉及财务融资的刑事合规,必须及时掌握高管从事其他经营活动的情况。公司法务部门的业务范围应延伸至高管全方面经营活动,避免高管因为法律意识淡薄而陷入犯罪。同时,公司应注重开展针对公司决策管理层和执行人员的法治教育,避免公司或者管理人员犯罪。

二、企业融资避免夸大或虚假宣传

集资诈骗罪中行为人"使用诈骗的方法非法集资"骗取他人资金,其中的诈骗方法可能包括各种夸大或虚假宣传,或承诺给他人以高息或其他巨额回报以吸引他人投入资金。企业本来是想将融资金额用于弥补公司亏损,却编造各种子虚乌有的投资项目,或者隐瞒公司实际经营情况,进行夸大包装或虚假宣传,这些都可能被认定为"使用诈骗的方法非法集资"而涉嫌犯罪。因此,企业集资时尽量避免以高息为诱饵进行揽投,承诺的融资回报过高,将增加日后无法偿付而演变为犯罪的风险。同时,即使企业急需资金,不宜向不特定人群吸收资金,要控制好借贷人数和范围。

三、企业融取资金需要用于合法合理经营

如果企业集资后不是用于生产经营或者用于生产经营的资金与筹集资金不成比例甚至将集资款直接用于第三方企业经营使用,一旦集资款不能返还或者无法兑现投资者利息事项导致发生大规模纠纷,将可能被认定为抽逃、转移资金的行为,也会认定为主观上具有"非法占有目的"而涉嫌犯罪。因此,企业应当在项目真实的基础上集资,制订详细的目标和计划,将筹集的资金按照项目计划用于拓展公司业务、扩大生产经营等合规途径,同时,制订合理的资金使用方案,财务上对每一笔资金进行详细、完备的记录,避免集资款因客观原因无法归还,导致被认定具有"非法占有目的"而入罪的情况。

四、诚信履行合同义务,积极化解以降低刑事风险

企业应当按照集资协议,按时给投资人回报或利息。如果企业融资项目在实际运营中出现问题,要积极主动与投资人进行协商,请求给予宽限期,或者先偿还部分本息,减少涉案资金,主动采取积极稳妥的方式解决,千万不能以搞假破产、隐匿财产、销毁协议账目等消极方式对待,这样即使最后涉刑,也具备从轻或减轻处罚的情节。

五、根据行为人角色定位区分责任承担

集资诈骗案件，要注意区分不同人员在案件中的角色定位，一般来说，多数集资诈骗案中，都以单位犯罪的形式出现，而公司实际控制人或高管等才有权决定将资金转移、隐匿或者用于个人挥霍，如果根据行为人的角色定位、不同职责、是否明知等综合情况认定没有非法占有集资款的共同故意，应按照《最高人民法院关于审理非法集资刑事案件具体应用法律若干问题的解释》（2022 修正）第 7 条第 2 款的规定，行为人部分非法集资行为具有非法占有目的的，对该部分非法集资行为所涉集资款以集资诈骗罪定罪处罚；非法集资共同犯罪中部分行为人具有非法占有目的，其他行为人没有非法占有集资款的共同故意和行为的，对具有非法占有目的的行为人以集资诈骗罪定罪处罚。

六、把握罪与非罪的界限

认定集资诈骗罪，应注意区分罪与非罪的界限，对骗取资金数额较小且情节较轻的行为，不宜认定为犯罪。但情节严重的，即使实际上没有非法占有集资款的，也应认定为集资诈骗未遂。对没有非法占有目的，在特定范围内（如面向单位职工）筹集资金，即使使用了一定欺诈手段的，也不能认定为犯罪，而应当按债务纠纷处理。对于非法占有目的的认定，既不能单纯根据损失结果认定，也不能仅凭行为人自己的供述认定，而应当根据案件的全部情况具体分析和判断。

第五节　骗取贷款、票据承兑、金融票证罪

刑事责任

《刑法》第 175 条之一规定：以欺骗手段取得银行或者其他金融机构贷款、票据承兑、信用证、保函等，给银行或者其他金融机构造成重大损失的，处 3 年以下有期徒刑或者拘役，并处或者单处罚金；给银行或者其他金融机构造成特别重大损失或者有其他特别严重情节的，处 3 年以上 7 年以下有期徒刑，并处

罚金。

单位犯前款罪的,对单位判处罚金,并对其直接负责的主管人员和其他直接责任人员,依照前款的规定处罚。

立案标准

《最高人民检察院、公安部关于公安机关管辖的刑事案件立案追诉标准的规定(二)》(2022 修订)第 22 条规定:以欺骗手段取得银行或者其他金融机构贷款、票据承兑、信用证、保函等,给银行或者其他金融机构造成直接经济损失数额在 50 万元以上的,应予立案追诉。

典型案例 肖某明等人骗取贷款、票据承兑、金融票证案

案号:(2018)赣 01 刑终 202 号

【案情简介】

万年青公司是国有控股的上市股份公司,江西南方万年青水泥有限公司是由南方水泥有限公司与万年青公司共同出资设立的国有控股有限公司,财务及管理模式上由万年青公司全面管理。2012 年 12 月,万年青公司聘任被告人肖某明为万年青公司副总会计师、财务部部长,协助总会计师对万年青公司及江西南方万年青水泥有限公司进行财务管理、制订资金运营计划、资金调度等工作。

被告人肖某明在 2016 年 1 月至 8 月,利用担任万年青公司副总会计师、财务部部长的职务之便,为南昌瑞明建材公司的罗某提供资金周转,私自将万年青公司 1.763336539 亿元银行承兑汇票交给罗某,归罗某个人使用,至今没有归还万年青公司。

2016 年 2 月,被告人肖某明应上饶某公司控制人王某的要求,为解决王某 1的资金周转困难,利用担任万年青公司副总会计师、财务部部长的职务之便,采取伪造制单、伪造支付凭证等手段,共挪用公司资金 4854 万元给王某。王某将其中的 2124 万元用于自己业务的资金周转;应肖某明的要求,陆续将

2730万元转给黄某。2016年8月,万年青公司发现肖某明的挪用行为后,要求肖某明限期还款,肖某明与王某于2016年8月将上述款项归还。

2015年8月至2016年7月,被告人姚某龙为解决资金周转困难,以文某公司的名义,在被告人肖某明的帮助下,以文某公司与万年青公司的虚假应收账款作为质押,骗取华夏银行授信6000万元(交纳50%的保证金),向华夏银行申请开具银行承兑汇票共计1.4亿元,其中,2015年8月14日、9月8日、9月23日、9月24日,2016年1月28日、3月9日,分别开具2000万元、2000万元(1000万元、1000万元)、1000万元、1000万元、2000万元(1000万元、1000万元)、1000万元,合计开立票面金额为9000万元,承兑期限均为6个月的汇票共计8张,上述汇票银行已兑付,姚某龙已将上述汇票结清;2016年3月10日、3月23日、3月24日、7月28日分别开具1000万元、1000万元(500万元、500万元)、1000万元(500万元、500万元)、2000万元(600万元、600万元、800万元),合计开立票面金额为5000万元,承兑期限均为6个月的汇票共计8张,姚某龙除归还上述部分银行承兑缺口外,共造成华夏银行直接经济损失2185.96万元。

【法院认为】

被告人肖某明利用担任国有控股公司的副总会计师、财务部长的职务之便,挪用本单位资金人民币4854万元及1.763336539亿元银行承兑汇票归个人使用,数额巨大,其行为已构成挪用资金罪。被告人肖某明明知姚某龙向银行申请贷款所提供的证明文件是虚假的,仍予以确认盖章,其行为又已构成骗取票据承兑罪。被告人姚某龙使用虚假的证明文件,骗取华夏银行票据承兑1.4亿元,造成银行特别重大损失人民币2185.96万元,其行为已构成骗取票据承兑罪。公诉机关指控的被告人肖某明分别构成挪用资金罪、骗取票据承兑罪,被告人姚某龙构成骗取票据承兑罪的罪名均成立。鉴于被告人肖某明归案后能如实供述自己和他人的犯罪事实,当庭自愿认罪,依法可从轻处罚,被告人姚某龙犯罪后能自动投案,如实供述自己和他人的犯罪事实,当庭自愿认罪,具有自首情节,依法可从轻处罚。关于被告人肖某明的辩护人提出的肖某明对挪用资金犯罪认罪悔罪态度较好,无犯罪前科,归案后如实供述了骗取票据承兑的犯罪事实，具有坦白情节的辩护意见，与事实、法律相符，本院予以采纳。关于被告人姚某龙的辩护人提出的姚某龙具有自首情节，姚某龙自愿认罪，无前科，具有法定、酌定从轻处罚情节的辩护意见，与事实、法律相符，本院予以采纳。

【法院判决】

江西省南昌高新技术产业开发区人民法院作出一审判决：(1)以挪用资金罪判处被告人肖某明有期徒刑8年，以骗取票据承兑罪，判处其有期徒刑6年，并处罚金人民币15万元，决定执行有期徒刑12年，并处罚金人民币15万元；(2)以骗取票据承兑罪判处被告人姚某龙有期徒刑5年6个月，并处罚金人民币15万元；(3)责令被告人肖某明、姚某龙向华夏银行股份有限公司南昌分公司退赔违法所得人民币2185.96万元。

一审判决后，肖某明、姚某龙不服提出上诉，江西省南昌市中级人民法院经审理作出终审裁定：驳回上诉，维持原判。

典型案例 欧某华骗取贷款案

案号：(2017)粤06刑初32号

【案情简介】

2010年下半年，被告单位瑞丰公司与我国香港特别行政区华大国际有限公司(以下简称香港华大国际有限公司)在洽谈收购事宜期间，为获取银行贷款，其实际控制人被告人欧某华授意时任华立集团财务总监的被告人饶某春，由饶某春指使瑞丰公司资金部资金专员被告人林某琼提供虚假的财务报表，连同公司营业执照等资料提交给中国农业银行佛山石湾支行用于评级授信。中国农业银行广东分行于2010年12月15日据此对瑞丰公司的信用评级为AAA级，中国农业银行佛山分行于2010年12月24日据此对瑞丰公司的贷款授信额度为6.5亿元。

2010年12月31日，香港华大国际有限公司全资收购由欧某华实际控制的瑞丰公司后，欧某华、余某1、余某2组成瑞丰公司的董事会，欧某华担任瑞丰公司的法定代表人,至2011年11月辞职。在收购期间,饶某春于2010年11月起担任瑞丰公司财务副总监,主管公司税务与对接银行业务;林某琼继续担任资金部资金专员,负责公司对银行业务。

瑞丰公司委托广东国众联公司对其整体资产进行评估时,提供了虚假材料,致评估价值虚高。

2011年1月前后,瑞丰公司在欧某华的安排下,经饶某春指使并审核,林某琼提供虚假的2007年至2009年、2010年9月财务报表等资料,以瑞丰公司提供自有的评估价值为7亿元的油罐及生产设备等作为抵押物,以欧某华、赵某、王某作为贷款保证人,以经营周转需要为由,向中国农业银行佛山石湾支行申请1.5亿元短期(1年)流动资金贷款。经银行方同意,双方于2011年1月4日签订了编号为440102×××0245的流动资金借款合同。在贷款放款时,瑞丰公司又以虚假的购销合同与附随的增值税专用发票,通过委托银行支付的方式,将贷款直接转入由欧某华实际控制的中油坚盛公司的账户中,改变资金的实际用途。

2011年2月前后,瑞丰公司又以同样的方式向中国农业银行佛山石湾支行申请1.83亿元短期(1年)流动资金贷款,经欧某华的安排,饶某春指使并审核,林某琼提供虚假的2007年至2009年、2010年11月财务报表等资料,并以瑞丰公司的整体资产、新兴县华立龙山温泉度假村有限公司的房产、地产等作为抵押物,广龙公司、欧某华、赵某、王某等人作为保证人。双方于2011年2月24日签订了编号为4401012×××1530的贷款合同。在贷款放款时,瑞丰公司同样又以虚假的购销合同与附随的增值税专用发票,通过委托银行支付的方式,将贷款直接转入由欧某华实际控制的中油坚盛公司的账户中,改变资金的实际用途。后经中国农业银行佛山石湾支行同意,双方于2011年10月将新兴县华立龙山温泉度假村有限公司的房产、地产变更为××××融资项目的抵押物。

上述3.33亿元的贷款到期后,至2014年8月,瑞丰公司只偿还了0.4亿元,2.93亿元未能偿还。2014年8月22日,中国农业银行对该贷款做呆账核销处理。

经查,中国农业银行发放的共计3.33亿元贷款,瑞丰公司并未按贷款约定的用途使用,在被受托支付给中油坚盛公司后,0.7451亿元被用于支付中油坚盛公司货款,0.8亿元被中油坚盛公司用于开具银行承兑汇票保证金,0.3亿元被瑞丰公司用于开具银行承兑汇票保证金,0.21亿元被中油坚盛公司用于偿还其借款,1.07亿元被瑞丰公司用于偿还其民间借款,0.08亿元被李某军用于偿还其个人民间借款,以上贷款去向合计3.2051亿元。

【法院认为】

被告单位瑞丰公司以欺骗手段取得银行贷款,数额达3.33亿元,情节特别严重,其行为已构成骗取贷款罪。被告人欧某华、饶某春、林某琼作为被告单位的主管人员或直接责任人,组织、指使或直接参与骗取银行贷款,情节特别严重,均应当以骗取贷款罪追究其刑事责任。公诉机关指控被告单位瑞丰公司、被告人欧某华、饶某春、林某琼犯骗取贷款罪的罪名成立,予以确认。被告人欧某华在共同犯罪中起主要作用,是主犯,应当按照其组织的全部犯罪处罚。被告人饶某春、林某琼在共同犯罪中起次要作用,是从犯,可依法减轻处罚。被告人饶某春归案后供述了部分犯罪事实,可酌情予以从轻处罚。被告人林某琼经电话传唤到案并如实供述犯罪事实,是自首,且其悔罪态度较好、犯罪情节较轻微,可免予刑事处罚。

公诉机关指控被告单位华立集团、中油坚盛公司、广能公司、龙池公司、广龙公司犯虚开增值税专用发票罪。因上述被告单位不具有骗取国家税款的目的,未造成国家税款损失,其行为不构成虚开增值税专用发票罪。被告人欧某华、饶某春、吴某清、冼某枝作为华立集团主管人员或直接责任人,均不应当以虚开增值税专用发票罪追究其刑事责任。公诉机关指控各被告单位、各被告人犯虚开增值税专用发票罪的罪名不成立。

公诉机关指控被告人欧某华犯合同诈骗罪。因现有证据不足以证明被告人欧某华有非法占有江某股票款的主观目的,公诉机关指控的罪名不成立。

【法院判决】

广东省佛山市人民法院作出一审判决:(1)被告单位佛山市瑞丰石化燃料有限公司犯骗取贷款罪,判处罚金人民币50万元;(2)被告人欧某华犯骗取贷款罪，判处有期徒刑4年，并处罚金人民币40万元；(3)被告人饶某春犯骗取贷款罪，判处有期徒刑1年，并处罚金人民币10万元；(4)被告人林某琼犯骗取贷款罪，免予刑事处罚；(5)被告单位广东华立投资集团有限公司无罪；(6)被告单位佛山市南海中油坚盛燃料贸易有限公司无罪；(7)被告单位佛山市南海广能燃料油有限公司无罪；(8)被告单位佛山市三水广龙石化燃料有限公司无罪；(9)被告单位佛山市三水龙池石化燃料有限公司无罪；(10)被告人吴某清无罪；(11)被告人冼某枝无罪。

本判决已生效。

风险提示

一、企业贷款涉罪风险高，应加强合规管理

骗取贷款罪是2006年《刑法修正案(六)》增设的罪名，其立法用意是弥补贷款诈骗罪在刑事司法中难以证明“非法占有目的”的缺陷，是为有效维护金融安全和管理秩序而进行的补救性立法，是严密法网的体现，也是我国在金融领域加强金融监管刑事政策的体现。然而，由于涉及骗取贷款罪的司法解释一直未出台，导致各地司法机关对骗取贷款罪的规范认识并不统一，实践当中往往认为只要行为人提供了虚假材料，就属于欺骗行为，忽略了对因果关系要件的考量，因此，企业贷款涉罪风险极高，要引起特别重视。

二、如果给银行等金融机构造成直接损失将可能涉刑

如果没有给银行等金融机构造成损失，自然不会危及银行等金融机构的信贷资金安全。根据《最高人民检察院、公安部关于公安机关管辖的刑事案件立案追诉标准的规定(二)》(2022修订)第22条的规定，以欺骗手段取得银行或者其他金融机构贷款、票据承兑、信用证、保函等，给银行或者其他金融机构造成直接经济损失数额在50万元以上的，应予立案追诉。

三、警惕以下方式均属于“欺骗行为”

(1)编造引进资金、项目等虚假理由骗取贷款；(2)编造、使用虚假的经济合同骗取贷款；(3)编造、使用虚假的证明文件骗取贷款；(4)编造、使用虚假的产权证明作担保或超出抵押物的价值进行重复贷款骗取贷款。

四、骗取贷款罪与贷款诈骗罪的区别

(1)定义区别。骗取贷款罪是指以欺骗手段取得银行或者其他金融机构贷款,给银行或者其他金融机构造成重大损失或者有其他严重情节的行为。贷款诈骗罪是指以非法占有为目的,诈骗银行或者其他金融机构的贷款,数额较大或者有其他严重情节的行为。(2)骗取贷款的目的和用途不同。如果是为了用于生产经营,并且实际上全部或者大部分资金也确实用于生产经营,属于骗取贷款罪。如果骗取贷款是为了用于个人挥霍,或者用于偿还个人债务,属于贷款诈骗罪。(3)单位的经济能力和经营状况。如果单位有正常业务,经济能力较强,在骗取贷款时具有偿还能力,应定骗取贷款罪。如果单位本身就是"皮包"公司,或者已经资不抵债,没有正常稳定的业务,应定贷款诈骗罪。(4)行为后果。如果骗取的贷款全部或者大部分已经归还,应定骗取贷款罪。如果实际没有归还,则应进一步考察没有归还的原因,如果资金全部或者大部分投入了生产经营,只是因为经营失败而造成不能归还,应定骗取贷款罪;如果不是因为经营失败造成不能归还,而是因为个人挥霍等其他原因造成不能归还,应定贷款诈骗罪。

刑事合规指引

一、防止因借贷民事纠纷涉刑

企业贷款涉罪风险高,应加强对贷款的刑事合规管理,避免借贷民事纠纷转为刑事案件。银行为了保护自身的贷款资金安全,设置了各种贷款手续和条件,如果到期贷款收回发生问题,倒查贷款程序发现有轻微的欺骗行为,不会对金融资产管理产生高度风险的,不应纳入刑事打击的范围,可以通过民事或者行政手段来解决,避免将贷款过程中出现的瑕疵材料一律视为"欺骗行为"、将不能归还贷款的行为一律视为"骗贷行为"。因此,对欺骗的认定,不能仅仅进行形式审查,还要进行实质判断,需审查贷款使用情况和不能还本付息的真正原因,如果仅为贷款纠纷,应通过民事途径予以解决。

二、防止擅自改变贷款用途涉刑

企业应严格按照贷款申请的用途合理使用贷款，避免擅自改变贷款用途涉刑，根据《贷款通则》第 20 条的规定，借款人不得用贷款从事股本权益性投资，国家另有规定的除外；不得用贷款在有价证券、期货等方面从事投机经营。除依法取得经营房地产资格的借款人以外，不得用贷款经营房地产业务；依法取得经营房地产资格的借款人，不得用贷款从事房地产投机；不得套取贷款用于借贷牟取非法收入。如果借款人擅自改变贷款用途，从事股票期货、赌博等投机经营和违法经营活动，使贷款资金处于无法收回的重大危险中，则欺骗手段的性质达到情节严重的程度，依法论罪处刑。如果借款人基于市场变化和经营发展需要，用于其他正常经营活动，没有明显增加贷款资金安全风险，能够按照约定还款付息，没有造成损失的，不应认定为以欺骗手段达到构成骗取贷款罪的严重程度。

三、防止因金融机构陷入错误认识而涉刑

欺骗类犯罪共同逻辑结构是采取虚构事实、隐瞒真相的方法，使被害人陷于错误认识，并基于错误认识对权益作出处分。实践中，有的银行工作人员明知贷款材料存在问题，但为了完成放贷业绩、基于完成任务等仍审批贷款，此时发放贷款也是违背金融机构的意志。银行工作人员对贷款人相关信息的核查存在失误并不一定影响骗取贷款罪的成立，只是金融机构工作人员构成骗取贷款罪共犯和违法发放贷款罪的想象竞合，借款人同样构成骗取贷款罪。

四、规范公司贷款合规操作，杜绝材料造假涉刑

一般来说，骗取贷款罪的欺骗手段主要体现在虚增资金信用、改变贷款用途、虚假抵押担保三个方面。因此，企业在提供贷款材料时，要做到避免虚增利润，编制虚假会计报表；避免为营造企业资金雄厚的假象，进行夸大宣传；避免使用虚假的经济合同或证明文件；避免使用虚假的资产评估，或者对提供担保的资产不实；避免利用同一项目或同一抵押物重复贷款。

五、贷款最好提供足额担保，最大限度避免入罪

有学者指出，根据骗取贷款罪的保护法益与“严重情节”的要求，有足额担保的骗贷行为不应构成犯罪,案发前主动归还本息的骗贷行为不构成犯罪。除此之外,对于担保人代为还款的情形,贷款到期日前行为人明显具有还款经济能力的情形,也不得认定为骗取贷款罪。因此,企业申请贷款时,能提供足额担保,保证还款能力,最大限度避免入罪可能。

第六节　合同诈骗罪

刑事责任

《刑法》第224条规定:有下列情形之一,以非法占有为目的,在签订、履行合同过程中,骗取对方当事人财物,数额较大的,处3年以下有期徒刑或者拘役,并处或者单处罚金;数额巨大或者有其他严重情节的,处3年以上10年以下有期徒刑,并处罚金;数额特别巨大或者有其他特别严重情节的,处10年以上有期徒刑或者无期徒刑,并处罚金或者没收财产:

(1)以虚构的单位或者冒用他人名义签订合同的;

(2)以伪造、变造、作废的票据或者其他虚假的产权证明作担保的;

(3)没有实际履行能力,以先履行小额合同或者部分履行合同的方法,诱骗对方当事人继续签订和履行合同的;

(4)收受对方当事人给付的货物、货款、预付款或者担保财产后逃匿的;

(5)以其他方法骗取对方当事人财物的。

立案标准

根据《最高人民检察院、公安部关于公安机关管辖的刑事案件立案追诉标准的规定(二)》(2022修订)第69条的规定,以非法占有为目的,在签订、履行合同过程中,骗取对方当事人财物,数额在2万元以上的,应予立案追诉。

典型案例 李某国合同诈骗案

案号:(2019)浙02刑初138号

【案情简介】

被告人李某国先后于2000年和2008年成立深圳市年富实业发展有限公司(以下简称年富实业)和被告单位深圳市年富供应链有限公司(以下简称年富供应链)。2010年,李某国收购了被告单位富裕仓储(深圳)有限公司(现已更名为深圳富裕控股有限公司,以下简称富裕公司),李某国实际控制上述三家公司并担任法定代表人。后经过李某国多次股权调整,富裕公司持有年富实业全部股份,年富实业持有年富供应链全部股份。

年富实业公司成立以来,主要从事供应链业务,被告人李某国担任董事长,负责公司实际经营管理;被告人杨某武任总裁,负责公司日常运营管理;被告人刘某任财务总监,负责公司财务事宜;徐某(另案处理)担任副总裁,秦某(另案处理)担任金融总监、副总裁,张某(已殁)担任风控总监,林某担任运营总监。上述7人组成年富实业执行委员会作为该公司决策执行机构。至2015年,年富实业因经营不善造成巨额垫付资金无法收回,形成巨额亏空,面临资金链断裂的风险。其时,李某国以其个人信用及其名下财产和由其实际控制的富裕公司为年富实业向银行贷款提供担保已达30多亿元。为了避免公司资金链断裂及承担银行贷款的担保责任,李某国考虑通过直接上市融资或被并购间接上市的方式解决资金和担保问题。后经被告人李某国决定,被告人杨某武、刘某及徐某、秦某等人的具体实施,年富实业通过与由李某国等人实际控制的在我国香港特别行政区的关联公司威隆国际贸易有限公司(以林某妻子施某名义注册,注册资本为10,000港元)、远毅有限公司(由被告人杨某武的亲戚许某名义持有,注册资本为10,000港元)、世博国际集团有限公司(由李某国等人通过我国香港特别行政区的中介公司注册并实际控制,注册资本为10,000港元)等进行虚假贸易,将上述巨额亏空转成年富实业对其关联公司的虚假应收账款,又通过制造对相关客户虚假应收账款等方式虚增公司业绩,以制造公司实力雄厚、利润丰厚的假象。

2015年12月,被告人李某国通过钟某介绍,与宁波东力股份有限公司(以下简称宁波东力)董事长宋某、董事会秘书陈某(另案处理)洽谈宁波东力并购年富实业事宜。洽谈过程中,被告人李某国、杨某武、刘某及徐某、秦某等人向宁波东力董事长宋某夸大经营规模,虚构公司净资产,并虚假承诺年富实业未来三年可创造8亿~9亿元(币种为人民币,下同)利润,骗取宁波东力于当月与其签订交易价格为20亿~23亿元的《购买资产意向书》。之后,宁波东力委托国信证券股份有限公司、国某律师(上海)事务所、立信会计师事务所、北京中天华资产评估有限责任公司作为第三方中介机构,进驻年富实业进行尽职调查。调查期间,因发现年富实业存在大量资金被大股东李某国占用及其子公司存在诉讼等方面问题,经并购方、被并购方及中介机构三方合议,决定将年富实业所有资金、人员、业务等下沉至其全资子公司即被告单位年富供应链,由被告人李某国实际控制的被告单位富裕公司直接持有年富供应链全部股份。后为了获取赃款及分配股份,被告人李某国、杨某武、刘某与徐某、秦某、张某、林某等人商量,对年富供应链进行了多轮股改。截至2016年5月,富裕公司持有年富供应链51%股份;李某国实际控制的九江某柏实业有限公司(以下简称九江某柏)持有年富供应链16%股份,以便获取宁波东力为并购支付的现金;被告人杨某武、刘某及徐某、秦某、张某、林某6名公司高管人员实际控制的九江易某和信息管理咨询合伙企业(以下简称易某和)持有年富供应链10%股份,以便获取宁波东力为并购支付的一部分股票;母某持有年富供应链3%股份;刘某1以及钟某所属亚商集团旗下4家公司等其他个人和单位合计持有年富供应链20%股份。

为非法获取高额并购款,年富实业及其下沉后的被告单位年富供应链成立以被告人李某国、杨某武、刘某为核心的并购三人小组,负责具体并购事宜。为尽可能提高公司估值,李某国要求年富供应链相关部门向第三方中介机构提供事先伪造的虚假的对关联公司的巨额应收账款等财务数据,并继续制造公司与相关客户的虚假业绩。其间,被告人杨某武及徐某等人指使多人冒充关联公司负责人,向中介机构掩盖前述巨额应收账款虚假的事实。被告人杨某武及徐某等人又要求客户配合其公司制造、隐瞒虚假业绩,被告人刘某主管的财务部门与徐某、秦某配合形成大量虚假财务数据，第三方中介机构根据被告人李某国、杨某武、刘某等人提供的虚假财务数据及杨某武、秦某、徐某等人找来冒充的关联公司负责人的虚假陈述作出了年富供应链按收益法估值为21.8亿元的错误评估报告。2016年6月，宁波东力与年富供应链股改后的股东富裕公司、九江某柏、易某和、母某、刘某1等单位和个人签订了《发行股份及支付现金购买资产协议书》，同时，宁波东力又与富裕公司、九江某柏、易某和等签订了《发行股份及支付现金购买资产业绩补偿协议书》。同年12月，双方签订《发行股份及支付现金购买资产补充协议书》，对前述并购协议予以进一步补充确认。上述协议约定，宁波东力以21.6亿元价格收购年富供应链全部股份，李某国等人承诺并购完成后继续经营管理年富供应链，并在三年内创造利润合计9.4亿元。2017年8月，双方完成本次交易。

并购完成后，宁波东力取得被告单位年富供应链全部股份，被告人李某国实际控制的九江某柏获得3.456亿元现金（被告人李某国将其中的1.15亿元打入年富供应链，6000万元通过陈某畅打给母某以每股8.57元的价格为其购买宁波东力股份7,001,167股；2000万元给了其兄弟李某林；5300万元用于购买惠东县吉隆镇土地；600万元购买了富裕公司名下位于深圳龙华区的房产；1050万元分给被告人杨某武、刘某和徐某、秦某、张某、林某6名公司高管人员，其中刘某获得300万元，其余5人各自获得150万元）；被告人李某国实际控制的被告单位富裕公司获得宁波东力股票128,541,423股，价值110,160万元；被告人杨某武、刘某及徐某、秦某、张某、林某合伙的易某和获得宁波东力股票25,204,200股，价值21,600万元；母某获得股份7,561,260股，价值6480万元；年富供应链其他股东获得剩余股票50,408,399股，价值43,200万元。

根据上述并购协议，被告人李某国、杨某武、刘某等人在并购完成后继续经营管理被告单位年富供应链，并履行约定义务。被告人李某国、杨某武、刘某等人在不具备合同履行能力的情况下，继续隐瞒实际业绩，加大造假行为，虚增公司利润，并要求相关客户单位配合被告单位年富供应链骗取宁波东力的信任，同时以公司经营需要及加快退税进度为由，诱骗宁波东力于2017年10月对年富供应链增资2亿元。

因经营不善，年富供应链无力偿还银行贷款。2015 年 12 月，被告人李某国与杨某武、刘某及秦某、徐某等人商议将年富供应链的银行贷款担保转移至宁波东力。截至并购基准日 2016 年 9 月 30 日，年富供应链的银行贷款总额达 31.82 亿元，全部由李某国个人信用及名下财产和其实际控制的富裕公司提供担保。后被告人李某国、杨某武、刘某及秦某等人以增加业务量、增加利润为由，通过有关银行违规增加银行授信等方法，骗取宁波东力为年富供应链提供银行授信担保，额度为 22.7 亿元。截至 2018 年 6 月 30 日，年富供应链的银行贷款总额为 31.77 亿元，其中有 13.57 亿元贷款担保被转移至宁波东力（其中，招商银行 5 亿元，平安银行 4.41 亿元，广发银行 1.94 亿元，杭州银行 0.98 亿元，兴业银行 1.24 亿元）。李某国个人信用及名下资产和实际控制公司的担保下降了 18.25 亿元。

经查，宁波东力被骗以发行股票和支付 3.456 亿元现金的方式购买交易对方持有的年富供应链全部的股份，其中李某国通过实际控制的富裕公司获得宁波东力股票 128,541,423 股及通过九江某柏获得现金 3.456 亿元；杨某武、刘某、徐某等 6 名高管通过实际控制的九江易某和获得宁波东力 25,204,200 股，母某代持及非法获得宁波东力股票合计 13,427,970 股。上述与宁波东力签订并购协议的年富供应链原股东的违法所得及孳息应予追缴，不足部分责令退赔。对有证据证实是本案违法所得的其他财物，也应予以追缴；对公安机关查封、扣押、冻结的涉案违法所得财物作追缴或退赔处理。

【法院认为】

被告单位富裕公司、被告单位年富供应链，以非法占有为目的，在签订、履行合同过程中，骗取他人财物，数额特别巨大，其行为均已构成合同诈骗罪。被告人李某国作为上述两家被告单位直接负责的主管人员，被告人杨某武、刘某作为被告单位年富供应链直接负责的主管人员，应依法分别追究其刑事责任，其行为亦均已构成合同诈骗罪。公诉机关指控罪名成立。鉴于本案犯罪行为造成被害单位巨额经济损失，应依法从严惩处，故对被告人李某国不予从轻处罚；考虑被告人杨某武、刘某有自首情节及本案具体情况，依法对被告人杨某武予以从轻处罚，对被告人刘某予以减轻处罚。本案违法所得，应依法追缴，不足部分,责令各被告单位、被告人予以退赔。被害单位诉讼代理人提出的要求追赃挽损的意见,予以采纳。

【法院判决】

浙江省宁波市中级人民法院作出一审判决:(1)被告单位富裕公司犯合同诈骗罪,判处罚金人民币3000万元;(2)被告单位年富供应链犯合同诈骗罪,判处罚金人民币3000万元;(3)被告人李某国犯合同诈骗罪,判处无期徒刑,剥夺政治权利终身,并处没收个人全部财产;(4)被告人杨某武犯合同诈骗罪,判处有期徒刑11年,并处罚金人民币300万元;(5)被告人刘某犯合同诈骗罪,判处有期徒刑8年,并处罚金人民币300万元;(6)追缴被告单位富裕公司名下的宁波东力股票128,541,423股及其孳息,易某和名下的宁波东力股票25,204,200股及其孳息,毋某代持及非法获得宁波东力股票合计13,427,970股及其孳息(上述股票以并购时人民币8.57元/股折算价值),返还被害单位宁波东力;(7)追缴被告人李某国通过九江某柏获得的赃款3.456亿元(其中被告单位年富供应链分得赃款1.15亿元,被告人杨某武分得150万元,被告人刘某分得300万元,秦某、徐某栋、陈某胜、张某民各分得150万元,均应予以追缴),返还被害单位宁波东力;(8)追缴被告单位年富供应链获得的赃款2亿元,返还被害单位宁波东力;(9)被害单位宁波东力损失未弥补部分,责令被告单位富裕公司、年富供应链和被告人李某国、杨某武、刘某分别予以退赔。

本判决已生效。

风险提示

一、合同诈骗罪与诈骗罪的区别

合同诈骗罪与诈骗罪为法条竞合的关系,合同诈骗罪从诈骗罪分离而来,两者都具备虚构事实、隐瞒真相的手段,主要区别在于合同诈骗罪必须具备“在签订合同、履行合同过程中实施诈骗”的条件。合同诈骗的手段包括:(1)以虚构的单位或者冒用他人名义签订合同的;(2)以伪造、变造、作废的票据或者其他虚假的产权证明作担保的;(3)没有实际履行能力,以先履行小额合同或者部分履行合同的方法,诱骗对方当事人继续签订和履行合同的;(4)收受对方当事人给付的货物、货款、预付款或者担保财产后逃匿的;(5)以其他方法骗取对方当事人财物的。

二、合同诈骗罪中“非法占有为目的”的认定

认定是否具有“非法占有为目的”,应当坚持主客观相一致的原则,要避免单纯根据损失结果客观归罪,应当根据案件具体情况具体分析。实践中案件情况复杂,对“以非法占有为目的”的认定,注重从合同项目真实性、标的物用途、有无实际履约行为、是否有逃匿和转移资产的行为、资金去向、违约原因、事后态度等方面,综合认定是否具有诈骗的故意,避免片面关注行为结果而忽略主观上是否具有“非法占有为目的”。对于签订合同时具有部分履约能力,其后完善履约能力并积极履约的当事方,不能以合同诈骗罪追究其刑事责任。

三、合同诈骗中“欺骗行为”的认定

不是将欺骗手段造成的合同纠纷都以合同诈骗罪论处,要对欺骗手段及其在整个案件中所起的作用及造成的后果作具体分析。一般来说,在签订和履行合同的过程中,行为人在某种事实上有虚假成分,但并非为了掩盖其根本无法履行合同的事实,而且实际上也未能影响其对合同的履行,或者虽然行为人未能完全履行合同,但本人表示愿意承担违约责任的,足以说明行为人并无非法占有目的,应按民事合同纠纷处理。虚构事实,或隐瞒真相,或以虚假的身份和虚假的担保等手段,骗取对方签订合同,事实上则根本不去履行合同,即使有履行合同的行为,也是实施诈骗行为的假象,从而给对方造成重大经济损失,这种情况应以合同诈骗罪论处。

刑事合规指引

一、防范将民事欺诈转化为刑事犯罪

民事欺诈是指在民事活动中,一方当事人故意以不真实情况的意思表示,使对方陷于认识错误,从而达到发生、变更和消灭一定民事法律关系目的的不法行为。它与合同诈骗的相同点是:两者都发生在经济活动中,都有明确当事人权利义务关系的合同存在;两者在客观上都采取了一定的欺诈手段。如何划分合同诈骗和民事欺诈?行为人主观上有无“非法占有的目的”,是区分合同诈骗罪和民事欺诈行为的关键所在。2020 年 12 月 21 日最高人民检察院印发的《最高人民检察院第二十四批指导性案例》,要求严格区分合同诈骗与民事违约行为的界限。注意审查涉案企业在签订、履行合同的过程中是否具有虚构事实、隐瞒真相的行为,是否有《刑法》第 224 条规定的 5 种情形。注重从合同项目真实性、标的物用途、有无实际履约行为、是否有逃匿和转移资产的行为、资金去向、违约原因等方面,综合认定当事方是否具有诈骗的故意,避免片面关注行为结果而忽略主观上是否具有非法占有的目的。对于签订合同时具有部分履约能力,其后完善履约能力并积极履约的当事方,不能以合同诈骗罪追究其刑事责任。上市公司应加强合同管理,从刑事合规角度对合同进行全面规范,同时签订合同应当秉持诚信原则,不得故意虚假陈述或者隐瞒事实真相,诱骗对方陷入错误认识签订合同,避免在己方出现履行不能的情况下,被认为“具有非法占有目的”,防止民事行为转化为刑事案件。

二、建立健全合同签订、履行合规管理制度

企业应建立健全合同合规管理相关制度,加大企业刑事合规与企业风险防控的概念和相关法律知识的普及力度,加强企业合同审查知识与审查能力的教育培训。合同诈骗发生在合同的签订、履行当中,因此,为了避开风险,企业应当对合同相对方的情况时刻关注,要防范相对人的合同诈骗行为给自身带来损失。在签订重大合同时,尤其是与新客户签订合同时,企业应当多渠道、全方位地了解对方公司的经济状况、信用状况等基本信息,如果其信息有异样或瑕疵则应当慎重签约。在合同的履行过程中,企业应当对合同内容进行风险评估,充分预测合同履行过程中可能出现的问题并在合同中约定解决方案,随时关注对方公司的履行情况以及对方公司目前状况,关注其是否正常履行合约、是否有能力继续履行合约以及履行过程中有无异样等,防止合同诈骗的发生。

三、企业自身应审慎履行合同义务,防范自身行为被认定为合同诈骗罪

企业在履行合同过程中,应当根据合同约定履行合同义务,不要以虚构的单位或者冒用他人名义签订合同,或者以伪造、变造、作废的票据或者其他虚假的产权证明作担保,在签订担保合同时,要以真实有效的票据、产权证明提供担保。企业在合同履行过程中,要客观评价企业在交易中的履行能力,对合同履行产生争议或者由于客观原因需要改变合同内容时,应积极主动协商,避免纠纷恶化。特别是在疫情期间出现暂时的资金短缺、无法如期付款或交货等暂时履行不能的情况时,要及时与合同相对方进行沟通,协商解决办法、积极创造条件继续履行,不得藏匿躲避、携款潜逃、挥霍货款。如果不能履行或不能完全履行,应积极承担违约责任,赔偿对方损失,防止被对方认为实施合同诈骗。

四、通过最高人民法院指导案例看罪与非罪,为企业做好刑事合规提供参考

(1)在签订合同时无履行能力,之后仍无此种能力,而依然蒙骗对方,占有对方财物,应认定为有非法占有之目的,构成合同诈骗罪(刘某基合同诈骗案,参见《刑事审判参考》2010 年第 5 辑总第 76 辑指导案例第 646 号)。

(2)行为人在签订和履行合同过程中的一些行为具有一定的欺骗性,但其主观上不具有以欺骗的手段非法占有对方公司财产的目的,客观上具备一定的履约能力,也有积极履行合同的诚意和行动,拒退保证金是事出有因,并不是企图骗取对方公司的财产,不属于"明知自己没有履行合同的能力而采取欺骗手段骗取他人财物的"或者"隐匿合同保证金等担保合同履行的财产,拒不返还"的情形,不构成合同诈骗罪(吴某大合同诈骗案,参见《最高人民法院公报》2003 年第 1 期)。

第六章　证券二级市场的刑事案例及合规指引

第一节　违规披露、不披露重要信息罪

刑事责任

《刑法》第 161 条规定：依法负有信息披露义务的公司、企业向股东和社会公众提供虚假的或者隐瞒重要事实的财务会计报告，或者对依法应当披露的其他重要信息不按照规定披露，严重损害股东或者其他人利益，或者有其他严重情节的，对其直接负责的主管人员和其他直接责任人员，处 5 年以下有期徒刑或者拘役，并处或者单处罚金；情节特别严重的，处 5 年以上 10 年以下有期徒刑，并处罚金。

前款规定的公司、企业的控股股东、实际控制人实施或者组织、指使实施前款行为的，或者隐瞒相关事项导致前款规定的情形发生的，依照前款的规定处罚。

犯前款罪的控股股东、实际控制人是单位的，对单位判处罚金，并对其直接负责的主管人员和其他直接责任人员，依照第 1 款的规定处罚。

立案标准

《最高人民检察院、公安部关于公安机关管辖的刑事案件立案追诉标准的规定（二）》（2022 修订）第 6 条规定：依法负有信息披露义务的公司、企业向股东和社会公众提供虚假的或者隐瞒重要事实的财务会计报告，或者对依法应当

披露的其他重要信息不按照规定披露,涉嫌下列情形之一的,应予立案追诉:

(1)造成股东、债权人或者其他人直接经济损失数额累计在100万元以上的;

(2)虚增或者虚减资产达到当期披露的资产总额30%以上的;

(3)虚增或者虚减营业收入达到当期披露的营业收入总额30%以上的;

(4)虚增或者虚减利润达到当期披露的利润总额30%以上的;

(5)未按照规定披露的重大诉讼、仲裁、担保、关联交易或者其他重大事项所涉及的数额或者连续12个月的累计数额达到最近一期披露的净资产50%以上的;

(6)致使不符合发行条件的公司、企业骗取发行核准或者注册并且上市交易的;

(7)致使公司、企业发行的股票或者公司、企业债券、存托凭证或者国务院依法认定的其他证券被终止上市交易的;

(8)在公司财务会计报告中将亏损披露为盈利,或者将盈利披露为亏损的;

(9)多次提供虚假的或者隐瞒重要事实的财务会计报告,或者多次对依法应当披露的其他重要信息不按照规定披露的;

(10)其他严重损害股东、债权人或者其他人利益,或者有其他严重情节的情形。

典型案例 余某妮等人违规披露、不披露重要信息案

案号:(2016)粤04刑初131号

【案情简介】

珠海博元投资有限公司(以下简称博元公司)系境内上市公司,原名为浙江省凤凰化工股份有限公司、东莞市方达再生资源产业股份有限公司,成立于1988年10月,公司股票于1990年12月19日在上海证券交易所上市交易。2011年9月9日工商登记变更为博元公司,地址变更为珠海市横琴红旗村,股票名称变更为:ST博元,股票代码为:600656。博元公司的控股股东系华信泰

投资有限公司(以下简称华信泰公司)(法定代表人系被告人余某妮),全资子公司系珠海信实企业管理咨询有限公司(以下简称信实公司)、珠海裕荣华投资有限公司(以下简称裕荣华公司),博元公司占60%股份,信实公司占40%股份,李某甲(在逃)和余某妮共同管理该公司。此外,李某甲还借用他人身份证注册成立珠海青禧贸易有限公司(以下简称青禧公司)和深圳茂盛荣贸易有限公司,并实际控制该两家公司,利用该两家公司进行走账和开展关联业务。

2010年3月,李某甲和余某妮夫妇注册成立华信泰公司,并以华信泰公司的名义通过司法拍卖取得博元公司原第一大股东东莞勋达投资有限公司(以下简称勋达公司)3997万股限售流通股,成为博元公司新的控股股东,取得公司的控制权。由于博元公司原控股股东勋达公司和第二大股东许某曾对股权分置改革后公司2008年、2009年的股改业绩作出承诺,承诺上市公司2008年归属于母公司的所有者净利润不低于4500万元,2008年、2009年两年累计归属于上市公司普通股股东的净利润不低于1亿元;实际净利润与承诺净利润之间的差额部分将由勋达公司和许某以现金方式补足,具体支付时间为2009年度报告披露后10日内。2008年归属于上市公司股东的净利润为4503.36万元,完成了该年的股改业绩承诺。2009年归属于上市公司股东的净利润为负4.72亿元,与其股改业绩承诺的净利润之间的差额为5.26亿元。而2010年4月,勋达公司、许某所持有的限售流通股分别通过司法拍卖、司法划转给华信泰公司、辽源大成公司、林某、黄某、吴某1、吴某2、王某等8名新股东,勋达公司和许某没有按期支付上述股改业绩承诺,8名新股东必须承接支付上述股改业绩承诺款的义务。2010年5月,广东证监局多次催促,要求控股股东华信泰公司牵头尽快支付和督促林某等8名股改义务人支付5.26亿元股改业绩承诺款。截至2011年4月,尚有384,528,450元的股改业绩承诺款没有兑付,其中包括华信泰公司的1.386亿元。李某甲、余某妮以华信泰公司名义承诺支付并代其他股改义务人支付全部股改业绩承诺款。并称由于博元公司账号被冻结,为保证资金安全,相关款项支付到子公司信实公司和裕荣华公司账号。为了完成股改业绩承诺款的支付,使限售流通股能尽快解禁上市流通,李某甲和余某妮、被告人博元公司总裁陈某共同商议,由李某甲负责筹集款项,华信泰公司代全部股改义务人支付384,528,450元股改业绩承诺款。2011年4月26日、27日，由李某甲安排向东莞的龙某借款1亿元，由余某妮签订借款合同，通过东莞科汇投资顾问有限公司（以下简称东莞科汇公司）等十几家公司和华信泰公司、裕荣华公司之间循环转账，每次转款9800余万元，循环四次累计形成转入华信泰公司384,528,450元，从华信泰公司累计转至裕荣华公司账号384,528,450元，制造由裕荣华公司代收股改业绩承诺虚构华信泰公司已支付剩余股改业绩承诺款，并已代林某等股改义务人支付共384,528,450元股改业绩承诺款的假象，再虚构将3.84亿元借款给东莞景瑞实业有限公司（以下简称东莞景瑞公司）的事实通过再次循环转账将1亿元还款给东莞科汇公司，并制造已将3.84亿元用于借款投资理财的假象，以应对广东证监局的检查。被告人陈某在转款前将上述借款1亿元进行循环转账形成384,528,450元的记录情况告知博元公司的财务总监被告人伍某清，并与伍某清共同策划转款的金额，由陈某带裕荣华公司的出纳被告人罗某元前往中信银行东莞星河支行完成上述转账过程，并由罗某元将进账单交给会计邓某、财务经理被告人张某萍、财务总监伍某清等财务人员做账。2011年4月29日，博元公司隐瞒上述情况，发布临时公告披露股改业绩承诺已全部缴付至博元公司及其子公司信实公司、裕荣华公司相关账号的虚假信息。

由于广东证监局在对股改业绩承诺款进行检查的过程中不同意将3.84亿元款项出借给东莞景瑞公司，为了应对广东证监局，被告人李某甲和余某妮向深圳利明泰投资有限公司和深圳利明泰股权投资基金有限公司借款4亿元存放在裕荣华公司在建设银行深圳分行的账号，制造账上有钱的假象，使用伪造东莞景瑞公司转款到裕荣华公司的银行进账单，虚构已从东莞景瑞公司收回借款3.84亿元的事实，并用伪造的进账单、电汇凭证做账。张某萍根据伪造的银行进账单制作博元公司的合并财务报表，并在合并财务报表上虚假反映已收到股改业绩承诺款3.84亿元的事实，导致博元公司虚增银行存款3.84亿元，虚增资本公积3.84亿元。2011年8月25日，余某妮、伍某清、张某萍依据该虚假财务报表制作和发布博元公司的2011年半年度报告，对股改业绩承诺款的履行情况进行虚假公告披露。

为掩盖虚假支付股改业绩承诺款的事实，余某妮主持召开董事会，决定将股改业绩承诺款用于购买银行承兑汇票以掩盖事实真相。2011 年 12 月，从深圳市鑫海马投资有限公司通过青禧公司转入华信泰公司 1000 万元，李某甲指使伍某清将该 1000 万元通过循环转账形成 37 笔转账记录，虚构购买银行承兑汇票的事实。伍某清设计转账流程并指使张某萍、罗某元进行网银操作，在信实公司、华信泰公司和青禧公司之间通过循环转账 37 次，虚构信实公司向青禧公司转账 3.34 亿元，用于向青禧公司购买 37 张面额共 3.47 亿元银行承兑汇票的假象，并据此制作虚假的财务报表，并在 2011 年年报中进行公告，导致博元公司 2011 年年报虚增应收票据 3.47 亿元，虚增其他流动负债 1223 万元。

2012 年至 2014 年，被告人余某妮、张某萍根据李某甲提供的上述 37 张信实公司买进的虚假银行承兑汇票，按照李某甲的要求多次虚构将上述银行承兑汇票进行贴现、票据置换和支付预付款等交易，并根据李某甲提供的相关置换来的虚假银行承兑汇票进行记账，制作博元公司的虚假财务报表、致使博元公司披露的 2011 年至 2014 年的半年报、年报中虚增资产金额或者虚构利润均达到了当期披露的资产总额或利润总额的 30% 以上。其中 2011 年半年虚增负债为 4 亿元；2011 年年报虚增资产 347,050,000 元（虚增资产 68.67%），虚报负债 12,238,424.68 元；2012 年半年报虚增资产 350,500,000 元（虚增资产 68.56%），虚增负债 8,289,149 元，虚增收入 11,298,987.79 元，虚增利润 11,298,987.79 元；2012 年年报虚增资产 364,558,270 元（虚增资产 61.55%），虚增负债 8,762,592.87 元，虚增收入 18,932,067.19 元，虚增利润 18,932,067.19 元；2013 年半年报虚增资产 378,000,000 元（虚增资产 59.11%），虚增负债 10,172,915 元，虚增收入 13,472,535.51 元，虚增利润 13,472,535.51 元；2013 年年报虚增资产 378,000,000（虚增资产 62.25%），虚增负债 10,172,915 元，虚增收入 13,472,535.51 元，虚增利润 13,472,535.51 元；2014 年半年报虚增利润 3,173,984.52（虚增利润 1327.2%），虚构收入 3,173,984.52 元。

博元公司在 2011 年至 2014 年的公告和财务会计报告中违规不披露公司的实际控制人还有李某甲，且违规不披露青禧公司为李某甲控制下的关联公司，违规不披露股改款未实际履行等重要信息。

2014年6月18日中国证监会广东证监局对博元公司立案调查,发现该公司涉嫌违规披露、不披露重要信息罪和伪造、变造金融票证罪并移交公安机关,上海证券交易所于2015年5月15日对该公司的股票实施停牌,同月28日,对该公司的股票暂停上市,2016年3月21日对该公司股票作出终止上市的决定。

被告人伍某清于2009年5月至2011年8月任博元公司财务总监,后因故离职后继续在关联公司华信泰公司任职,并实际负责博元公司的财务工作。被告人张某萍于2010年7月至2011年8月任博元公司财务经理,于2011年8月至2015年1月任博元公司财务总监,2011年12月14日起任博元公司董事。被告人陈某于2010年4月至2011年8月任博元公司总裁,后离职。被告人罗某元于2009年9月至2015年1月任信实公司、裕荣华公司出纳,2011年12月14日起任博元公司职工监事。

案发后,被告人余某妮、伍某清、张某萍主动到公安机关投案。

【法院认为】

博元公司作为依法负有信息披露义务的公司,在2011年至2014年向股东和社会公众提供虚假的或者隐瞒主要事实的财务会计报告,或者对依法应当披露的其他重要信息不按照规定披露,严重损害股东或者其他人的利益,情节严重,被告人余某妮、陈某作为公司直接负责的主管人员,被告人伍某清、张某萍、罗某元作为直接责任人员,其行为均构成违规披露、不披露重要信息罪。各被告人犯罪事实清楚,证据确实、充分,公诉机关指控的违规披露、不披露重要信息罪成立,予以支持。但公诉机关指控各被告人犯背信损害上市公司利益罪不成立,不予支持。被告人伍某清犯罪后主动投案,如实供述犯罪事实,系自首,可以从轻处罚。根据被告人伍某清、张某萍、陈某、罗某元的犯罪事实、情节、认罪态度,对其适用缓刑确实不致再危害社会,依法可以宣告缓刑。

【法院判决】

广东省珠海市中级人民法院作出一审判决:(1)被告人余某妮犯违规披露、不披露重要信息罪,判处有期徒刑1年7个月,并处罚金人民币10万元;(2)被告人伍某清犯违规披露、不披露重要信息罪,判处有期徒刑8个月,缓刑1年,并处罚金人民币5万元;(3)被告人张某萍犯违规披露、不披露重要信息罪,判处有期徒刑7个月，缓刑1年，并处罚金人民币4万元；(4)被告人陈某犯违规披露、不披露重要信息罪，判处拘役6个月，缓刑6个月，并处罚金人民币3万元；(5)被告人罗某元犯违规披露、不披露重要信息罪，判处拘役3个月，缓刑4个月，并处罚金人民币2万元。

本判决已生效。

典型案例　郭某某犯违规披露、不披露重要信息案

案号：(2020)浙0105刑初255号

【案情简介】

2013年至2015年，九好网络科技集团有限公司（以下简称九好集团，原名浙江九好办公服务集团有限公司）为了吸引风投资金投资入股、完成政府招商引资税收目标以及实现上市等目的，通过与其他公司签订虚假业务合同、虚开增值税专用发票、普通发票、利用资金循环虚构银行交易流水、改变业务性质等多种方式虚增服务费收入共计264,897,668.7元，虚增2015年贸易收入574,786.32元。

2015年1月，九好集团在账面上虚增货币资金3亿余元。为掩饰上述虚假账面资金，九好集团从2015年3月开始通过外部借款购买理财产品或定期存单，于借款当日或次日通过将理财产品或定期存单为借款方关联公司质押担保，并通过承兑汇票贴现的方式将资金归还借款方，从而在账面形成并持续维持3亿元银行存款的假象。另查明，2015年10月15日，九好集团在兴业银行杭州分行购买3000万元半年期定期存单，并以该存单为杭州煊隼贸易有限公司开具的共计3000万元银行承兑汇票提供质押担保。截至2015年12月31日，上述3.3亿元银行存单仍处于质押状态。

后九好集团在与鞍山重型矿山机器股份有限公司（以下简称鞍重股份）重大资产重组过程中，向鞍重股份提供了含有上述虚假信息的财务报表，鞍重股份于2016年4月23日公开披露了含有虚假内容的《浙江九好办公服务集团有限公司审计报告(2013年至2015年)》。同日，鞍重股份公告了《鞍山重型矿山

机器股份有限公司重大资产重组置换及发行股份购买资产并募集配套资金暨关联交易报告书》,其中披露了重组对象九好集团含有虚假内容的最近三年主要财务数据,包括资产负债表主要数据(其中,截至2015年12月31日,公司资产总计92,325.94万元)、利润表主要数据、现金流量表主要数据,且未披露上述3.3亿元定期存单质押的事项。

2013年至2015年,九好集团虚增服务费收入264,897,668.7元,虚增货币资金31,337万元,上述虚增资产均无法收回。截至2015年12月31日,九好集团的实际净资产为98,529,498.71元,故九好集团虚增资产达到当期披露的资产总额的30%以上,未按照规定披露的担保等重大事项所涉及的累计数额占九好集团实际净资产的50%以上。另查明,九好集团提供虚假的财务数据和信息的行为,已造成投资人直接经济损失数额累计2,122,706.32元。

被告人郭某某作为九好集团的实际控制人、法定代表人及董事长,是九好集团财务造假的决策、组织者,系直接负责的主管人员。被告人宋某某作为九好集团的董事、总裁,为帮助九好集团虚增业绩,组织、参与业务造假行为,为九好集团财务造假提供了基础资料;被告人杜某某作为郭某某妻子、九好集团的股东,负责安排、调拨九好集团及关联方资金用于虚增业务,并利用其个人银行卡为九好集团过账、伪造业务回款提供便利;被告人王某作为原九好集团财务副总监,为九好集团及下属子公司虚增业务提供财务支持,并在账面上造假配合上市,上述三名被告人均属于其他直接责任人员。

2019年6月4日,民警先后将被告人郭某某、宋某某抓获归案。被告人杜某某、王某经民警电话传唤后主动到案接受调查。被告人王某在归案后如实供述了自己参与上述事实的情况。

【法院认为】

九好集团作为依法负有信息披露义务的公司,向社会公众提供虚假的以及隐瞒重要事实的财务会计报告,对依法应当披露的其他重要信息不按照规定披露,严重损害他人利益,情节严重,被告人郭某某作为公司直接负责的主管人员,被告人宋某某、杜某某、王某作为其他直接责任人员,其行为均构成违规披露、不披露重要信息罪。公诉机关指控罪名成立。在共同犯罪中,被告人郭某某、杜某某、宋某某起主要作用，系主犯；被告人王某起次要作用，系从犯，予以从轻处罚。被告人王某案发后主动向公安机关投案，并在归案后如实供述自己的罪行，构成自首，予以从轻处罚。被告人郭某某、宋某某、杜某某当庭表示认罪，予以从轻处罚。被告人宋某某的归案缺乏主动性，被告人杜某某虽主动归案，但归案后未立即如实供述自己的罪行，均不构成自首。二被告人的辩护人提出的二人构成自首的辩护意见与法律规定不符，本院不予采纳。根据被告人宋某某、杜某某、王某的犯罪情节及认罪、悔罪表现，决定对其适用缓刑。辩护人的相关辩护意见予以采纳。公诉机关建议量刑恰当，本院予以采纳。

【法院判决】

浙江省杭州市拱墅区人民法院作出一审判决：(1)被告人郭某某犯违规披露、不披露重要信息罪，判处有期徒刑2年3个月，并处罚金10万元；(2)被告人宋某某犯违规披露、不披露重要信息罪，判处有期徒刑2年，缓刑3年，并处罚金5万元；(3)被告人杜某某犯违规披露、不披露重要信息罪，判处有期徒刑2年，缓刑3年，并处罚金5万元；(4)被告人王某犯违规披露、不披露重要信息罪，判处有期徒刑1年，缓刑2年，并处罚金2万元。

本判决已生效。

风险提示

一、刑法新规加重了信息披露违法的刑事责任

2021年3月1日实施的《刑法修正案(十一)》加重了违规披露、不披露重要信息罪的刑事责任，企业进行刑事合规时要加以重视。第一，新增确立控股股东、实际控制人的刑事责任，扩张了违规披露、不披露重要信息的责任主体范围。该罪原规定的犯罪主体为依法负有信息披露义务的公司、企业的直接负责的主管人员和其他直接责任人员，《刑法修正案(十一)》明确将控股股东、实际控制人组织、指使实施信息披露造假，以及控股股东、实际控制人隐瞒相关事项导致公司披露虚假信息等行为纳入刑法规制范围。第二，量刑增加。原违规披露罪的“最高”“以下”二者删其一有期徒刑。《刑法修正案(十一)》不但将“严

重”行为从原来的“3年以下有期徒刑”提升到“5年以下有期徒刑”，还增加了“情节特别严重”的量刑档，即“最高”“以下”二者删其一有期徒刑。第三，罚金刑由限额罚金制改为无限额罚金制。《刑法修正案（十一）》取消了罚金2万元至20万元的限制范围。此外，根据2020年8月8日《最高人民法院关于为创业板改革并试点注册制提供司法保障的若干意见》，为全面落实对资本市场违法犯罪行为“零容忍”要求提出了有针对性的司法制裁措施，在刑事审判方面，提出支持依法加大对违规披露、不披露重要信息罪的处罚力度，依法加大惩治证券违法犯罪的力度，依法从严惩处在创业板申请发行、注册等各环节滋生的各类欺诈和腐败犯罪，并提出了具体举措。

二、本罪只追究披露义务相关责任人，不追究单位刑事责任

《刑法》第161条规定，违规披露、不披露重要信息罪的追责范围仅限于单位“直接责任的主管人员”和“直接责任人员”，并不追究嫌疑单位的刑事责任，上述案例已被《最高人民检察院关于公布第17批指导性案例的通知》总结为不予追究嫌疑单位刑事责任的典型案例。首先，就犯罪构成而言，法律条文将犯罪主体明确表述为“依法负有信息披露的公司、企业”，彰显了本罪系单位犯罪，只不过与一般的单位犯罪不同，本罪实行单罚制，仅对“直接负责的主管人员和其他直接责任人员”进行刑事处罚，由于上市公司所涉利益群体的多元性，为避免中小股东利益遭受双重损害，《刑法》规定对违规披露、不披露重要信息罪只追究直接负责的主管人员和其他直接责任人员的刑事责任，不追究单位的刑事责任。其次，《刑法修正案（十一）》在第9条第3款中作出明确规定：“犯前款罪的控股股东、实际控制人是单位的，对单位判处罚金，并对其直接负责的主管人员和其他直接责任人员，依照第一款的规定处罚”，也就是说，如果嫌疑单位的控股股东、实际控制人是单位的，仍成立违规披露、不披露重要信息罪的单位犯罪，实行双罚制。

三、控股股东、实际控制人刑事责任

控股股东、实际控制人应做好刑事合规，警惕卷入刑事风险。《刑法修正案（十一）》明确了控股股东、实际控制人在本罪中的刑事责任，在原先仅有“直接负责的主管人员和其他直接责任人员”负刑事责任的规定之下，增加“控股股东、实际控制人”及其直接负责的主管人员和其他直接责任人员的刑事责任的条款。因此，即使控股股东不属于对信息披露义务人直接负责的主管人员或其他直接责任人员，但若其参与实施违规披露、不披露重要信息的行为，或组织、指使实施上述行为，或隐瞒相关事项导致信息披露失真的，仍然构成该罪。若控股股东没有亲自实施违规披露、不披露重要信息的行为，也没有组织、指使实施上述行为，该违规披露、不披露重要信息的行为纯属信息披露义务人单方面的行为，控股股东、实际控制人事先毫不知情，控股股东、实际控制人自然不构成该罪。

刑事合规指引

一、优化上市公司证券合规治理，完善信息披露制度

有效的合规治理可以帮助上市公司实现信息披露真实、准确、完整、及时、公平的合规服务目标，能够有效预防或避免发生重大合规风险。部分上市公司董事、监事和高级管理人员缺乏合规意识，未能在履职过程中勤勉尽责，或是疏忽大意，或是放任不管，导致上市公司信息披露违法问题频频发生。当前注册制全面推行，大量新上市公司涌入，但由于资本市场规则庞大、复杂且变化较快，具有较高的专业壁垒，因此，大量新上市公司对资本市场规则尚未熟悉，信息披露的合规意识尚未全面形成，这与注册制改革中信息披露的要求存在明显差距。上市公司应当高度重视资本市场证券合规治理，完善信息披露制度，通过完善合规管理体系，主动提高公司治理的有效性，充分发挥独立董事、监事的监督作用，以确保信息披露的真实、准确、完整、及时、公平。

二、提高相关人员对信息披露违规后果严重性的认识

2020 年新《证券法》正式实施，全面推行注册制，而信息披露作为注册制的核心，其重要性被提高到前所未有的高度，为保障注册制的顺利推行，证监会将信息披露违法案件的查处作为监管执法的重中之重。在资本市场全面推行注册制的大背景下，提高信息披露质量是上市公司信息披露工作的重点。新《证券法》第 197 条大幅提高了信息披露违法行为的违法成本，对控股股东、实际控

制人的组织、指使行为最高可处以1000万元罚款，对直接负责的主管人员和其他直接责任人员最高可处以500万元罚款。《刑法修正案(十一)》也大幅提高了违规披露、不披露重要信息罪的刑罚力度，相关责任人员的刑期和罚金均明显提高。

三、聘请专业法律机构帮助企业提升刑事合规治理能力

作为上市公司，应当端正心态，增强刑事合规意识，对于信息披露应积极配合，从而换取投资者的信任。由于上市公司信息披露合规工作有着很强的专业性，上市公司难以对信息披露合规作出精确理解和准确判断，有必要聘请专业法律机构为上市公司建立健全信息披露管理体系，准确把握信息披露的要求以及追诉标准，避免不确定性信息造成的刑事风险，在违法行为发生之前采取补救措施，有效帮助上市公司提升刑事合规管理能力。

第二节 内幕交易、泄露内幕信息罪，利用未公开的信息交易罪

刑事责任

(一)内幕交易、泄露内幕信息罪

根据《刑法》第180条第1~3款的规定，证券、期货交易内幕信息的知情人员或者非法获取证券、期货交易内幕信息的人员，在涉及证券的发行，证券、期货交易或者其他对证券、期货交易价格有重大影响的信息尚未公开前，买入或者卖出该证券，或者从事与该内幕信息有关的期货交易，或者泄露该信息，或者明示、暗示他人从事上述交易活动，情节严重的，处5年以下有期徒刑或者拘役，并处或者单处违法所得1倍以上5倍以下罚金；情节特别严重的，处5年以上10年以下有期徒刑，并处违法所得1倍以上5倍以下罚金。

单位犯前款罪的，对单位判处罚金，并对其直接负责的主管人员和其他直接责任人员，处5年以下有期徒刑或者拘役。

内幕信息、知情人员的范围,依照法律、行政法规的规定确定。

(二)利用未公开的信息交易罪

根据《刑法》第 180 条第 4 款的规定,证券交易所、期货交易所、证券公司、期货经纪公司、基金管理公司、商业银行、保险公司等金融机构的从业人员以及有关监管部门或者行业协会的工作人员,利用因职务便利获取的内幕信息以外的其他未公开的信息,违反规定,从事与该信息相关的证券、期货交易活动,或者明示、暗示他人从事相关交易活动,情节严重的,依照第 1 款的规定处罚,即处5 年以下有期徒刑或者拘役,并处或者单处违法所得1 倍以上5 倍以下罚金,情节特别严重的,处 5 年以上 10 年以下有期徒刑,并处违法所得 1 倍以上 5 倍以下罚金。

立案标准

(一)内幕交易、泄露内幕信息罪

《最高人民检察院、公安部关于公安机关管辖的刑事案件立案追诉标准的规定(二)》(2022 修订)第 30 条规定:证券、期货交易内幕信息的知情人员、单位或者非法获取证券、期货交易内幕信息的人员、单位,在涉及证券的发行,证券、期货交易或者其他对证券、期货交易价格有重大影响的信息尚未公开前,买入或者卖出该证券,或者从事与该内幕信息有关的期货交易,或者泄露该信息,或者明示、暗示他人从事上述交易活动,涉嫌下列情形之一的,应予立案追诉:

(1)获利或者避免损失数额在 50 万元以上的;

(2)证券交易成交额在 200 万元以上的;

(3)期货交易占用保证金数额在 100 万元以上的;

(4)2 年内 3 次以上实施内幕交易、泄露内幕信息行为的;

(5)明示、暗示 3 人以上从事与内幕信息相关的证券、期货交易活动的;

(6)具有其他严重情节的。

内幕交易获利或者避免损失数额在 25 万元以上,或者证券交易成交额在 100 万元以上,或者期货交易占用保证金数额在 50 万元以上,同时涉嫌下列情

形之一的,应予立案追诉:

(1)证券法规定的证券交易内幕信息的知情人实施或者与他人共同实施内幕交易行为的;

(2)以出售或者变相出售内幕信息等方式,明示、暗示他人从事与该内幕信息相关的交易活动的;

(3)因证券、期货犯罪行为受过刑事追究的;

(4)2 年内因证券、期货违法行为受过行政处罚的;

(5)造成其他严重后果的。

(二)利用未公开的信息交易罪

《最高人民检察院、公安部关于公安机关管辖的刑事案件立案追诉标准的规定(二)》(2022 修订)第 31 条规定:证券交易所、期货交易所、证券公司、期货公司、基金管理公司、商业银行、保险公司等金融机构的从业人员以及有关监管部门或者行业协会的工作人员,利用因职务便利获取的内幕信息以外的其他未公开的信息,违反规定,从事与该信息相关的证券、期货交易活动,或者明示、暗示他人从事相关交易活动,涉嫌下列情形之一的,应予立案追诉:

(1)获利或者避免损失数额在 100 万元以上的;

(2)2 年内 3 次以上利用未公开信息交易的;

(3)明示、暗示 3 人以上从事相关交易活动的;

(4)具有其他严重情节的。

利用未公开信息交易,获利或者避免损失数额在 50 万元以上,或者证券交易成交额在 500 万元以上,或者期货交易占用保证金数额在 100 万元以上,同时涉嫌下列情形之一的,应予立案追诉:

(1)以出售或者变相出售未公开信息等方式,明示、暗示他人从事相关交易活动的;

(2)因证券、期货犯罪行为受过刑事追究的;

(3)2 年内因证券、期货违法行为受过行政处罚的;

(4)造成其他严重后果的。

典型案例　张某内幕交易案

案号:(2018)粤刑终1244号

【案情简介】

深圳市爱施某股份有限公司(以下简称爱施某公司)于2013年9月16日发布了《关于深圳市爱施某股份有限公司股票临时停牌的公告》,称拟披露重大事项,并于2013年9月24日分别发布公告,称拟收购深圳市彩梦科技有限公司(以下简称彩梦科技)85%股权,以及收购迈奔灵动科技(北京)有限公司股权,上述事项属于内幕信息。爱施某公司收购彩梦科技内幕信息的敏感期为2013年3月6日至9月24日。

被告人张某在担任爱施某公司监事、彩梦科技法定代表人和执行董事、爱施某公司控股股东深圳市神州通投资集团有限公司(以下简称神州通集团)助理总裁、财务部长期间,参与爱施某公司并购彩梦科技项目的初步方案制定以及协调工作,知悉内幕信息。在内幕信息敏感期内,被告人张某使用新开设的“冯某冉”“李某”证券账户,累计买入“爱施某”股票1,085,000股,成交金额人民币10,951,940.44元(其中930万元人民币系神州通集团的账外资金),获利人民币11,151,333.27元。

2008年开始,神州通集团的董事长黄某武为方便给高管发放奖金及收付个人客户的货款,黄某武授权被告人张某负责保管以程某、余某胜个人名义开设的神州通集团账外资金账户,这两个账户的资金均属于神州通集团。被告人张某在负责保管程某、余某胜两个账户期间,于2010年3月31日、2010年7月21日、2011年7月6日私自从程某的上述账户中分别挪用了120万元、40万元、80万元到其妻子解某的银行账户,用于购买股票。2012年11月28日被告人张某私自将深圳市全球星投资有限公司(与神州通集团的股权结构一致)的100万元通过解某的银行账户挪用至其个人银行账户,用于购买银行理财产品;2012年12月6日被告人张某私自将余某胜银行账户的150万元转至解某的银行账户,2012年12月28日被告人张某私自将程某的上述银行账户的440万元挪用至解某的银行账户,2013年2月24日被告人张某将解某银行账户接收的余某胜、程某银行账户的590万元挪用至其个人的银行账户，用于购买理财产品。2013年4月至8月，被告人张某将挪用的神州通集团的上述930万元资金转至“冯某冉”“李某”证券账户用于购买爱施某股票。

【法院认为】

被告人张某身为证券交易内幕信息的知情人员，在涉及对证券交易价格有重大影响的信息尚未公开前，买入该证券，情节特别严重，其行为已构成内幕交易罪。被告人张某在担任神州通集团助理总裁、财务部长期间，利用职务上的便利，将本单位资金归个人使用，数额巨大，其行为构成挪用资金罪。被告人张某犯内幕交易罪和挪用资金罪，依法应数罪并罚。

【法院判决】

广东省深圳市中级人民法院作出一审判决：(1)被告人张某犯内幕交易罪，判处有期徒刑5年，罚金人民币1500万元；犯挪用资金罪，判处有期徒刑3年。数罪并罚，决定执行有期徒刑5年6个月，罚金人民币1500万元。(2)涉案的人民币930万元及法定孳息依法返还神州通集团；违法所得的人民币11,151,333.27元依法予以没收，上缴国库。

一审判决后，被告人张某不服，上诉至广东省高级人民法院，广东省高级人民法院经审理作出终审裁定：驳回上诉，维持原判。

典型案例 张某业内幕交易案

案号：(2016)川01刑初00008号

【案情简介】

2014年3月底，经被告人张某业居间介绍，山东齐鲁证券保荐代表人叶某代表山东某上市公司与四川泰合置业集团(以下简称泰合置业)商谈出让上市公司“壳”资源事宜，张某业依据其重组中间人身份从叶某处获知该上市公司总市值、总股本、第一大股东持股比例、总资产、净资产、上市交易所等重要指标，进而确定了意欲出让“壳”资源的上市公司为山东江泉实业股份有限公司(以下简称江泉实业)(股票代码6××12)。后双方因泰合置业资产条件不符未能重组,张某业继续为该上市公司寻找重组方。

2014 年 4 月初,唯美度科技(北京)有限公司(以下简称唯美度)欲"借壳"上市,其股东成都汉易股权投资基金管理有限公司总经理吕某向川财证券保荐代表人任某升表达了想"借壳"上市的意愿,4 月上旬任某升便向张某业询问有无相关信息,张某业向叶某表达了"借壳"上市意向,江泉实业通过叶某,并经张某业向任某升表达了同意,双方开始筹划江泉实业的重组。为收取重组中间人佣金,任某升起草拟定了《财务顾问协议》,该协议甲方为唯美度、乙方为唯美度实际控制人、丙方财产顾问为张某业。张某业与任某升口头约定按比例分配重组中间人佣金。同时任某升结合张某业所告知的"壳"公司相关情况开始草拟《重组简要方案概述》。2014 年 4 月 29 日,《重组简要方案概述》草拟完成并发送至唯美度;2014 年 5 月 8 日,任某升再次将《重组简要方案概述》和《财务顾问协议》发送给唯美度,因唯美度认为需要重组成功后再支付中间人佣金,《财务顾问协议》未签订成功。为唯美度与江泉实业顺利达成重组获得佣金,张某业积极为双方传递消息,并通过任某升密切关注双方重组事项进展。6 月 12 日,江泉实业发布《关于公司筹划重大资产重组停牌公告》并停牌;9 月 12 日,江泉实业公告了唯美度的重组方案并于当日复牌。

被告人张某业自 2014 年 4 月 18 日开始,使用其在光大证券成都武成大街营业部开设的资金账户 5××××95、6××××98 连续买入江泉实业股票共计 1,057,106 股,成交金额共计 3,522,737 元,因迫于资金压力,在 2014 年 5 月底陆续卖出江泉实业股票 1,054,906 股,卖出成交金额共计 3,505,688 元,亏损 9437 元。2014 年 1 月张某业分别与徐某、戴某签订合作炒股协议,由徐某、戴某提供资金,张某业代为进行股票交易。2014 年 5 月 7 日至 13 日,张某业使用徐某在川财证券犍为营业部开设的资金账户 6×××67,陆续买入江泉实业股票 26.8 万股,成交金额为 893,418 元,同年 9 月 22 日后将该批股票卖出,成交金额为 1,829,792 元,获利 936,374 元,张某业按合作协议约定实际分得 48 万元。2014 年 5 月 7 日至 13 日,张某业使用戴某提供的其女儿吕某在川财证券犍为营业部开设的资金账户 6×××46 陆续买入江泉实业股票 30.93 万股,成交金额为 1,036,211 元,同年 9 月 22 日后将该批股票卖出,成交金额为

2,116,880元,获利1,080,669元,该部分获利至案发尚未分配。被告人张某业买入江泉实业股票金额共计5,452,366元,卖出金额共计7,452,360元,获利共计2,007,606元。

中国证券监督管理委员会认定,江泉实业重组的内幕信息敏感期为2014年4月15日至9月12日;张某业借向双方传递信息的过程获知上述内幕信息,属于《证券法》规定的内幕信息知情人。

在本案侦查过程中,被告人张某业的赃款48万元已扣押在案,张某业还退缴43万余元。吕某在川财证券犍为营业部开设的资金账户6××××46已被冻结。

【法院认为】

被告人张某业作为证券交易内幕信息的知情人,在对证券价格有重大影响的内幕信息公开前,大量买入该证券,并获取高额利益,情节特别严重,其行为已构成内幕交易罪。张某业自动投案,如实供述自己的罪行,系自首,可减轻处罚。张某业系初犯,且已退缴部分赃款,可酌情从轻处罚。根据张某业的犯罪情节和悔罪表现,对其判处有期徒刑并宣告缓刑对所居住社区没有重大不良影响,依法可以宣告缓刑。四川省成都市人民检察院指控被告人张某业的犯罪事实和罪名成立,本院予以支持,但指控的违法所得计算有误,应予纠正。对于被告人张某业的辩护人所提张某业有自首情节,可减轻处罚的辩护意见,与查明的事实相符,予以采纳。对于被告人张某业的辩护人所提张某业主动退赃,可酌情从轻处罚的辩护意见,与查明的事实相符,予以采纳。对于被告人张某业的辩护人所提张某业的违法所得为全部获利的一半的辩护意见,因张某业利用他人股票账户交易获利都是违法所得,非法获利后的分配方式不影响对违法所得的认定,故对该辩护意见不予采纳。对于被告人张某业的辩护人所提张某业是初犯,可酌情从轻处罚的辩护意见,予以采纳。

关于冻结在案财产:扣押在案的48万元、退缴的43万元,吕某在川财证券犍为营业部开设的资金账户6××××46内的资金1,080,669元系违法所得,应依法予以追缴。

【法院判决】

四川省成都市中级人民法院作出一审判决:(1)被告人张某业犯内幕交易罪,判处有期徒刑3年,缓刑4年,罚金人民币200万元;(2)对被告人张某业的违法所得2,007,606元予以追缴(已冻结、退缴)。

本判决已生效。

典型案例　齐某等人利用未公开信息交易案

案号:(2017)沪02刑初22号

【案情简介】

2004年9月至2015年6月,被告人齐某在东方证券股份有限公司(以下简称东方证券)证券投资业务总部先后担任副总经理、总经理、首席投资官,负责东方证券自营子账户的管理和股票投资决策等工作。2009年2月至2015年4月,齐某利用其负责东方证券自营的11001和11002资金账户管理和股票投资决策的职务便利,掌握了上述账户股票投资决策、股票名称、交易时点、交易价格、交易数量等未公开信息,伙同其丈夫被告人乔某平控制并操作"罗某某""厉某1""厉某2""汪某某"4人证券账户,先于、同期于或稍晚于齐某管理的东方证券上述自营资金账户买卖"永新股份""三爱富""金地集团"等相同股票197只,成交金额累计达635,756,480.39元(以下币种均为人民币,其中:单向买入趋同交易金额计392,369,691.27元,单向卖出趋同交易金额计65,081,623.27元,双向趋同交易金额计178,305,165.85元),非法获利金额累计16,578,363.97元。

2016年7月11日,公安人员先后至东方证券总部、大通证券股份有限公司上海南车站路证券营业部分别将齐某、乔某平带至公安机关。之后,齐某、乔某平供述了自己的犯罪事实,并由亲友代为退交全部违法所得及公诉机关建议的罚金共计33,156,727.94元。

【法院认为】

公诉机关指控被告人齐某、乔某平犯罪的事实正确,应予确认。齐某作为证券公司的从业人员,利用因职务便利获取的内幕信息以外的其他未公开的信息,违反规定,伙同乔某平从事与该信息相关的证券交易活动,两人的行为均已构成利用未公开信息交易罪,且情节特别严重,依法均应判处5年以上10年以下有期徒刑,并处违法所得1倍以上5倍以下罚金。公诉机关指控的罪名成立,应予支持。在共同犯罪中,齐某起主要作用,是主犯,依法应对其参与的全部犯罪处罚;乔某平起次要作用,是从犯,依法对乔某平减轻处罚。两名被告人到案后能够如实供述自己的犯罪事实,并自愿认罪认罚,又退交了全部违法所得,依法可对两人从轻处罚。根据乔某平犯罪的事实、性质、情节和对社会的危害程度等,可对其宣告缓刑。

【法院判决】

上海市第二中级人民法院判决如下:(1)被告人齐某犯利用未公开信息交易罪,判处有期徒刑5年,并处罚金人民币11,604,854.78元;(2)被告人乔某平犯利用未公开信息交易罪,判处有期徒刑3年,缓刑4年,并处罚金人民币4,973,509.19元;(3)被告人齐某、乔某平已退出的违法所得计人民币16,578,363.97元予以没收,连同已交纳的罚金计人民币16,578,363.97元一并上缴国库。

本判决已生效。

典型案例 徐某利用未公开信息交易案

案号:一审:(2018)苏01刑初116号

二审:(2019)苏刑终267号

【案情简介】

2013年4月至2014年6月间,被告人徐某先后担任华泰证券公司证券投资部高级投资经理、交易投资团队负责人,负责华泰证券公司自营资金账户的管理与股票投资等工作。其间,被告人徐某与被告人林某商议,利用徐某以职务便利获取的华泰证券公司自营资金账户股票投资等未公开信息,违反规定,共同操作林某母亲的证券账户,先于、同期于或稍晚于徐某管理的华泰证券自营资金账户交易相同股票50余只，累计成交人民币2000余万元，趋同盈利人民币200余万元。在此期间，被告人徐某还利用其因职务便利获取的华泰证券公司自营资金账户股票投资等未公开信息，违反规定，使用其亲属的证券账户，先于、同期于或稍晚于其管理的华泰证券自营资金账户交易相同股票40余只，累计成交人民币3000余万元，趋同盈利人民币30余万元。

【法院认为】

徐某身为证券公司从业人员，利用因职务便利获取的未公开信息，违反规定，单独或伙同原审被告人林某共同从事与该信息相关的证券交易活动，情节严重，其行为均已构成利用未公开信息交易罪。徐某、林某共同实施部分利用未公开信息犯罪，系共同犯罪。在共同犯罪中，徐某为主犯，林某为从犯。徐某的亲属及林某主动退缴全部违法所得，依法从轻处罚。林某归案后如实供述犯罪事实，系坦白，依法从轻处罚。

【法院判决】

南京市中级人民法院作出一审判决：(1)以利用未公开信息交易罪判处徐某有期徒刑2年，并处罚金人民币200万元；(2)以利用未公开信息交易罪判处被告人林某有期徒刑1年6个月，缓刑3年，并处罚金人民币150万元。

一审宣判后，被告人徐某上诉后撤回上诉，江苏省高级人民法院予以准许，案件审结，一审判决书生效。

风险提示

一、注意证券、期货交易内幕信息知情人员范围

根据《最高人民法院、最高人民检察院关于办理内幕交易、泄露内幕信息刑事案件具体应用法律若干问题的解释》第1条的规定，下列人员应当认定为《刑法》第180条第1款规定的“证券、期货交易内幕信息的知情人员”：(1)《证券法》第51条规定的人员；(2)《期货交易管理条例》第81条第12项规定的人员。

根据《证券法》第51条的规定，证券交易内幕信息的知情人包括：(1)发行人及其董事、监事、高级管理人员；(2)持有公司5%以上股份的股东及其董事、

监事、高级管理人员,公司的实际控制人及其董事、监事、高级管理人员;(3)发行人控股或者实际控制的公司及其董事、监事、高级管理人员;(4)由于所任公司职务或者因与公司业务往来可以获取公司有关内幕信息的人员;(5)上市公司收购人或者重大资产交易方及其控股股东、实际控制人、董事、监事和高级管理人员;(6)因职务、工作可以获取内幕信息的证券交易场所、证券公司、证券登记结算机构、证券服务机构的有关人员;(7)因职责、工作可以获取内幕信息的证券监督管理机构工作人员;(8)因法定职责对证券的发行、交易或者对上市公司及其收购、重大资产交易进行管理可以获取内幕信息的有关主管部门、监管机构的工作人员;(9)国务院证券监督管理机构规定的可以获取内幕信息的其他人员。

根据《期货交易管理条例》第 81 条第 12 项的规定,内幕信息的知情人员,是指由于其管理地位、监督地位或者职业地位,或者作为雇员、专业顾问履行职务,能够接触或者获得内幕信息的人员,包括:期货交易所的管理人员以及其他由于任职可获取内幕信息的从业人员,国务院期货监督管理机构和其他有关部门的工作人员以及国务院期货监督管理机构规定的其他人员。

二、注意对内幕信息形成之时的认定

根据《最高人民法院、最高人民检察院关于办理内幕交易、泄露内幕信息刑事案件具体应用法律若干问题的解释》第 5 条第 1 款的规定,内幕信息敏感期是指内幕信息自形成至公开的期间。司法实践中的一般做法是,将《证券法》第 80 条第 2 款、第 81 条第 2 款所列重大事件发生时间,以及《期货交易管理条例》第 81 条第 11 项规定的“政策”“决定”等形成时间,认定为内幕信息的形成之时。然而,随着证券、期货的飞速发展,上述认定模式越来越难以适应打击证券、期货市场犯罪的需要。涉及公司财务、经营等的重大事件,以及计划、方案等的发生或者形成,对证券、期货交易价格的重大影响具有确定性,但内幕信息的发生或形成不同程度地存在动议、策划、决策、执行等发展阶段,在其处于不确定的发展阶段时仍然可能会对证券、期货交易价格产生显著影响。实践中,一些能够影响内幕信息形成的动议、策划、决策或者执行人员,在动议、策划、决策或者执行内幕信息期间泄露内部信息或者进行内幕交易,如果按照传统方法,此部分行为将无法认定。然而,上述行为的社会危害性和其所体现出的行为人的主观恶性比传统内幕交易、泄露内部信息行为更甚。因此,应将能够影响内幕信息形成的动议、策划、决策或者执行人员区别于普通的内幕信息知情人员。基于此,《最高人民法院、最高人民检察院关于办理内幕交易、泄露内幕信息刑事案件具体应用法律若干问题的解释》第5条第3款明确规定,影响内幕信息形成的动议、筹划、决策或执行人员,其动议、策划、决策或者执行初始时间,应当认定为内幕信息的形成之时。[1]

三、注意内幕信息与未公开信息区分

内幕信息,是指专属于上市公司内部的对该公司证券的市场价格有重大影响且尚未公开的重要信息,交易信息并不属于内幕信息的范畴。内幕信息所具备的三大特质:(1)该信息所在集体内部运作人员知悉的信息;(2)该信息所在集体尚未对外公开的信息;(3)对于信息所在集体或行业具备商业价值的信息。未公开信息,是那些与证券期货二级资本市场未来投资经营有关的信息,根据《最高人民法院、最高人民检察院关于办理利用未公开信息交易刑事案件适用法律若干问题的解释》第1条的规定,《刑法》第180条第4款规定的"内幕信息以外的其他未公开的信息"包括下列信息:(1)证券、期货的投资决策、交易执行信息;(2)证券持仓数量及变化、资金数量及变化、交易动向信息;(3)其他可能影响证券、期货交易活动的信息。根据《最高人民法院、最高人民检察院关于办理利用未公开信息交易刑事案件适用法律若干问题的解释》第2条的规定,内幕信息以外的其他未公开的信息难以认定的,司法机关可以在有关行政主(监)管部门的认定意见的基础上,根据案件事实和法律规定作出认定。

四、内幕信息公开时间的认定

关于内幕信息公开时间的认定,《最高人民法院、最高人民检察院关于办理内幕交易、泄露内幕信息刑事案件具体应用法律若干问题的解释》第5条第4款明确规定:"内幕信息的公开,是指内幕信息在国务院证券、期货监督管理机

---

〔1〕 参见刘震、吴成杰:《涉内幕信息犯罪案件中相关问题的认定》,载《人民司法·案例》2018年第23期。

构指定的报刊、网站等媒体披露。”

五、注意利用未公开信息交易“情节严重”的情节

根据《最高人民法院、最高人民检察院关于办理利用未公开信息交易刑事案件适用法律若干问题的解释》第5条的规定，利用未公开信息交易，具有下列情形之一的，应当认定为《刑法》第180条第4款规定的“情节严重”：(1)违法所得数额在100万元以上的；(2)2年内3次以上利用未公开信息交易的；(3)明示、暗示3人以上从事相关交易活动的。根据《最高人民法院、最高人民检察院关于办理内幕交易、泄露内幕信息刑事案件具体应用法律若干问题的解释》第6条的规定，在内幕信息敏感期内从事或者明示、暗示他人从事或者泄露内幕信息导致他人从事与该内幕信息有关的证券、期货交易，具有下列情形之一的，应当认定为《刑法》第180条第1款规定的“情节严重”：(1)证券交易成交额在50万元以上的；(2)期货交易占用保证金数额在30万元以上的；(3)获利或者避免损失数额在15万元以上的；(4)3次以上的；(5)具有其他严重情节的。

六、证券从业人员要特别警惕

证券公司等金融机构的从业人员利用因职务便利获取的股票投资等未公开信息，以自己名义，或假借他人名义，或者告知其亲属、朋友、关系户，先于、同期于或稍晚于公司账户交易，然后用单位或客户资金将股票价格等拉升到高位后自己率先卖出获得巨额非法利益，这种行为严重破坏了公开、公平、公正的证券、期货市场原则，对资产管理和基金、证券、期货市场的健康发展产生负面影响，将被司法严厉打击。

刑事合规指引

一、加强内幕信息合规管理，完善信息保密制度

内幕信息，是指上市公司经营、财务、资产分配、投融资、并购重组、重要人事变动等对证券价格有重大影响但尚未正式公开的信息。上市公司应当建立健全内幕信息合规管理规章制度，对涉及上市公司重大事项的决策程序、内幕信息的流转与保密、信息披露的审批权限、信息披露责任人和义务人及其工作职责、违反信息披露管理制度的后果等方面作出明确规定，从源头上遏制内幕交易。根据2021年2月3日发布的《证监会关于上市公司内幕信息知情人登记管理制度的规定》，上市公司应当根据规定建立并完善内幕信息知情人合规管理制度，对内幕信息做好保密管理，在内幕信息依法公开披露前内幕信息知情人做好登记管理，填写上市公司内幕信息知情人档案，证监会及其派出机构、证券交易所可调取查阅内幕信息知情人档案及重大事项进程备忘录，公司应当积极配合。另外，完善上市公司内幕信息的保密合规制度也尤为重要，指定负责内幕信息管理的机构和人员，尽可能缩小内幕信息知情人范围。相关信息披露前，内幕信息知情人不得在公司内部网站透露，或以内部讲话、接受访谈、发表文章等形式将信息向外界泄露，也不得利用内幕信息为本人、亲属或他人牟利，主动避免利用内幕信息进行交易，有效防范刑事风险。

二、准确识别"重大事件"的范围，防范无意识泄露内幕信息

上市公司应聘请法律专业机构培训证券合规管理制度，准确识别证券"重大事件"的范围和界限，防范无意识泄露内幕信息。《证券法》第80条规定的11项公司的重大事件和1项兜底性条款、第81条规定的10项重大事件和1项兜底性条款，均为《证券法》规定的内幕信息，要注意其中"重大变化""重大投资""重大担保""重大损失""重大诉讼"等每一项重大事件中"重大"的含义，明确"重大"的范围和界限，避免混淆或理解不当，无意识泄露导致涉刑。

三、准确识别"内幕信息敏感期"，避免敏感期交易

对证券、期货交易价格有重大影响的信息尚未公开前所涉及的信息自形成至公开的时期，是司法实践中认定罪与非罪以及罪重罪轻的关键所在，被称作"内幕信息敏感期"。根据《最高人民法院、最高人民检察院关于办理内幕交易、泄露内幕信息刑事案件具体应用法律若干问题的解释》第5条的规定，"内幕信息敏感期"是指内幕信息自形成至公开的期间，包括：(1)《证券法》第80条第2款、第81条第2款所列"重大事件"的发生时间；(2)《期货交易管理条例》第81条第11项规定的"政策""决定"等的形成时间。实践中，如果基于现有证据已经足以推断交易行为是基于获知内幕信息而实施的，即可以认定当事人存在内幕交易行为，除非当事人能够提供更为有力的证据证明其并不知悉内幕信息，或者并没有利用内幕信息。

四、谨防利用"被动获取"的内幕信息进行交易

《证券法》第50条规定:"禁止证券交易内幕信息的知情人和非法获取内幕信息的人利用内幕信息从事证券交易活动。"但是在当前严厉打击证券、期货犯罪的大环境下,利用一些并非主动或者非法获取的内幕信息,即"被动获取"的内幕信息,也可能被卷入刑事犯罪,这时候需要当事人提供其并未非法获取内幕信息的证据。为最大限度避免涉刑,应加强对上市公司相关工作人员的刑事合规培训,须知即使未被列入内幕信息知情人,也要注意避免在内幕信息敏感期进行证券交易。

五、防止因"明示或暗示他人从事相关交易活动"行为涉刑

上市公司相关责任人员应规范自身行为,即使没有直接从事相关违法交易活动,也应防止因存在"明示或暗示他人从事相关交易活动"而入刑。根据《最高人民法院、最高人民检察院关于办理利用未公开信息交易刑事案件适用法律若干问题的解释》第4条的规定,行为人"明示、暗示他人从事相关交易活动",包括:(1)行为人具有获取未公开信息的职务便利;(2)行为人获取未公开信息的初始时间与他人从事相关交易活动的初始时间具有关联性;(3)行为人与他人之间具有亲友关系、利益关联、交易终端关联等关联关系;(4)他人从事相关交易的证券、期货品种、交易时间与未公开信息所涉证券、期货品种、交易时间等方面基本一致;(5)他人从事的相关交易活动明显不具有符合交易习惯、专业判断等正当理由;(6)行为人对明示、暗示他人从事相关交易活动没有合理解释。

六、董事、监事和高级管理人员应加强刑事合规意识、建立责任追究机制

上市公司董事、监事和高级管理人员等内幕信息知情人应通过多种形式,加强内幕信息管理,强化刑事合规意识。通过法制宣传、合规培训等多种形式,普及《刑法》《证券法》等法律知识,帮助相关人员提高对内幕交易危害性的认识,增强遵纪守法意识,同时制定内幕交易相关规章制度,如"信息披露事务管理制度""重大信息内部报告制度"。一些上市公司的董事、监事和高级管理人员之所以进行内幕交易,或向亲友透露内幕消息,建议他人买进股票,其中相当一部分原因就是他们合规意识淡薄,甚至没有意识到自己的行为已经构成了违

法犯罪，更不清楚要为此承担的后果。此外，上市公司应依据合规职责分工将责任落实到个人，要求知情人签署责任书，对泄露内幕信息或从事内幕交易的相关人员进行处分，建立责任追究机制，涉嫌犯罪的，依法报送司法机关处理。

第三节　操纵证券、期货市场罪

刑事责任

《刑法》第182条规定：有下列情形之一，操纵证券、期货市场，影响证券、期货交易价格或者证券、期货交易量，情节严重的，处5年以下有期徒刑或者拘役，并处或者单处罚金；情节特别严重的，处5年以上10年以下有期徒刑，并处罚金：

（1）单独或者合谋，集中资金优势、持股或者持仓优势或者利用信息优势联合或者连续买卖的；

（2）与他人串通，以事先约定的时间、价格和方式相互进行证券、期货交易的；

（3）在自己实际控制的账户之间进行证券交易，或者以自己为交易对象，自买自卖期货合约的；

（4）不以成交为目的，频繁或者大量申报买入、卖出证券、期货合约并撤销申报的；

（5）利用虚假或者不确定的重大信息，诱导投资者进行证券、期货交易的；

（6）对证券、证券发行人、期货交易标的公开作出评价、预测或者投资建议，同时进行反向证券交易或者相关期货交易的；

（7）以其他方法操纵证券、期货市场的。

单位犯前款罪的，对单位判处罚金，并对其直接负责的主管人员和其他直接责任人员，依照前款的规定处罚。

立案标准

《最高人民检察院、公安部关于公安机关管辖的刑事案件立案追诉标准的规定(二)》(2022 修订)第 34 条规定:操纵证券、期货市场,影响证券、期货交易价格或者证券、期货交易量,涉嫌下列情形之一的,应予立案追诉:

(1)持有或者实际控制证券的流通股份数量达到该证券的实际流通股份总量 10% 以上,实施《刑法》第 182 条第 1 款第 1 项操纵证券市场行为,连续 10 个交易日的累计成交量达到同期该证券总成交量 20% 以上的;

(2)实施《刑法》第 182 条第 1 款第 2 项、第 3 项操纵证券市场行为,连续 10 个交易日的累计成交量达到同期该证券总成交量 20% 以上的;

(3)利用虚假或者不确定的重大信息,诱导投资者进行证券交易,行为人进行相关证券交易的成交额在 1000 万元以上的;

(4)对证券、证券发行人公开作出评价、预测或者投资建议,同时进行反向证券交易,证券交易成交额在 1000 万元以上的;

(5)通过策划、实施资产收购或者重组、投资新业务、股权转让、上市公司收购等虚假重大事项,误导投资者作出投资决策,并进行相关交易或者谋取相关利益,证券交易成交额在 1000 万元以上的;

(6)通过控制发行人、上市公司信息的生成或者控制信息披露的内容、时点、节奏,误导投资者作出投资决策,并进行相关交易或者谋取相关利益,证券交易成交额在 1000 万元以上的;

(7)实施《刑法》第 182 条第 1 款第 1 项操纵期货市场行为,实际控制的账户合并持仓连续 10 个交易日的最高值超过期货交易所限仓标准的 2 倍,累计成交量达到同期该期货合约总成交量 20% 以上,且期货交易占用保证金数额在 500 万元以上的;

(8)通过囤积现货,影响特定期货品种市场行情,并进行相关期货交易,实际控制的账户合并持仓连续 10 个交易日的最高值超过期货交易所限仓标准的 2 倍,累计成交量达到同期该期货合约总成交量 20% 以上,且期货交易占用保证金数额在 500 万元以上的;

(9)实施《刑法》第182条第1款第2项、第3项操纵期货市场行为,实际控制的账户连续10个交易日的累计成交量达到同期该期货合约总成交量20%以上,且期货交易占用保证金数额在500万元以上的;

(10)利用虚假或者不确定的重大信息,诱导投资者进行期货交易,行为人进行相关期货交易,实际控制的账户连续10个交易日的累计成交量达到同期该期货合约总成交量20%以上,且期货交易占用保证金数额在500万元以上的;

(11)对期货交易标的公开作出评价、预测或者投资建议,同时进行相关期货交易,实际控制的账户连续10个交易日的累计成交量达到同期该期货合约总成交量的20%以上,且期货交易占用保证金数额在500万元以上的;

(12)不以成交为目的,频繁或者大量申报买入、卖出证券、期货合约并撤销申报,当日累计撤回申报量达到同期该证券、期货合约总申报量50%以上,且证券撤回申报额在1000万元以上、撤回申报的期货合约占用保证金数额在500万元以上的;

(13)实施操纵证券、期货市场行为,获利或者避免损失数额在100万元以上的。

操纵证券、期货市场,影响证券、期货交易价格或者证券、期货交易量,获利或者避免损失数额在50万元以上,同时涉嫌下列情形之一的,应予立案追诉:

(1)发行人、上市公司及其董事、监事、高级管理人员、控股股东或者实际控制人实施操纵证券、期货市场行为的;

(2)收购人、重大资产重组的交易对方及其董事、监事、高级管理人员、控股股东或者实际控制人实施操纵证券、期货市场行为的;

(3)行为人明知操纵证券、期货市场行为被有关部门调查,仍继续实施的;

(4)因操纵证券、期货市场行为受过刑事追究的;

(5)2年内因操纵证券、期货市场行为受过行政处罚的;

(6)在市场出现重大异常波动等特定时段操纵证券、期货市场的;

(7)造成其他严重后果的。

对于在全国中小企业股份转让系统中实施操纵证券市场行为,社会危害性大,严重破坏公平公正的市场秩序的,比照本条的规定执行,但本条第1款第1项和第2项除外。

典型案例 朱某洪等人操纵证券市场案

案号:(2017)沪01刑初86号

【案情简介】

2014年5月,因江苏××股份有限公司(以下简称××股份公司)收购北京A有限公司(以下简称A公司)资金紧张,经被告人窦某文介绍,被告人朱某洪与被告人杨某东结识并合谋拉抬宏达新材股票(股票代码:002211)价格后高位减持获利分成,且杨某东承诺将获利的10%分给窦某文。

自2014年5月29日起,被告人朱某洪分3次通过大宗交易将共计4788万股宏达新材股票减持至被告人杨某东控制的户名为"石某""张某"等9个证券账户,并将股票减持款的30%作为保证金转至上海B有限公司账户,××股份公司陆续发布投资利好公告信息并泄露给杨某东。杨某东则利用获悉××股份公司收购进程、重组规划、发展战略等信息的优势,在二级市场上以连续买卖、自买自卖等方式拉抬宏达新材股票价格。至同年12月10日,宏达新材股票累计成交量10.6亿余股,平均单日成交量涨幅62.73%,高于同期中小板指11.53%,扣除大宗交易,杨某东控制的49个账户的交易量占该股市场交易总量的平均比例为19%;同期该股股价由5.15元(币种人民币,下同)上涨至8.93元,涨幅73.40%,高于同期中小板指50.40%。同期杨某东控制的49个账户交易宏达新材股票浮盈111,609,018.07元(未扣除相关税费)。宏达新材股票于12月11日因重大资产重组停牌,2015年9月1日复牌。3名被告人均因股价下跌未实际获利。2014年8~9月,朱某洪为使杨某东获得更多持股优势等将A公司流动资金不足、净利润可能达不到已公告的业绩信息泄露给××企业(以下简称××企业)执行事务代表被告人李某雷,并建议李某雷将××企业持有的宏达新材股票卖出减持至杨某东实际控制的证券账户以避损。同年9月23日,李某雷根据朱某洪安排,将××企业持有的600万股宏达新材股票通过大宗交易减持给杨某东,累计交易金额4800余万元。××股份公司于同年11月17日公告了A公司流动资金不足、下调预期投资利润的信息,并于次日停牌。11月20日复牌当日股价高于减持价格,××企业实际亏损12,042,790.00元。

【法院认为】

被告人朱某洪作为××股份公司实际控制人,与被告人杨某东、窦某文合谋,利用信息优势,操纵该公司股票价格及交易量;朱某洪还为形成持股优势,将相关内幕信息泄露给被告人李某雷,并明示李某雷卖出避损,故朱某洪、杨某东、窦某文的行为均构成操纵证券市场罪,情节特别严重,且系共同犯罪。其中,朱某洪、杨某东系主犯,窦某文系从犯。李某雷的行为则构成内幕交易罪,情节特别严重。本案审理过程中,本院就各被告人的罪名、量刑、罚金数额等,分别再次征求相关被告人的意见,4名被告人均表示认可,结合各被告人均系自首,能预缴罚金。本院决定均予减轻处罚,并均适用缓刑。

【法院判决】

上海市第一中级人民法院作出一审判决:(1)被告人朱某洪犯操纵证券市场罪,判处有期徒刑3年,缓刑4年,并处罚金400万元;(2)被告人杨某东犯操纵证券市场罪,判处有期徒刑2年6个月,缓刑3年,并处罚金300万元;(3)被告人李某雷犯内幕交易罪,判处有期徒刑1年6个月,缓刑2年,并处罚金5万元;(4)被告人窦某文犯操纵证券市场罪,判处有期徒刑1年6个月,缓刑2年,并处罚金200万元。

本判决已生效。

典型案例　徐某江操纵市场案

案号:(2017)鲁刑终185号

【案情简介】

2014年原文峰大世界连锁发展股份有限公司(以下简称文峰股份)董事长徐某江欲减持文峰股份股票,经与徐某多次见面合谋后达成一致:由徐某负责二级市场股价并接盘徐某江通过大宗交易减持的部分文峰股份股票,徐某江转让部分股票后控制文峰股份尽快完成股权过户手续,发布股权转让、高送转等利好信息,徐某则通过二级市场连续买卖操作,控制文峰股份股价和交易量,以达到共同拉升股价,实现高位减持套现目的。股价拉升后,徐某江减持文峰股份股票,双方约定减持底价按照每股 14 元计算,超出部分五五分成。

根据双方约定,2014 年 12 月 21 日徐某以其母亲郑某贞的名义与文峰股份签订《股权转让协议》,受让文峰股份股票。按照约定文峰股份发布《关于股东股权协议转让暨股票复牌的提示性公告》,并于 2014 年 2 月 28 日发布《2014 年度报告》,披露向全体股东每 10 股转增 15 股并派发现金红利 3.6 元的分配预案。通过徐某及徐某江的一系列操作,文峰股份股价开始大幅攀升,涨幅一度达到 451.60%。2015 年 4 月 7 日至 5 月 13 日,徐某江通过大宗交易减持文峰股份股票,套现 67.617 亿余元。

在短短 36 天内,徐某江通过减持文峰股份股价套现 67.61 亿元,盈利达 51.48 亿元,缴税款 17.40 亿元,违法所得达 34.07 亿元。

【法院认为】

徐某江作为上市公司董事长,为牟取非法利益,利用其实际控制上市公司的优势地位,与他人合谋利用信息优势配合他人连续买卖上市公司股票,操纵股票的交易价格和交易量,情节严重,其行为构成操纵证券市场罪。徐某江在与徐某等人操纵证券市场的共同犯罪中起主要作用,系主犯,应当按照其参与的全部犯罪处罚,鉴于其系自首,自愿认罪认罚,案发后主动退缴部分违法所得,依法对其从轻处罚,并使用缓刑。

【法院判决】

山东省青岛市中级人民法院作出一审判决:以操纵市场罪判处徐某江 2 年 6 个月,缓刑 3 年,并处罚金 12 亿元,徐某江违法所得 25 亿元依法上缴国库,两者叠加共计 37 亿元。

一审判决后,徐某江不服提出上诉,在山东省高级人民法院审理过程中,徐某江主动申请撤回上诉,二审法院裁定予以准许撤诉。

一审判决已生效。

风险提示

一、"抢帽子"情节严重涉嫌操纵证券市场罪

"抢帽子",指行为人对相关证券或其发行人、上市公司公开作出评价、预测或者投资建议,自己或建议他人抢先买卖相关证券,并自行从事相反交易获利的行为。《刑法修正案(十一)》将"抢帽子"行为正式纳入罪状表述,同时本罪罪状表述并未明确限定犯罪主体,故一般主体从事"抢帽子"行为在行为特征上是构成本罪的,在此基础上依据总成交量是否达到入罪标准来判定行为人是否构成本罪。这意味着证券公司、证券期货从业人员、证券期货投资推荐人员在出具投资建议时需要格外谨慎,如借机通过相反交易获利达到入罪标准,则将构成操纵证券、期货市场罪。

二、买入证券后利用公司名义对外推荐其买入的证券并抢先卖出相关证券的行为也可能涉罪

证券投资公司先买入证券,后利用其公司名义对外推荐其买入的证券,然后在证券交易时抢先卖出相关证券,以此获取个人利益的行为,主观方面存在故意,客观上侵害了国家对证券交易的管理制度和投资者的合法权益,如果情节特别严重,其行为构成操纵证券市场罪。

三、"虚假申报"涉嫌操纵证券市场罪

警惕"虚假申报"行为,情节严重的涉嫌操纵证券市场罪。根据《最高人民法院、最高人民检察院关于办理操纵证券、期货市场刑事案件适用法律若干问题的解释》第1条和《证券法》第55条的规定,不以成交为目的,频繁申报、撤单或者大量申报、撤单,误导投资者作出投资决策,影响证券、期货交易价格或者证券、期货交易量,并进行与申报相反的交易或者谋取相关利益的,可以认定为操纵证券、期货市场罪。《刑法修正案(十一)》也正式将"虚假申报"行为正式纳入罪状表述。

四、"盅惑交易"涉嫌操纵证券市场罪

警惕"盅惑交易"行为,情节严重的将涉嫌操纵证券市场罪。根据《最高人民法院、最高人民检察院关于办理操纵证券、期货市场刑事案件适用法律若干问题的解释》第1条的规定,"盅惑交易"是指利用虚假或者不确定的重大信息,诱导投资者作出投资决策,影响证券、期货交易价格或者证券、期货交易量,并进行相关交易或者谋取相关利益的行为。《证券法》第55条、第56条明确禁止任何主体通过虚假信息的编造和传播误导市场,《刑法修正案(十一)》也将这种行为正式明确地纳入法律条款罪状描述中。该行为本质上是行为人滥用自己的信息优势,有意误导投资者基于虚假的或不确定的重大信息作出特定投资决策,并进行反向交易获取利益的行为。

刑事合规指引

一、加强证券违法犯罪方面的法制宣传和培训,增强守法意识

操纵证券市场的行为会严重危害证券市场秩序、损害其他投资者合法权益,企业应完善刑事合规、行政合规、民事合规等多重合规机制,确保不出现操纵市场的各种行为。企业应加强内部合规管理,完善内控制度建设,有效规范操作行为,充分认识操纵证券市场的违法性、危害性及责任后果,保持规范操作、避免逾越合规红线。同时,应当根据《证券法》《刑法》等法律法规的变化及时修订和完善合规制度,保证内部制度完全符合现行法的要求。企业还需明确职责范围,不仅对投资决策进行审查,还应当对交易过程进行审查,通过对投资操作系统进行升级,建立风险监控系统,对单位员工的操作进行实时监控,一旦员工出现频繁、大量、不合常理的申报及撤单操作,就通过风险监控系统对其行为进行干预并发出警示,排除刑事风险隐患。

二、谨防被认定为"以其他方法操纵证券、期货市场"行为

除了《刑法》第182条第1款明确的6项操纵证券市场的行为,还要注意第1款第7项兜底条款"以其他方法操纵证券、期货市场"的行为。根据《最高人民法院、最高人民检察院关于办理操纵证券、期货市场刑事案件适用法律若干问题的解释》第1条的规定,行为人具有下列情形之一的,可以认定为《刑法》第182条第1款第7项规定的"以其他方法操纵证券、期货市场":(1)利用虚假或者不确定的重大信息,诱导投资者作出投资决策,影响证券、期货交易价格或者证券、期货交易量,并进行相关交易或者谋取相关利益的;(2)通过对证券及其

发行人、上市公司、期货交易标的公开作出评价、预测或者投资建议,误导投资者作出投资决策,影响证券、期货交易价格或者证券、期货交易量,并进行与其评价、预测、投资建议方向相反的证券交易或者相关期货交易的;(3)通过策划、实施资产收购或者重组、投资新业务、股权转让、上市公司收购等虚假重大事项,误导投资者作出投资决策,影响证券交易价格或者证券交易量,并进行相关交易或者谋取相关利益的;(4)通过控制发行人、上市公司信息的生成或者控制信息披露的内容、时点、节奏,误导投资者作出投资决策,影响证券交易价格或者证券交易量,并进行相关交易或者谋取相关利益的;(5)不以成交为目的,频繁申报、撤单或者大额申报、撤单,误导投资者作出投资决策,影响证券、期货交易价格或者证券、期货交易量,并进行与申报相反的交易或者谋取相关利益的;(6)通过囤积现货,影响特定期货品种市场行情,并进行相关期货交易的;(7)以其他方法操纵证券、期货市场的。

三、采用“事前合规+事后救援”模式避免入罪

由于证券市场具有实务性和专业性特点,建议企业和高管人员在进行重大证券交易前,务必先在专业人士指导下进行专项合规审查,排查法律风险,合法合规经营。实践中证券类案件一般先由证监会审查,证监会认为涉及犯罪的再移送公安机关立案侦查。因此,企业应积极应对证监会审查,根据相关证据材料申请行政和解,如果已经被处罚,可以进行申诉或复议;如果案件被移送公安机关侦查,那么企业应积极配合调查,寻求法律专业人士介入事后刑事合规,对罪与非罪以及相关认罪认罚等方面进行分析和预判,争取最大限度减轻或不予追究企业刑事责任。

第四节　编造并传播证券、期货交易虚假信息罪

刑事责任

根据《刑法》第181条的规定,编造并且传播影响证券、期货交易的虚假信

息,扰乱证券、期货交易市场,造成严重后果的,处 5 年以下有期徒刑或者拘役,并处或者单处 1 万元以上 10 万元以下罚金。

证券交易所、期货交易所、证券公司、期货经纪公司的从业人员,证券业协会、期货业协会或者证券期货监督管理部门的工作人员,故意提供虚假信息或者伪造、变造、销毁交易记录,诱骗投资者买卖证券、期货合约,造成严重后果的,处 5 年以下有期徒刑或者拘役,并处或者单处 1 万元以上 10 万元以下罚金;情节特别恶劣的,处 5 年以上 10 年以下有期徒刑,并处 2 万元以上 20 万元以下罚金。

单位犯前两款罪的,对单位判处罚金,并对其直接负责的主管人员和其他直接责任人员,处 5 年以下有期徒刑或者拘役。

立案标准

根据《最高人民检察院、公安部关于公安机关管辖的刑事案件立案追诉标准的规定(二)》(2022 修订)第 32 条的规定,编造并且传播影响证券、期货交易的虚假信息,扰乱证券、期货交易市场,涉嫌下列情形之一的,应予立案追诉:

(1)获利或者避免损失数额在 5 万元以上的;

(2)造成投资者直接经济损失数额在 50 万元以上的;

(3)虽未达到上述数额标准,但多次编造并且传播影响证券、期货交易的虚假信息的;

(4)致使交易价格或者交易量异常波动的;

(5)造成其他严重后果的。

典型案例 滕某雄编造并传播证券交易虚假信息案

案号：(2018)沪02刑初27号

【案情简介】

2015年5月8日，深圳交易所中小板上市公司[1]海某股份有限公司（以下简称海某公司）董事长滕某雄未经过股东大会授权，明知未经股东大会同意无法履行协议条款，仍代表海某公司签订了以自有资金2.25亿元认购某银行定增股的认购协议，同时授意时任董事会秘书的林某山发布公告。次日，林某山在明知该协议不可能履行的情况下，仍按照滕某雄的指示发布该虚假消息。随后，在原定股东大会召开之日(5月26日)前3日，又发布“中止投资某银行”的公告。

2015年5月11日至22日，即认购公告发布后的首个交易日至放弃认购公告发布前的最后一个交易日，海某公司股价（收盘价）由18.91元上涨至30.52元，盘中最高价32.05元。按收盘价计算，上涨幅度61.40%，同期深综指上涨幅度20.68%，正偏离40.71%。从成交量看，上述认购公告发布前的10个交易日海某公司二级市场累计成交4020万余股，日均成交402万余股；认购公告发布后的首个交易日至放弃认购公告发布前的最后一个交易日的10个交易日中，海某公司二级市场累计成交8220万余股，日均成交量822万余股；放弃公告发布后的10个交易日海某公司二级市场累计成交6221万余股，日均成交622万余股。虚假信息的传播，导致海某公司股票价格异常波动，交易量异常放大，严重扰乱了证券市场秩序。

【法院认为】

被告人滕某雄伙同被告人林某山编造并且传播影响证券交易的虚假信息，扰乱证券交易市场，造成严重后果，其行为均已构成编造并传播证券交易虚假信息罪，依法应处5年以下有期徒刑或者拘役，并处或者单处1万元以上10万元以下罚金。公诉机关指控被告人滕某雄、林某山犯编造并传播证券交易虚假信息罪的罪名成立，应予支持。被告人滕某雄在检察机关审查起诉阶段及本院庭审中如实供述了自己的罪行；被告人林某山自动投案，并如实供述

---

[1] 2021年4月6日开始，深圳交易所主板与中小板正式实施两板合并，统称主板。——编者注

自己罪行,系自首;滕某雄、林某山具有悔罪表现,均已预缴罚金,故采纳各辩护人分别提出的对滕某雄、林某山二人从轻处罚并适用缓刑的相关辩护意见。

【法院判决】

上海市第二中级人民法院作出一审判决:(1)被告人滕某雄犯编造并传播证券交易虚假信息罪,判处有期徒刑3年,缓刑4年,并处罚金10万元;(2)被告人林某山犯编造并传播证券交易虚假信息罪,判处有期徒刑1年6个月,缓刑2年,并处罚金10万元。

本判决已生效。

风险提示

一、本罪区别于操纵证券市场罪

编造并传播证券交易虚假信息和利用虚假信息操纵证券市场客观上均实施了编造、传播虚假信息的行为,且足以造成证券价格的异常波动,但构成操纵证券市场犯罪还要求行为人利用证券交易价格波动进行相关交易或谋取相关利益,且刑罚更重。利用虚假信息操纵证券市场是犯罪,编造并传播证券交易虚假信息同样应受刑罚处罚。对于不能证明行为人有操纵证券市场的故意及从中谋取相关利益,但其编造并传播证券交易虚假信息行为扰乱证券市场秩序,造成严重后果的情况,以编造并传播证券交易虚假信息罪追究行为人刑事责任。

二、注意证券犯罪中涉及的各类“虚假信息”之区别

编造并传播证券、期货交易虚假信息罪的客观方面包含了“虚假信息”,证券类犯罪中几个犯罪对“虚假信息”范围的界定各不相同。具体区分:(1)欺诈发行股票、债券罪中的“虚假信息”,是指在招股说明书、认股书、公司、企业债券募集办法中编造虚假信息的行为,如果行为人在招股说明书、认股书、公司、企业债券募集办法之外的文件中进行虚假陈述,则不属于本罪虚假信息的范围;(2)违规披露、不披露重要信息罪中的“虚假信息”,是指提供虚假的财务会计报告或者依法应当披露而不按规定披露的其他重要信息中的虚假信息;(3)编造并传播证券、期货交易虚假信息罪中的“虚假信息”,是指造成证券交易、期货交易市场异常波动的虚假信息;(4)诱骗投资者买卖证券、期货合约罪中的“虚假信息”,是指故意提供虚假信息诱骗投资者买卖证券、期货合约,可能影响投资者作出投资判断的虚假信息。

三、注意客观行为“编造+传播”行为的本质

该罪的客观方面表现为行为人实施的两个行为,即“编造+传播”,而且两个行为应当遵循一定的先后顺序,即先编造虚假信息再传播虚假信息。如果行为人只是单纯地编造虚假信息并未让他人知悉,不构成该罪。值得注意的是,虽然“编造”和“传播”可能不是同一行为人,但是存在“编造”行为人和“传播”行为人共谋的情形,只是两者组织分工不同,属于编造并传播证券交易、期货交易虚假信息罪的共犯;明知是他人“编造”的影响证券、期货交易的虚假信息而“传播”的,即使与编造者没有通谋,也能成立本罪。其中,“编造”是指缺乏现实依据主观凭空臆造影响证券、期货交易的虚假信息,依据扩大解释,“编造”也包括根据一定事实基础对信息进行不当的加工、篡改和歪曲;“传播”则是指在一定范围内具有相当影响力能够使不特定多数人知悉的扩散虚假信息的行为,散布的虚假信息必须足以导致证券、期货交易市场原本的稳定状态遭受破坏。

刑事合规指引

一、谨防因“分析和预测失实”造成严重后果而涉刑

分析和预测行为是证券、期货交易中常见的行为,行为人利用自己的专业知识和从业经验,根据现有的公开事实,对市场价格的未来走向作出分析预判,即便行为人的分析预测与实际市场走向存在偏差,也不宜认定为编造行为,主要是因为这种分析预测行为所提供的信息不属于事实信息。但是,一些从事证券、期货交易的专业人士需要注意,分析证券或期货要有理有据,切忌在缺乏客观依据的情况下随意夸大事实甚至凭空捏造,如果因此引起证券、期货交易市场异常波动后可能被推定入刑。因此,务必加强分析和预测行为的刑事合规意识,避免触碰刑法“红线”。

二、尽可能在行政处罚范围内化解,避免上升为刑事案件

编造并传播证券、期货交易虚假信息罪是典型的行政违法行为,但处理不当,也可能上升为刑事案件。证券类罪犯作为真正的行政犯,确认其行为属刑事犯罪是以行政违法为前提的,部分行政违法行为尚未达到刑事犯罪的程度,可经由证监会调查直接给予行政处罚,无须移送司法机关,而另一部分刑行交叉的违法行为也需经过证监会的调查,行政权力部门的干预几近成为此类案件的前置程序,且行政处罚和刑事处罚属不同类型法律责任,可以同时追究。因此,企业在行政及监管部门介入期间,应积极配合调查,严格按照监管等部门要求做好合规整改措施,赔偿投资者的损失,尽可能避免上升到刑事案件。

三、上市公司应做好媒体公关,避免被虚假信息侵害

资本市场历来都是媒体天然关注的对象,一条负面新闻、一则谣言或是状告举报,都可能会对公司股票造成重大影响。在这样的背景下,上市公司必须有意识地处理好媒体关系,通过建立上市公司公关部门、制订计划,做好媒体公关,对相关负面信息保持警惕,快速作出反应,及时通过权威机构向投资者辟谣,认为涉嫌犯罪的可将相关线索提交司法机关,全面维护上市公司的公信力、信誉,提高公司的品牌形象。

第五节　背信损害上市公司利益罪

刑事责任

《刑法》第 169 条之一规定:上市公司的董事、监事、高级管理人员违背对公司的忠实义务,利用职务便利,操纵上市公司从事下列行为之一,致使上市公司利益遭受重大损失的,处 3 年以下有期徒刑或者拘役,并处或者单处罚金;致使上市公司利益遭受特别重大损失的,处 3 年以上 7 年以下有期徒刑,并处罚金:

(1)无偿向其他单位或者个人提供资金、商品、服务或者其他资产的;

(2)以明显不公平的条件,提供或者接受资金、商品、服务或者其他资产的;

(3)向明显不具有清偿能力的单位或者个人提供资金、商品、服务或者其他资产的;

(4)为明显不具有清偿能力的单位或者个人提供担保,或者无正当理由为其他单位或者个人提供担保的;

(5)无正当理由放弃债权、承担债务的;

(6)采用其他方式损害上市公司利益的。

上市公司的控股股东或者实际控制人,指使上市公司董事、监事、高级管理人员实施前款行为的,依照前款的规定处罚。

犯前款罪的上市公司的控股股东或者实际控制人是单位的,对单位判处罚金,并对其直接负责的主管人员和其他直接责任人员,依照第1款的规定处罚。

立案标准

《最高人民检察院、公安部关于公安机关管辖的刑事案件立案追诉标准的规定(二)》(2022修订)第13条规定:上市公司的董事、监事、高级管理人员违背对公司的忠实义务,利用职务便利,操纵上市公司从事损害上市公司利益的行为,以及上市公司的控股股东或者实际控制人,指使上市公司董事、监事、高级管理人员实施损害上市公司利益的行为,涉嫌下列情形之一的,应予立案追诉:

(1)无偿向其他单位或者个人提供资金、商品、服务或者其他资产,致使上市公司直接经济损失数额在150万元以上的;

(2)以明显不公平的条件,提供或者接受资金、商品、服务或者其他资产,致使上市公司直接经济损失数额在150万元以上的;

(3)向明显不具有清偿能力的单位或者个人提供资金、商品、服务或者其他资产,致使上市公司直接经济损失数额在150万元以上的;

(4)为明显不具有清偿能力的单位或者个人提供担保,或者无正当理由为其他单位或者个人提供担保,致使上市公司直接经济损失数额在150万元以上的;

(5)无正当理由放弃债权、承担债务,致使上市公司直接经济损失数额在150万元以上的;

(6)致使公司、企业发行的股票或者公司、企业债券、存托凭证或者国务院依法认定的其他证券被终止上市交易的;

(7)其他致使上市公司利益遭受重大损失的情形。

典型案例 秦某背信损害上市公司利益案

案号:(2020)新0203刑初98号

【案情简介】

2015年11月20日,在被告人秦某任新疆准东石油技术股份有限公司(以下简称准油股份)法定代表人、董事长期间,准油股份(乙方)与中安融金(深圳)商业保理有限公司(以下简称中安融金)(甲方)签订《借款及保证合同》一份,借款金额为4000万元,借款期限为6个月,用途为补充企业经营流动性资金,乙方收款人为创越能源集团有限公司北京分公司(以下简称创越能源北京分公司),开户行为民生银行北京西长安街支行,被告人秦某及创越能源集团有限公司(以下简称创越能源)(合称丙方)为共同保证人。合同尾部甲方处加盖有中安融金印章,乙方处加盖有准油股份印章,丙方处有被告人秦某签名并加盖有创越能源的印章。同日,准油股份向中安融金出具《委托收付资金协议》一份,委托创越能源收取该笔借款,该协议尾部加盖有准油股份的印章。合同签订后,被告人秦某担任董事长并实际控制的创越能源下属北京分公司民生银行账户收到中安融金通过招商银行账户先后分9次转入的资金共计4000万元,均用于创越能源日常经营及其关联公司资金周转,其中转入中信信托有限公司900万元、剑川县汇鑫矿业50万元、新疆广华投资有限公司780万元、深圳盛源城投资咨询有限公司80万元、创越能源集团有限公司300万元、四川创越碳材料有限公司50万元、创越能源北京分公司交通银行账户1840万元。准油股份公司章程(2014年8月修订)第113条第7项规定:"为避免年度股东大会召开时间较晚、影响经营工作的正常开展,公司董事会可就年度投资预算提前审核并形成决议;在年度股东大会审议之前,董事会通过后的年度预算内投资事项可择机实施,由董事长批准后执行。在上述额度内,单项金额不超过500万元的,由公司经理办公会审批;高于500万元的,由公司董事长审批;达到本条(三)规定条件的,提交股东大会审批。"2015年11月20日签订《借款及保证合同》前,该笔4000万元融资未履行上述规定审批程序,与之相关的2015年11月20日准油股份公司董事会纪要上常某、王某1、王某3、胡某、马某、何某、唐某的签名均非本人签字。2015年12月中安融金与创越能源北京分公司曾就案涉的4000万元借款协商签订借款及保证合同,但双方最终未签订纸质合同。

2016年5月26日,因4000万元借款到期,经与中安融金协商,被告人秦某以准油股份(乙方)的名义与徐某(甲方)签订《借款及保证合同》一份,借款金额为人民币2000万元,借款期限为6个月,用途为补充企业经营流动性资金,乙方收款人及开户行空白,被告人秦某及创越能源(合称丙方)为共同保证人。合同尾部甲方处有徐某签名,乙方处加盖有准油股份印章,丙方处有被告人秦某签名并加盖有创越能源的印章。同日,被告人秦某以准油股份名义出具《委托收付资金协议》一份,委托北京华山平安投资管理有限公司从债权人徐某处收取该笔借款,该协议尾部加盖有准油股份的印章。2016年5月26日签订《借款及保证合同》前,该笔2000万元融资未履行准油股份内部规定程序,所加盖的准油股份的印章系被告人秦某事前安排准油股份工作人员履行印章借出审批手续后带至北京交由被告人秦某本人加盖。2016年5月27日,徐某(转让人)与中安融金(受让人)签订《债权转让及回购协议》,徐某将基于《借款及保证合同》对准油股份所享有的2000万元债权转让给中安融金。2015年11月25日至12月31日,创越能源根据其下属的北京分公司与北京安投融金融信息服务有限公司签订的《咨询服务协议书》向中安融金支付100万元服务费。2015年12月25日至2016年2月3日,创越能源通过民生银行账户向中安融金支付利息504,983.42元。

2018年1月,中安融金就通过徐某"过桥"展期的2000万元借款向北京市海淀区人民法院提起诉讼,请求准油股份偿还借款本金并支付利息,被告人秦某及创越能源承担连带保证责任。因中安融金无正当理由未到庭应诉,2020年6月29日,北京市海淀区人民法院作出(2018)京0108民初7881号民事裁定,对本案按撤诉处理。2017年9月,中安融金就剩余2000万元借款向北京市海淀区人民法院提起诉讼,请求准油股份偿还借款本金并支付利息,被告人秦某及创越能源承担连带保证责任。2019年12月,北京市海淀区人民法院作出(2017)京0108民初49984号民事裁定,以中安融金涉案资金源于案外人涉嫌非法吸收公众存款所得，并已由公安机关立案侦查，故中安融金的起诉不符合相关法律规定为由裁定驳回起诉，准油股份提出上诉。2020 年 5 月 25 日，北京市第一中级人民法院作出（2020）京 01 民终 3631 号民事裁定，撤销（2017）京 0108 民初 49984 号民事裁定，指令北京市海淀区人民法院继续审理，该案尚在审理中。

2014 年 1 月至 2016 年 12 月，秦某利用担任准油股份公司法定代表人、董事长的职务便利，以个人名义或通过该公司财务总监王某 1 等高级管理人员安排的方式，以员工吕某等 8 人的个人名义借支公司备用金，其中秦某个人借支 100 万元，吕某等 8 人借支 2685 万元，共计 2785 万元均转入秦某指定账户，用于创越能源集团及其关联企业的日常经营及资金周转。具体事实如下：

1.2014 年 1 月 17 日至 12 月 22 日，秦某个人或者通过常某、宗某、王某 1 等人，指派准油股份公司员工以个人名义多次借支备用金，其中，吕某借支 7 次共 240 万元，崔某借支 2 次共 140 万元，王某 2 借支 1 次 100 万元，共计 480 万元。

2.2015 年 1 月 5 日至 4 月 3 日，秦某通过常某、宗某、王某 1 等人，指派准油股份公司员工以个人名义多次借支备用金，其中，吕某借支 3 次共 280 万元，崔某借支 2 次共 170 万元，王某 2 借支 3 次共 244 万元，邱某姝借支 3 次共 270 万元，邢某借支 1 次 80 万元，共计 1044 万元。

3.2015 年 7 月 27 日至 11 月 11 日，秦某个人或者通过常某、宗某、王某 1 等人，指派准油股份公司员工以个人名义多次借支备用金，其中，吕某借支 3 次共 150 万元，崔某借支 1 次 200 万元，邱某姝借支 1 次 200 万元，郑某借支 1 次 200 万元，郭某夏借支 2 次 330 万元，共计 1080 万元。

4.2016 年 1 月 4 日和 7 月 13 日，秦某通过宗某、徐某世、王某 1 等人，指派准油股份公司员工郑某以个人名义借支 2 次备用金，共计 81 万元。

上述借支款项 2015 年 12 月 28 日前归还准油股份 21,461,218.73 元，2016 年 12 月 29 日前归还准油股份 6,388,781.72 元，合计 27,850 万元。

【法院认为】

被告人秦某作为上市公司准油股份的法定代表人、董事长，违背对公司的忠实义务，利用职务便利，操纵上市公司从事虚假借贷高额资金或从上市公司借支高额备用金用于其实际控制公司及其关联公司，致使上市公司利益遭受重大损失，其行为构成背信损害上市公司利益罪，依据《刑法》第169条之一之规定，应当判处3年以下有期徒刑或者拘役，并处或者单处罚金。公诉机关指控的犯罪事实清楚，证据确实充分，但适用法律及罪名有误，本院依法予以纠正。

被告人秦某的行为构成背信损害上市公司利益罪，《刑法》第169条之一规定："上市公司的董事、监事、高级管理人员违背对公司的忠实义务，利用职务便利，操纵上市公司从事下列行为之一，致使上市公司利益遭受重大损失的，处三年以下有期徒刑或者拘役，并处或者单处罚金；致使上市公司利益遭受特别重大损失的，处三年以上七年以下有期徒刑，并处罚金：（一）无偿向其他单位或者个人提供资金、商品、服务或者其他资产的；（二）以明显不公平的条件，提供或者接受资金、商品、服务或者其他资产的；（三）向明显不具有清偿能力的单位或者个人提供资金、商品、服务或者其他资产的；（四）为明显不具有清偿能力的单位或者个人提供担保，或者无正当理由为其他单位或者个人提供担保的；（五）无正当理由放弃债权、承担债务的；（六）采用其他方式损害上市公司利益的。上市公司的控股股东或者实际控制人，指使上市公司董事、监事、高级管理人员实施前款行为的，依照前款的规定处罚。犯前款罪的上市公司的控股股东或者实际控制人是单位的，对单位判处罚金，并对其直接负责的主管人员和其他直接责任人员，依照第一款的规定处罚。"《最高人民检察院、公安部关于公安机关管辖的刑事案件立案追诉标准的规定（二）》[1]第18条规定："上市公司的

---

[1] 已废止，对应《最高人民检察院、公安部关于公安机关管辖的刑事案件立案追诉标准的规定（二）》（2022修订）第13条，该条规定："上市公司的董事、监事、高级管理人员违背对公司的忠实义务，利用职务便利，操纵上市公司从事损害上市公司利益的行为，以及上市公司的控股股东或者实际控制人，指使上市公司董事、监事、高级管理人员实施损害上市公司利益的行为，涉嫌下列情形之一的，应予立案追诉：（一）无偿向其他单位或者个人提供资金、商品、服务或者其他资产，致使上市公司直接经济损失数额在一百五十万元以上的；（二）以明显不公平的条件，提供或者接受资金、商品、服务或者其他资产，致使上市公司直接经济损失数额在一百五十万元以上的；（三）向明显不具有清偿能力的单位或者个人提供资金、商品、服务或者其他资产，致使上市公司直接经济损失数额在一百五十万元以上的；（四）为明显不具有清偿能力的单位或者个人提供担保，或者无正当理由为其他单位或者个人提供担保，致使上市公司直接经济损失数额在一百五十万元以上的；（五）无正当理由放弃债权、承担债务，致使上市公司直接经济损失数额在一百五十万元以上的；（六）致使公司、企业发行的股票或者公司、企业债券、存托凭证或者国务院依法认定的其他证券被终止上市交易的；（七）其他致使上市公司利益遭受重大损失的情形。"

董事、监事、高级管理人员违背对公司的忠实义务,利用职务便利,操纵上市公司从事损害上市公司利益的行为,以及上市公司的控股股东或者实际控制人,指使上市公司董事、监事、高级管理人员实施损害上市公司利益的行为,涉嫌下列情形之一的,应予立案追诉:(一)无偿向其他单位或者个人提供资金、商品、服务或者其他资产,致使上市公司直接经济损失数额在一百五十万元以上的;(二)以明显不公平的条件,提供或者接受资金、商品、服务或者其他资产,致使上市公司直接经济损失数额在一百五十万元以上的;(三)向明显不具有清偿能力的单位或者个人提供资金、商品、服务或者其他资产,致使上市公司直接经济损失数额在一百五十万元以上的;(四)为明显不具有清偿能力的单位或者个人提供担保,或者无正当理由为其他单位或者个人提供担保,致使上市公司直接经济损失数额在一百五十万元以上的;(五)无正当理由放弃债权、承担债务,致使上市公司直接经济损失数额在一百五十万元以上的;(六)致使公司发行的股票、公司债券或者国务院依法认定的其他证券被终止上市交易或者多次被暂停上市交易的;(七)其他致使上市公司利益遭受重大损失的情形。"

1. 被告人秦某符合本罪犯罪主体的规定

本罪的主体为特殊主体,即上市公司的董事、监事、高级管理人员,高级管理人员认定依据为《公司法》第216条第1项的规定,根据《刑法》第169条之一以及《最高人民检察院、公安部关于公安机关管辖的刑事案件立案追诉标准的规定(二)》(已废止),上市公司的控股股东或者实际控制人也可成为背信损害上市公司利益罪的主体。被告人秦某时任准油股份董事长、法定代表人,具备主体要件。

2. 被告人秦某存在违反忠实义务的行为

"背信"即违背对公司的忠实义务,是本罪成立的前提。刑法中并没有对"忠实义务"作出定义,溯源到公司法,"忠实义务",是指董事、监事、高级管理人员对公司事务应忠诚尽力、忠实于公司,当其自身利益与公司利益相冲突时,应以公司的利益为重。忠实义务是消极义务、不作为义务,其目的是防止公司利益不应当减损时而发生减损,本罪的主观为故意,对忠实义务的判断应当采取形式与实质相统一的标准,形式上看上市公司高级管理人员行为是否符合法律及上市公司规定，实质上是否为公司利益着想，从而综合考量判断上市公司董事、监事、高级管理人员是否尽到忠实义务。本案中，4000 万元借款未经过准油股份内部程序讨论、表决，违反了上市公司章程的规定，不能代表准油股份公司的真实意愿，前有所述，不再重复；被告人秦某为运作融资、重组、收购等事宜，不惜利用职务便利，操纵上市公司从事虚假借贷高额资金或从上市公司借支高额备用金用于其实际控制公司及其关联公司，违规不予披露，不仅使准油股份因大额资金被长期占用，因此受到证监会的调查和行政处罚，更使准油股份涉及诸多民商事诉讼，账户被查封冻结，处理涉诉事务支出大额费用，主观上不仅未为公司利益着想，而且放任其行为对公司造成重大损失，正是对忠实义务的违反。

3. 被告人秦某利用其职务便利实施了犯罪行为

上市公司的董事、监事、高级管理人员都是对公司具有一定管理职责的人员，因而所谓“利用职务便利”是指上市公司董事、监事、高级管理人员利用自身所具有的职权或者与职权相关的便利条件。根据《刑法》第 169 条之一的规定，在“操纵上市公司”之后还有“从事”的表述。这一规定体现出非法行为是由构成犯罪者在幕后操纵下实施，而构成犯罪者本人并不直接实施相关行为。这是本罪区别于挪用资金罪的关键所在，挪用资金罪是行为人利用职务便利所实施的个人行为，而本罪是行为人利用职务便利，操纵单位，以单位名义所实施的单位行为，本案中被告人秦某正是利用职务便利操纵上市公司从事关联交易，指使下级员工通过公司内部审批流程，连续 3 年借支大额备用金，致使上市公司利益遭受重大损失。

4. 被告人秦某的行为符合“采用其他方式损害上市公司利益”的规定

《刑法》第 169 条之一列举了 5 项具体的上市公司高管损害上市公司利益的行为，其中，第 1 项至第 4 项是上市公司高管采用积极的方式对外向第三人提供某种帮助，且这种帮助损害了上市公司利益，第 5 项为上市公司高管采用消极的方式放弃本该属于上市公司的利益，前 5 项行为的共同特点是均在交易中违背了等价有偿的原则，损害了上市公司的利益。司法实践中，背信损害上市公司利益罪的行为范围非常广泛，出于立法简洁性等考虑，《刑法》第 169 条之一在规定行为类型时采用了兜底条款，以避免许多损害上市公司利益的行为没有达到其他罪名的入罪标准而得不到刑法规制。适用兜底条款，应根据前 5

项列举条款对兜底条款进行相当性解释，前5项明确列举的行为方式均为公司高级管理人员通过与关联公司不正当交易掏空上市公司的行为，对第6项的解释也应当遵循与明确列举情形具有同类解释相当性的原则，适用时既要符合“违背对公司的忠实义务，利用职务便利”的前提，又要对上市公司的管理秩序与财产所有权造成了与前述5种行为同等的影响，从而限制其他通过与关联公司不正当交易“掏空”上市公司的行为。被告人秦某为运作融资、重组、收购等事宜，不惜利用职务便利，操纵上市公司从事虚假借贷高额资金或从上市公司借支高额备用金用于其实际控制公司及其关联公司，符合“采用其他方式损害上市公司利益”的规定。

【法院判决】

新疆维吾尔自治区克拉玛依市克拉玛依区人民法院作出一审判决：被告人秦某犯背信损害上市公司利益罪，判处有期徒刑2年10个月，缓刑3年，并处罚金10万元。

本判决已生效。

典型案例 鲜某背信损害上市公司利益案

案号：(2019)沪刑终110号

【案情简介】

(一)鲜某实际控制匹凸匹公司(原名为上海多伦实业股份有限公司，以下简称多伦公司)及汉通公司情况

1993年12月，多伦公司在上海证券交易所上市；汉通公司成立于2009年8月，2010年左右成为多伦公司持股70%的子公司。

2012年5月左右，被告人鲜某经与时任多伦公司实际控制人的李某某商议，收购了李某某经多伦投资(香港)有限公司持有的多伦公司11.75%股权计4000万股。11月，多伦公司及汉通公司的法定代表人变更为鲜某。2015年6月，多伦公司更名为匹凸匹公司。2016年年初，鲜某将所持有的匹凸匹公司11.75%股权转让后，不再担任匹凸匹公司的法定代表人。

被告人鲜某转让所持有的匹凸匹公司股权时，匹凸匹公司仍持有汉通公司42%股权。2016年下半年匹凸匹公司制作财务报表季报时，鲜某不予配合，导致汉通公司与匹凸匹公司未能合并财务报表；之后，匹凸匹公司与汉通公司一直未能合并财务报表。

（二）背信损害上市公司利益事实

2013年7月至2015年2月，被告人鲜某利用担任上市公司多伦公司及其子公司汉通公司的法定代表人及实际控制人的职务便利，为粉饰公司业绩，采用伪造汉通公司开发的荆门楚天城项目分包商林某某签名、制作虚假的资金支付申请与审批表等方式，以支付工程款和往来款名义，将汉通公司资金划转至该公司实际控制的林某某个人账户、荆门楚天城项目部账户，再通过上述账户划转至鲜言实际控制的多个公司、个人账户内，转出资金循环累计达人民币1.2亿余元（以下币种均同）。其中，2360万元被鲜某用于理财、买卖股票等，至案发尚未归还，且部分资金已被结转至开发成本账户。

（三）操纵证券市场事实

1. 多伦公司更名为匹凸匹公司过程中，被告人鲜某控制了多伦公司信息的生成以及信息披露的内容等

2015年，被告人鲜某作为多伦公司的实际控制人、董事长兼董事会秘书，个人决定启动公司名称变更程序。同年4月9日，鲜某安排公司员工周某某至原上海市工商行政管理局（以下简称市工商局）申请变更企业名称，将多伦公司名称变更为匹凸匹公司。4月17日，周某某领取了市工商局核发的企业名称变更预先核准通知书并被告知仍需履行相关程序，暂时不能使用该名称；周某某将该情况告知了鲜某。

2015年4月底，多伦公司分别召开第七届董事会第八次、第九次会议，鲜某既未将更名事项提交董事会审议，亦未将更名事项告知其余董事会成员。5月4日，市工商局通知名称变更审核已经通过，多伦公司于同日发出召开董事会会议通知。5月7日，多伦公司召开董事会第十次会议，审议通过企业名称及经营范围变更，并于同日将草拟的公告内容递交上海证券交易所审核。5月8日，多伦公司收到上海证券交易所关于公告内容的问询函。5月11日，多伦公司就问

询函的相关问题进行了回复。

2015年5月11日,多伦公司对外发布《关于公司名称变更的公告》《关于获得控股股东www.p2p.com网站域名特别授权的公告》。其中,《关于公司名称变更的公告》中有关公司更名的原因表述为立志于做中国首家互联网金融上市公司,基于业务转型的需要,为使公司名称能够体现主营业务,拟将名称变更为匹凸匹公司。同时,《关于获得控股股东www.p2p.com网站域名特别授权的公告》称,通过本次授权可以使公司在互联网金融行业获得领先竞争优势,该特别授权对公司转型具有突破性意义,必将给公司带来深远影响。而2015年6月多伦公司正式更名为匹凸匹公司后,并未开展P2P业务,也未开展除了配资以外的金融业务,且配资业务在公司更名之前即已经开展。

2. 被告人鲜某实际控制证券账户情况及交易多伦公司股票情况

2014年后,被告人鲜某控制了刘某某、鲜某1、夏某某等个人证券账户,并实际控制了西藏信托有限公司、厦门国际信托有限公司、万向信托有限公司、四川信托有限公司、华润深国投信托有限公司、方正东亚信托有限公司的"鸿禧1号""鸿禧2号""柯塞威1号"等14个信托账户中的28个HOMS单元[1]。2015年4月30日至5月11日,鲜某通过其控制的前述账户组,买入多伦公司股票共计2520万余股,买入金额2.86亿余元。5月11日,多伦公司有关名称变更的公告发布后,股票连续涨停。6月3日,多伦公司股价打开涨停。

【法院认为】

一审法院认为:被告人鲜某作为上市公司多伦公司的董事长、实际控制人,违背对公司的忠实义务,利用职务便利,将上市公司资金用于个人营利活动,致使上市公司遭受重大损失,其行为已构成背信损害上市公司利益罪;鲜某通过控制上市公司信息的生成以及信息披露的内容,误导投资者作出投资决策,影

[1] HOMS是恒生电子开发的金融交易平台,主要功能是将一个证券账户的资金分成若干个小账户,每个小账户都有独立的账户和密码。

响证券交易价格与交易量，并进行相关交易，其行为已构成操纵证券市场罪，且应认定为情节特别严重；对鲜某应当两罪并罚。鉴于在案证据不能排除鲜某为上市公司支付钱款500万元购买域名的事实，故从背信损害上市公司利益造成损失金额中扣除该部分数额。关于鲜某操纵证券市场罪的违法所得数额，宜以实际成交差额认定。鲜某在操纵证券市场罪中具有自首情节，依法可以从轻或者减轻处罚。

二审法院认为：原判认定上诉人鲜某背信损害上市公司利益、操纵证券市场的犯罪事实清楚，证据确实、充分，适用法律正确，量刑适当，诉讼程序合法。鉴于鲜某在二审期间自愿认罪认罚，并在家属帮助下缴纳了全部罚金及退缴了部分违法所得等情况，其具有认罪、悔罪表现。因此，辩护人关于对鲜某从轻处罚的辩护意见，上海市人民检察院建议本院对鲜某从轻处罚的意见，均予以采纳。

【法院判决】

上海市第一中级人民法院判决：对被告人鲜某以背信损害上市公司利益罪判处有期徒刑2年，并处罚金180万元；以操纵证券市场罪判处有期徒刑4年，并处罚金1000万元，决定执行有期徒刑5年，并处罚金1180万元；违法所得予以追缴。

一审判决后，鲜某不服提出上诉，上海市高级人民法院经审理作出终审判决：(1)维持上海市第一中级人民法院(2018)沪01刑初13号刑事判决的第2项，即“违法所得予以追缴”。(2)撤销上海市第一中级人民法院(2018)沪01刑初13号刑事判决的第1项，即“被告人鲜某犯背信损害上市公司利益罪，判处有期徒刑2年，并处罚金180万元；犯操纵证券市场罪，判处有期徒刑4年，并处罚金1000万元，决定执行有期徒刑5年，并处罚金1180万元”。(3)上诉人鲜某犯背信损害上市公司利益罪判处有期徒刑1年8个月，并处罚金180万元，犯操纵证券市场罪判处有期徒刑3年4个月，并处罚金1000万元，决定执行有期徒刑4年3个月，并处罚金1180万元。

风险提示

一、注意本罪主体为特殊主体

背信损害上市公司利益罪的主体为特殊主体,即上市公司的董事、监事、高级管理人员。高级管理人员的认定依据为《公司法》第 216 条第 1 项的规定,包括公司的经理、副经理、财务负责人,上市公司董事会秘书和公司章程规定的其他人员。根据《刑法》第 169 条之一以及《最高人民检察院、公安部关于公安机关管辖的刑事案件立案追诉标准的规定(二)》(2022 修订)的规定,上市公司的控股股东或者实际控制人也可成为背信损害上市公司利益罪的主体。因此,背信损害上市公司利益罪的主体是上市公司的董事、监事、高级管理人员,以及上市公司控股股东、实际控制人。

二、注意对“忠实义务”的理解

背信损害上市公司利益罪中的“背信”即违背公司“忠实义务”,《刑法》并没有对“忠实义务”作出定义。“忠实义务”源于《公司法》第 147 条、第 148 条之规定,这里的“忠实义务”,是指董事、监事、高级管理人员对公司事务应忠诚尽力、忠实于公司,当其自身利益与公司利益相冲突时,应以公司的利益为重,不得将自身利益置于公司利益之上,必须从公司利益出发善意地处理公司事务、处置其所掌握的公司财产,其行使权力的目的必须是维护公司的利益。上市公司是公众公司,涉及利益广泛,损害上市公司利益将会给众多投资者造成损失,因此,《刑法》对违背上市公司“忠实义务”的行为予以犯罪化。实践中,对“忠实义务”的判断采取形式与实质相统一的标准,形式上看上市公司董事、监事、高级管理人员的行为是否符合法律及上市公司规定,实质上看其是否为公司利益着想,从而综合考量判断上市公司高级管理人员是否尽到“忠实义务”。如果上市公司董事、监事、高级管理人员因市场决策判断失误给上市公司造成损失,其行为实质上不是违背“忠实义务”,不应构成本罪。

三、注意对“利用职务便利”实施了犯罪行为的准确理解

背信损害上市公司利益罪针对的是董事、监事、高级管理人员利用职务便利,操纵上市公司从事损害公司利益的行为。上市公司的董事、监事、高级管理

人员都是对公司具有一定管理职责的人员，因而所谓“利用职务便利”是指上市公司董事、监事、高级管理人员利用自身所具有的职权或者与职权相关的便利条件，即使决策程序上具备董事会决议和股东会决议，也并不表明决议就一定没有违背董事、监事、高级管理人员对公司的忠实义务。根据《刑法》第169条之一的规定，在“操纵上市公司”之后还有“从事”的表述，这一规定体现出非法行为由构成犯罪者利用职务权利在幕后操纵下实施，构成犯罪者本人即使不直接实施相关行为也涉嫌此罪。

四、主观方面必须是故意

明知自己利用职务便利实施的行为违背了对公司的忠实义务，会使上市公司遭受重大损失，仍希望或放任这种危害上市公司及中小投资者合法权益结果的发生，过失不能成立该罪。至于动机如何，不影响本罪的成立。

刑事合规指引

一、注意造成损失的金额认定标准，谨防被扩大认定导致涉罪

背信损害上市公司利益罪是结果犯，行为人的危害行为必须造成上市公司遭受重大损失的后果，如果没有造成上市公司利益遭受重大损失结果的，就不能构成本罪。《最高人民检察院、公安部关于公安机关管辖的刑事案件立案追诉标准的规定（二）》（2022修订）第13条第1项至第5项，将重大损失规定为致使上市公司直接经济损失数额在150万元以上。注意立案标准中的损失为“直接经济损失”，如果行为人给上市公司造成的是“间接经济损失”，即使金额再大，没有造成公司股票被终止上市交易或多次暂停上市交易的结果，也不构成此罪。

二、立案前及时填补公司损失避免涉刑

背信损害上市公司利益罪属结果犯，实际给上市公司造成重大损失是入罪标准之一。根据相关司法案例，行为主体虽然作了违背上市公司利益的行为，但若及时偿还或用相关利益填补，在公安机关立案前全部化解，未给上市公司造成损失，则不构成背信损害上市公司利益罪，有关部门可以给予行为人行政处罚。

三、谨防被认定为“采用其他方式损害上市公司利益”

《刑法》第 169 条之一列举了 5 项具体的上市公司董事、监事、高级管理人员损害上市公司利益的行为，其中，第 1 项至第 4 项是上市公司董事、监事、高级管理人员采用积极的方式对外向第三人提供某种帮助，且这种帮助损害了上市公司利益，第 5 项为上市公司董事、监事、高级管理人员采用消极的方式放弃本该属于上市公司的利益，前 5 项行为的共同特点是均在交易中违背了等价有偿的原则，损害了上市公司的利益。第 6 项为兜底条款，应根据前 5 项条款对兜底条款进行相当性解释，前 5 项明确列举的行为方式均为公司董事、监事、高级管理人员通过与关联公司不正当交易掏空上市公司的行为，对兜底条款的解释也应当遵循与明确列举情形具有同类解释相当性的原则，避免随意扩大解释而涉刑。

四、董事、监事、高级管理人员应忠实勤勉，提高刑事合规意识

我国《公司法》第 147 条将公司董事、监事、高级管理人员对公司的义务分为两种，分别是忠实义务和勤勉义务，董事、监事、高级管理人员应将忠实勤勉义务作为履职宗旨，提高履职过程中的刑事合规意识；还要注意独立董事和监事如果在履职过程中，明知其他董事或高级管理人员实行损害上市公司利益的行为而在相关决策表决过程中不制止，也可能构成此罪。对于触犯背信损害上市公司利益罪的董事、监事、高级管理人员来说，其后果除了刑事处罚之外，还有就是《公司法》第 146 条规定的后果：董事、监事、高级管理人员因破坏社会主义市场经济秩序，被判处刑罚，执行期满未逾 5 年，不得担任公司的董事、监事、高级管理人员；公司违反前款规定选举、委派董事、监事或者聘任高级管理人员的，该选举、委派或者聘任无效；董事、监事、高级管理人员在任职期间被判处刑罚的，公司应当解除其职务。

第七章　上市公司治理运营中的刑事案例及合规指引

第一节　虚开增值税专用发票、用于骗取出口退税、抵扣税款发票罪

刑事责任

《刑法》第205条规定:虚开增值税专用发票或者虚开用于骗取出口退税、抵扣税款的其他发票的,处3年以下有期徒刑或者拘役,并处2万元以上20万元以下罚金;虚开的税款数额较大或者有其他严重情节的,处3年以上10年以下有期徒刑,并处5万元以上50万元以下罚金;虚开的税款数额巨大或者有其他特别严重情节的,处10年以上有期徒刑或者无期徒刑,并处5万元以上50万元以下罚金或者没收财产。

单位犯本条规定之罪的,对单位判处罚金,并对其直接负责的主管人员和其他直接责任人员,处3年以下有期徒刑或者拘役;虚开的税款数额较大或者有其他严重情节的,处3年以上10年以下有期徒刑;虚开的税款数额巨大或者有其他特别严重情节的,处10年以上有期徒刑或者无期徒刑。

虚开增值税专用发票或者虚开用于骗取出口退税、抵扣税款的其他发票,是指有为他人虚开、为自己虚开、让他人为自己虚开、介绍他人虚开行为之一的。

立案标准

《最高人民检察院、公安部关于公安机关管辖的刑事案件立案追诉标准的规定(二)》(2022修订)第56条规定:虚开增值税专用发票或者虚开用于骗取出口退税、抵扣税款的其他发票,虚开的税款数额在10万元以上或者造成国家税款损失数额在5万元以上的,应予立案追诉。

典型案例 上市公司子公司、分公司虚开增值税专用发票案

案号:(2016)皖0304刑初27号

【案情简介】

安徽水利开发股份有限公司(以下简称安徽水利公司)成立于1998年6月15日,系上市公司。安徽人防设备有限公司(以下简称安徽人防公司)系安徽水利公司的子公司,该公司法定代表人原为王某甲,于2014年9月3日变更为于某。安徽水利开发股份有限公司金融结构机电设备总厂(以下简称安徽水利金属结构总厂)系安徽水利公司下属分公司,安徽水利公司于2011年5月5日聘任王某甲为安徽水利金属结构总厂厂长,于2014年7月22日聘任于某为该总厂厂长。

被告人王某甲、于某先后在担任安徽人防公司法定代表人、安徽水利金属结构总厂负责人期间,为在公司经营账外解决本单位吃喝招待费用、相关奖金的发放以及向他人支付咨询费用的资金来源问题,通过领导班子会议集体讨论后决定在没有真实货物交易的情况下,让他人为其单位虚开增值税专用发票或普通发票套取资金。具体如下:

1.2011年5月至7月,时任安徽水利金属结构总厂负责人的王某甲,为向向某个人支付以上级单位安徽水利公司名义中标的南水北调工程咨询费,安排本单位员工与钢材供应商取得联系后,虚开普通发票3笔,面额共计1,753,183.04元,其中:被告人洪某甲按照安徽水利金属结构总厂的要求,用其所经营的蚌埠瑞通机电物资公司为该总厂虚开出普通发票面额641,633.04元,用其所经营的蚌埠市恒宇金属物资有限公司(以下简称蚌埠恒宇公司)为该总厂虚开出普

通发票面额511,550元；被告人朱某按照安徽水利金属结构总厂要求，用其所在的工作单位淮北市奥克建材供应站为该总厂虚开出普通发票面额60万元。

2.2012年4月，安徽人防公司为从账外支出本单位相关费用，公司法定代表人王某甲安排本单位员工与被告人徐某取得联系后，徐某用所经营的蚌埠市浦新金属材料有限公司（以下简称蚌埠浦新公司）为安徽人防公司虚开安徽增值税专用发票，面额共计311,660.17元，应纳税额48,572.28元。

3.被告人于某在2014年接任王某甲担任安徽人防公司法定代表人期间，为支付本公司上述相关费用，沿用公司领导班子集体讨论通过的形式，分别于2014年12月安排本单位员工与被告人洪某取得联系后，让其用经营的蚌埠恒宇公司为安徽人防公司虚开安徽增值税专用发票，面额总计723,247.43元，应纳税额105,087.23元；于2015年2月、4月安排本单位员工与徐某取得联系后，让其用经营的蚌埠浦新公司为安徽人防公司虚开安徽增值税专用发票，面额总计741,738.48元，应纳税额107,773.98元。

4.2015年7月2日8时许，公安机关电话通知被告人徐某，徐某于当日14时许到案。7月7日8时许，公安机关电话通知被告人洪某甲，洪某甲于当日14时许到案。7月17日8时许，公安机关电话通知被告人王某甲，王某甲于当日9时许到案。7月21日8时许，公安机关电话通知被告人于某，于某于当日14时许到案。公安机关要求王某甲配合抓获被告人朱某；2015年9月21日8时许，朱某在王某甲的规劝和陪同下到公安机关投案。

【法院认为】

被告单位安徽人防公司违反国家增值税专用发票管理法规，让他人为自己虚开增值税专用发票税款数额共计26万余元，其行为已构成虚开增值税专用发票罪；被告单位安徽水利金属结构总厂违反国家发票管理法规，让他人为自己虚开普通发票面额共计175万余元，其行为已构成虚开发票罪；被告人于某作为被告单位安徽人防公司直接负责的主管人员在其任职期间决定让他人为其单位虚开增值税专用发票税款数额达21万余元，其行为已构成虚开增值税专用发票罪；被告人王某甲作为被告单位安徽水利金属结构总厂直接负责的主管人员在其任职期间决定让他人为其单位虚开普通发票数额共计175万余元，其行为已构成虚开发票罪；被告人王某甲作为被告单位安徽人防公司直接负责的主管人员在其任职期间决定让他人为其单位虚开增值税专用发票税款数额达4.8万余元，根据罪刑相适应原则，不宜对其认定为构成虚开增值税专用发票罪。被告人洪某甲为他人虚开增值税专用发票税款数额共计10万余元；为他人虚开普通发票面额共计110万余元，其行为已构成虚开增值税专用发票罪、虚开发票罪，实行并罚；被告人徐某为他人虚开增值税专用发票税款数额共计15万余元，其行为已构成虚开增值税专用发票罪；被告人朱某为他人虚开普通发票面额达60万元，其行为已构成虚开发票罪。

被告人于某系被告单位安徽人防公司的主要决策者，被告人王某甲系被告单位安徽水利金属结构总厂的主要决策者，二人分别系电话通知到案，后分别如实供述了被告单位的犯罪事实，开庭审理时自愿认罪，代表了被告单位的意志，系被告单位行为，可以构成单位自首，相应对被告人于某、王某甲也可以构成自首，依法均可以从轻处罚。被告人洪某甲、徐某均系电话通知到案，后分别如实供述了自己的犯罪事实，开庭审理时自愿认罪，可以构成自首情节，依法均可以从轻处罚。案发后，被告人朱某在王某甲陪同下到公安机关投案，后如实供述了自己的犯罪事实，开庭审理时自愿认罪，构成自首情节，依法可以从轻处罚。

公安机关要求王某甲配合抓获被告人朱某；2015年9月21日8时许，被告人朱某在王某甲的规劝和陪同下到公安机关投案，王某甲的行为构成立功表现，依法可以从轻处罚。立案前，被告单位补交了相关税费，可以酌情对被告单位及相关被告人从轻处罚。2002年4月25日，被告人洪某甲曾因犯贪污罪、虚开增值税专用发票罪被判处有期徒刑5年6个月，系具有前科情节，可以酌情从重处罚。

关于被告人洪某甲及被告人徐某、朱某的辩护人分别提出三被告人系从犯的辩解和辩护意见。经查，我国《刑法》第205条规定虚开增值税专用发票是指有为他人虚开、为自己虚开、让他人为自己虚开、介绍他人虚开行为之一的。法律明确将为他人虚开行为规定为虚开增值税专用发票的实行行为之一。也就是说，为他人虚开行为不再是帮助行为，均可直接认定为虚开行为并予以独立定罪。因虚开发票的行为与虚开增值税专用发票的行为性质、方式基本相同，只是虚开的对象不同，其法理与虚开增值税专用发票的行为相同。故此节辩护意见，本院不予支持，但三被告人分别受所对应的被告单位安徽水利金属结构总厂或被告单位安徽人防公司指使而为其虚开增值税专用发票抑或虚开发票，考虑其案发原因、获取非法利益与否等因素，量刑时可以对三被告人分别酌情从轻处罚。

【法院判决】

安徽省蚌埠市禹会区人民法院作出一审判决：(1)被告单位安徽人防公司犯虚开增值税专用发票罪，判处罚金25万元。(2)被告单位安徽水利金属结构总厂犯虚开发票罪，判处罚金25万元。(3)被告人于某犯虚开增值税专用发票罪，判处有期徒刑10个月，缓刑1年6个月。(4)被告人王某甲犯虚开发票罪，判处有期徒刑8个月，缓刑1年，并处罚金4万元。(5)被告人洪某甲犯虚开增值税专用发票罪，判处有期徒刑7个月，并处罚金6万元；犯虚开发票罪，判处有期徒刑6个月，并处罚金3万元；合并决定执行有期徒刑10个月，并处罚金9万元。(6)被告人徐某犯虚开增值税专用发票罪，判处有期徒刑8个月，缓刑1年，并处罚金8万元。(7)被告人朱某犯虚开发票罪，判处拘役4个月，缓刑6个月，并处罚金2万元。

本判决已生效。

风险提示

一、虚开增值税专用发票行为的认定标准

虚开增值税专用发票的主要认定依据为：(1)《发票管理办法》。第22条规定："开具发票应当按照规定的时限、顺序、栏目，全部联次一次性如实开具，并加盖发票专用章。任何单位和个人不得有下列虚开发票行为：(一)为他人、为自己开具与实际经营业务情况不符的发票；(二)让他人为自己开具与实际经营业务情况不符的发票；(三)介绍他人开具与实际经营业务情况不符的发票。"(2)《全国人民代表大会常务委员会关于惩治虚开、伪造和非法出售增值税专用

发票犯罪的决定》。虚开增值税专用发票是指有为他人虚开、为自己虚开、让他人为自己虚开、介绍他人虚开增值税专用发票行为之一的。

可以看出,虚开增值税专用发票主要指没有货物购销或者没有提供或接受应税劳务而开具增值税专用发票;有货物购销或者提供或接受了应税劳务但开具数量或者金额不实的增值税专用发票;进行了实际经营活动,但让他人为自己代开增值税专用发票。总之,符合为他人虚开、为自己虚开、让他人为自己虚开、介绍他人虚开增值税专用发票任何一种情形都会被认定为虚开增值税专用发票。

二、注意针对虚开增值税专用发票的其他责任

(1)让他人为自己虚开增值税专用发票。税务机关有证据证明受票方与开票方之间不存在真实交易,受票方直接从开票方取得发票,或者通过第三方取得开票方开具的发票,无论受票方是否支付费用,通常认定为虚开发票。情节构成犯罪的,移送司法机关追究刑事责任。

(2)利用虚开的增值税专用发票抵扣税款。利用他人虚开的增值税专用发票抵扣税款的,税务机关有证据认定受票方属于偷税的,应当依照《税收征收管理法》第 63 条的规定,由税务机关追缴其不缴或者少缴的税款、滞纳金,并处不缴或者少缴的税款 50% 以上 5 倍以下的罚款,构成犯罪的,依法追究其刑事责任。

(3)取得虚开的增值税专用发票。仅取得但不足以定性为偷税,没有确实、充分的证据证明符合虚开情形,但取得的发票被认定为虚开的增值税专用发票的,可按《国家税务总局关于纳税人虚开增值税专用发票征补税款问题的公告》,纳税人取得的虚开的增值税专用发票,不得作为增值税合法有效的扣税凭证抵扣其进项税额,应追缴税款并加收滞纳金。

(4)善意取得的虚开的增值税专用发票。纳税人善意取得的虚开的增值税专用发票,不予抵扣税款,向税务机关申报抵扣税款的,应按规定补缴税款,但不需要缴纳滞纳金和罚款。

刑事合规指引

一、企业应加强自律，提高发票管理刑事合规意识

虚开发票类犯罪是企业刑事风险的重灾区，也是企业刑事合规的关注重点，上市公司应加强发票合规管理制度。一些企业为了达到上市做账要求，不惜冒着犯罪风险虚开增值税专用发票，要知道国家的增值税防伪税控系统拥有超强的信息比对功能，它可以通过大数据和云计算技术，自动比对可疑企业的进项和销项信息，在品名、数量、金额间进行大量计算，追踪异常行为，对违法犯罪资金穿透分析，会同多部门严厉打击虚开骗税行为。因此，“虚开”是上市公司的高压“红线”，上市公司应加强发票开具与使用的合规管理，切莫触碰法律雷区。

二、建立健全发票登记使用制度，避免受牵连涉刑

随着税务机关打击虚开增值税专用发票违法行为工作的深入开展，近年来虚开大案频发。为挽回税款损失，开票企业主管税务机关会委托受票企业主管税务机关对虚开发票进行协查，协查结果通常是受票企业被要求转出进项税额，甚至被处以罚款和因涉嫌犯罪被移送司法部门处理。因此，上市公司应建立健全发票登记使用制度，在经营过程中防范取得虚开的增值税专用发票，避免因上游企业虚开行为而受到牵连涉刑。上市公司要做到以下几方面：(1)提高合规意识，认真核对货物品名、规格、数量、金额与对方开具的增值税专用发票票面明细是否一致；(2)认真核实开票公司信息，必须保持一致；(3)尽量通过银行账户将货款划拨到交易对方的银行账户，最好不要用现金交易，也不要将货款支付到业务员个人账户；(4)保留交易过程中的各类资料凭证，使具体业务可以追根溯源，如果后续发现问题可以给税务机关甚至侦查机关调查提供依据。

三、企业在发票类犯罪方面风险极高，应聘请法律专业人士进行发票合规管理，降低涉刑风险

发票犯罪背后所涉及的刑事法理及发票和税收监管规定较为复杂，对刑事案件的侦办提出了极高的要求，虽然《刑法》已经将“虚开”明文界定为“为他人虚开、为自己虚开、让他人为自己虚开、介绍他人虚开”，但司法实践中，很少虚开案件可以真正完全匹配立法规定，大多案件的涉案事实存在较大争议、游离

于构成要件边界，尤其是在涉及关联交易、特殊交货方式及企业避税安排等事实的案件中，相关商业安排极易被认定为虚开发票。此外，企业经营过程中，经营者、管理者对税务筹划理解扭曲，导致企业涉税行为出现偏差，经常无意识导致涉刑。因此，企业在设计发票管理制度时，必须树立发票类犯罪的刑事合规意识。发票类刑事合规需要较强的专业性，需要对商业环节中开票及涉税环节开展刑事合规审查，构建风险预防与危机应对机制，从而有效防范刑事法律风险。

四、积极按税务机关要求进行合规整改，避免上升为刑事案件

在税务机关对企业虚开发票违法行为进行行政处罚时，企业要高度重视，积极应对，及时补缴税款或滞纳金。同时积极主动进行合规整改、填补制度漏洞，建章立制合规经营，体现悔罪表现，争取在行政处罚层面解决。如果认为税务机关的行政处罚决定事实不清、法律适用错误或程序违法，可以依法提起行政复议或行政诉讼，防止二次处罚的涉刑风险。

第二节　侵犯商业秘密罪

刑事责任

《刑法》第 219 条规定：有下列侵犯商业秘密行为之一，情节严重的，处 3 年以下有期徒刑，并处或者单处罚金；情节特别严重的，处 3 年以上 10 年以下有期徒刑，并处罚金：

(1)以盗窃、贿赂、欺诈、胁迫、电子侵入或者其他不正当手段获取权利人的商业秘密的；

(2)披露、使用或者允许他人使用以前项手段获取的权利人的商业秘密的；

(3)违反保密义务或者违反权利人有关保守商业秘密的要求，披露、使用或者允许他人使用其所掌握的商业秘密的。

明知前款所列行为，获取、披露、使用或者允许他人使用该商业秘密的，以侵犯商业秘密论。

本条所称权利人，是指商业秘密的所有人和经商业秘密所有人许可的商业秘密使用人。

立案标准

2020 年 9 月 17 日实施的《最高人民检察院、公安部关于修改侵犯商业秘密刑事案件立案追诉标准的决定》规定：为依法惩治侵犯商业秘密犯罪，加大对知识产权的刑事司法保护力度，维护社会主义市场经济秩序，将《最高人民检察院、公安部关于公安机关管辖的刑事案件立案追诉标准的规定（二）》第 73 条[1]侵犯商业秘密刑事案件立案追诉标准修改为：侵犯商业秘密，涉嫌下列情形之一的，应予立案追诉：

（1）给商业秘密权利人造成损失数额在 30 万元以上的；

（2）因侵犯商业秘密违法所得数额在 30 万元以上的；

（3）直接导致商业秘密的权利人因重大经营困难而破产、倒闭的；

（4）其他给商业秘密权利人造成重大损失的情形。

前款规定的造成损失数额或者违法所得数额，可以按照下列方式认定：

（1）以不正当手段获取权利人的商业秘密，尚未披露、使用或者允许他人使用的，损失数额可以根据该项商业秘密的合理许可使用费确定。

（2）以不正当手段获取权利人的商业秘密后，披露、使用或者允许他人使用的，损失数额可以根据权利人因被侵权造成销售利润的损失确定，但该损失数额低于商业秘密合理许可使用费的，根据合理许可使用费确定。

（3）违反约定、权利人有关保守商业秘密的要求，披露、使用或者允许他人使用其所掌握的商业秘密的，损失数额可以根据权利人因被侵权造成销售利润的损失确定。

（4）明知商业秘密是不正当手段获取或者是违反约定、权利人有关保守商业秘密的要求披露、使用、允许使用，仍获取、使用或者披露的，损失数额可以根

〔1〕 已废止，2022 年修订后已无该规定。

据权利人因被侵权造成销售利润的损失确定。

(5)因侵犯商业秘密行为导致商业秘密已为公众所知悉或者灭失的，损失数额可以根据该项商业秘密的商业价值确定。商业秘密的商业价值，可以根据该项商业秘密的研究开发成本、实施该项商业秘密的收益综合确定。

(6)因披露或者允许他人使用商业秘密而获得的财物或者其他财产性利益，应当认定为违法所得。

典型案例 许某海侵犯商业秘密案

案号：(2019)京01刑终329号

【案情简介】

被告人许某海于2012年至2014年，伙同被告人徐某，违反被害单位北京福星晓程电子科技股份有限公司(以下简称晓程公司)有关保守商业秘密的要求，将其所掌握的含有晓程公司不为公众所知悉的FD3327K型智能电表“IC_PROG. ASM”“OPCARD. ASM”“SPI_DO_WITH. ASM”“DO_WITH_GLF. ASM”四个核心程序源代码技术信息提供给他人，并伙同徐某等人使用上述核心程序技术信息制作电表，通过其所实际控制的北京海马兴旺科贸有限公司向朝鲜平壤电器件合营公司出口销售含有晓程公司上述核心程序技术信息的电表，非法获利。其中，许某海负责出口及销售电表事宜，徐某负责采购电表元器件、加工及后续焊接等事宜。经审计，自2005年3月至2012年6月，晓程公司的上述四个非公知核心程序技术研发成本为人民币2,637,716.19元。经被害单位向公安机关报案，被告人徐某于2017年6月14日被公安机关抓获归案，被告人许某海于同年6月22日经上网追逃被公安机关抓获归案。

【法院认为】

被告人许某海、徐某违反权利人有关保守商业秘密的要求，披露、使用或允许他人使用其所掌握的权利人商业秘密，造成特别严重的后果，其行为均已构成侵犯商业秘密罪，应予惩处。被告人徐某与许某海合谋侵犯被害单位商业秘密，并相互分工配合，共同分赃获利。鉴于徐某到案后曾能如实供认其部分罪行,犯罪情节相对许某海较轻,在量刑时酌予体现。

【法院判决】

北京市海淀区人民法院作出一审判决:(1)被告人许某海犯侵犯商业秘密罪,判处有期徒刑4年,罚金人民币300万元;(2)被告人徐某犯侵犯商业秘密罪,判处有期徒刑4年,罚金人民币200万元。

一审判决后,许某海、徐某不服,上诉至北京市第一中级人民法院,北京市第一中级人民法院经审理作出终审裁定:驳回上诉,维持原判。

典型案例　房某磊侵犯商业秘密案

案号:(2014)珠中法知刑终字第5号

【案情简介】

2003年4月,珠海欧比特控制工程股份有限公司(以下简称欧比特公司)着手研发1553BIP核技术,用于航空航天设备的测试,该IP核由三个主要功能模块组成:总线控制器(BC)、远程终端(RT)、总线监视(BM)。被告人房某磊作为该公司的技术负责人,负责研发此技术。2005年10月,被告人房某磊在1553BIP核BM模块尚未完成的情况下(BC、RT等模块已研发完成),提出辞职申请,离职获批准后遂转到其妻子付某利为法定代表人的珠海矽微电子科技有限公司(以下简称矽微公司)工作。因1553BIP核技术一直由被告人房某磊负责研发,欧比特公司于2005年12月1日与被告人房某磊签订《技术委托开发合同》,约定欧比特公司出资5万元,由被告人房某磊继续负责BM模块的研发,同时约定技术成果归欧比特公司所有,被告人房某磊负有保密义务。2006年4月11日,被告人房某磊向欧比特公司交付了BM模块及相关技术成果,欧比特公司1553BIP核整套技术已研发完成。自2009年开始,被告人房某磊违反约定,披露、使用、允许矽微公司使用其掌握的欧比特公司1553BIP核技术。矽微公司先后生产销售系列1553B测试仪17个,销售金额达800多万元,其中,在2010年至2012年,生产销售相关产品11个,给欧比特公司造成250余万元经济损失。经广东省知识产权研究与发展中心司法鉴定所鉴定:欧比特

1553BIP 核技术属于不为公众所知悉的技术信息；1553BIP 核技术在 1553B 总线电缆测试系统中是不可或缺的重要核心技术信息；矽微公司与欧比特公司源代码文件存在相当部分相同和实质相同代码段，这些代码段是双方主要模块功能实现的重要组成部分。

欧比特公司成立于2000 年 3 月 20 日，企业类型为外商投资股份有限公司，法定代表人：YAN×××（颜某），注册资本 2 亿元，经营范围：集成电路和计算机软件及硬件产品、宇航总线测试系统及产品、智能控制系统及产品、SIP 存储器和计算机模块及产品、微小卫星和宇航飞行器控制系统及产品的研发、生产、测试、销售和技术服务（涉及许可经营的凭许可证经营）；上述产品同类商品的批发及进出口业务（不涉及国有贸易管理商品，涉及配额、许可证管理商品的，按国家有关规定办理）。

矽微公司成立于2005 年 7 月 27 日，企业类型为有限责任公司，法定代表人：房某磊，注册资本 100 万元。经营范围：电子产品、集成电路、嵌入式软件、硬件的研发、销售；系统集成；电子测试测量仪器的研发、生产、销售及技术转让。

【法院认为】

涉案 1553BIP 核技术是“不为公众所知悉、能为权利人带来经济利益、具有实用性并经权利人采取保密措施的技术信息”，属于欧比特公司的商业秘密，矽微公司和房某磊的行为侵犯了欧比特公司的商业秘密，造成特别严重的后果，其行为已经构成侵犯商业秘密罪，依法应追究其刑事责任。

【法院判决】

广东省珠海市香洲区人民法院作出一审判决：(1) 以侵犯商业秘密罪判处矽微公司罚金 250 万元；(2) 判处被告人房某磊有期徒刑 3 年，并处罚金 20 万元。一审判决后，房某磊不服提出上诉，珠海市中级人民法院经审理作出终审裁定：驳回上诉、维持原判。

风险提示

一、注意相关严重情节的认定标准降低

根据 2004 年 12 月 22 日实施的《最高人民法院、最高人民检察院关于办理

侵犯知识产权刑事案件具体应用法律若干问题的解释》第 7 条第 1 款的规定,实施《刑法》第 219 条规定的行为之一,给商业秘密的权利人造成损失数额在 50 万元以上的,属于"给商业秘密的权利人造成重大损失",应当以侵犯商业秘密罪判处 3 年以下有期徒刑或者拘役,并处或者单处罚金。而根据 2020 年 9 月 14 日实施的《最高人民法院、最高人民检察院关于办理侵犯知识产权刑事案件具体应用法律若干问题的解释(三)》第 4 条第 1 款的规定,实施《刑法》第 219 条规定的行为,具有下列情形之一的,应当认定为"给商业秘密的权利人造成重大损失":(1)给商业秘密的权利人造成损失数额或者因侵犯商业秘密违法所得数额在 30 万元以上的;(2)直接导致商业秘密的权利人因重大经营困难而破产、倒闭的;(3)造成商业秘密的权利人其他重大损失的。该条第 2 款规定,给商业秘密的权利人造成损失数额或者因侵犯商业秘密违法所得数额在 250 万元以上的,应当认定为《刑法》第 219 条规定的"造成特别严重后果"。

由此可见,侵犯商业秘密犯罪入罪数额从之前的 50 万元降至 30 万元,显示了国家对打击侵犯商业秘密行为的重视和决心。

二、注意商业秘密侵权造成损失数额的认定

根据《最高人民法院、最高人民检察院关于办理侵犯知识产权刑事案件具体应用法律若干问题的解释(三)》第 5 条的规定,实施《刑法》第 219 条规定的行为造成的损失数额或者违法所得数额,可以按照下列方式认定:(1)以不正当手段获取权利人的商业秘密,尚未披露、使用或者允许他人使用的,损失数额可以根据该项商业秘密的合理许可使用费确定。(2)以不正当手段获取权利人的商业秘密后,披露、使用或者允许他人使用的,损失数额可以根据权利人因被侵权造成销售利润的损失确定,但该损失数额低于商业秘密合理许可使用费的,根据合理许可使用费确定。(3)违反约定、权利人有关保守商业秘密的要求,披露、使用或者允许他人使用其所掌握的商业秘密的,损失数额可以根据权利人因被侵权造成销售利润的损失确定。(4)明知商业秘密是不正当手段获取或者是违反约定、权利人有关保守商业秘密的要求披露、使用、允许使用,仍获取、使用或者披露的,损失数额可以根据权利人因被侵权造成销售利润的损失确定。(5)因侵犯商业秘密行为导致商业秘密已为公众所知悉或者灭失的,损失数额

可以根据该项商业秘密的商业价值确定。商业秘密的商业价值,可以根据该项商业秘密的研究开发成本、实施该项商业秘密的收益综合确定。(6)因披露或者允许他人使用商业秘密而获得的财物或者其他财产性利益,应当认定为违法所得。

前款第2~4项规定的权利人因被侵权造成销售利润的损失,可以根据权利人因被侵权造成销售量减少的总数乘以权利人每件产品的合理利润确定;销售量减少的总数无法确定的,可以根据侵权产品销售量乘以权利人每件产品的合理利润确定;权利人因被侵权造成销售量减少的总数和每件产品的合理利润均无法确定的,可以根据侵权产品销售量乘以每件侵权产品的合理利润确定。商业秘密系用于服务等其他经营活动的,损失数额可以根据权利人因被侵权而减少的合理利润确定。

商业秘密的权利人为减轻对商业运营、商业计划的损失或者重新恢复计算机信息系统安全、其他系统安全而支出的补救费用,应当计入给商业秘密的权利人造成的损失。

刑事合规指引

一、做好商业秘密合规管理制度,增强法律意识

企业应做好商业秘密合规管理制度,设置保密部门及相关人员,有效落实保密责任人,规范涉密载体管理制度、涉密网络管理制度、涉密人员管理制度、涉密场所管理制度、涉密活动管理制度,建立完整的商业秘密合规管理制度体系。同时,定期针对不同层级的企业员工开展保密管理、制度和技能培训,提高员工保密能力和水平,研究各类泄密案例并开展刑事合规、警示教育,强化企业的商业秘密合规水平和员工的刑事风险意识。

二、严格按照商业秘密"三要素"进行合规审查,排除泄密风险

《反不正当竞争法》第9条对商业秘密的定义为,不为公众所知悉、具有商业价值并经权利人采取相应保密措施的技术信息、经营信息等商业信息。该定义确定了商业秘密的三要素:(1)秘密性,要求构成商业秘密的技术信息和经营

信息不为公众所知悉;(2)实用性,要求构成商业秘密的技术信息和经营信息能够为权利人带来经济利益,具有实用性;(3)保密性,要求权利人对构成商业秘密的技术信息或者经营信息必须采取了合理的保密措施。企业要想规避侵犯商业秘密的风险,必须严格按照商业秘密的三要素进行审查,准确界定企业的商业秘密范畴,对企业生产经营过程中可能涉及的具有重要商业价值的技术信息(如配方、工艺、算法、数据、数据库、计算机程序等)和经营信息(如创意方案、管理模式、营销策略、财务数据、招投标材料、客户信息和客户名单等)进行总结分类,并将该等商业秘密的保护范围在《保密协议》、《员工手册》或其他专项保密规章制度中予以明确,梳理涉密事项、涉密人员、涉密场所、涉密活动,明确商业秘密中的密点要素,排除泄密风险。

三、重视员工入职、离职环节涉密风险,避免侵犯或被侵犯

(一)入职环节

一方面,企业应当与入职员工签订完善的保密协议,要求员工就其承担的长期保密义务签订《保密协议》,并在该等协议中对保密义务的期限、范围、违约责任等内容作出明确约定;另一方面,对于新入职的员工,尤其是在聘请核心技术骨干人员和高级管理人员之前,要全面了解其以前的任职信息、工作经历以及是否对第三方负有保密义务等背景信息,对于对第三方负有保密义务的员工,企业应要求其不在工作中使用,避免因侵犯第三方商业秘密而涉刑。根据《刑法》第219条第2款的规定,虽然没有直接实施侵犯商业秘密的行为,但明知他人实施了侵犯商业秘密的行为,仍然从他人处获取、使用或者允许他人使用该商业秘密的,以侵犯商业秘密罪论处。

(二)离职环节

1. 设定脱密期。知悉商业秘密的员工在离职前需提前一段时间通知企业,在这段时间,企业可将员工调离涉密岗位,确保员工不再接触新的商业秘密。

2. 约定竞业禁止义务。涉密员工在离职后,可能会选择加入竞品公司或经营同类企业,并向新公司披露或使用其掌握的商业秘密。企业应在《劳动合同》中约定竞业禁止条款,约定员工在离职后一定期限内不得直接或间接参与任何竞争性业务。

3. 离职前审查。在涉密员工离职前,企业应做好离职涉密风控,确保员工已经返还全部涉密文件的原始资料或载体,防止其复制、转移、传输涉密电子资料。

第三节 逃 税 罪

刑事责任

《刑法》第 201 条规定:纳税人采取欺骗、隐瞒手段进行虚假纳税申报或者不申报,逃避缴纳税款数额较大并且占应纳税额 10% 以上的,处 3 年以下有期徒刑或者拘役,并处罚金;数额巨大并且占应纳税额 30% 以上的,处 3 年以上 7 年以下有期徒刑,并处罚金。

扣缴义务人采取前款所列手段,不缴或者少缴已扣、已收税款,数额较大的,依照前款的规定处罚。

对多次实施前两款行为,未经处理的,按照累计数额计算。

有第 1 款行为,经税务机关依法下达追缴通知后,补缴应纳税款,缴纳滞纳金,已受行政处罚的,不予追究刑事责任;但是,5 年内因逃避缴纳税款受过刑事处罚或者被税务机关给予 2 次以上行政处罚的除外。

立案标准

根据《最高人民检察院、公安部关于公安机关管辖的刑事案件立案追诉标准的规定(二)》(2022 修订)第 52 条的规定,逃避缴纳税款,涉嫌下列情形之一的,应予立案追诉:

(1)纳税人采取欺骗、隐瞒手段进行虚假纳税申报或者不申报,逃避缴纳税款,数额在 10 万元以上并且占各税种应纳税总额 10% 以上,经税务机关依法下达追缴通知后,不补缴应纳税款、不缴纳滞纳金或者不接受行政处罚的;

(2)纳税人5年内因逃避缴纳税款受过刑事处罚或者被税务机关给予2次以上行政处罚,又逃避缴纳税款,数额在10万元以上并且占各税种应纳税总额10%以上的;

(3)扣缴义务人采取欺骗、隐瞒手段,不缴或者少缴已扣、已收税款,数额在10万元以上的。

纳税人在公安机关立案后再补缴应纳税款、缴纳滞纳金或者接受行政处罚的,不影响刑事责任的追究。

典型案例　汪某思逃税案

案号:(2018)粤0304刑初1157号

【案情简介】

2004年,时任河南思达科技发展股份有限公司(以下简称思达集团)实际控制人的被告人汪某思决定实施股权激励,将思达集团控股的已在深圳交易所上市的河南思达高科技股份有限公司(以下简称思达高科公司,现名智达科技股份有限公司)的股票奖励给多名高管,承诺:刘某河150万股,黄某宏、李某各120万股,王某林、宋某、陈某各100万股。另在被告人汪某思的安排下,潘某亦有100万股。4月8日,时任思达高科公司总经理的被告人刘某河受被告人汪某思的指使,安排时任思达高科公司董事会秘书的王某林(另作处理)、闫某等人使用他人身份证,在深圳市设立了深圳市恒瑞丰投资有限公司(以下简称恒瑞丰公司),法定代表人为吴某仙,股东分别为张某、陈某兵、徐某勤、王某娣、张某蕊、陈某德等6人。5月,河南郑工橡塑模具国家工程研究中心有限公司在未实际收取转让款的情况下将其持有的15,729,335股思达高科股票过户至恒瑞丰公司。2005年5月,被告人刘某河任思达高科公司董事长职务。2006年7月,思达高科公司股权分置改革完成后,恒瑞丰公司最终持有思达高科公司股份13,460,284股。

2007年8月至9月,恒瑞丰公司持有的思达高科公司股票允许流通之后,被告人刘某河安排王某林、闫某等人将上述股票分批全部减持,将抛售股票所得人民币102,813,690.98元,分多次转入被告人汪某思控制的“思奇科技控股有限公司”、黄某宏提供的“贵阳高尔夫度假中心有限公司”和王某林提供的“郑州绵元投资咨询有限公司”、郑州珊特商贸有限公司等多家公司账户,而恒瑞丰公司银行账户则未留任何存款。现查明,2007年至2011年,被告人刘某河按照上述6人被许诺奖励的股份数,按每股人民币7.4元的价格,以转账或现金方式,分别给付王某林、李某、黄某宏、宋某、陈某、潘某人民币740万元、888万元、888万元、740万元、740万元和740万元。被告人刘某河亦从中分得人民币1000万余元,余款由被告人汪某思支配。

恒瑞丰公司因未及时年检,于2009年9月被深圳市工商行政管理局决定吊销营业执照。2013年7月起深圳市国家税务局稽查局对恒瑞丰公司2007年度减持“大小非”股票情况进行了检查,认定该公司对股票减持收益未申报缴纳企业所得税,在2007年度少缴纳企业所得税共计人民币12,502,965.21元,并处罚款人民币6,251,482.61元,并依法收取滞纳金。2013年深圳市国家税务局稽查局对恒瑞丰公司公告送达了税务行政处罚事项告知书,追缴上述企业所得税。

2013年12月27日,深圳市公安局对本案立案侦查。2017年1月20日,被告人汪某思在河南省郑州市被民警抓获。2018年4月16日,被告人刘某河到深圳市公安局投案。

2017年2月24日,王某林、黄某宏、李某、宋某、陈某等5人按比例代缴恒瑞丰公司应纳企业所得税人民币5,994,000元,滞纳金人民币9,557,433元。2018年2月12日和3月15日,被告人刘某河两次代缴恒瑞丰公司应纳企业所得税人民币1,665,597元、滞纳金人民币2,964,403元。恒瑞丰公司尚欠企业所得税人民币4,843,368.21元、罚款人民币6,251,482.61元及滞纳金。2019年12月11日,汪某思将恒瑞丰公司尚欠企业所得税金额人民币4,843,368.21元代缴至本院。

【法院认为】

恒瑞丰公司未按照规定申报纳税,逃避缴纳税款数额巨大且占应纳税额30%以上,被告人汪某思、刘某河,作为公司直接负责的主管人员,其行为已构成逃税罪,应依法予以惩罚。公诉机关指控的罪名成立。被告人汪某思、刘某河能基本如实供述所犯罪行,表示认罪认罚,且积极代缴恒瑞丰公司所欠税款,依法可从轻处罚。两被告人犯罪情节较轻,有悔罪表现,没有再犯罪的危险,宣告缓刑对其所居住社区应无重大不良影响,依法决定对其宣告适用缓刑。辩护人相关辩护意见合理,法院予以采纳。

【法院判决】

广东省深圳市福田区人民法院作出一审判决:(1)被告人汪某思犯逃税罪,判处有期徒刑3年,缓刑3年,并处罚金人民币3万元;(2)被告人刘某河犯逃税罪,判处有期徒刑3年,缓刑4年,并处罚金人民币3万元;(3)被告人汪某思代恒瑞丰公司缴纳的税款人民币4,843,368.21元移交税务机关处理;公安机关查封的汪某思位于河南省郑州市金水区政六街×号院×楼×单元×号的房产、被告人刘某河位于河南省郑州市金水区东风路×号院×号楼×单元×层×号房由公安机关依法处理。

本判决已生效。

风险提示

一、逃税罪入罪门槛降低

根据《最高人民法院关于审理偷税抗税刑事案件具体应用法律若干问题的解释》第1条第1款的规定,纳税人或扣缴义务人实施下列行为之一,不缴或者少缴应纳税款,偷税数额占应纳税额的10%以上且偷税数额在1万元以上的,依照《刑法》第201条第1款的规定定罪处罚:(1)伪造、变造、隐匿、擅自销毁账簿、记账凭证;(2)在账簿上多列支出或者不列、少列收入;(3)经税务机关通知申报而拒不申报纳税;(4)进行虚假纳税申报;(5)缴纳税款后,以假报出口或者其他欺骗手段,骗取所缴纳的税款。根据该条第3款的规定,如果偷税数额在5万元以下,纳税人或者扣缴义务人在公安机关立案侦查以前已经足额补缴应纳税款和滞纳金,犯罪情节轻微,不需要判处刑罚的,可以免予刑事处罚。

二、税款追征期限的相关规定

根据《税收征收管理法》第52条的规定,因税务机关的责任,致使纳税人、扣缴义务人未缴或者少缴税款的，税务机关在3年内可以要求纳税人、扣缴义务人补缴税款，但是不得加收滞纳金；因纳税人、扣缴义务人计算错误等失误，未缴或者少缴税款的，税务机关在3年内可以追征税款、滞纳金，有特殊情况的，追征期可以延长到5年；对偷税、抗税、骗税的，税务机关追征其未缴或者少缴的税款、滞纳金或者所骗取的税款，不受前款规定期限的限制。

三、注意：不纳税申报不完全等于偷税

《税收征收管理法》第63条第1款和第64条第2款对偷税和不进行纳税申报进行了区分，偷税是指纳税人伪造、变造、隐匿、擅自销毁账簿、记账凭证，或者在账簿上多列支出或者不列、少列收入，或者经税务机关通知申报而拒不申报或者进行虚假的纳税申报，不缴或者少缴应纳税款的行为。不申报纳税并不都是故意行为，实践中情形很复杂，纳税人因纳税意识不强，或对税法不了解，或不知道自己有纳税申报的义务，或因特殊原因而未能申报纳税，特别是有些纳税人只是某个纳税期因特殊原因而没有申报，而不是采取欺骗、隐瞒手段不进行纳税申报，这种情况应当区别对待，不能定为偷税，可适用《税收征收管理法》第64条第2款的规定，由税务机关给予行政处罚。而且，《国家税务总局关于未申报税款追缴期限问题的批复》也明确，《税收征收管理法》第64条第2款规定的纳税人不进行纳税申报造成不缴或者少缴应纳税款的情形不属于偷税、抗税、骗税。所以不纳税申报并不等同于偷税。

四、逃税金额的认定标准

根据《最高人民法院关于审理偷税抗税刑事案件具体应用法律若干问题的解释》第3条的规定，偷税数额，是指在确定的纳税期间，不缴或者少缴各税种税款的总额。偷税数额占应纳税额的百分比，是指一个纳税年度中的各税种偷税总额与该纳税年度应纳税总额的比例。不按纳税年度确定纳税期的其他纳税人，偷税数额占应纳税额的百分比，按照行为人最后一次偷税行为发生之日前一年中各税种偷税总额与该年纳税总额的比例确定。纳税义务存续期间不足一个纳税年度的，偷税数额占应纳税额的百分比，按照各税种偷税总额与实际发生纳税义务期间应当缴纳税款总额的比例确定。

偷税行为跨越若干个纳税年度，只要其中一个纳税年度的偷税数额及百分比达到《刑法》第 201 条第 1 款规定的标准,即构成偷税罪。[1] 各纳税年度的偷税数额应当累计计算,偷税百分比应当按照最高的百分比确定。

五、逃税罪中"数额巨大"的认定标准未明,企业涉罪风险极高

逃税罪中"数额巨大"的认定标准未明,企业涉罪风险极高。自 2009 年 2 月 28 日《刑法修正案(七)》施行至今,最高人民法院未就逃税罪"数额巨大"的认定标准作出司法解释。根据《刑法》第 201 条中"数额巨大并且占应纳税额 30% 以上的"规定,认定逃税罪中的"数额巨大"需要满足两个并列条件。司法实践中,我们在对最高人民法院、广东省高级人民法院相关裁判文书进行分析后发现,文书中并未述及"数额巨大"的认定标准,但均强调逃避缴纳税款数额占应纳数额 30% 以上,这说明实践中,法院会参考当地经济发展情况灵活适用。因此,上市公司务必聘请专业人士加强涉税刑事合规,做好涉税刑事合规需要具备深厚的专业功底,扎实的法律、财务和税务理论及实务经验。

六、逃税行为行政程序前置

根据《刑法》第 201 条第 4 款的规定,有该条第 1 款行为,经税务机关依法下达追缴通知后,补缴应纳税款,缴纳滞纳金,已受行政处罚的,不予追究刑事责任;但是,5 年内因逃避缴纳税款受过刑事处罚或者被税务机关给予 2 次以上行政处罚的除外。根据《税收征收管理法》第 63 条第 1 款的规定,对纳税人偷税的,由税务机关追缴其不缴或者少缴的税款、滞纳金,并处不缴或者少缴的税款 50% 以上 5 倍以下的罚款;构成犯罪的,依法追究刑事责任。因此,在对逃税行为进行刑事责任追究之前,应当先走行政程序,首先由税务机关依照《税收征收管理法》的规定作出处理,在税务机关追缴税款、滞纳金和作出行政处罚后,依据相关法律规定,对于构成犯罪的违法行为,移送司法机关,依法追究刑事责任。同时,根据《刑法》第 12 条的规定,对《刑法修正案(七)》制定之前发生的逃税行为,适用不溯及既往和从旧兼从轻的原则。最高人民法院发布的典型案例"(2019)最高法刑申 231 号"明确,未经行政处置程序而判处有罪,为适用法律错误。行政前置的规定可依法保障涉案企业和企业家的合法权益,对于营造有利于民营企业健康发展的

---

[1] 2009 年《刑法修正案(七)》已取消"偷税罪",改为"逃税罪"。

法治化营商环境具有重要意义,涉案企业也应加强涉税环节的刑事合规管理。

刑事合规指引

一、积极应对行政处罚,避免转化为刑事案件

本罪所侵害的法益为国家税款利益。如果行为人事后积极采取补救措施,致使国家税款没有受到损失或者受损失较小,则其法益侵害程度较轻,在对行为人进行处罚时可以酌情从轻处罚。根据《刑法》第201条的规定,纳税人采取欺骗、隐瞒手段进行虚假纳税申报或者不申报,逃避缴纳税款数额较大并且占应纳税额10%以上的,经税务机关依法下达追缴通知后,补缴应纳税款,缴纳滞纳金,已受行政处罚的,不予追究刑事责任;但是,5年内因逃避缴纳税款受过刑事处罚或者被税务机关给予2次以上行政处罚的除外。实务中,企业要重视行政机关的介入,及时进行事中刑事合规,及时补缴税款、滞纳金,接受行政处罚,提出整改措施,也可以根据实际情况对行政处罚提起复议或诉讼,避免上升为刑事案件,如果5年内已经有过2次行政处罚,则下一次逃税行为一旦被认定,将直接从行政处罚上升为刑事犯罪。

二、在公安机关立案前采取措施,防止风险扩大

虽然《刑法》第201条规定了初犯免责条款,但是根据《最高人民检察院、公安部关于公安机关管辖的刑事案件立案追诉标准的规定(二)》(2022修订),纳税人在公安机关立案后再补缴应纳税款、缴纳滞纳金或者接受行政处罚的,不影响刑事责任的追究。也就是说,对逃税罪的初犯免责条款增加了时间限制,必须在公安机关立案之前。在税务机关通知追缴或补缴的时候,纳税人应积极补缴应纳税款、缴纳滞纳金或者接受行政处罚,一旦公安机关立案,而企业未能及时完成一系列的补救措施,很可能会被追究刑事责任。因此,企业务必在公安机关立案前积极寻求专业人士提供咨询建议,果断采取有效合规措施,防止风险进一步扩大,进而转化为刑事案件。

三、避免被主观定罪导致涉刑

《税收征收管理法》第63条第1款对偷税及其行为方式进行了认定,即“纳

税人伪造、变造、隐匿、擅自销毁账簿、记账凭证，或者在账簿上多列支出或者不列、少列收入，或者经税务机关通知申报而拒不申报或者进行虚假的纳税申报，不缴或者少缴应纳税款的，是偷税”。该条款很明确地规定了偷税的客观手段和行为后果两个构成要件，但是对于构成偷税是否以“主观故意”为要件，却未能予以明确，因此实务中争议不断。一般行为人存在少缴税款或者偷税行为，都会以不存在主观故意为抗辩理由，但单纯评价主观目的是件很难的事。通过对《税收征收管理法》第63条第1款偷税手段的理解与判断，实际上可以推定偷税构成要件包含“主观故意”的成分，但对于“在账簿上多列支出或者不列、少列收入”的行为，就需要对行为人主观状态加以充分分析。如纳税人账簿和记账凭证是真实的、收入和支出是真实的、同时按照规定期限进行了纳税申报，只是由于对税收政策的理解产生偏差而导致纳税申报不实，此种情形下就不应认定为偷税。因此，如果企业能根据实际情况在税务机关介入时提供有力证据证明其并非“主观故意”，而是相关人员疏忽大意等原因造成的，并及时采取补救措施，可避免被认定为逃税罪的刑事风险。

第四节　非法经营罪

刑事责任

《刑法》第225条规定：违反国家规定，有下列非法经营行为之一，扰乱市场秩序，情节严重的，处5年以下有期徒刑或者拘役，并处或者单处违法所得1倍以上5倍以下罚金；情节特别严重的，处5年以上有期徒刑，并处违法所得1倍以上5倍以下罚金或者没收财产：

（1）未经许可经营法律、行政法规规定的专营、专卖物品或者其他限制买卖的物品的；

（2）买卖进出口许可证、进出口原产地证明以及其他法律、行政法规规定的经营许可证或者批准文件的；

(3)未经国家有关主管部门批准非法经营证券、期货、保险业务的,或者非法从事资金支付结算业务的;

(4)其他严重扰乱市场秩序的非法经营行为。

根据《刑法》第231条的规定,单位犯非法经营罪的,对单位判处罚金,并对其直接负责的主管人员和其他直接责任人员,依照第225条的规定处罚。

立案标准

《最高人民检察院、公安部关于公安机关管辖的刑事案件立案追诉标准的规定(二)》(2022修订)第71条规定:

违反国家规定,进行非法经营活动,扰乱市场秩序,涉嫌下列情形之一的,应予立案追诉:

1. 违反国家烟草专卖管理法律法规,未经烟草专卖行政主管部门许可,无烟草专卖生产企业许可证、烟草专卖批发企业许可证、特种烟草专卖经营企业许可证、烟草专卖零售许可证等许可证明,非法经营烟草专卖品,具有下列情形之一的:

(1)非法经营数额在5万元以上,或者违法所得数额在2万元以上的;

(2)非法经营卷烟20万支以上的;

(3)3年内因非法经营烟草专卖品受过2次以上行政处罚,又非法经营烟草专卖品且数额在3万元以上的。

2. 未经国家有关主管部门批准,非法经营证券、期货、保险业务,或者非法从事资金支付结算业务,具有下列情形之一的:

(1)非法经营证券、期货、保险业务,数额在100万元以上,或者违法所得数额在10万元以上的;

(2)非法从事资金支付结算业务,数额在500万元以上,或者违法所得数额在10万元以上的;

(3)非法从事资金支付结算业务,数额在250万元以上不满500万元,或者违法所得数额在5万元以上不满10万元,且具有下列情形之一的:

①因非法从事资金支付结算业务犯罪行为受过刑事追究的；

②2 年内因非法从事资金支付结算业务违法行为受过行政处罚的；

③拒不交代涉案资金去向或者拒不配合追缴工作，致使赃款无法追缴的；

④造成其他严重后果的。

(4)使用销售点终端机具(POS 机)等方法，以虚构交易、虚开价格、现金退货等方式向信用卡持卡人直接支付现金，数额在 100 万元以上的，或者造成金融机构资金 20 万元以上逾期未还的，或者造成金融机构经济损失 10 万元以上的。

3. 实施倒买倒卖外汇或者变相买卖外汇等非法买卖外汇行为，扰乱金融市场秩序，具有下列情形之一的：

(1)非法经营数额在 500 万元以上的，或者违法所得数额在 10 万元以上的；

(2)非法经营数额在 250 万元以上，或者违法所得数额在 5 万元以上，且具有下列情形之一的：

①因非法买卖外汇犯罪行为受过刑事追究的；

②2 年内因非法买卖外汇违法行为受过行政处罚的；

③拒不交代涉案资金去向或者拒不配合追缴工作，致使赃款无法追缴的；

④造成其他严重后果的。

(3)公司、企业或者其他单位违反有关外贸代理业务的规定，采用非法手段，或者明知是伪造、变造的凭证、商业单据，为他人向外汇指定银行骗购外汇，数额在 500 万美元以上或者违法所得数额在 50 万元以上的；

(4)居间介绍骗购外汇，数额在 100 万美元以上或者违法所得数额在 10 万元以上的。

4. 出版、印刷、复制、发行严重危害社会秩序和扰乱市场秩序的非法出版物，具有下列情形之一的：

(1)个人非法经营数额在 5 万元以上的，单位非法经营数额在 15 万元以上的；

(2)个人违法所得数额在 2 万元以上的，单位违法所得数额在 5 万元以上的；

（3）个人非法经营报纸 5000 份或者期刊 5000 本或者图书 2000 册或者音像制品、电子出版物 500 张（盒）以上的，单位非法经营报纸 15,000 份或者期刊 15,000 本或者图书 5000 册或者音像制品、电子出版物 1500 张（盒）以上的；

（4）虽未达到上述数额标准，但具有下列情形之一的：

①2 年内因出版、印刷、复制、发行非法出版物受过 2 次以上行政处罚，又出版、印刷、复制、发行非法出版物的；

②因出版、印刷、复制、发行非法出版物造成恶劣社会影响或者其他严重后果的。

5. 非法从事出版物的出版、印刷、复制、发行业务，严重扰乱市场秩序，具有下列情形之一的：

（1）个人非法经营数额在 15 万元以上的，单位非法经营数额在 50 万元以上的；

（2）个人违法所得数额在 5 万元以上的，单位违法所得数额在 15 万元以上的；

（3）个人非法经营报纸 15,000 份或者期刊 15,000 本或者图书 5000 册或者音像制品、电子出版物 1500 张（盒）以上的，单位非法经营报纸 5 万份或者期刊 5 万本或者图书 15,000 册或者音像制品、电子出版物 5000 张（盒）以上的；

（4）虽未达到上述数额标准，2 年内因非法从事出版物的出版、印刷、复制、发行业务受过 2 次以上行政处罚，又非法从事出版物的出版、印刷、复制、发行业务的。

6. 采取租用国际专线、私设转接设备或者其他方法，擅自经营国际电信业务或者涉港澳台电信业务进行营利活动，扰乱电信市场管理秩序，具有下列情形之一的：

（1）经营去话业务数额在 100 万元以上的；

（2）经营来话业务造成电信资费损失数额在 100 万元以上的；

（3）虽未达到上述数额标准，但具有下列情形之一的：

①2 年内因非法经营国际电信业务或者涉港澳台电信业务行为受过 2 次以

上行政处罚，又非法经营国际电信业务或者涉港澳台电信业务的；

②因非法经营国际电信业务或者涉港澳台电信业务行为造成其他严重后果的。

7. 以营利为目的，通过信息网络有偿提供删除信息服务，或者明知是虚假信息，通过信息网络有偿提供发布信息等服务，扰乱市场秩序，具有下列情形之一的：

(1)个人非法经营数额在5万元以上，或者违法所得数额在2万元以上的；

(2)单位非法经营数额在15万元以上，或者违法所得数额在5万元以上的。

8. 非法生产、销售“黑广播”、“伪基站”、无线电干扰器等无线电设备，具有下列情形之一的：

(1)非法生产、销售无线电设备3套以上的；

(2)非法经营数额在5万元以上的；

(3)虽未达到上述数额标准，但2年内因非法生产、销售无线电设备受过2次以上行政处罚，又非法生产、销售无线电设备的。

9. 以提供给他人开设赌场为目的，违反国家规定，非法生产、销售具有退币、退分、退钢珠等赌博功能的电子游戏设施设备或者其专用软件，具有下列情形之一的：

(1)个人非法经营数额在5万元以上，或者违法所得数额在1万元以上的；

(2)单位非法经营数额在50万元以上，或者违法所得数额在10万元以上的；

(3)虽未达到上述数额标准，但2年内因非法生产、销售赌博机行为受过2次以上行政处罚，又进行同种非法经营行为的；

(4)其他情节严重的情形。

10. 实施下列危害食品安全行为，非法经营数额在10万元以上，或者违法所得数额在5万元以上的：

(1)以提供给他人生产、销售食品为目的，违反国家规定，生产、销售国家禁止用于食品生产、销售的非食品原料的；

(2)以提供给他人生产、销售食用农产品为目的,违反国家规定,生产、销售国家禁用农药、食品动物中禁止使用的药品及其他化合物等有毒、有害的非食品原料,或者生产、销售添加上述有毒、有害的非食品原料的农药、兽药、饲料、饲料添加剂、饲料原料的;

(3)违反国家规定,私设生猪屠宰厂(场),从事生猪屠宰、销售等经营活动的。

11. 未经监管部门批准,或者超越经营范围,以营利为目的,以超过 36% 的实际年利率经常性地向社会不特定对象发放贷款,具有下列情形之一的:

(1)个人非法放贷数额累计在 200 万元以上的,单位非法放贷数额累计在 1000 万元以上的。

(2)个人违法所得数额累计在 80 万元以上的,单位违法所得数额累计在 400 万元以上的。

(3)个人非法放贷对象累计在 50 人以上的,单位非法放贷对象累计在 150 人以上的。

(4)造成借款人或者其近亲属自杀、死亡或者精神失常等严重后果的。

(5)虽未达到上述数额标准,但具有下列情形之一的:

①2 年内因实施非法放贷行为受过 2 次以上行政处罚的;

②以超过 72% 的实际年利率实施非法放贷行为 10 次以上的。

黑恶势力非法放贷的,按照第 1 ~ 3 项规定的相应数额、数量标准的 50% 确定。同时具有第 5 项规定情形的,按照相应数额、数量标准的 40% 确定。

12. 从事其他非法经营活动,具有下列情形之一的:

(1)个人非法经营数额在 5 万元以上,或者违法所得数额在 1 万元以上的;

(2)单位非法经营数额在 50 万元以上,或者违法所得数额在 10 万元以上的;

(3)虽未达到上述数额标准,但 2 年内因非法经营行为受过 2 次以上行政处罚,又从事同种非法经营行为的;

(4)其他情节严重的情形。

法律、司法解释对非法经营罪的立案追诉标准另有规定的,依照其规定。

典型案例　黄某裕非法经营案

案号:(2010)高刑终字第363号

【案情简介】

(一)非法经营的事实

被告人黄某裕于2007年9月至11月,在国家外汇管理局规定的交易场所以外,将人民币8亿元直接或通过北京恒益祥商业咨询有限公司转入深圳市盛丰源实业有限公司和深圳市迈健凯电子科技有限公司等单位账户,经由郑某微(已判刑)等人控制的"地下钱庄",私自兑购并在我国香港特别行政区收取了8.22亿余港元(折合1.05亿余美元)。

(二)内幕交易、泄露内幕信息的事实

1.2007年4月,北京中关村科技发展(控股)股份有限公司(以下简称中关村上市公司)拟与北京鹏泰投资有限公司(以下简称鹏泰公司)进行资产置换,被告人黄某裕作为中关村上市公司的董事及鹏泰公司的法定代表人,参与了该项重大资产置换的运作和决策。在该信息公告前,黄某裕决定并指令他人借用龙某、王某树等人的身份证,开立个人股票账户并由其直接控制。4月27日至6月27日,黄某裕使用以上龙某、王某树等6人的股票账户,累计购入中关村股票(股票代码:000931)976万余股,成交额共计人民币9310万余元。至6月28日该信息公告日时,以上6人股票账户的账面收益额为人民币348万余元。

2.2007年7月至8月,中关村上市公司拟收购北京鹏润地产控股有限公司全部股权进行重组。在该信息公告前,被告人黄某裕指使他人以曹某娟、林某锋等79人的身份证开立相关个人股票账户,并由黄某裕控制,同时安排被告人杜某协助管理以上股票账户。杜某于8月13日至9月28日,按照黄某裕的指令,指使杜某1、杜某2、谢某(均另案处理)等人使用上述股票账户,累计购入中关村股票1.04亿余股,成交额共计人民币13.22亿余元,至2008年5月7日该信息公告日时,上述股票账户的账面收益额为人民币3.06亿余元。其间,被告人许某民明知黄某裕利用上述内幕信息进行中关村股票交易,仍接受黄某裕的指令,指使许某铭(另案处理)在广东省借用他人身份证开立个人股票账户或直接借用他人股票账户共计30个。上述股票账户于2007年8月13日至9月28日，累计购入中关村股票3166万余股，成交额共计人民币4.14亿余元，至2008年5月7日该信息公告日时，上述30个股票账户的账面收益额为人民币9021万余元。

3.2007年7月至8月，被告人许某民将中关村上市公司拟重组的内幕信息故意泄露给相某珠及其妻子李某娟(均另案处理)等人。9月21日至25日，李某娟使用其个人股票账户分7笔买入中关村股票12万余股，成交额共计人民币181万余元。

(三)单位行贿的事实

1.2006年至2008年，被告人黄某裕作为被告单位北京鹏润房地产开发有限责任公司(以下简称鹏房公司)及国美电器有限公司(以下简称国美公司)的法定代表人，在得知公安部经侦局北京总队正在查办鹏房公司涉嫌犯罪案件及北京市局经侦处对国美公司涉税举报线索调查后，经与被告人许某民预谋，直接或指使许某民向时任公安部经侦局副局长兼北京总队总队长的相某珠提出，在侦办鹏房公司、国美公司上述案件中给予关照的请托。其间，黄某裕单独或指使许某民给予相某珠款、物共计价值人民币106万余元。

2.2006年至2008年，国税总局稽查局在全国范围内对被告单位国美公司进行税务大检查。被告人黄某裕作为国美公司的法定代表人，经与被告人许某民预谋，直接或通过北京市局经侦处民警靳某利(另案处理)联系介绍，多次分别宴请负责全国税务检查领导工作的国税总局稽查局孙某渟及具体承办税务检查的北京国税稽查局工作人员梁某林、凌某(均另案处理)，黄某裕、许某民及靳某利均向孙某渟等3人提出关照国美公司的请托。黄某裕先后单独或指使许某民给予靳某利共计人民币150万元，给予孙某渟共计人民币100万元，给予梁某林、凌某人民币各50万元。

【法院认为】

被告人黄某裕违反国家外汇管理制度，在国家规定的交易场所以外非法买卖外汇，破坏国家金融管理法规，扰乱金融市场秩序，其行为已构成非法经营罪，且数额特别巨大，情节特别严重；被告人黄某裕、许某民、杜某作为证券交易内幕信息的知情人员，在涉及对证券交易价格有重大影响的信息尚未公开前，买入该证券，且内幕交易成交额及其所控制的股票账户在内幕信息公告日的账面收益额均特别巨大，情节特别严重；被告人许某民还向他人泄露该信息，情节严重，被告人黄某裕、杜某的行为已构成内幕交易罪，被告人许某民的行为已构成内幕交易、泄露内幕信息罪，三被告人系内幕交易犯罪的共犯，其中黄某裕系主犯，许某民、杜某系从犯；被告人黄某裕作为被告单位国美公司、鹏房公司的法定代表人，与被告人许某民共谋，为二被告单位谋取不正当利益，单独或伙同许某民向国家执法机关的工作人员提出请托，并给予国家机关工作人员财物，数额巨大，情节严重，二被告单位和被告人黄某裕、许某民的行为均已构成单位行贿罪，黄某裕、许某民构成单位行贿的共同犯罪；对上述二被告单位及三被告人所犯各罪，依法均应予惩处，对被告人黄某裕、许某民所犯数罪依法应予并罚。北京市人民检察院第二分院指控被告单位国美公司、鹏房公司犯单位行贿罪，被告人黄某裕犯非法经营罪、内幕交易罪、单位行贿罪，被告人杜某犯内幕交易罪，被告人许某民犯内幕交易、泄露内幕信息罪、单位行贿罪的事实清楚，证据确实、充分，指控的罪名成立。鉴于被告人黄某裕作为被告单位国美公司、鹏房公司的法定代表人，在被采取强制措施后，如实供述了司法机关未掌握的部分单位行贿的犯罪事实，可认定黄某裕及国美公司、鹏房公司均具有自首情节，故依法对黄某裕和国美公司、鹏房公司所犯单位行贿罪分别予以从轻处罚。鉴于被告人杜某系内幕交易共同犯罪的从犯，且认罪悔罪，依法予以减轻处罚。鉴于被告人许某民被采取强制措施后，如实供述了司法机关未掌握的泄露内幕信息及部分单位行贿的犯罪事实，具有自首情节，且系内幕交易共同犯罪的从犯，依法对许某民所犯内幕交易、泄露内幕信息罪减轻处罚，对许某民所犯单位行贿罪予以从轻处罚。

【法院判决】

北京市第二中级人民法院作出一审判决：(1)被告单位国美公司犯单位行贿罪，判处罚金人民币500万元。(2)被告单位鹏房公司犯单位行贿罪，判处罚金人民币120万元。(3)被告人黄某裕犯非法经营罪，判处有期徒刑8年，并处没收个人部分财产人民币2亿元；犯内幕交易罪，判处有期徒刑9年，并处罚金人民币6亿元;犯单位行贿罪,判处有期徒刑2年,决定执行有期徒刑14年,并处罚金人民币6亿元,没收个人部分财产人民币2亿元。(4)被告人杜某犯内幕交易罪,判处有期徒刑3年6个月,并处罚金人民币2亿元。(5)被告人许某民犯内幕交易、泄露内幕信息罪,判处有期徒刑3年,并处罚金人民币1亿元;犯单位行贿罪,判处有期徒刑1年,决定执行有期徒刑3年,并处罚金人民币1亿元。(6)在案扣押的款项及物品、资产的变价款,分别充抵对被告人黄某裕、杜某、许某民所判处的罚金,不足部分继续追缴,上缴国库。(7)继续追缴被告人黄某裕、杜某、许某民的违法所得,予以没收。

一审判决后,黄某裕、杜某、许某民不服判决提出上诉,北京市高级人民法院经审理作出终审判决:维持黄某裕、许某民的一审判决,改判杜某3年有期徒刑,并缓期3年执行。

风险提示

一、常见涉嫌非法经营罪的业务

常见的涉嫌非法经营罪业务有:非法买卖外汇,经营非法出版物,擅自经营国际电信业务,组织、领导传销活动罪之外的传销行为,非法生产经营"瘦肉精",传染病疫情等灾害期间哄抬物价,擅自经营互联网等业务,擅自发行、销售彩票,民间票据贴现以及非法使用POS机、"地下钱庄",非法经营烟草制品,违反国家规定、未经依法核准擅自发行基金份额募集基金,非法生产、销售非食品原料、添加剂,非法设置生猪屠宰场,以营利为目的的"网络水军"行为,非法生产、销售"黑广播"、"伪基站"、无线电干扰器等无线电设备,非法经营药品,生产、销售不符合药用要求的非药品原料、辅料,非法生产、销售具有赌博功能的电子设施设备与软件,非法贩卖形成瘾癖的麻醉药品或者精神药品等。

二、兜底条款的设置使本罪入罪风险极高

我国现行非法经营罪是从1979年《刑法》中的"投机倒把罪"演化而来的,非法经营罪的设立对维护正常的市场经营秩序起到重要作用。为了应对市场

经济发展过程中不断出现的新情况、新问题，司法机关先后出台了10余个与该罪有关的司法解释。《刑法》第225条第4项中的“其他严重扰乱市场秩序的非法经营行为”，虽然“经营”一词在语言学上并不特指经济营业活动，而是指“筹划并管理”“计划和组织”等，但是，作为“破坏社会主义市场经济秩序罪”规定的非法经营行为，其“经营”一词理应是经济领域中的营业活动，即应理解为一种以营利为目的的经济活动，包括从事工业、商业、服务业、交通运输业等经营活动。强调此“经营”行为以营利为目的是必要的，这是非法经营罪作为一种经济犯罪所应具备的一个基本特征。由于“经营”的含义相当宽泛，从生产、流通到交换、销售等几乎所有的经济活动，都可能属于经营活动，在尚无立法解释加以限制的情况下，上述条款显然是一个富有弹性的条款。从刑事合规的角度出发，如何理解罪状描述中违反“国家规定”的内涵？根据《最高人民法院关于准确理解和适用刑法中“国家规定”的有关问题的通知》，《刑法》第96条所称违反“国家规定”，是指违反全国人民代表大会及其常务委员会制定的法律和决定、国务院制定的行政法规、规定的行政措施、发布的决定和命令。其中，“国务院规定的行政措施”应当由国务院决定，通常以行政法规或者国务院制发文件的形式加以规定。以国务院办公厅名义制发的文件，符合以下条件的，亦应视为《刑法》中的“国家规定”：(1)有明确的法律依据或者同相关行政法规不相抵触；(2)经国务院常务会议讨论通过或者经国务院批准；(3)在国务院公报上公开发布。显而易见，位阶较低的部门规章、地方性法规并不包括在内。[1] 但在司法实践中，有的出于打击犯罪的需要，引用部门规章定罪。这种做法大大增加了非法经营行为的入罪风险。

根据《最高人民法院关于准确理解和适用刑法中“国家规定”的有关问题的通知》第3条的规定，各级人民法院审理非法经营犯罪案件，要依法严格把握《刑法》第225条第4项的适用范围。对被告人的行为是否属于《刑法》第225条第4项规定的“其他严重扰乱市场秩序的非法经营行为”，有关司法解释未作明确规定的，应当作为法律适用问题，逐级向最高人民法院请示。因此，企业在

---

〔1〕 参见屈金峰：《非法经营罪兜底条款应作限制性解释》，载《检察日报》2018年2月7日，第3版。

经营过程中要提高经营刑事合规意识，对不明确是否合规的业务要寻求专业帮助，切记树立合法合规经营意识。

刑事合规指引

一、企业务必提高刑事合规意识，经营范围要符合法律许可

依法经营是企业作为市场主体应当遵循的义务和责任，企业应切实强化自身刑事风险意识和刑事合规意识，制订并执行专业有效的刑事合规计划和刑事风控机制。企业应熟悉与经营企业相关的国家规定，经营活动应当严格限制在主管部门核定的经营范围内，经营专营、专卖的物品或从事需要批准的业务要确保已获得相关许可或批准；及时关注企业相关业务规定的更新发展，避免违法违规；需要前置许可或批准的业务应及时向主管部门提出申请，严禁买卖相关许可证或批准文件。

二、慎重对待创新商业模式，提高风险防范意识

企业要谨防创新业务模式、创新业务领域的涉刑风险，由于各种创新商业模式具有不可预测性，因此企业开拓新型业务时需要借助法律专业力量进行刑事合规，未雨绸缪，对业务模式进行合规性审查和分析，了解新业务是否需要获得行政许可后才能够合法经营。熟悉国家对相关经营业务的法律规定，企业经营需前置许可或批准的业务应当及时向主管部门提出申请，避免因违反国家法律法规的禁止性、限制性规定而构成非法经营罪。

三、准确区分非法经营罪和一般非法经营行为，企业一旦被控涉刑，应积极专业应对

非法经营罪，是指未经许可经营专营、专卖物品或其他限制买卖的物品，买卖进出口许可证、进出口原产地证明以及其他法律、行政法规规定的经营许可证或者批准文件，以及从事其他非法经营活动，扰乱市场秩序，情节严重的行为。本罪在主观方面由故意构成，并且具有谋取非法利润的目的，这是本罪在主观方面应具有的两个主要内容。如果行为人没有牟取非法利润的目的，而是由于不懂法律、法规，买卖经营许可证的，不应当以本罪论处，应当由主管部门对其追究行政责任。本罪属于情节犯,即以"情节严重"作为此罪成立条件,且不同的非法经营行为,"情节严重"的标准不同。所以,实践中有一些行为人虽然确实存在非法经营的客观情形,但是未达到"情节严重"的入罪标准,可以由主管部门追究其行政违法责任。

因此,企业如果被控涉刑,应及时寻求专业帮助,由专业人员根据事实积极提出专业法律意见,提出合规整改措施,由于非法经营罪首先违反的是国家行政法律规定,应尽可能争取在行政层面处理,避免上升为刑事案件。

四、熟悉非法经营罪的相关司法解释内容,避免经营涉刑

在此列举涉及非法经营罪的相关司法解释(见表11),企业应加以熟悉了解,聘请专业人士进行刑事合规培训,避免在经营中涉刑。

表11　涉及非法经营罪的司法解释

序号	行业类别	相关规定	具体条款
1	外汇	《最高人民法院关于审理骗购外汇、非法买卖外汇刑事案件具体应用法律若干问题的解释》(法释〔1998〕20号)	第3条、第4条
2	出版业	《最高人民法院关于审理非法出版物刑事案件具体应用法律若干问题的解释》(法释〔1998〕30号)	第11条、第12条、第13条、第14条、第15条、第16条
3	电信业	《最高人民法院关于审理扰乱电信市场管理秩序案件具体应用法律若干问题的解释》(法释〔2000〕12号)	第1条、第2条、第3条、第4条
4	饲料生产	《最高人民法院、最高人民检察院关于办理非法生产、销售、使用禁止在饲料和动物饮用水中使用的药品等刑事案件具体应用法律若干问题的解释》(法释〔2002〕26号)	第1条、第2条
5	疫情防控	《最高人民法院、最高人民检察院关于办理妨害预防、控制突发传染病疫情等灾害的刑事案件具体应用法律若干问题的解释》(法释〔2003〕8号)	第6条

续表

序号	行业类别	相关规定	具体条款
6	证券业	《最高人民法院、最高人民检察院、公安部、中国证券监督管理委员会关于整治非法证券活动有关问题的通知》(证监发〔2008〕1号)	第2条第3款
7	烟草业	《最高人民法院、最高人民检察院关于办理非法生产、销售烟草专卖品等刑事案件具体应用法律若干问题的解释》(法释〔2010〕7号)	第1条、第3条
8	基金	《最高人民法院关于审理非法集资刑事案件具体应用法律若干问题的解释》(2022修正)(法释〔2022〕5号)	第11条
9	烟花爆竹	《最高人民法院、最高人民检察院、公安部、国家安全监管总局关于依法加强对涉嫌犯罪的非法生产经营烟花爆竹行为刑事责任追究的通知》(安监总管三〔2012〕116号)	第1条
10	食品行业	《最高人民法院、最高人民检察院关于办理危害食品安全刑事案件适用法律若干问题的解释》(法释〔2021〕24号)	第16条、第17条
11	信息网络	《最高人民法院、最高人民检察院关于办理利用信息网络实施诽谤等刑事案件适用法律若干问题的解释》(法释〔2013〕21号)	第7条
12	开设赌场	《最高人民法院、最高人民检察院、公安部关于办理利用赌博机开设赌场案件适用法律若干问题的意见》(公通字〔2014〕17号)	第4条
13	伪基站	《最高人民法院、最高人民检察院、公安部、国家安全部关于依法办理非法生产销售使用"伪基站"设备案件的意见》(公通字〔2014〕13号)	第1条第1款
14	药品	《最高人民法院、最高人民检察院关于办理危害药品安全刑事案件适用法律若干问题的解释》(法释〔2014〕14号)	第7条
15	无线电通信	《最高人民法院、最高人民检察院关于办理扰乱无线电通讯管理秩序等刑事案件适用法律若干问题的解释》(法释〔2017〕11号)	第4条
16	信用卡管理	《最高人民法院、最高人民检察院关于办理妨害信用卡管理刑事案件具体应用法律若干问题的解释》(2018修正)(法释〔2018〕19号)	第12条

续表

序号	行业类别	相关规定	具体条款
17	资金支付业务	《最高人民法院、最高人民检察院关于办理非法从事资金支付结算业务、非法买卖外汇刑事案件适用法律若干问题的解释》(法释〔2019〕1号)	第1条
18	民间借贷	《最高人民法院、最高人民检察院、公安部、司法部印发〈关于办理非法放贷刑事案件若干问题的意见〉的通知》(法发〔2019〕24号)	第1条、第2条、第3条、第4条

第五节　串通投标罪

刑事责任

《刑法》第223条规定:投标人相互串通投标报价,损害招标人或者其他投标人利益,情节严重的,处3年以下有期徒刑或者拘役,并处或者单处罚金。

投标人与招标人串通投标,损害国家、集体、公民的合法利益的,依照前款的规定处罚。

立案标准

根据《最高人民检察院、公安部关于公安机关管辖的刑事案件立案追诉标准的规定(二)》(2022修订)第68条的规定,投标人相互串通投标报价,或者投标人与招标人串通投标,涉嫌下列情形之一的,应予立案追诉:

(1)损害招标人、投标人或者国家、集体、公民的合法利益,造成直接经济损失数额在50万元以上的;

(2)违法所得数额在20万元以上的;

(3)中标项目金额在400万元以上的;

(4)采取威胁、欺骗或者贿赂等非法手段的;

(5)虽未达到上述数额标准,但2年内因串通投标受过2次以上行政处罚,又串通投标的;

(6)其他情节严重的情形。

典型案例 刘某串通投标案

案号:(2015)渝一中法刑终字第00187号

【案情简介】

1985年,重庆汽车工业公司与京连兴业株式会社、日本五十铃汽车股份有限公司合资成立庆铃汽车股份有限公司(以下简称庆铃股份公司)。1994年改制上市,其中国有资产部分组建成立庆铃(集团)有限公司[以下简称庆铃(集团)],系重庆市国资委监管的国有独资公司。1994年年底,庆铃(集团)发起成立庆铃股份公司(香港交易所上市公司),系该公司的股东。刘某于1995年起与庆铃(集团)签订劳动合同,2005年1月、2013年1月续签劳动合同。与庆铃(集团)签订劳动合同的所有人员均安排到庆铃股份公司工作,两公司为同一批人员经营。2008年至2013年,刘某被庆铃(集团)聘任为营销高级执行经理,其事权为:销售商务合同、市场规范约定协议、新开经销商协议。另被批准授权为庆铃股份公司营销大区负责人。2010年至案发前,刘某负责庆铃汽车在西南大区的销售工作,具体包括管理大区销售团队、开发及管理经销商等。

1. 被告人刘某的主体身份情况:庆铃(集团)是国有独资公司,为庆铃股份公司的股东。被告人刘某于1995年起到庆铃(集团)工作,后被委派到庆铃股份公司工作。2008年至2013年,刘某被庆铃(集团)聘任为营销高级执行经理,并被批准授权为庆铃股份公司营销大区负责人。其间,刘某负责庆铃汽车在西南大区的销售工作,具体包括管理大区销售团队、开发及管理经销商等。

2. 收受重庆荣和汽车销售服务有限公司(以下简称荣和公司)35万元贿赂的事实:2010年,荣和公司总经理宋某(另案处理)为获得庆铃汽车的销售代理权,向刘某承诺如公司获得该授权,将按照公司利润的10%给予刘某好处费,刘某表示同意。事后,刘某利用自己担任庆铃股份公司西南大区负责人的职务之便,帮助该公司获得庆铃汽车的销售代理权。为兑现上述承诺,宋某三次给予刘某共计35万元好处费。审理过程中,刘某在重庆市江北区人民法院退缴35万元。

3. 串通投标、向国家工作人员蒋某(另案处理)行贿的事实:2012年3月的一天,刘某获悉重庆市教委要公开招标采购37台车辆,便告知宋某,并让其驾驶样车向采购人员展示。赴前,刘某提议并与宋某共谋送给市教委主管车辆采购事宜的蒋某好处费2万元,请托蒋某采购其公司经销的庆铃越野车,并承诺事成后将按每台车0.5万元的标准给其回扣。随后,宋某从荣和公司的备用金里拿出2万元到市教委蒋某的办公室内送给了蒋某。不久,刘某召集四家庆铃汽车经销商开会,提出由最先得知本次招投标信息的荣和公司中标,其余三家经销商陪标,给其他三家经销商每台车0.1万元的陪标费。庆铃汽车的其他经销商表示同意。

2012年5月,重庆市教委最终决定采购37台庆铃越野车。该消息发布后,刘某与宋某、该公司渝北分公司经理胡某共同商定每台车的投标报价为14.73万元,并将投标报价电话告知其余三家庆铃汽车经销商,让该三家经销商的投标报价高于荣和公司的报价,以确保荣和公司中标。荣和公司顺利中标并与重庆市教委签订了采购合同。事后,荣和公司分别给其他三家经销商陪标费3.7万元,共计11.1万元。

2012年7月左右的一天,宋某在蒋某的办公室内送给其本次采购汽车的回扣18.5万元。

另查明,检察机关掌握刘某涉嫌行贿、串通投标的犯罪线索后,于2014年2月27日将串通投标的犯罪线索移送公安机关。3月2日,检察机关通知刘某到案接受调查,刘某如实供述了串通投标的犯罪事实。次日,刘某被传唤到公安机关接受调查。3月11日,检察机关对刘某涉嫌的行贿罪立案侦查。随后,刘某除如实供述了单位行贿的事实外,还主动供述了尚未被掌握的收受35万元贿赂的事实。

【法院认为】

一审法院认为，被告人刘某作为国有公司委派到非国有公司从事公务的人员，利用职务上的便利，非法收受他人贿赂35万元，为他人谋取利益，其行为已构成受贿罪；刘某与荣和公司为了谋取不正当利益，共同向国家工作人员行贿20.5万元，情节严重，其行为已构成单位行贿罪；刘某另在政府招标过程中，伙同荣和公司与投标人相互串通投标报价，损害招标人利益，情节严重，其行为还构成串通投标罪，依法应予以数罪并罚。

被告人刘某在经办案机关通知接受调查时，除如实供述已被掌握的串通投标犯罪事实外，还主动供述了尚未被掌握的受贿事实，其所犯的串通投标罪、受贿罪根据法律及司法解释的相关规定可认定为有自首，且被告人刘某退缴了全部受贿所得，故对其所犯的受贿罪依法予以减轻处罚，对其所犯的串通投标罪免予刑事处罚。被告人刘某在检察机关对其所犯的单位行贿罪立案侦查后，才如实供述单位行贿的犯罪事实，根据法律及司法解释的相关规定，不能认定为自首。被告人刘某到案后如实供述单位行贿的犯罪事实，依法对其予以从轻处罚。

二审法院认为，上诉人刘某作为庆铃（集团）和庆铃股份公司的工作人员，利用职务上的便利，非法收受他人贿赂35万元，其行为构成非国家工作人员受贿罪；刘某与荣和公司为了谋取不正当利益，共同向国家工作人员行贿20.5万元，情节严重，其行为已构成单位行贿罪；刘某在政府招标过程中，伙同荣和公司与投标人相互串通投标报价，损害招标人利益，情节严重，其行为已构成串通投标罪，依法应予以数罪并罚。上诉人刘某经办案机关通知接受调查，如实供述已被掌握的串通投标的犯罪事实，还主动供述了尚未被掌握的非国家工作人员受贿事实，其所犯的串通投标罪、非国家工作人员受贿罪可认定为有自首；到案后如实供述单位行贿的犯罪事实；并退缴了全部受贿所得，故对其所犯的非国家工作人员受贿罪依法予以减轻处罚，对其所犯的串通投标罪依法免予刑事处罚，对其所犯的单位行贿罪予以从轻处罚。

关于上诉人刘某提出其不具有国家工作人员身份，应定性为非国家工作人员受贿的辩解，经查，刘某被庆铃（集团）任命为营销高级执行经理，被庆铃股份公司任命为营销大区负责人,均系销售部门的基层职务,其从事的并非组织、领导、监督、经营的管理事务,而只是一般的技术性、业务性活动,针对的是庆铃股份公司的销售业务,而非代表国有投资主体行使的管理、监督国有资产的职权。故上诉人刘某不具有国家工作人员身份,该辩解意见成立,法院予以采纳。

【法院判决】

重庆市江北区人民法院作出一审判决:(1)被告人刘某犯受贿罪,判处有期徒刑5年,并处没收财产5万元;犯串通投标罪,免予刑事处罚;犯单位行贿罪,判处有期徒刑6个月,决定执行有期徒刑5年3个月,并处没收财产5万元。(2)被告人刘某退缴的受贿款35万元予以没收,上缴国库。

一审判决后,刘某不服提出上诉,重庆市第一中级人民法院经审理作出终审判决如下:(1)维持重庆市江北区人民法院(2014)江法刑初字第00885号刑事判决第1项被告人刘某犯串通投标罪、单位行贿罪的判决和第2项,即被告人刘某犯串通投标罪,免予刑事处罚;犯单位行贿罪,判处有期徒刑6个月;被告人刘某退缴的受贿款35万元予以没收,上缴国库。(2)撤销重庆市江北区人民法院(2014)江法刑初字第00885号刑事判决第1项被告人刘某犯受贿罪的判决和数罪并罚决定执行部分,即被告人刘某犯受贿罪,判处有期徒刑5年,并处没收财产5万元;决定执行有期徒刑5年3个月,并处没收财产5万元。(3)上诉人刘某犯非国家工作人员受贿罪,判处有期徒刑4年;犯串通投标罪,免予刑事处罚;犯单位行贿罪,判处有期徒刑6个月;决定执行有期徒刑4年3个月。

风险提示

一、注意"串通投标行为"的认定范围

以下三方面均属于"串通投标行为",企业务必加强招投标合规管理:

(1)根据《招标投标法实施条例》第39条的规定,投标人相互串通包含:①投标人之间协商投标报价等投标文件的实质性内容;②投标人之间约定中标人;③投标人之间约定部分投标人放弃投标或者中标;④属于同一集团、协会、

商会等组织成员的投标人按照该组织要求协同投标；⑤投标人之间为谋取中标或者排斥特定投标人而采取的其他联合行动。

（2）根据《招标投标法实施条例》第 40 条的规定，“视为投标人相互串通”的情形为：①不同投标人的投标文件由同一单位或者个人编制；②不同投标人委托同一单位或者个人办理投标事宜；③不同投标人的投标文件载明的项目管理成员为同一人；④不同投标人的投标文件异常一致或者投标报价呈规律性差异；⑤不同投标人的投标文件相互混装；⑥不同投标人的投标保证金从同一单位或者个人的账户转出。

（3）根据《招标投标法实施条例》第 41 条的规定，属于“招标人与投标人串通投标”的情形为：①招标人在开标前开启投标文件并将有关信息泄露给其他投标人；②招标人直接或者间接向投标人泄露标底、评标委员会成员等信息；③招标人明示或者暗示投标人压低或者抬高投标报价；④招标人授意投标人撤换、修改投标文件；⑤招标人明示或者暗示投标人为特定投标人中标提供方便；⑥招标人与投标人为谋求特定投标人中标而采取的其他串通行为。

二、注意串通投标罪的主体范围

串通投标罪的主体是特定主体，即组织或者参加投标竞争活动的投标人、招标人。《招标投标法》第 8 条规定：“招标人是依照本法规定提出招标项目、进行招标的法人或者其他组织。”第 25 条规定：“投标人是响应招标、参加投标竞争的法人或者其他组织。依法招标的科研项目允许个人参加投标的，投标的个人适用本法有关投标人的规定。”由此不难看出，《招标投标法》中的招标人仅包括单位，投标人仅包括单位和允许个人投标项目的自然人。然而，对于《刑法》第 223 条“串通投标罪”的主体而言，其并不应局限于《招标投标法》的规定。原因在于，作为一种确定性规则，《刑法》第 223 条在适用时并不需要援引或者参照其他相应内容所制定的规则。换言之，串通投标罪的主体范围设定并不以《招标投标法》为依据，况且串通投标罪的立法早于《招标投标法》，故在司法裁判中对该罪主体的认定并不要求与《招标投标法》保持一致，而是应在刑法自身体系内作实质解释。[1]

因此,以招投标程序为立足点,结合《刑法》第223条和第231条的规定及二者的联系,串通投标罪的主体既可以是自然人,也可以是单位。具体而言,串通投标罪的主体应理解为参与投标程序、实施串通投标行为的自然人和单位,即包括主管、负责、参与招标投标事项的人,如招标单位、招标项目的负责人、招标人的代理机构、评标委员会成员、招投标活动中的工作人员、投标单位及其代理人、参加投标的有关人员等。

实践中,串通投标罪中,企业高层管理人员的涉案占比相对较大,在高层管理人员中,因发生串通投标被追究刑事责任的行为人主要有法定代表人、董事长、总经理、副总经理、分公司负责人、实际控制人、股东、监事、实际经营人等,而其中法定代表人、总经理、实际控制人、副总经理因实施串通投标行为被追究刑事责任的可能性明显要高于其他高级管理人员。

三、串通投标往往触及其他罪名被数罪并罚

行为人在招投标过程中,触犯行贿罪、对非国家工作人员行贿罪、单位行贿罪、对单位行贿罪等,同时又与其他单位串通投标报价、围标等,虽行贿行为与串通投标有一定的牵连关系,但行贿不是串通投标罪犯罪构成中的必要手段,能得到受贿人的关照而得以串通投标也不是行贿后的必然结果。行贿行为和为谋取不正当利益的行为,侵犯了两个犯罪客体,单独适用行贿或串通投标罪均不能对行为人的行为进行充分评价,而应当对行为人数罪并罚。这增加了串通投标引发的刑事风险,企业相关人员务必提高警惕,切勿以身试法。

刑事合规指引

一、招标人的刑事合规

对于招标人而言:(1)规范自身行为,通过行业制度的约束禁止并严厉打击其工作人员为了谋取私利而利用职权和投标人进行串通投标的行为;(2)杜绝

---

〔1〕 钱斌、马作彪:《串通投标罪之主体认定》,载《人民司法·案例》2014年第10期。

为特定投标人提供便利，量身定制投标人资格条件，以明显不合理的要求排除其他潜在投标人，向特定投标人透露招标底价以帮助投标人串通投标；(3)定标原则应当事先公开，保证招标项目在面向不特定投标主体时所有信息都是平等且对称的；(4)加强对投标信息的保密管理工作，防止投标信息的外泄增加串通投标的可能性；(5)建立一套完善且科学的评标体系，通过多种方式对投标信息是否涉嫌串通投标、围标进行复核。一旦发现串通投标的线索，应及时向主管部门报告或者向公安机关举报。

二、投标人的刑事合规

对于投标人而言：投标人应当秉承公平、公正、公开以及诚实守信的原则，严格遵守招投标规范准则。从约束自身行为做起，不以身试法，做到既不和其他投标人串通投标、围标，也不和招标人串通投标。只有投标人深刻认识到串通投标所带来的刑事法律风险，树立刑事合规思维意识，自觉维护市场公平竞争秩序，放弃一切试图利用法律法规漏洞从事违法犯罪行为的侥幸心理，方能做到防患于未然。

三、杜绝“串通竞买”行为，避免被认定为串通投标

国有建设用地使用权拍卖或者挂牌出让中的串通竞买，在行为方式上表现为竞买人之间用串通的方式消除竞买人在竞买报价过程中的竞争，促使某一竞买人以低价取得出让标的，损害出让人利益。串通竞买与串通投标在行为方式上并无二致，区别仅在于串通竞买发生于挂牌竞买中，串通投标则发生在招投标中。但是，就本质而言，无论是招投标活动还是挂牌竞买活动，其本意都在于通过使潜在合作对象公平地竞争，从而确定最优目标以提高经济效益，而串通投标以及串通竞买两种行为则是对于公平、公正、公开的市场竞争秩序的破坏。鉴于串通竞买具有串通投标的社会危害性与本质属性，故在司法实践中，往往会对刑法范畴的招投标作出扩大解释，即将国有建设用地使用权挂牌出让过程中的串通竞买行为按照串通投标罪加以定罪处罚。[1]

---

[1] 毛煜焕、吴献平：《国有土地挂牌出让中串通竞买构成串通投标罪》，载《人民司法·案例》2013年第2期。

四、杜绝参与“围标”“陪标”，避免构成串通投标罪

“围标”是指几个投标人相互约定，一致抬高或压低投标报价进行投标，通过限制竞争，排挤其他投标人，使某个利益相关人中标，从而谋取利益的手段和行为，围标达到《刑法》所规定的“情形严重”的，构成串通投标罪。“陪标”是指在某项目进入招投标程序前，招标单位已经确定了意向单位，然后由意向单位根据投标程序要求，联系关系单位参加邀标，以便确保意向单位达到中标目的的举动。实践中，部分企业或个人刑事法律风险防范意识不强，往往出于人情或其他利益的驱使，接受他人的邀请，参与陪标。在陪标过程中，陪标人往往不实际参与投标活动，投标文件全部由实际投标人编制，陪标人的投标目的并非中标，而是为实际投标人串通投标提供帮助，陪标人的此种行为可能构成串通投标罪。

五、杜绝未招标先开工再事后补办手续的行为，避免涉罪

建设工程企业属于串通投标罪高发企业，刑事合规势在必行。在部分工程建设中，工程已经开工建设或已经完工，工程承包商已经确定，但招标人为了补救招标程序，要求承包商配合其履行招标投标程序进行投标。在此过程中，为了确保承包商中标，招标人往往要求承包商寻找陪标单位进行陪标，甚至招标人直接为承包商安排陪标单位。对于依法应当招标的项目，未进行招标便选定承包商开工建设，已属于严重的违法行为，一旦被查处，相关责任人将承担行政责任；而招标人为了补救所谓招标程序，虚假招标，属于更加严重的违法行为，甚至可能构成串通投标罪，需承担刑事法律责任。

第八章　上市公司高管腐败与舞弊的刑事案例及合规指引

第一节　挪用公款罪、挪用资金罪

刑事责任

（一）挪用公款罪

《刑法》第384条规定：国家工作人员利用职务上的便利，挪用公款归个人使用，进行非法活动的，或者挪用公款数额较大、进行营利活动的，或者挪用公款数额较大、超过3个月未还的，是挪用公款罪，处5年以下有期徒刑或者拘役；情节严重的，处5年以上有期徒刑。挪用公款数额巨大不退还的，处10年以上有期徒刑或者无期徒刑。

挪用用于救灾、抢险、防汛、优抚、扶贫、移民、救济款物归个人使用的，从重处罚。

《刑法》第185条第2款规定：国有商业银行、证券交易所、期货交易所、证券公司、期货经纪公司、保险公司或者其他国有金融机构的工作人员和国有商业银行、证券交易所、期货交易所、证券公司、期货经纪公司、保险公司或者其他国有金融机构委派到该条第1款规定中的非国有机构从事公务的人员有该条第1款行为的，依照本法第384条的规定定罪处罚。

《刑法》第272条第2款规定：国有公司、企业或者其他国有单位中从事公务的人员和国有公司、企业或者其他国有单位委派到非国有公司、企业以及其他单位从事公务的人员有该条第 1 款行为的,依照本法第 384 条的规定定罪处罚。

(二)挪用资金罪

《刑法》第 272 条规定:公司、企业或者其他单位的工作人员,利用职务上的便利,挪用本单位资金归个人使用或者借贷给他人,数额较大、超过 3 个月未还的,或者虽未超过 3 个月,但数额较大、进行营利活动的,或者进行非法活动的,处 3 年以下有期徒刑或者拘役;挪用本单位资金数额巨大的,处 3 年以上 7 年以下有期徒刑;数额特别巨大的,处 7 年以上有期徒刑。

国有公司、企业或者其他国有单位中从事公务的人员和国有公司、企业或者其他国有单位委派到非国有公司、企业以及其他单位从事公务的人员有前款行为的,依照本法第 384 条的规定定罪处罚。

有第 1 款行为,在提起公诉前将挪用的资金退还的,可以从轻或者减轻处罚。其中,犯罪较轻的,可以减轻或者免除处罚。

《刑法》第 185 条第 1 款规定:商业银行、证券交易所、期货交易所、证券公司、期货经纪公司、保险公司或者其他金融机构的工作人员利用职务上的便利,挪用本单位或者客户资金的,依照本法第 272 条的规定定罪处罚。

立案标准

(一)挪用公款罪立案标准

《最高人民法院、最高人民检察院关于办理贪污贿赂刑事案件适用法律若干问题的解释》第 5 条规定:挪用公款归个人使用,进行非法活动,数额在 3 万元以上的,应当依照《刑法》第 384 条的规定以挪用公款罪追究刑事责任;数额在 300 万元以上的,应当认定为《刑法》第 384 条第 1 款规定的“数额巨大”。具有下列情形之一的,应当认定为《刑法》第 384 条第 1 款规定的“情节严重”:

(1)挪用公款数额在 100 万元以上的;

(2)挪用救灾、抢险、防汛、优抚、扶贫、移民、救济特定款物,数额在 50 万元以上不满 100 万元的;

(3)挪用公款不退还,数额在 50 万元以上不满 100 万元的;

(4)其他严重的情节。

《最高人民法院、最高人民检察院关于办理贪污贿赂刑事案件适用法律若干问题的解释》第 6 条规定:挪用公款归个人使用,进行营利活动或者超过 3 个月未还,数额在 5 万元以上的,应当认定为《刑法》第 384 条第 1 款规定的"数额较大";数额在 500 万元以上的,应当认定为《刑法》第 384 条第 1 款规定的"数额巨大"。具有下列情形之一的,应当认定为《刑法》第 384 条第 1 款规定的"情节严重":

(1)挪用公款数额在 200 万元以上的;

(2)挪用救灾、抢险、防汛、优抚、扶贫、移民、救济特定款物,数额在 100 万元以上不满 200 万元的;

(3)挪用公款不退还,数额在 100 万元以上不满 200 万元的;

(4)其他严重的情节。

(二)挪用资金罪立案标准

根据《最高人民检察院、公安部关于公安机关管辖的刑事案件立案追诉标准的规定(二)》(2022 修订)第 77 条的规定,公司、企业或者其他单位的工作人员,利用职务上的便利,挪用本单位资金归个人使用或者借贷给他人,涉嫌下列情形之一的,应予立案追诉:

(1)挪用本单位资金数额在 5 万元以上,超过 3 个月未还的;

(2)挪用本单位资金数额在 5 万元以上,进行营利活动的;

(3)挪用本单位资金数额在 3 万元以上,进行非法活动的。

具有下列情形之一的,属于本条规定的"归个人使用":

(1)将本单位资金供本人、亲友或者其他自然人使用的;

(2)以个人名义将本单位资金供其他单位使用的;

(3)个人决定以单位名义将本单位资金供其他单位使用,谋取个人利益的。

典型案例　焦某挪用公款案

案号:(2020)京03刑终441号

【案情简介】

北京某电力股份有限公司为国有控股上市公司,实际办公地位于北京市朝阳区。2018年10月,经中共北京某电力股份有限公司临时委员会研究决定,焦某调入某电力公司党群工作部工作,担任业务经理,工作职责为在部门负责人的领导下从事公司及所属企业党员组织管理工作,具体负责党费的收缴、使用和管理等。2019年8月至10月,焦某利用其负责收缴、管理党费的职务便利,将中共北京某电力股份有限公司委员会党费账户的党费共计人民币1,388,000元转入其个人账户;同时,利用其负责收缴、管理机关党总支党费的职务便利,将机关党总支下属各支部上缴的2019年7月至10月党费共计人民币64,479元截留。上述公款共计人民币1,452,479元,均被焦某用于赌博及归还其因为赌博而产生的债务。

2019年12月6日,被告人焦某经监委部门通知后到案,签署了《认罪认罚具结书》。

【法院认为】

被告人焦某经国家出资企业党委组织研究决定,从事管理公司党委、机关党总支党费账户等活动,属于从事公务的国家工作人员,在履职过程中其利用职务上的便利,将其负责管理的公司党委账户中的党费以及代为收缴的支部党费用于赌博,以及归还因为赌博而产生的债务,应认定为国家工作人员利用职务上的便利,挪用公款归个人使用,进行非法活动,其行为已触犯刑法规定,构成挪用公款罪,依法应予以惩处。焦某挪用公款用于非法活动的数额达100万元以上,属于情节严重。鉴于焦某在到案后如实供述犯罪行为,自愿认罪认罚,对其所犯行为依法予以从轻处罚,并继续追缴其犯罪所得,发还受损主体。焦某在到案后虽有检举揭发,但未查实,依法不构成立功表现。

【法院判决】

北京市朝阳区人民法院作出一审判决:(1)被告人焦某犯挪用公款罪,判处有期徒刑6年;(2)继续追缴被告人焦某犯罪所得人民币1,452,479元,发还中共北京某电力股份有限公司委员会。

一审判决后,焦某不服,上诉至北京市第三中级人民法院,二审法院经审理作出终审裁定:驳回上诉,维持原判。

典型案例 陈某挪用资金案

案号:(2020)内2502刑初56号

【案情简介】

被告人陈某自2002年1月起在中国石油华北油田分公司华油二连分公司(系上市国有控股股份有限公司,华油二连分公司工会为该公司内设部门,以下简称华油二连分公司)工会办公室担任会计。2007年1月开始,陈某与工会办公室出纳赵某共同负责工会账户资金的收支,二人各保管一个财务网银U盾,两个U盾需同时使用方可办理资金支付业务。2019年11月5日,赵某与陈某交接工作后休假,网银U盾仍存放于赵某的办公桌抽屉内,陈某可以自由使用赵某的网银U盾。

2019年10月陈某通过个人手机下载安装"满堂彩"App(网络赌博平台)并注册账户后,先后参与该平台"快三"棋牌类等网络赌博活动。陈某自2019年10月下旬至11月中旬,将其个人家庭存款10万余元参与网络赌博活动输完后,在赵某休假及返岗复工未交接工作期间,利用保管使用工会财务两个网银U盾的便利,自2019年11月16日至12月23日先后17次挪用华油二连分公司工会15,241,080.13元,其中向该网络赌博平台转账充值15,048,840.39元进行赌博活动,个人使用192,120.69元超过3个月不能归还。

2019年11月16日至21日,被告人陈某先后从华油二连分公司工会户名为"中国石油华北油田二连分公司工会委员会"的对公账户(账号:×××)向其个人工商银行卡(账号:×××)转入7笔资金,共计290万元,其中192,120.69元用于零星消费、还款、交保险、个人日常等支出(明确表示不能归还)，其余2,707,760.26元陆续转账至蚌埠市蚌山区春行日用百货店账户（账号：×××)、广州根盛商贸有限公司账户(账号：×××，以下简称根盛公司)、湖南领简物流有限公司账户(账号：×××，以下简称领简公司)等网络赌博平台账户进行充值，参与网络赌博活动，该账户余额尚有119.05元，被锡林浩特市监察委员会扣押。

2019年11月23日至12月23日，陈某又陆续从华油二连分公司工会对公账户直接向根盛公司、领简公司和朔州市鼎扬商贸有限公司(账号：×××)等网络赌博平台账户转账10笔，共计12,341,080.13元进行充值，参与网络赌博活动。经锡林郭勒盟公安局阿尔善分局侦查，陈某参与网络赌博转账充值的根盛公司等账户均为"满堂彩"App网络赌博平台账户。

2019年12月5日，陈某向工会基本户存款6912.90元，2019年12月25日陈某分别向工会基本户存款5509.25元、1037.55元，以上三笔金额合计13,459.70元。

【法院认为】

被告人陈某作为华油二连分公司工会办公室的会计，利用职务上的便利，挪用本单位资金192,120.69元归个人使用，15,048,840.39元进行非法活动，共计15,240,961.08元，数额巨大，公诉机关指控被告人陈某犯挪用资金罪的事实清楚，证据确实、充分，指控罪名成立，本院予以支持。被告人陈某案发后主动到公安机关投案，并如实供述自己的犯罪事实，系自首，可从轻处罚。被告人陈某主动退还13,459.70元，认罪态度较好，具有悔罪表现，且自愿认罪认罚，可酌情从轻处罚，被告人陈某辩护人的辩护意见，法院予以采纳。公诉机关的量刑建议适当，法院予以采纳。

【法院判决】

内蒙古自治区锡林浩特市人民法院作出一审判决：(1)被告人陈某犯挪用资金罪，判处有期徒刑8年6个月；(2)责令被告人陈某退赔华油二连分公司共计15,227,501.38元。

本判决已生效。

典型案例 周某挪用资金案

案号:(2019)皖04刑终221号

【案情简介】

1996年7月,周某在安徽省证券公司安庆第二营业部工作,历任副经理、经理。华安证券股份有限公司前身华安证券有限责任公司,于2001年1月成立,系安徽省国资委管理国有控股企业。2001年2月至11月,周某任华安证券安庆人民路营业部总经理;2001年11月至2008年10月,经华安证券有限责任公司聘任为华安证券深圳彩田南路证券营业部(以下简称深圳彩田南路部)总经理,任职文件于2001年12月6日经华安证券有限责任公司董事长、总裁办公会议研究决定下发。

被告人周某在担任深圳彩田南路部总经理职务期间(2004年2月5日至2007年7月1日),利用职务上的便利,以截留他人归还的资金归自己使用的方式,挪用资金6000万元炒股,获取非法利益;2004年2月6日至2006年5月26日,利用职务上的便利,将他人归还的资金900万元擅自截留并出借给他人进行营利活动。其主要犯罪事实如下:

一、被告人周某挪用资金的来源

2002年至2003年,周某代表深圳彩田南路部,以代为购买国债名义,分别从安徽省太湖县农村信用合作社联合社(以下简称太湖联社)、安徽省怀宁县农村信用合作社联合社(以下简称怀宁联社)、安庆白鳍豚水泥厂(以下简称白鳍豚水泥厂)、安徽省人民政府驻深圳办事处(以下简称驻深办)、安庆市社会与事业保障局(以下简称安庆社保局)融资合计1.34亿元。

(一)被告人周某代表深圳彩田南路部,以代为购买国债名义,从太湖联社融资6500万元。

1.2002年1月31日,太湖联社汇入3500万元至深圳彩田南路部账户。同年2月4日,周某将该款调入深圳天图创业投资管理有限公司(以下简称天图公司)在华安深圳营业部开设的炒股账户,即闫某账户,配资炒股。

2.2002年7月4日,太湖联社汇入3000万元至深圳彩田南路部账户。同年7月5日,周某将其中1500万元调入华安证券公司合肥安庆路营业部上海玫赛账户,配资炒股;另外的1500万元于当月分别调入江苏金不换集团公司王某、宋某伦、戴某太、李某升、陈某周、侯某涛账户,配资炒股。

(二)被告人周某代表深圳彩田南路部,以代为购买国债名义,从怀宁联社融资5500万元。

1.2002年6月28日,怀宁联社汇入1000万元至深圳彩田南路部账户。当日,周某将该款调入上海玫赛账户,配资炒股。

2.2003年1月20日,怀宁联社汇入1500万元至深圳彩田南路部账户。当日,周某将该款调入王某账户,配资炒股。

3.2003年7月7日,怀宁联社汇入1500万元至深圳彩田南路部账户。当日,周某将该款调入天图公司吕某平账户,配资炒股。

4.2003年7月24日,怀宁联社汇入1500万元至深圳彩田南路部账户。当日,周某将该款调入江苏金不换集团公司吕某账户,配资炒股。

(三)被告人周某代表深圳彩田南路部,以代为购买国债名义,从白鳍豚水泥厂融资1000万元。2003年4月7日,该款汇入深圳彩田南路部账户。当日,周某将该款调入天图公司曹某进账户,配资炒股。

(四)被告人周某代表深圳彩田南路部,以受托炒股名义,从驻深办融资100万元。2003年6月10日,该款汇入深圳彩田南路部账户。当日,周某将该款调入杨某强账户,配资炒股。

(五)被告人周某代表深圳彩田南路部,以代为购买国债名义,从安庆社保局融资300万元。2003年10月21日,该款汇入深圳彩田南路部账户。次日,周某将该款调入侯某林账户,配资炒股。

二、被告人周某利用职务上的便利,截留、挪用资金6000万元,用其购买居民身份证信息,伪造身份证信息在深圳彩田南路部开设祝某、曹某1、刘某、甘某、石某1、施某群6个股票账户配资,进行营利活动

(一)祝某、曹某1账户公款来源

2002年1月31日,太湖联社汇入3500万元至深圳彩田南路部账户。2002年2月4日,周某将该款调入天图公司闫某账户,配资炒股。2002年7月8日,

天图公司通过高某账户向深圳彩田南路部还款3500万元。当日,周某将该款连同从太湖联社融资的1500万元,合计5000万元,通过王某、宋某伦、戴某太、李某升、陈某周、侯某涛6个账户出借给江苏金不换集团公司。2003年1月20日,周某又通过王某账户,将怀宁联社当日汇入的融资款1500万元借给江苏金不换集团公司。至此,江苏金不换集团公司合计向深圳彩田南路部借款6500万元。

2003年1月10日,江苏金不换集团公司通过王某账户还款1000万元。当日,周某以深圳彩田南路部名义将该款归还怀宁联社。2003年7月14日,江苏金不换集团公司通过王某、宋某伦、戴某太、李某升、陈某周、侯某涛、喻某军7个账户,向深圳彩田南路部还款5500万元。当日,周某将该款调入华安证券深圳营业部的股票账户。江苏金不换集团公司第一次从深圳彩田南路部借的6500万元全部归还。2003年7月24日,周某将怀宁联社汇入的1500万元通过吕某账户,再次借给江苏金不换集团公司配资炒股。当日,周某将该款通过华安证券深圳营业部的股票账户转入曹某2账户3000万元。2003年7月29日,周某将曹某2账户中的2000万元转入祝某连账户(江苏金不换集团公司在深圳彩田南路部开设的炒股账户)。江苏金不换集团公司合计向深圳彩田南路部借款3500万元。

同时,江苏金不换集团公司通过吕某林账户(江苏金不换集团公司在深圳彩田南路部开设的炒股账户),于2003年8月11日从程某生账户转借932.5万元(此款系江苏金不换集团公司向程某生账户借款1000万元扣除利息部分)。

2004年年初,周某要求江苏金不换集团公司还款。2004年2月5日,江苏金不换集团公司代理人谭某,从祝某连账户签取1700万元、从吕某林账户签取300万元,合计2000万元归还深圳彩田南路部配资款。之后,周某将该款调入祝某账户。当日,江苏金不换集团公司还通过吕某林账户,还款500万元。周某授意江苏金不换集团公司,将该款中450万元转入石某2账户,50万元转入周某银账户。2004年2月18日,周某以"客户取款"方式从祝某账户支取1000万元存入曹某1账户。至此,周某为祝某、曹某1账户(周某掌控)各配资1000万元。

(二)刘某账户资金来源

2004年2月9日,江苏金不换集团公司通过祝某连(240万元)、吕某林(30

万元)、吕某(730 万元)3 个账户分别向深圳彩田南路部还款共 1000 万元。2004 年 2 月18 日,周某将该款调入刘某账户(周某掌控)。

(三)甘某、施某群账户资金来源

2002 年 6 月 28 日,周某将怀宁联社汇入的 1000 万元调入上海玫赛账户,配资炒股;7 月 5 日,周某将太湖联社汇入 1500 万元调入上海玫赛账户,配资炒股。上海玫赛合计向深圳彩田南路部借款 2500 万元。2003 年 4 月 8 日,华安证券公司合肥安庆路营业部将借款本息 2543.75 万元归还深圳彩田南路部。当日,周某将该款调入杨某账户。后将其中 2500 万元调入天图公司侯某珍的账户。

周某代表深圳彩田南路部,从白鳍豚水泥厂融资 1000 万元汇入深圳彩田南路部账户。之后,周某将该款调入曹某进账户,又从曹某进账户调入 500 万元至侯某珍账户。至此,天图公司通过侯某珍账户向深圳彩田南路部借款 3000 万元。

2004 年 4 月 16 日,天图公司通过侯某珍账户向深圳彩田南路部还款 2000 万元。当日,周某将该款调入甘某、施某群账户(周某掌控)各 1000 万元。

(四)石某 1 账户资金来源

2003 年 7 月 21 日,周某将安利账户 1000 万元,存入曹某华账户,后以深圳彩田南路部名义转汇至华安证券有限责任公司上海浦东南路营业部(以下简称浦东南路营业部)。2004 年 11 月 5 日,浦东南路营业部归还深圳彩田南路部 1064.861111 万元。当日,周某将该款调入曹某华账户,并将其中 1000 万元转存至石某 1 账户(周某掌控)。

2005 年 5 月 17 日,周某将曹某 1、石某 1、刘某、施某群、甘某 5 个账户剩余资金全部转入祝某账户。此后,周某使用祝某账户余留资金继续炒股。2007 年 4 月 12 日,祝某账户资金达 5294.122123 万元。当日,周某将该账户清仓,余额转入古某新在深圳彩田南路部开设的股票账户中,后又转入古某新在中国银行深圳文锦渡支行开设的个人账户。其后,周某将存入古某新中国银行账户的 5294.122123万元转至境外。

三、被告人周某截留、挪用资金 900 万元,供其朋友汪某开设的石某 2、周某银两个股票账户进行营利活动

(一)2004 年 2 月 5 日,江苏金不换集团公司通过祝某连、吕某林账户向深

圳彩田南路部归还借款2500万元。周某授意将其中450万元转入石某2账户，50万元转入周某银账户，合计配资500万元，供汪某炒股。

（二）2003年10月21日，周某从安庆社保局融资300万元汇入深圳彩田南路部账户。次日，周某将该款调入侯某林的账户，又从侯某林账户支出，分别存入王某账户200万元、杨某华账户100万元。2004年12月27日，侯某林账户支出200万元，存入甘某乐账户；2004年12月29日，杨某华账户支取100万元，存入甘某乐账户；2005年3月17日，杨某华从甘某乐账户支取305.333333万元存入侯某林账户；2005年4月21日，周某将侯某林账户300万元取出，存入石某2账户，供汪某配资炒股。

（三）2003年6月10日，周某从驻深办融资100万元汇入深圳彩田南路部账户。当日，周某将该款调入杨某强账户。2004年6月11日，周某从杨某强账户支取108万元，于2004年6月28日存入徐某账户。2004年7月13日，周某从徐某账户支取100万元，存入石某2账户，供汪某配资炒股。

2005年8月30日，石某2账户归还驻深办100万元；2005年6月30日、2005年12月28日、2006年5月12日，石某2账户分别向安庆社保局转款7.5万元、7.5万元、308.3333万元（含2006年5月11日周某银账户转出50万元），合计323.3333万元用于还本付息。其间，汪某还通过石某2账户归还深圳彩田南路部502.3万元。

以上，被告人周某为自己或他人配资炒股的资金全部退还。

2017年4月18日，被告人周某的亲属代周某向淮南市八公山区人民检察院退缴赃款2000万元。

【法院认为】

被告人周某利用其担任深圳彩田南路部总经理之便，挪用本单位资金6000万元归个人使用，非法获利5294.122123万元；另挪用本单位资金900万元出借给他人进行营利活动，合计挪用资金6900万元，数额巨大，其行为已构成挪用资金罪。

关于公诉机关指控，被告人周某作为国家工作人员，利用职务上的便利，挪用公款归其使用和出借给他人进行营利活动，应以挪用公款罪追究刑事责任。

辩护人认为,被告人周某不属于国家工作人员,依法不构成挪用公款罪。本院认为,控辩双方主要争议在于:国有控股、参股公司、企业工作人员挪用本公司、企业资金的行为如何定性。挪用公款罪,是指国家工作人员利用职务上的便利,挪用公款归个人使用,进行非法活动的,或者挪用公款数额较大、进行营利活动的,或者挪用公款数额较大、超过3个月未还的行为。挪用资金罪,是指公司、企业或者其他单位的人员,利用职务上的便利,挪用本单位资金归个人使用或者借贷给他人,数额较大、超过3个月未还,或者虽未超过3个月,但数额较大、进行营利活动的,或者进行非法活动的行为。挪用资金罪与挪用公款罪在客观上都表现为利用职务上的便利挪用资金的行为,在主观上都是挪用的故意,二者的主要区别:一是侵犯的客体和犯罪对象不同。挪用资金罪侵犯的客体是公司、企业或者其他单位资金的使用权。挪用公款罪侵犯的客体是公款的使用权和国家机关的威信、国家机关的正常活动等,既有侵犯财产的性质,又有严重的渎职性质。二是犯罪主体不同。挪用资金罪的主体是公司、企业或者其他单位的工作人员,但国家工作人员除外。挪用公款罪的主体是国家工作人员,包括国家机关中从事公务的人员,国有公司、企业、事业单位、人民团体中从事公务的人员,国家机关、国有公司、企业事业单位委派到非国有公司、企业、事业单位、社会团体从事公务的人员,以及其他依照法律从事公务的人员。另据2001年5月下发的《最高人民法院关于在国有资本控股、参股的股份有限公司中从事管理工作的人员利用职务便利非法占有本公司财物如何定罪问题的批复》,在国有资本控股、参股的股份有限公司中从事管理工作的人员,除受国家机关、国有公司、企业、事业单位委派从事公务的以外,不属于国家工作人员。2005年8月11日施行的《最高人民法院关于如何认定国有控股、参股股份有限公司中的国有公司、企业人员的解释》规定:"国有公司、企业委派到国有控股、参股公司从事公务的人员,以国有公司、企业人员论。"2010年11月26日颁行的《最高人民法院、最高人民检察院关于办理国家出资企业中职务犯罪案件具体应用法律若干问题的意见的通知》第6条规定:"经国家机关、国有公司、企业、事业单位提名、推荐、任命、批准等,在国有控股、参股公司及其分支机构中从事公务的人员,应当认定为国家工作人员。"具体的任命机构和程序,不影响国家工作人员的认定。经国家出资企业中负有管理、监督国有资产职责的组织或者研究决定,代表其在国有控股公司、参股公司及其分支机构中从事组织、领导、监督、经营、管理工作的人员,应认定为国家工作人员。从以上规定中可以看出,在国有资本控股、参股的股份有限公司中从事管理工作的人员,除受国家机关、国有公司、企业、事业单位委派从事公务的以外,不属于国家工作人员。本案中,华安证券股份有限公司所作证明、安徽省人民政府办公厅文件和华安证券有限责任公司工商登记资料、企业基本注册信息查询单、企业类型改变查询单均证实华安证券有限责任公司于2001年1月8日注册新设,设立时为国有控股企业;被告人周某于2001年11月至2008年10月,经华安证券有限责任公司董事长、总裁办公会议研究决定被聘任为深圳彩田南路部总经理,在深圳彩田南路部从事管理、经营等事务,没有证据显示被告人周某是受国家机关、国有公司、企业、事业单位委派到国有控股、参股公司及其分支机构中从事公务的人员。被告人周某任职于该公司深圳彩田南路部,其经营、管理的系华安证券公司的财产,无证据证明其代表国有资本参与经营、管理。因此,被告人周某不属于国家工作人员,依法不构成挪用公款罪。其行为应以挪用资金罪定罪处罚。

【法院判决】

安徽省淮南市八公山区人民法院作出一审判决:(1)被告人周某犯挪用资金罪,判处有期徒刑5年;(2)违法所得予以追缴(已退缴2000万元)。

本判决已生效。

一审判决后,安徽省淮南市八公山区人民检察院提出抗诉,被告人周某提出上诉,二审法院审理期间,淮南市人民检察院撤回抗诉,最终,安徽省淮南市中级人民法院经审理作出终审裁定:(1)准许淮南市人民检察院撤回抗诉;(2)驳回上诉,维持原判。

风险提示

一、挪用公款罪与挪用资金罪的主要区别

挪用公款罪,是指国家工作人员利用职务上的便利,挪用公款归个人使用,

进行非法活动的,或者挪用公款数额较大、进行营利活动的,或者挪用公款数额较大、超过3个月未还的行为。挪用资金罪,是指公司、企业或者其他单位的人员,利用职务上的便利,挪用本单位资金归个人使用或者借贷给他人,数额较大、超过3个月未还的,或者虽未超过3个月,但数额较大、进行营利活动的,或者进行非法活动的行为。挪用公款罪与挪用资金罪在客观上都表现为利用职务上的便利挪用资金的行为,在主观上都具有挪用的故意,二者的主要区别:一是侵犯的客体和犯罪对象不同。挪用公款罪侵犯的客体是公款的使用权和国家机关的威信、国家机关的正常活动等,既有侵犯财产的性质,又有严重的渎职性质。挪用资金罪侵犯的客体是公司、企业或者其他单位资金的使用权。二是犯罪主体不同。挪用公款罪的主体是国家工作人员,包括国家机关中从事公务的人员,国有公司、企业、事业单位、人民团体中从事公务的人员,国家机关、国有公司、企业、事业单位委派到非国有公司、企业、事业单位、社会团体从事公务的人员,以及其他依照法律从事公务的人员。挪用资金罪的主体是公司、企业或者其他单位的工作人员,但国家工作人员除外。

二、注意“国家工作人员”的认定界限

根据《刑法》第93条的规定,国家工作人员,是指国家机关中从事公务的人员。国有公司、企业、事业单位、人民团体中从事公务的人员和国家机关、国有公司、企业、事业单位委派到非国有公司、企业、事业单位、社会团体从事公务的人员,以及其他依照法律从事公务的人员,以国家工作人员论。根据相关立法解释,在依照法律、法规规定行使国家行政管理职权的组织中从事公务的人员,或者在受国家机关委托代表国家行使职权的组织中从事公务的人员,或者虽未列入国家机关人员编制但在国家机关中从事公务的人员,视为国家机关工作人员。在乡(镇)以上中国共产党机关、人民政协机关中从事公务的人员,司法实践中也应当视为国家机关工作人员。根据2001年5月发布的《最高人民法院关于在国有资本控股、参股的股份有限公司中从事管理工作的人员利用职务便利非法占有本公司财物如何定罪问题的批复》,在国有资本控股、参股的股份有限公司中从事管理工作的人员,除受国家机关、国有公司、企业、事业单位委派从事公务的以外,不属于国家工作人员。对其利用职务上的便利,将本单位财物非法占为己有,数额较大的,应当依照《刑法》第 271 条第 1 款的规定,以职务侵占罪定罪处罚。2005 年 8 月 11 日施行的《最高人民法院关于如何认定国有控股、参股股份有限公司中的国有公司、企业人员的解释》规定,国有公司、企业委派到国有控股、参股公司从事公务的人员,以国有公司、企业人员论。根据 2010 年 11 月 26 日发布的《最高人民法院、最高人民检察院关于办理国家出资企业中职务犯罪案件具体应用法律若干问题的意见》第 6 条的规定,经国家机关、国有公司、企业、事业单位提名、推荐、任命、批准等,在国有控股、参股公司及其分支机构中从事公务的人员,应当认定为国家工作人员。具体的任命机构和程序,不影响国家工作人员的认定。经国家出资企业中负有管理、监督国有资产职责的组织批准或者研究决定,代表其在国有控股、参股公司及其分支机构中从事组织、领导、监督、经营、管理工作的人员,应认定为国家工作人员。根据《最高人民检察院法律政策研究室关于国家机关、国有公司、企业委派到非国有公司、企业从事公务但尚未依照规定程序获取该单位职务的人员是否适用刑法第九十三条第二款问题的答复》,对于国家机关、国有公司、企业委派到非国有公司、企业从事公务但尚未依照规定程序获取该单位职务的人员,涉嫌职务犯罪的,可以依照《刑法》第 93 条第 2 款关于"国家机关、国有公司、企业委派到非国有公司、企业、事业单位、社会团体从事公务的人员","以国家工作人员论"的规定追究刑事责任。

三、准确理解挪用资金罪的"归个人使用或者借贷给他人"的含义

根据《最高人民法院关于如何理解刑法第二百七十二条规定的"挪用本单位资金归个人使用或者借贷给他人"问题的批复》,公司、企业或者其他单位的非国家工作人员,利用职务上的便利,挪用本单位资金归本人或者其他自然人使用,或者挪用人以个人名义将所挪用的资金借给其他自然人和单位,构成犯罪的,应当依照《刑法》第 272 条第 1 款的规定定罪处罚。《全国人民代表大会常务委员会法制工作委员会刑法室关于挪用资金罪有关问题的答复》明确,"借贷给他人"属于挪用资金罪的一种表现形式。根据《公安部经济犯罪侦查局关于对挪用资金罪中"归个人使用"有关问题的批复》,《刑法》第 272 条规定的挪用资金罪中的"归个人使用"与《刑法》第 384 条规定的挪用公款罪中的"归个人使用”的含义基本相同。在理解时，可以参照2002年4月28日第九届全国人民代表大会常务委员会第二十七次会议通过的《全国人民代表大会常务委员会关于〈中华人民共和国刑法〉第三百八十四条第一款的解释》，即有下列情形之一的，属于挪用公款“归个人使用”：

(1)将公款供本人、亲友或者其他自然人使用的；

(2)以个人名义将公款供其他单位使用的；

(3)个人决定以单位名义将公款供其他单位使用，谋取个人利益的。

四、挪用公款罪的追诉期限计算

根据《最高人民法院关于挪用公款犯罪如何计算追诉期限问题的批复》，挪用公款归个人使用，进行非法活动的，或者挪用公款数额较大、进行营利活动的，犯罪的追诉期限从挪用行为实施完毕之日起计算；挪用公款数额较大、超过3个月未还的，犯罪的追诉期限从挪用公款罪成立之日起计算。挪用公款行为有连续状态的，犯罪的追诉期限应当从最后一次挪用行为实施完毕之日或者犯罪成立之日起计算。

五、注意“委派”“从事公务”的认定

关于“国家工作人员”认定中涉及的“委派”和“从事公务”的准确含义，根据《最高人民法院关于印发〈全国法院审理经济犯罪案件工作座谈会纪要〉的通知》(法发〔2003〕167号)的规定可知：

“委派”即委任、派遣，其形式多种多样，如任命、指派、提名、批准等。无论被委派的人身份如何，只要是接受国家机关、国有公司、企业、事业单位委派，代表国家机关、国有公司、企业、事业单位在非国有公司、企业、事业单位、社会团体中从事组织、领导、监督、管理等工作，都可以认定为国家机关、国有公司、企业、事业单位委派到非国有公司、企业、事业单位、社会团体从事公务的人员。如国家机关、国有公司、企业、事业单位委派在国有控股或者参股的股份有限公司从事组织、领导、监督、管理等工作的人员，应当以国家工作人员论。国有公司、企业改制为股份有限公司后，原国有公司、企业的工作人员和股份有限公司新任命的人员中，除代表国有投资主体行使监督、管理职权的人外，不以国家工作人员论。

“从事公务”，是指代表国家机关、国有公司、企业、事业单位、人民团体等履行组织、领导、监督、管理等职责。“公务”主要表现为与职权相联系的公共事务以及监督、管理国有财产的职务活动。如国家机关工作人员依法履行职责，国有公司的董事、经理、监事、会计、出纳人员等管理、监督国有财产等活动，属于从事公务。那些不具备职权内容的劳务活动、技术服务工作，如售货员、售票员等所从事的工作，一般不认为是公务。

刑事合规指引

一、加强财务合规意识，做到“管好账”和“管好人”

上市公司负责人、管理人员及员工必须加强守法意识和财务合规意识，做到“管好账”和“管好人”。“管好账”，即要做到避免公司账户与个人账户资金违规交叉，财产混同，尤其是一些财务制度不规范、审批程序不严格、制度架构不合理的企业。公司账户资金进入个人账户，或为公司进行理财，或为偷逃税款，或以个人名义开展公司经营，资金由公司账户进入个人账户时往往仅经过口头授权，没有正规留存的授权资料，事后一旦产生纠纷，其他合伙人一旦否认，极易引发刑事风险。“管好人”，即要建立刑事合规制度，用制度约束人，把权力关进制度的笼子里，做到权力制衡，避免权力“寻租”，推进权力运行的公开化、合规化、制度化。

二、注意一些特殊人员的身份认定界限及涉罪性质

根据《最高人民法院研究室关于国家工作人员在农村合作基金会兼职从事管理工作如何认定身份问题的答复》，国家工作人员自行到农村合作基金会兼职从事管理工作的，因其兼职工作与国家工作人员身份无关，应认定为农村合作基金会一般从业人员；国家机关、国有公司、企业、事业单位委派到农村合作基金会兼职从事管理工作的人员，以国家工作人员论。根据《公安部经济犯罪侦查局关于宗教活动场所工作人员能否构成职务侵占或挪用资金犯罪主体的批复》，宗教活动场所的财产属于公共财产或信教公民共有财产，受法律保护，任何组织和个人不得侵占、哄抢、私分和非法处分宗教团体、宗教活动场所的合法财产。宗教活动场所的管理人员利用职务之便,侵占或挪用宗教活动场所公共财产的,可以构成职务侵占罪或挪用资金罪。根据《全国人民代表大会常务委员会关于〈中华人民共和国刑法〉第九十三条第二款的解释》,村民委员会等村基层组织人员协助人民政府从事下列行政管理工作时,属于《刑法》第93条第2款规定的"其他依照法律从事公务的人员":(1)救灾、抢险、防汛、优抚、扶贫、移民、救济款物的管理;(2)社会捐助公益事业款物的管理;(3)国有土地的经营和管理;(4)土地征收、征用补偿费用的管理;(5)代征、代缴税款;(6)有关计划生育、户籍、征兵工作;(7)协助人民政府从事的其他行政管理工作。关于"其他依照法律从事公务的人员"的认定,根据《全国法院审理经济犯罪案件工作座谈会纪要》的规定,《刑法》第93条第2款规定的"其他依照法律从事公务的人员"应当具有两个特征:一是在特定条件下行使国家管理职能;二是依照法律规定从事公务。具体包括:(1)依法履行职责的各级人民代表大会代表;(2)依法履行审判职责的人民陪审员;(3)协助乡镇人民政府、街道办事处从事行政管理工作的村民委员会、居民委员会等农村和城市基层组织人员;(4)其他由法律授权从事公务的人员。根据《最高人民法院研究室关于对行为人通过伪造国家机关公文、证件担任国家工作人员职务并利用职务上的便利侵占本单位财物、收受贿赂、挪用本单位资金等行为如何适用法律问题的答复》,行为人通过伪造国家机关公文、证件担任国家工作人员职务以后,又利用职务上的便利实施侵占本单位财物、收受贿赂、挪用本单位资金等行为,构成犯罪的,应当分别以伪造国家机关公文、证件罪和相应的贪污罪、受贿罪、挪用公款罪等追究刑事责任,实行数罪并罚。

三、注意"公款"的外延,避免因不懂法而涉刑

广义的公款,是公共款项、国有款项和特定款物以及非国有单位(金融机构)和客户资金的统称,广义的公款不仅包括公共资金款项和国有资金款项,而且还包括特定财物和非国有单位、客户资金。根据《全国法院审理经济犯罪案件工作座谈会纪要》第4条第4项的规定,挪用金融凭证、有价证券用于质押,使公款处于风险之中,与挪用公款为他人提供担保没有实质的区别,符合《刑法》关于挪用公款罪规定的,以挪用公款罪定罪处罚,挪用公款数额以实际或者可能承担的风险数额认定。根据《最高人民法院、最高人民检察院关于办理国家出资企业中职务犯罪案件具体应用法律若干问题的意见》第 3 条的规定，国家出资企业的工作人员在公司、企业改制过程中为购买公司、企业股份，利用职务上的便利，将公司、企业的资金或者金融凭证、有价证券等用于个人贷款担保的，依照《刑法》第 272 条或者第 384 条的规定，以挪用资金罪或者挪用公款罪定罪处罚。

四、谨防挪用公款后非法占为己有，转为更严重的贪污罪

挪用公款罪与贪污罪的主要区别在于行为人主观上是否具有非法占有公款的目的。挪用公款是否转化为贪污，应当按照主客观相一致的原则，具体判断和认定行为人主观上是否具有非法占有公款的目的。根据《最高人民法院关于审理挪用公款案件具体应用法律若干问题的解释》第 6 条的规定，携带挪用的公款潜逃的，对其携带的挪用的公款部分，以贪污罪定罪处罚。

挪用公款转化为贪污主要从以下四个方面认定：(1)携带挪用的公款潜逃的；(2)行为人挪用公款后采取虚假发票平账、销毁有关账目等手段，使挪用的公款难以在单位财务账目上反映出来，且没有归还行为的；(3)行为人截取单位收入不入账，非法占有，使所占有的公款难以在单位财务账目上反映出来，且没有归还行为的；(4)有证据证明行为人有能力归还所挪用的公款而拒不归还，并隐瞒挪用的公款去向的。

五、挪用后及时归还，可争取免予刑事处罚

根据《刑法》第 272 条第 3 款的规定，在提起公诉前将挪用的资金退还的，可以从轻或者减轻处罚。其中，犯罪较轻的，可以减轻或者免除处罚。根据《关于办理职务犯罪案件严格适用缓刑、免予刑事处罚若干问题的意见》，挪用公款进行营利活动或者超过 3 个月未还构成犯罪，一审宣判前已将公款归还，依法判处 3 年有期徒刑以下刑罚，符合《刑法》规定的缓刑适用条件的，可以适用缓刑，符合《刑法》第 383 条第 1 款第 3 项的规定，依法不需要判处刑罚的，可以免予刑事处罚。在案发前已归还，情节轻微，不需要判处刑罚的，可以免予刑事处罚。

第二节　贪污罪、职务侵占罪

刑事责任

(一)贪污罪

《刑法》第382条规定:国家工作人员利用职务上的便利,侵吞、窃取、骗取或者以其他手段非法占有公共财物的,是贪污罪。

受国家机关、国有公司、企业、事业单位、人民团体委托管理、经营国有财产的人员,利用职务上的便利,侵吞、窃取、骗取或者以其他手段非法占有国有财物的,以贪污论。

与前两款所列人员勾结,伙同贪污的,以共犯论处。

《刑法》第383条规定:对犯贪污罪的,根据情节轻重,分别依照下列规定处罚:

(1)贪污数额较大或者有其他较重情节的,处3年以下有期徒刑或者拘役,并处罚金。

(2)贪污数额巨大或者有其他严重情节的,处3年以上10年以下有期徒刑,并处罚金或者没收财产。

(3)贪污数额特别巨大或者有其他特别严重情节的,处10年以上有期徒刑或者无期徒刑,并处罚金或者没收财产;数额特别巨大,并使国家和人民利益遭受特别重大损失的,处无期徒刑或者死刑,并处没收财产。

对多次贪污未经处理的,按照累计贪污数额处罚。

犯第1款罪,在提起公诉前如实供述自己罪行、真诚悔罪、积极退赃,避免、减少损害结果的发生,有第1项规定情形的,可以从轻、减轻或者免除处罚;有第2项、第3项规定情形的,可以从轻处罚。

犯第1款罪,有第3项规定情形被判处死刑缓期执行的,人民法院根据犯罪情节等情况可以同时决定在其死刑缓期执行2年期满依法减为无期徒刑后,终身监禁,不得减刑、假释。

《刑法》第394条规定:国家工作人员在国内公务活动或者对外交往中接受礼物,依照国家规定应当交公而不交公,数额较大的,依照本法第382条、第383条的规定定罪处罚。

(二)职务侵占罪

《刑法》第271条规定:公司、企业或者其他单位的工作人员,利用职务上的便利,将本单位财物非法占为己有,数额较大的,处3年以下有期徒刑或者拘役,并处罚金;数额巨大的,处3年以上10年以下有期徒刑,并处罚金;数额特别巨大的,处10年以上有期徒刑或者无期徒刑,并处罚金。

国有公司、企业或者其他国有单位中从事公务的人员和国有公司、企业或者其他国有单位委派到非国有公司、企业以及其他单位从事公务的人员有前款行为的,依照本法第382条、第383条的规定定罪处罚。

立案标准

(一)贪污罪立案标准

根据《最高人民法院、最高人民检察院关于办理贪污贿赂刑事案件适用法律若干问题的解释》的规定,贪污或者受贿数额在3万元以上不满20万元的,应当认定为《刑法》第383条第1款规定的"数额较大",依法判处3年以下有期徒刑或者拘役,并处罚金。贪污数额在1万元以上不满3万元,具有下列情形之一的,应当认定为《刑法》第383条第1款规定的"其他较重情节",依法判处3年以下有期徒刑或者拘役,并处罚金:

(1)贪污救灾、抢险、防汛、优抚、扶贫、移民、救济、防疫、社会捐助等特定款物的;

(2)曾因贪污、受贿、挪用公款受过党纪、行政处分的;

(3)曾因故意犯罪受过刑事追究的;

(4)赃款赃物用于非法活动的;

(5)拒不交代赃款赃物去向或者拒不配合追缴工作,致使无法追缴的;

(6)造成恶劣影响或者其他严重后果的。

贪污或者受贿数额在20万元以上不满300万元的,应当认定为《刑法》第383条第1款规定的"数额巨大",依法判处3年以上10年以下有期徒刑,并处罚金或者没收财产。

贪污数额在10万元以上不满20万元,具有本解释第1条第2款规定的情形之一的,应当认定为《刑法》第383条第1款规定的"其他严重情节",依法判处3年以上10年以下有期徒刑,并处罚金或者没收财产。

贪污或者受贿数额在300万元以上的,应当认定为《刑法》第383条第1款规定的"数额特别巨大",依法判处10年以上有期徒刑、无期徒刑或者死刑,并处罚金或者没收财产。

贪污数额在150万元以上不满300万元,具有本解释第1条第2款规定的情形之一的,应当认定为《刑法》第383条第1款规定的"其他特别严重情节",依法判处10年以上有期徒刑、无期徒刑或者死刑,并处罚金或者没收财产。

贪污、受贿数额特别巨大,犯罪情节特别严重、社会影响特别恶劣、给国家和人民利益造成特别重大损失的,可以判处死刑。

(二)职务侵占罪立案标准

根据《最高人民检察院、公安部关于公安机关管辖的刑事案件立案追诉标准的规定(二)》(2022修订)第76条的规定,公司、企业或者其他单位的人员,利用职务上的便利,将本单位财物非法占为己有,数额在3万元以上的,应予立案追诉。

典型案例　赖某民贪污案

【案情简介】

2008年至2018年,赖某民利用担任中国银行业监督管理委员会原办公厅主任,中国华融资产管理公司原党委副书记、总裁,中国华融资产管理股份有限公司原党委书记、董事长兼华融湘江银行股份有限公司党委书记等职务上的便利,以及职权和地位形成的便利条件,通过其他国家工作人员职务上的行为,为有关单位和个人在获得融资、承揽工程、合作经营、调动工作以及职务提拔调整等事项上提供帮助,直接或通过特定关系人非法收受、索取相关单位和个人给予的财物,共计折合 17.88 亿余元。其中 1.04 亿余元尚未实际取得,属于犯罪未遂。2009 年年底至 2018 年 1 月,赖某民利用担任中国华融资产管理公司原党委副书记、总裁,中国华融资产管理股份有限公司原党委书记、董事长兼华融湘江银行股份有限公司党委书记等职务上的便利,伙同特定关系人侵吞、套取单位公共资金共计 2513 万余元。此外,赖某民在与妻子合法婚姻关系存续期间,还与他人长期以夫妻名义共同居住生活,并育有子女。

【法院认为】

被告人赖某民的行为构成受贿罪、贪污罪、重婚罪。赖某民受贿犯罪数额特别巨大,情节特别严重,主观恶性极深。在 22 起受贿犯罪事实中,有 3 起受贿犯罪数额分别在 2 亿元、4 亿元、6 亿元以上,另有 6 起受贿犯罪数额均在 4000 万元以上。同时,赖某民具有主动向他人索取贿赂和为他人职务调整、提拔提供帮助收受他人财物等从重处罚情节。赖某民在犯罪活动中,利用国有金融企业负责人的职权,违规决定公司重大项目,越级插手具体项目,为他人谋取不正当利益,危害国家金融安全和金融稳定,社会影响极其恶劣。赖某民目无法纪,极其贪婪,大部分犯罪行为均发生在党的十八大之后,属于典型的不收敛、不收手、顶风作案,并使国家和人民利益遭受特别重大损失,社会危害极大,罪行极其严重,依法应予严惩。[1]

【法院判决】

2021 年 1 月 5 日,天津市第二中级人民法院公开宣判由天津市人民检察院第二分院提起公诉的中国华融资产管理股份有限公司原党委书记、董事长赖某民受贿、贪污、重婚一案,对被告人赖某民以受贿罪判处死刑,剥夺政治

---

〔1〕 参见《赖小民案一审宣判,死刑!》,载澎湃新闻 2021 年 1 月 7 日,https://baijiahao.baidu.com/s?id=1688037134776689654&wfr=spider&for=pc。

权利终身，并处没收个人全部财产；以贪污罪判处有期徒刑11年，并处没收个人财产200万元；以重婚罪判处有期徒刑1年，决定执行死刑，剥夺政治权利终身，并处没收个人全部财产。同时，法院判决，对赖某民受贿所得财物及其孳息予以追缴，上缴国库，不足部分，继续追缴；对贪污所得财物依法发还被害单位。

一审宣判后，赖某民不服提出上诉。天津市高级人民法院审理后认为，虽然赖某民具有重大立功表现，但综合其所犯受贿罪的事实、性质、情节和对于社会的危害程度，不足以对其从宽处罚。一审判决认定的事实清楚，证据确实、充分，定罪准确，量刑适当，审判程序合法，遂作出驳回上诉、维持原判的裁定，并依法报请最高人民法院核准死刑。[1]

典型案例　周某贪污案

案号：(2020)浙01刑终29号

【案情简介】

2010年12月，被告人周某从中国证券监督委员会浙江监管局（以下简称浙江证监局）调入浙江沪杭甬高速公路股份有限公司（以下简称沪杭甬公司）。经沪杭甬公司党委讨论研究，被告人周某于2011年1月至12月被委派至沪杭甬公司实际控股的浙商证券有限责任公司（于2012年7月被核准变更为浙商证券股份有限公司，以下均简称为浙商证券）从事经营、管理工作。2012年1月，根据沪杭甬公司党委的讨论意见，浙商证券董事会履行相应程序，聘任被告人周某为该公司副总裁。

2012年至2015年，被告人周某在担任浙商证券副总裁期间，利用其分管有关投行项目等职务便利，虚构第三方服务单位在相关投行项目中提供帮助的事由，使浙商证券与第三方服务单位签订服务协议，由第三方服务单位从浙商证券支付的服务费中扣除一定比例税费后返还周某本人或其实际控制的他人银

[1] 参见《赖小民案二审维持死刑判决》，载最高人民检察院网，https://www.spp.gov.cn/zdgz/202101/t20210122_507250.shtml。

行账户，无须按照协议内容提供服务，以此方式骗取浙商证券资金共计12,051,250元，具体分述如下：

1. 2012年，被告人周某在神州学人集团股份有限公司2012年公司债项目中，利用其职务便利，虚构浙江智周投资管理有限公司（以下简称浙江智周）为该项目提供服务的事由，使浙商证券与浙江智周签订服务协议，从浙商证券骗取980,000元。浙江智周扣除税费后，返还周某共计921,300元，均归其个人非法占有使用。

2. 2012年至2013年，被告人周某在天津市松江生态产业有限公司2012年中小企业私募债券项目中，利用其职务便利，虚构上海融玺创业投资管理有限公司（以下简称上海融玺）为该项目提供服务的事由，使浙商证券与上海融玺签订服务协议，从浙商证券骗取930,000元。上海融玺扣除税费后，返还周某共计855,135元，均归其个人非法占有使用。

3. 2012年至2014年，被告人周某在浙江尖峰集团股份有限公司2013年公司债项目中，利用其职务便利，虚构其个人实际控制的宁波亿诚投资管理有限公司（以下简称宁波亿诚）为该项目提供服务的事由，使浙商证券与宁波亿诚签订服务协议，从浙商证券骗得1,198,000元归其个人非法占有使用。

4. 2013年至2014年，被告人周某在浙江大立科技股份有限公司2013年非公开发行A股项目中，利用其职务便利，虚构其个人实际控制的宁波亿诚为该项目提供服务的事由，使浙商证券与宁波亿诚签订服务协议，从浙商证券骗得2,400,000元归其个人非法占有使用。

5. 2013年至2015年，被告人周某在浙江龙盛集团股份有限公司2014年非公开发行股票项目中，利用其职务便利，虚构杭州华天投资有限公司（以下简称杭州华天）在该项目中提供服务的事由，使浙商证券与杭州华天签订服务协议，从浙商证券骗取2,500,000元。杭州华天扣除税费后，已返还周某1,750,000元，均归周某个人非法占有使用；未返还给周某的375,000元于案发后被调查机关追回。

6. 2013年至2015年，被告人周某在京投银泰股份有限公司2014年公司债项目中，利用其职务便利，虚构杭州一百一投资管理有限公司（以下简称杭州一百一）为该项目提供服务的事由，使浙商证券与杭州一百一签订服务协议，从浙商证券骗取1,793,250元。杭州一百一扣除税费后，返还周某共计1,434,600元，均归其个人非法占有使用。

7. 2013年，被告人周某利用其分管浙江安吉修竹绿化工程有限公司2012年中小企业私募债项目的职务便利，以让浙江三创投资管理有限公司（以下简称浙江三创）为该项目提供第三方服务，与浙商证券签订服务协议的方式，从浙商证券支出2,250,000元。浙江三创扣除税费等费用后，以报销发票、分销费的名义，返还被告人周某实际控制的他人账户及宁波亿诚对公账户共计1,948,000元，均归其个人非法占有使用。

被告人周某在被调查期间，如实供述了调查机关已掌握的和尚未掌握的犯罪事实。案发后，被告人周某通过家属主动退出赃款9,574,250元，调查机关从他人处追回赃款2,175,000元，共计追回赃款11,749,250元。

【法院认为】

1. 关于周某是否为国家工作人员的问题。经查，在案相关书证及多名证人证言均证实，浙商证券作为国家出资企业，公司高管聘任需经沪杭甬公司党委研究决定；沪杭甬公司党委班子与经营班子成员一致，公司党委对浙商证券领导班子具有管理权，同时负有对浙商证券国有资产的监督管理职责。本案中浙商证券有意引进周某作为公司副总裁并向沪杭甬公司请示，经沪杭甬公司党委会研究同意，会上还提出要适当处理周某禁业期问题。会后，为落实沪杭甬公司党委会决议事项，沪杭甬公司从浙江证监局商调周某至该公司并将其派驻至浙商证券协助经营班子工作，浙商证券于周某禁业期届满后即2012年1月将其任命为公司副总裁；2015年10月26日，经沪杭甬公司党委会讨论、推荐，浙商证券继续聘任周某为副总裁。周某担任浙商证券副总裁期间，其薪酬均由沪杭甬公司考核管理；其主要分管浙商证券投行等业务部门。可见，周某任职浙商证券副总裁系由沪杭甬公司党委研究决定，其薪酬考核也由沪杭甬公司管理，其实质上代表沪杭甬公司从事与国有资产相关的经营、管理等工作，符合国家工作人员的认定条件。

2.关于周某通过虚构第三方服务协议支取钱款的行为性质。经查：(1)在案书证及证人证言均证实周某以虚列协议支出形式从浙商证券支取钱款，经第三方公司流转后由其实际控制占有，周某对该事实亦无异议。虚列支出套取本单位财物这一行为本身明显系明文禁止的，在案证人证言亦证实浙商证券不允许以该行为方式套取钱款后用于发放奖金、支付所谓公关费等，证人证言之间亦能相互印证。周某及其辩护人所提公司考核办法中规定第三方协议支出和承揽奖不能重复领取、公司各部门领导对于第三方协议支出有逐级审核流程等事实，均不足以证明浙商证券知道且允许虚假第三方协议支出的存在。(2)周某作为浙商证券副总裁，系公司高管，其薪酬应按照浙商证券高管薪酬激励考核方案进行考核且由沪杭甬公司审核管理，该考核方案需事先经沪杭甬公司审议决定，浙商证券高管每年核定的薪酬金额也需由沪杭甬公司审定。沪杭甬公司和浙商证券人力资源部、浙商证券领导及业务团队成员等多名证人证言均一致证实浙商证券高管不参与公司具体业务部门绩效考核，也不允许领取项目奖金，该证言与前述已确认的浙商证券高管薪酬单独考核且由沪杭甬公司管理等情况相吻合，故可确认周某作为浙商证券副总裁，无权在其被核定薪酬外再根据浙商证券业务绩效考核办法领取与具体项目相关的奖金。周某通过虚列协议支出方式套取所谓应得的奖金，而非通过正常申报、分配程序领取，亦印证了上述事实。周某作为浙商证券高管，其薪酬中包括固定薪酬、绩效奖金等，其中绩效奖金与公司及其所分管部门的业绩挂钩，且客观上其担任浙商证券副总裁以来，公司每年根据高管薪酬考核方案对其核定的2012年度至2015年度的薪酬收入从100余万元逐年上涨至400余万元，已充分体现了按劳取酬。(3)周某作为浙商证券副总裁，利用其分管投行等业务部门的职务便利，在其所分管的业务项目中虚构第三方服务协议，并在已获取与其职务和工作相适应的薪酬、无权再领取项目奖金的情况下，以该方式套取公司资产归个人占有、使用，数额特别巨大，严重损害了公司的整体利益，其行为显然具有违法性和社会危害性。周某及其辩护人所提周某通过虚列支出方式领取自己奖金的行为合法、合理，且未利用其职务便利，不具有社会危害性等意见均不能成立。另外，周某关于浙商证券其他人员也存在类似行为的辩解尚未查证属实,即使属实也应另案依法处理,不能成为周某涉案行为合法化的依据。

3. 关于周某侵占的财物性质问题。经查,浙商证券属于国有控股公司,所有项目收入在未进行核算、分配前,均属于浙商证券的公司资产,而并非归项目团队所有;浙商证券项目考核实行团队费用包干制,但第三方协议支出作为项目成本支出在计算项目净收入时需先予扣减,再根据项目净收入核算相关项目奖金,周某在项目核算前以第三方协议支出形式直接从浙商证券银行账户上支取钱款,该钱款性质无疑应为公共财物。

【法院判决】

浙江省杭州市萧山区人民法院作出一审判决:(1)被告人周某犯贪污罪,判处有期徒刑11年6个月,并处罚金120万元;(2)扣押在案的涉案赃款11,749,250元发还浙商证券,尚未追回的被告人周某犯罪所得赃款302,000元,继续予以追缴(返还浙商证券)。

一审判决后,周某不服提出上诉,浙江省杭州市中级人民法院作出终审裁定:驳回上诉,维持原判。

典型案例　张某兵职务侵占案

案号:(2020)冀0104刑初157号

【案情简介】

2011年至2016年8月,被告人张某兵在担任光大银行股份有限公司石家庄分行(以下简称光大银行石家庄分行)营业部总经理期间,为了将光大银行石家庄分行对公营销费用套现后归个人使用,安排光大银行石家庄分行对公客户经理被告人张某然到北国商城股份有限公司、石家庄人民商场股份有限公司、河北北国先天下广场有限公司、河北保龙仓家乐福商业有限公司开具发票,内容按光大银行石家庄分行财务要求开具相应的礼品名称,发票开具后附上拟办的宣传方案,按照光大银行石家庄分行的财务报销规定审批审核后,光大银行石家庄分行按发票金额转账到相应的商家,商家收款后向张某然办理相应金额的购物卡,张某然再通过陈某、任某等人将购物卡套现,套现后资金按照张某兵的指示,以现金或转账的方式交给张某兵。2016 年 8 月至 2018 年,被告人张某兵为继续实施营销费用套现,安排被告人张某然从光大银行石家庄分行招标入围的供货商处开具发票进行报账,光大银行石家庄分行向供货商支付货款后,张某然找到买家将货物销售变现,买家扣除一定比例的好处费后将现金交给张某然,张某然再将现金交给张某兵。张某兵通过上述方式侵占分行资金共计 2453.13 万元。其中通过汤某等人转账至张某兵控制的银行卡 697.84 万元。张某然明知张某兵套取营销费用是为了个人使用而帮其实施上述行为。

根据中国光大银行股份有限公司的绩效管理规定,中层干部依据业绩绩效和管理绩效孰高原则领取绩效,被告人张某兵在任光大银行石家庄分行总经理期间,为了领取两种绩效,在 2012 年至 2018 年利用其职务便利,将其个人业绩分配到营业部 15 名客户经理名下,客户经理收到光大银行石家庄分行发放的个人绩效收入后,按张某兵要求将一定数额的个人绩效收入以现金或者转账的方式交给张某兵。经审计,张某兵通过上述二次返还业绩方式领取了业绩绩效 699.35 万元。同时,又领取了管理绩效 324.68 万元,骗取分行管理绩效 324.68 万元。

在本案审理过程中,被告人张某然的辩护人提出张某然供述存在诱供,并提出排除非法证据申请,但其并未提供相关线索或材料。本院依法召开庭前会议,公诉机关当庭出示了石家庄市公安局经济犯罪侦查支队出具的情况说明,经侦支队民警对张某兵、张某然依法进行讯问,二被告人在每次讯问完成后,均阅看了讯问笔录,并自愿签字并摁手印。在讯问二被告人过程中,民警未采用刑讯逼供、威胁、引诱等方法,二被告人的同步录音录像存储空间有限,已被覆盖。被告人张某兵、张某然及其辩护人当庭对情况说明无异议。

2019 年 4 月 26 日,石家庄市公安局对张某兵、张某然立案侦查。被告人张某兵虽主动到案,并如实供述基本犯罪事实,但当庭对主要事实不予认可,辩称其在公安机关的供述不属实,只有最后一次供述属实;被告人张某然经电话通知到案,如实供述主要犯罪事实,当庭自愿认罪。

光大银行石家庄分行出具退回资金的情况说明,自 2019 年 1 月 28 日至 5

月22日，该行共收到张某兵及其亲属主动退回的资金1300万元；另外，张某然于2019年1月29日主动退回涉案资金共计三笔合计30万元（张某兵、张某然当庭供述，其中10万元系张某然退赔光大银行石家庄分行，20万元系张某兵通过张某然退赔分行）。在本案审理过程中，被告人张某然主动退赃10万元。

石家庄市公安局依法查封石家庄市桥西区东风路123号君庭苑3号住宅楼4单元0101号、君庭苑3号住宅楼3单元0601号、荣盛华府（西区）B9号住宅楼1单元702、中冶贤德园11号住宅楼2单元903等。

【法院认为】

被告人张某兵、张某然作为光大银行石家庄分行营业部工作人员，利用职务便利，将本单位财物非法占为己有，数额巨大，其行为均已构成职务侵占罪。公诉机关指控罪名成立。被告人张某兵、张某然退赔被害单位部分赃款，酌情从轻处罚；扣押在案的房产等依法予以处置，不足部分继续追缴后，退赔光大银行石家庄分行。

【法院判决】

河北省石家庄市桥西区人民法院作出一审判决：(1)被告人张某兵犯职务侵占罪，判处有期徒刑7年；(2)被告人张某然犯职务侵占罪，判处有期徒刑3年，缓刑5年；(3)被告人张某然退还的10万元，发还光大银行石家庄分行；继续追缴被告人张某兵非法所得1437.81万元，退赔光大银行石家庄分行；其中1113.13万元由被告人张某然与张某兵承担连带赔偿责任（扣押在案的房产等依法予以处置，不足部分继续追缴后，退赔光大银行石家庄分行）。

本判决已生效。

典型案例　郭某文职务侵占案

案号：(2019)吉0402刑初268号

【案情简介】

2013年12月至2018年8月，被告人郭某文［时任启明信息技术股份有限公司（以下简称启明公司）呼叫中心主任，启明公司为国有控股上市公司］，利用职务上的便利,采用虚假手段,侵吞国有资金349.02万元。

具体犯罪事实如下:

(1)被告人郭某文于2013年12月至2014年8月,在启明公司与中国第一汽车集团公司营销管理部签订的CRM项目合同运营过程中,为解决呼叫中心聘用人员工资、补助等支出,与长春凤凰惠邦科技有限责任公司签订虚假呼叫中心坐席管理系统技术开发合同,侵吞启明公司资金55万元。

(2)被告人郭某文于2014年3月至2018年7月,为解决启明公司呼叫中心聘用人员工资、补助等支出,以其亲属李某和高某亲属宋某的名义注册成立了吉林省讯亚科技有限公司(以下简称讯亚公司,实际控制人为郭某文),并与启明公司签订《外呼项目合作协议》,通过虚构业务量的方式,侵吞启明公司资金279.053万元。

被告人郭某文于2014年7月至2018年8月,在亲属李某没有参与讯亚公司实际经营的情况下,从其持有的李某银行卡中领取启明公司向讯亚公司支付的"工资款",侵吞启明公司资金14.9675万元。

【法院认为】

被告人郭某文身为国有控股上市公司管理人员,利用职务上的便利,将本单位财物非法占为己有,数额巨大,其行为已构成职务侵占罪,依法应当追究其刑事责任。公诉机关指控的罪名成立,本院予以支持。鉴于其到案后能如实供述犯罪事实,可以从轻处罚;其当庭自愿认罪,案发后家属代其全额返赃,可以从宽处罚。辩护人请求从轻处罚的相关辩护意见予以采纳。

【法院判决】

吉林省辽源市龙山区人民法院作出一审判决:(1)被告人郭某文犯职务侵占罪,判处有期徒刑6年;(2)扣押在案未随案移送的349万元,由扣押机关依法处理。

本判决已生效。

风险提示

一、贪污罪和职务侵占罪的区别

两罪的主要区别在于:(1)主体要件不同。贪污罪的主体只限于国家工作人员,职务侵占罪的主体是公司、企业或者其他单位的人员。(2)客观行为不同。贪污是利用职务之便,侵吞、窃取、骗取或者以其他手段非法占有公共财物的行为,职务侵占是利用职务的便利,侵占本单位财物的行为。(3)犯罪对象不同。贪污罪的对象是公共财物,职务侵占罪的对象必须是自己职权范围内或者是工作范围内经营的本单位的财物,它既可能是公共财物,也可能是私有财物。(4)数额要求不同。职务侵占罪中的"数额较大""数额巨大"的数额起点,按照贪污罪相对应的数额标准规定的2倍、5倍执行。(5)法定最高刑不同。贪污罪的最高法定刑为死刑,职务侵占罪的最高法定刑为无期徒刑。

二、注意贪污罪中"利用职务便利"行为的外延

根据《最高人民检察院关于人民检察院直接受理立案侦查案件立案标准的规定(试行)》,贪污罪是指国家工作人员利用职务上的便利,侵吞、窃取、骗取或者以其他手段非法占有公共财物的行为。"利用职务上的便利"是指利用职务上主管、管理、经手公共财物的权力及方便条件。受国家机关、国有公司、企业、事业单位、人民团体委托管理、经营国有财产的人员,利用职务上的便利,侵吞、窃取、骗取或者以其他手段非法占有国有财物的,以贪污罪追究其刑事责任。"受委托管理、经营国有财产"是指因承包、租赁、聘用等而管理、经营国有财产。国有保险公司的工作人员和国有保险公司委派到非国有保险公司从事公务的人员利用职务上的便利,故意编造未曾发生的保险事故进行虚假理赔,骗取保险金归自己所有的,以贪污罪追究刑事责任。国有公司、企业或者其他国有单位中从事公务的人员和国有公司、企业或者其他国有单位委派到非国有公司、企业以及其他非国有单位从事公务的人员,利用职务上的便利,将本单位财物非法占为己有的,以贪污罪追究刑事责任。国家工作人员在国内公务活动或者对外交往中接受礼物,依照国家规定应当交公而不交公,数额较大的,以贪污罪追究刑事责任。

三、非法占有他人股权也可能涉嫌职务侵占罪

根据《公安部经侦局关于对非法占有他人股权是否构成职务侵占罪问题的

工作意见》，对于公司股东之间或者被委托人利用职务便利，非法占有公司股东股权的行为，如果能够认定行为人主观上具有非法占有他人财物的目的，则可对其利用职务便利，非法占有公司管理中的股东股权的行为以职务侵占罪论处。

四、在国有资本控股、参股的公司中从事管理工作的人员涉罪定性

根据《最高人民法院关于在国有资本控股、参股的股份有限公司中从事管理工作的人员利用职务便利非法占有本公司财物如何定罪问题的批复》，在国有资本控股、参股的股份有限公司中从事管理工作的人员，除受国家机关、国有公司、企业、事业单位委派从事公务的以外，不属于国家工作人员。对其利用职务上的便利，将本单位财物非法占为已有，数额较大的，应当依照《刑法》第 271 条第 1 款的规定，以职务侵占罪定罪处罚。

五、虚假理赔案中贪污罪与职务侵占罪的区分

根据《刑法》第 183 条的规定，保险公司的工作人员利用职务上的便利，故意编造未曾发生的保险事故进行虚假理赔，骗取保险金归自己所有的，依照《刑法》第 271 条的规定，以职务侵占罪定罪处罚。但是，国有保险公司工作人员和国有保险公司委派到非国有保险公司从事公务的人员有上述行为的，依照《刑法》第 382 条、第 383 条的规定，以贪污罪定罪处罚。

刑事合规指引

一、谨防相互勾结，可能因此涉嫌共犯

非国家工作人员谨防与国家工作人员相互勾结，因为与他们勾结可能成为贪污罪的共犯。根据《刑法》第 382 条第 3 款之含义，行为主体不同但伙同贪污的，以共犯论处。另根据《最高人民法院关于审理贪污、职务侵占案件如何认定共同犯罪几个问题的解释》，行为人与国家工作人员勾结，利用国家工作人员的职务便利，共同侵吞、窃取、骗取或者以其他手段非法占有公共财物的，以贪污罪共犯论处；行为人与公司、企业或者其他单位的人员勾结，利用公司、企业或者其他单位人员的职务便利，共同将该单位财物非法占为己有，数额较大的，以职务侵占罪共犯论处；公司、企业或者其他单位中，不具有国家工作人员身份的人与国家工作人员勾结,分别利用各自的职务便利,共同将本单位财物非法占为己有的,按照主犯的犯罪性质定罪。

二、谨防在国企改制过程中涉罪,且不同情形不同定性

根据《最高人民法院、最高人民检察院关于办理国家出资企业中职务犯罪案件具体应用法律若干问题的意见》,国家工作人员或者受国家机关、国有公司、企业、事业单位、人民团体委托管理、经营国有财产的人员利用职务上的便利,在国家出资企业改制过程中故意通过低估资产、隐瞒债权、虚设债务、虚构产权交易等方式隐匿公司、企业财产,转为本人持有股份的改制后公司、企业所有,应当依法追究刑事责任的,以贪污罪定罪处罚,这种情况属于领导人承担贪污罪责任。同时注意,改制后具体隐匿财产的分配比例不同,触犯的罪名不同。改制后的公司、企业中只有改制前公司、企业的管理人员或者少数职工持股,改制前公司、企业的多数职工未持股的,对企业管理人员或少数职工以贪污罪定罪处罚;国有公司、企业在改制过程中隐匿公司、企业财产,转为职工集体持股的改制后公司、企业所有的,对其直接负责的主管人员和其他直接责任人员,依照《刑法》第 396 条第 1 款的规定,以私分国有资产罪定罪处罚。

三、贪污或侵占发生后应及时采取补救措施,避免加重刑责

无论是贪污还是职务侵占,在被追诉前或被追诉过程中,如能积极退还,尽可能挽回所造成的损失,消除造成的不良影响,表现犯罪悔意,可以根据情况争取从轻或减轻处罚。根据《刑法》第 383 条的规定,根据不同情节,在提起公诉前如实供述自己罪行、真诚悔罪、积极退赃,避免、减少损害结果的发生,可以从轻、减轻或者免除处罚。

四、切忌将公司与个人财产混同,防范职务侵占风险

企业高管应树立“企业法人”意识,建立完善、合理的分权机制,切勿在观念上认为公司就是个人的,避免将公司财产与个人财产混同,将公司的资金用于个人支出。应严格按照法律法规的要求开展公司的经营管理活动,尊重公司的独立法人地位,这实际上也是对个人的一种法律保护,避免因此承担职务侵占罪的法律责任。实践中,存在高管并无侵占意图,但因财务手续不全、程序不规范,财物被行为人拿走而无法证明用于公司用途,为了公司利益,可能会被认定为职务侵占罪的情形,也存在股东之间发生分歧或纠纷,导致相关言词证据对其不利导致被追究职务侵占刑事责任的情形。

五、完善企业合规管理制度,防止企业财产被侵占

职务侵占罪的犯罪主体很广泛,可以说上至高管,下至普通员工,都能成为职务侵占罪的主体。企业中层领导、财务人员以及负责购销的工作人员往往是职务侵占罪的高发主体。要想防止企业财产被侵占,首先必须完善企业合规管理制度,包括财务会计制度、人事管理制度、购销制度、奖惩制度等,对公司管理过程中的资金运用进行梳理,针对重点环节重点防范,将生产经营中的各个环节置于有效合规控制之中,互相制衡与监督,防微杜渐,驱除职务侵占的土壤。要避免企业财产被侵占,必须要完善企业合规管理制度,做到如下五个方面:(1)加强公司内部合规培训。通过培训,加强员工法律意识,更好地落实各项规章制度。(2)定期进行账目核对,及时掌握财务情况。专业人员定期对账目进行核对,完善财务监督制度,加强资金使用监管。(3)与员工签订劳动合同。职务侵占一旦发生,公司在报案的过程中需要提供劳动合同证明劳动关系,如不能证明劳动关系的存在则会被定性为盗窃、诈骗或者侵占,其中侵占罪是自诉案件,需要公司自行向人民法院起诉并调查证据,挽回难度增大。(4)避免拖欠、克扣员工工资。企业必须规范薪酬合规制度,实务中,部分职务侵占案件的发生是由企业拖欠员工工资引起的。(5)收集、保留好员工的工作相关资料。一旦发生职务侵占案件,及时向公安机关报案。

第三节　受贿罪、非国家工作人员受贿罪

刑事责任

(一)受贿罪

《刑法》第385条规定:国家工作人员利用职务上的便利,索取他人财物的,或者非法收受他人财物,为他人谋取利益的,是受贿罪。

国家工作人员在经济往来中，违反国家规定，收受各种名义的回扣、手续费，归个人所有的，以受贿论处。

《刑法》第386条规定：对犯受贿罪的，根据受贿所得数额及情节，依照《刑法》第383条贪污罪的规定处罚。索贿的从重处罚。

(二)非国家工作人员受贿罪

根据《刑法》第163条的规定，公司、企业或者其他单位的工作人员，利用职务上的便利，索取他人财物或者非法收受他人财物，为他人谋取利益，数额较大的，处3年以下有期徒刑或者拘役，并处罚金；数额巨大或者有其他严重情节的，处3年以上10年以下有期徒刑，并处罚金；数额特别巨大或者有其他特别严重情节的，处10年以上有期徒刑或者无期徒刑，并处罚金。

公司、企业或者其他单位的工作人员在经济往来中，利用职务上的便利，违反国家规定，收受各种名义的回扣、手续费，归个人所有的，依照前款的规定处罚。

国有公司、企业或者其他国有单位中从事公务的人员和国有公司、企业或者其他国有单位委派到非国有公司、企业以及其他单位从事公务的人员有前两款行为的，依照本法第385条、第386条的规定定罪处罚。

立案标准

(一)受贿罪立案标准

《最高人民法院、最高人民检察院关于办理贪污贿赂刑事案件适用法律若干问题的解释》第1条规定：贪污或者受贿数额在3万元以上不满20万元的，应当认定为《刑法》第383条第1款规定的"数额较大"，依法判处3年以下有期徒刑或者拘役，并处罚金。

贪污数额在1万元以上不满3万元，具有下列情形之一的，应当认定为《刑法》第383条第1款规定的"其他较重情节"，依法判处3年以下有期徒刑或者拘役，并处罚金：

(1)贪污救灾、抢险、防汛、优抚、扶贫、移民、救济、防疫、社会捐助等特定款物的；

(2)曾因贪污、受贿、挪用公款受过党纪、行政处分的;

(3)曾因故意犯罪受过刑事追究的;

(4)赃款赃物用于非法活动的;

(5)拒不交代赃款赃物去向或者拒不配合追缴工作,致使无法追缴的;

(6)造成恶劣影响或者其他严重后果的。

受贿数额在1万元以上不满3万元,具有前款第2项至第6项规定的情形之一,或者具有下列情形之一的,应当认定为《刑法》第383条第1款规定的"其他较重情节",依法判处3年以下有期徒刑或者拘役,并处罚金:

(1)多次索贿的;

(2)为他人谋取不正当利益,致使公共财产、国家和人民利益遭受损失的;

(3)为他人谋取职务提拔、调整的。

《最高人民法院、最高人民检察院关于办理贪污贿赂刑事案件适用法律若干问题的解释》第2条规定:贪污或者受贿数额在20万元以上不满300万元的,应当认定为《刑法》第383条第1款规定的"数额巨大",依法判处3年以上10年以下有期徒刑,并处罚金或者没收财产。

贪污数额在10万元以上不满20万元,具有本解释第1条第2款规定的情形之一的,应当认定为《刑法》第383条第1款规定的"其他严重情节",依法判处3年以上10年以下有期徒刑,并处罚金或者没收财产。

受贿数额在10万元以上不满20万元,具有本解释第1条第3款规定的情形之一的,应当认定为《刑法》第383条第1款规定的"其他严重情节",依法判处3年以上10年以下有期徒刑,并处罚金或者没收财产。

《最高人民法院、最高人民检察院关于办理贪污贿赂刑事案件适用法律若干问题的解释》第3条规定:贪污或者受贿数额在300万元以上的,应当认定为《刑法》第383条第1款规定的"数额特别巨大",依法判处10年以上有期徒刑、无期徒刑或者死刑,并处罚金或者没收财产。

贪污数额在150万元以上不满300万元,具有本解释第1条第2款规定的情形之一的,应当认定为《刑法》第383条第1款规定的"其他特别严重情节",依法判处10年以上有期徒刑、无期徒刑或者死刑,并处罚金或者没收财产。

受贿数额在150万元以上不满300万元,具有本解释第1条第3款规定的情形之一的,应当认定为《刑法》第383条第1款规定的“其他特别严重情节”,依法判处10年以上有期徒刑、无期徒刑或者死刑,并处罚金或者没收财产。

《最高人民法院、最高人民检察院关于办理贪污贿赂刑事案件适用法律若干问题的解释》第4条第1款规定:贪污、受贿数额特别巨大,犯罪情节特别严重、社会影响特别恶劣、给国家和人民利益造成特别重大损失的,可以判处死刑。

(二)非国家工作人员受贿罪立案标准

根据《最高人民检察院、公安部关于公安机关管辖的刑事案件立案追诉标准的规定(二)》(2022修订)第10条的规定,公司、企业或者其他单位的工作人员利用职务上的便利,索取他人财物或者非法收受他人财物,为他人谋取利益,或者在经济往来中,利用职务上的便利,违反国家规定,收受各种名义的回扣、手续费,归个人所有,数额在3万元以上的,应予立案追诉。

典型案例　段某兵受贿案

案号:(2021)川0411刑初6号

【案情简介】

攀枝花钢铁(集团)公司原为全民所有制企业,2009年12月改制为国有独资公司攀钢集团有限公司。攀枝花钢铁有限责任公司为攀钢集团有限公司和中国建设银行股份有限公司出资设立的公司。2014年,攀钢集团有限公司吸收合并攀枝花钢铁有限责任公司。攀枝花新钢钒股份有限公司为攀枝花钢铁(集团)公司、攀枝花钢铁有限责任公司控股的上市公司。2010年4月9日,攀枝花新钢钒股份有限公司更名为攀钢集团钢铁钒钛股份有限公司。2013年7月,更名为攀钢集团钒钛资源股份有限公司。攀钢集团钒钛资源股份有限公司从成立至今,一直是国有控股的上市公司。

1998年12月,经攀钢集团煤化工公司党政联席会议研究,被告人段某兵被该公司聘任为机动部副经理。2003年2月,经煤化工公司党委会研究提名,被告人段某兵被聘任为攀钢集团煤化工公司副经理(主管设备工作)。2004年4

月，因机构名称变更，被告人段某兵被聘任为攀枝花钢铁有限责任公司煤化工厂副厂长，分管设备、工程管理等，联系设备科、技改办。2007年7月，因工作变动，免去被告人段某兵副厂长职务。同月，其被聘任为攀枝花新钢钒股份有限公司攀宏钒制品厂厂长助理。

2008年11月，攀枝花新钢钒股份有限公司聘任被告人段某兵为攀枝花新钢钒股份有限公司攀宏钒制品厂副厂长。之后，因公司上市、资产重组和机构名称发生变更，被告人段某兵先后被聘任为攀钢集团攀枝花钢钒有限公司攀宏钒制品厂副厂长、攀钢集团钒业有限公司副总经理、攀钢集团钒业有限公司攀枝花钒制品厂副厂长、攀钢集团钒钛资源股份有限公司攀枝花钒制品厂副厂长。其长期分管设备运行、技改、检修维护、备品备件、工程、测控体系、网络通信等工作。主要联系设备科、技改办。

2019年9月，攀钢集团钒钛资源股份有限公司解聘被告人段某兵原职务，并经该公司推荐，攀钢集团西昌钢钒有限公司根据《攀钢集团钒钛资源股份有限公司党委关于干部任免发文的函》及双方委托管理的规定，聘任被告人段某兵为攀钢集团西昌钢钒有限公司钒制品分公司副经理，分管设备运行、技改工程、检修维护、备品备件、测控体系、网络通信等工作。

（一）被告人段某兵在煤化工厂和钒制品厂工作期间，先后收受设备供应商陈某现金人民币58万元，并利用自己职务上的便利条件，为其谋取利益。具体如下：

1. 陈某系四川特奥热能设备有限公司（以下简称特奥热能公司）、澳世通成都贸易有限公司（以下简称澳世通成都公司）的实际控制人。2004年4月至2007年7月，在被告人段某兵于煤化工厂任职期间，在其帮助下，陈某从煤化工厂承揽了部分防水工程项目，并以特奥热能公司的名义，成为煤化工厂部分换热设备及备件的供应商。为感谢被告人段某兵对其生意的关照，并希望能得到被告人段某兵进一步的帮助和支持，2004年春节前的某一天，陈某在被告人段某兵居住的东区凤凰小区楼下送给被告人段某兵现金人民币6万元；2005年年底的某一天，陈某在被告人段某兵的办公室送给被告人段某兵现金人民币8万元；2006年年底的某一天，陈某在被告人段某兵居住的东区凤凰小区背后的坝子送给被告人段某兵现金人民币 8 万元;2007 年年底的某一天,陈某在被告人段某兵居住的东区凤凰小区楼下送给被告人段某兵现金人民币 8 万元。被告人段某兵明知陈某送钱的目的,而将上述款项共计人民币 30 万元据为己有,用于其生活支出。

2. 2016 年 6 月,在被告人段某兵的推荐和帮助下,陈某以特奥热能公司的名义,与攀钢集团攀枝花钢钒有限公司签订了供应买卖合同,为钒制品厂供应一套自动拆包上料机。合同金额共计人民币 1,615,588.65 元。为感谢被告人段某兵的关照,并希望得到其进一步的帮助和支持,2016 年年底的某一天,陈某在被告人段某兵居住的东区凤凰小区门口,送给被告人段某兵现金人民币 10 万元。被告人段某兵明知陈某送钱的目的,而将该款据为己有,供其生活开支。

3. 2017 年 8 月,在被告人段某兵的推荐和帮助下,陈某以澳世通成都公司的名义,与攀钢集团钒业有限公司签订供应买卖合同,为钒制品厂供应 1 台圆锭喷砂机。合同金额共计人民币 456,300 元。为感谢被告人段某兵的关照,并希望得到其进一步的帮助和支持,2017 年年底的某一天,陈某在被告人段某兵居住的东区凤凰小区门口,送给被告人段某兵现金 8 万元。被告人段某兵明知陈某送钱的目的,而将该款据为己有,供其生活开支。

4. 2018 年 1 月,在被告人段某兵的推荐和帮助下,陈某以澳世通成都公司的名义,与攀钢集团钒业有限公司签订了供应买卖合同,为钒制品厂供应 2 台闪蒸干燥机。合同金额共计人民币 5,028,660 元。为感谢被告人段某兵的关照,2018 年年底的某一天,陈某在被告人段某兵居住的东区凤凰小区门口,送给被告人段某兵现金人民币 10 万元。被告人段某兵明知陈某送钱的目的,而将该款据为己有,供其生活开支。

(二)被告人段某兵在钒制品厂工作期间,先后收受设备供应商黄某现金人民币 17 万元,并利用自己职务上的便利条件,为其谋取利益。具体如下:

黄某系江苏耐尔冶电集团有限公司(以下简称耐尔公司)在攀枝花市的代理商。其以耐尔公司的名义,长期向攀钢集团攀枝花钢钒有限公司供应各型机泵、密封环等备品备件。黄某为感谢被告人段某兵对其生意的关照,并希望进一步扩展其业务范围,分别于 2008 年年初、2009 年年初和 2010 年年初的某一天,在被告人段某兵的办公室内,送给被告人段某兵现金人民币2万元,共计人民币6万元;在2012年年初的某一天,在被告人段某兵办公室内送给被告人段某兵现金人民币4万元;在2014年年初的某一天,黄某邀请被告人段某兵到川惠酒店吃完饭后,送给被告人段某兵现金人民币5万元;在2015年年初的某一天,在被告人段某兵办公室内送给被告人段某兵现金人民币2万元。被告人段某兵明知黄某送钱的目的,而将上述款项共计17万元据为己有,供其生活开支。

(三)被告人段某兵在钒制品分公司工作期间,收受技改项目工程承包商熊某现金人民币10万元,并利用自己职务上的便利条件,为其谋取利益。具体如下:

熊某系攀枝花天石安全技术开发有限公司(以下简称天石公司)的负责人。2018年12月,熊某以天石公司的名义,承揽了攀钢集团钒钛资源股份有限公司攀枝花钒制品厂废水系统在线堵漏项目工程;2019年2月,熊某以天石公司的名义,承揽了攀钢集团钒钛资源股份有限公司攀枝花钒制品厂能源及介质管网在线堵漏项目工程和煤气设备设施维护业务。同时,在被告人段某兵尚未到攀钢集团西昌钢钒有限公司钒制品分公司任职前,熊某于2018年5月、2019年3月,以天石公司的名义,先后承揽了攀钢集团西昌钢钒有限公司钒制品分公司带压堵漏项目工程。但上述项目的工程款一直未全部支付给熊某。2019年12月的一天,熊某为感谢被告人段某兵在钒制品厂项目工程的承建上给予的帮助,并希望其协调解决钒制品厂和西昌钒制品分公司项目工程款的支付,在被告人段某兵办公室内送给被告人段某兵现金人民币10万元。被告人段某兵明知熊某送钱的目的,而将该款据为己有,供其生活开支。

另查明,2020年5月22日,攀枝花市监察委员会将被告人段某兵涉嫌违法犯罪问题线索指定给仁和区监察委员会办理。该委员会于5月25日立案调查,并经市监察委员会批准对被告人段某兵采取留置调查措施。当日,该委员会工作人员联系攀钢纪委,电话通知段某兵到其工作公司的党委书记办公室,并将其带回留置调查。被告人段某兵在调查期间,除交代了违纪事实外,主动如实供述了办案机关尚未掌握的其利用职务之便收受供货商陈某、黄某、熊某现金的违法犯罪事实。案发后,被告人段某兵的亲属代其退缴了涉案款人民币

90 万元(含违纪款人民币 5 万元)。

【法院认为】

被告人段某兵先后在煤化工厂、钒制品厂和钒制品分公司任职，其任职的工厂和公司虽有名称及改制等情况，但均系国有企业或国有控股公司。被告人段某兵先后经党委会或党政联席会议研究被任命为单位的中层领导，依照《最高人民法院、最高人民检察院关于办理国家出资企业中职务犯罪案件具体应用法律若干问题的意见》第 6 条第 2 款“经国家出资企业中负有管理、监督国有资产职责的组织批准或者研究决定，代表其在国有控股、参股公司及其分支机构中从事组织、领导、监督、经营、管理工作的人员，应当认定为国家工作人员”的规定，应当认定其为国家工作人员。被告人段某兵利用其从事设备管理、技改项目、设备维护及建设等职务上的便利条件，非法收受他人贿赂现金人民币 85 万元，为他人谋取利益，受贿数额巨大，其行为构成受贿罪。公诉机关指控的犯罪事实和罪名成立。被告人段某兵在接受留置调查期间，主动如实供述了办案机关尚未掌握的本案的犯罪事实，依照《最高人民法院、最高人民检察院关于办理职务犯罪案件认定自首、立功等量刑情节若干问题的意见》第 1 条第 4 款“没有自动投案，但具有以下情形之一的，以自首论：(1)犯罪分子如实交代办案机关未掌握的罪行，与办案机关已掌握的罪行属不同种罪行的；(2)办案机关所掌握线索针对的犯罪事实不成立，在此范围外犯罪分子交代同种罪行的”的规定，其行为系自首，依法可从轻处罚；被告人段某兵的亲属代其退缴了全部赃款，可从轻处罚；被告人段某兵认罪悔罪，其认罪态度较好，可酌情从轻处罚。被告人段某兵受贿所得的人民币 85 万元，系违法所得，依法应当予以没收。根据《最高人民法院、最高人民检察院关于办理职务犯罪案件严格适用缓刑、免予刑事处罚若干问题的意见》第 3 条的规定，对被告人段某兵可以依法宣告缓刑。对辩护人辩称被告人段某兵具有自首情节、积极退赃，并建议适用缓刑的辩护意见，予以采纳。

【法院判决】

四川省攀枝花市仁和区人民法院作出一审判决：(1)被告人段某兵犯受贿罪，判处有期徒刑 3 年，缓刑 4 年，并处罚金 30 万元；(2)对扣押在案的被告人段某兵退缴的赃款85万元，予以没收，上缴国库。

本判决已生效。

典型案例 戎某受贿、非国家工作人员受贿案

案号：(2021)沪0104刑初197号

【案情简介】

一、受贿事实

2011年12月至2018年11月，上海美加净日化有限公司(以下简称美加净公司)系国有独资公司上海白猫(集团)有限公司下属全资子公司；2018年11月至今，美加净公司系国有独资公司上海徐汇国有资产投资(集团)有限公司下属全资子公司。2011年12月至案发，被告人戎某系美加净公司采购部采购员，从事香精、香料等生产原料采购等工作。2012年1月至2020年12月，被告人戎某利用上述职务便利，违反国家规定，多次收受供应商安徽三得利香料有限公司(以下简称三得利公司)、上海田边实业有限公司(以下简称田边公司)、上海申宝香精香料有限公司(以下简称申宝公司)销售人员给予的回扣，共计229.9万余元。具体分述如下：

1. 2012年1月至2020年9月，被告人戎某在负责美加净公司丹皮酚、薄荷油等原料采购过程中，先后通过其个人工商银行账户，非法收受供应商三得利公司销售人员朱某某给予的回扣共计146.3万余元。

2. 2015年3月至2020年12月，被告人戎某在负责美加净公司留兰香油、茴香油等原料采购过程中，先后通过其个人农业银行账户，非法收受供应商田边公司销售人员张某某给予的回扣共计69.6万余元。

3. 2016年12月至2020年12月，被告人戎某在负责美加净公司留兰香油、茴香油等原料采购过程中，先后通过其个人微信账户，非法收受申宝公司销售人员李某给予的回扣共计14万余元。

二、非国家工作人员受贿事实

美加净公司前身系上海白猫股份有限公司。2001年至2011年12月，上海

白猫股份有限公司系上海白猫(集团)有限公司下属国有控股的上市公司。2004年3月至2011年12月,被告人戎某系上海白猫股份有限公司采购部采购员,从事香精、香料等生产原料采购等工作。2010年2月至2011年11月,被告人戎某利用上述职务便利,违反国家规定,在向三得利公司采购生产原料过程中,先后收受三得利公司销售人员朱某某给予的回扣共计26.4万余元。

2020年12月22日,被告人戎某在上海徐汇国有资产投资(集团)有限公司纪委工作人员陪同下,主动至上海市徐汇区监察委员会接受调查,并如实供述上述犯罪事实。案发后,戎某家属代为退缴全部赃款。

【法院认为】

被告人戎某身为国家工作人员,在经济往来中违反国家规定,多次收受回扣共计229万余元归个人所有,数额巨大;被告人戎某身为公司工作人员,在经济往来中利用职务便利,违反国家规定,多次收受回扣共计26.4万余元归个人所有,数额较大,其行为分别构成受贿罪、非国家工作人员受贿罪,应予并罚。公诉机关指控成立。鉴于被告人戎某有自首情节,在提起公诉前如实供述、真诚悔罪、积极退赃,能认罪认罚,本院予以从轻处罚。辩护人提出公诉机关的认罪认罚的量刑建议偏重。经查明,公诉机关的量刑建议已充分考虑新旧刑法的适用,已充分评价被告人戎某具有的法定从轻情节及酌定从轻情节,且在审理期间没有新的量刑事实和量刑情节。根据本案的事实、性质、情节及对于社会的危害程度,公诉机关的量刑建议符合罪刑相当原则,本院予以支持。

【法院判决】

上海市徐汇区人民法院作出一审判决:(1)被告人戎某犯受贿罪,判处有期徒刑3年7个月,并处罚金20万元;犯非国家工作人员受贿罪,判处有期徒刑7个月,并处罚金1万元,决定执行有期徒刑4年,并处罚金21万元;(2)退赔的受贿所得予以没收。

本判决已生效。

典型案例 杨某平非国家工作人员受贿案

案号:(2020)川1111刑初55号

【案情简介】

一、非国家工作人员受贿罪

2006年至2017年,被告人杨某平在担任红珠山宾馆分公司总经理期间,利用职务上的便利,多次索取、非法收受他人共计人民币281.408万元、3万美元。

(一)2006年,刘某以乐山市第一建筑公司的名义承包了红珠山宾馆一号楼维修改造工程。杨某平在该项目施工人员、工程车辆、机械进场、施工时间管理等方面为刘某提供便利。2006年农历春节前,杨某平在红珠山宾馆一号楼附近收受刘某现金2万元。

(二)被告人杨某平多次索取和非法收受红珠山宾馆分公司商场棋牌室承包商、酒店用品供应商陆某1(四川艾莎贸易有限公司、四川雅致商贸有限公司实际控制人)155.408万元。

1.2006年农历春节前,杨某平在明知陆某1想承包红珠山宾馆五号楼商场的情况下,在红珠山宾馆办公室收受陆某1现金1万元,因红珠山宾馆五号楼商场未修建完成,当年陆某1并未获得红珠山宾馆五号楼商场承包权。2007年杨某平承诺为陆某1协调相关部门,让其顺利获得红珠山宾馆五号楼商场承包权,在红珠山宾馆五号楼停车场附近收受陆某1现金1万元。2008年农历春节前,杨某平为陆某1获得棋牌室雪芽茶坊、五号楼大堂酒吧和八号楼大堂酒吧的经营权,安排相关部门提供便利,杨某平在五号楼外停车场收受陆某1现金1万元。2009年农历春节前,杨某平为陆某1获得红珠山宾馆温泉会馆棋牌室经营权,安排相关部门提供便利,杨某平在五号楼外停车场收受陆某1现金1万元。在杨某平的安排、帮助下,陆某1先后顺利获得上述经营活动的承包权。

2.2009年9月,杨某平以之前帮助陆某1在红珠山宾馆分公司获得经营项目赚了钱为由向陆某1索取15万元用于购买"百达翡丽"牌手表。2009年9月7日,陆某1通过其父陆某3农业银行账户转账15万元到杨某平保管并使用的姜某(杨某平驾驶员)农业银行账户用于购买该表。

3.2010年11月,杨某平以陆某1在红珠山宾馆分公司之前的经营项目中赚了钱且为陆某1获得红珠山宾馆LED灯更换工程等业务提供便利为由,向陆某1索取购房款。2010年11月9日,杨某平带陆某1一同到七里坪开发商处付款,陆某1使用个人农业银行卡为杨某平刷卡支付了七里坪A2-40-2号房产的首付款24.408万元。

4.2011年3月初,杨某平以购买服饰为由,向陆某1索取2万元。2011年3月6日,陆某1使用陆某3农业银行卡向姜涛上述农业银行账户转账2万元。

5.2011年9月4日,陆某1通过陆某3农业银行账户转账35万元到杨某平保管并使用的姜某的农业银行账户,以感谢杨某平在其获得的红珠山宾馆分公司布草、餐具、LED灯等供应业务过程中提供的便利。

6.2011年12月,杨某平以打牌输了和之前为陆某1在红珠山宾馆分公司做的供应业务提供了便利为由,向陆某1索取45万元,2011年12月12日,陆某1通过其母亲姜某1农业银行账户转账45万元到杨某平保管并使用的姜某的农业银行账户。

7.2014年1月至5月,杨某平在红珠山宾馆七号楼布草等酒店用品供应业务、供应方案的确定、相关部门的协调中为陆某1提供了便利,杨某平在红珠山宾馆五号楼5620房间先后分三次,每次10万元,收受陆某2(陆某1哥哥)代陆某1送的现金共计30万元。

(三)2007年左右,方某以成都方田贸易公司的名义开始向红珠山宾馆分公司供应酒店低值易耗品。杨某平为方某在供应业务、货款支付、继续供货等方面提供便利。2008年农历春节前,杨某平在红珠山宾馆六号楼附近收受方某2万元;2010年3月14日,杨某平安排方某到成都市金牛区尼美佳摄影器材经营部看相机配件,并让方某为其支付2万元购买相机镜头。

(四)杨某平担任红珠山宾馆分公司总经理期间,因其为峨眉山市红珠山商品贸易公司获取红珠山宾馆分公司供应业务等方面提供了便利,其分九次在红珠山宾馆五号楼包房收受峨眉山市红珠山商品贸易公司原经理蔡某平现金31万元。其中:2009年中秋节前、2010年农历春节前,杨某平各收受蔡某平1万元,共计2万元;2011年、2012年农历春节前,杨某平各收受蔡某平2万元,共计4万元;2013年、2014年、2015年、2016年农历春节、2017年农历春节前,杨某平各收受蔡某平现金5万元,共计25万元。

(五)2006年至2012年12月,张某1以乐山市亚东建筑有限公司的名义先后承包了红珠山宾馆迎接"11·30"接待维修工程、红珠山宾馆星评迎检紧急维修等工程项目。杨某平在工人进出管理、工程车辆、机械进出、场地施工、竣工验收、决算审计、工程款划拨等方面为张某1承建的红珠山宾馆星评迎检紧急维修等工程提供了便利,先后分两次收受张某1现金共5万元。其中:2010年9月或10月,杨某平在红珠山宾馆温泉会馆四楼棋牌室收受张某1现金2万元;2012年9月或10月,杨某平在红珠山宾馆五号楼酒吧二楼茶楼收受张某1现金3万元。

(六)2005年至2017年,李某以个人和峨眉山市强国食品厂的名义向红珠山宾馆分公司供应腌腊制品。杨某平在李某获得红珠山宾馆分公司腌腊制品供应业务、货款支付等方面为李某提供便利,先后分三次收受李某现金3万元。其中,2014年农历春节前,杨某平在峨眉山市城区大佛禅院附近收受李某现金1万元;2015年农历春节前,杨某平在红珠山宾馆七号楼停车场收受李某现金1万元;2016年农历春节前,杨某平在红珠山宾馆五号楼5620房间收受李某现金1万元。

(七)2005年至2017年,冯某先后以个人和峨眉山市周贤香水果店的名义向红珠山宾馆分公司供应水果。杨某平在冯某获得供应业务、货款支付等方面为冯某提供便利,先后分三次在红珠山宾馆五号楼停车场收受冯某现金4万元。其中:2014年农历春节前,杨某平收受冯某现金1万元;2015年农历春节前,杨某平收受冯某现金1万元;2016年农历春节前,杨某平收受冯某现金2万元。

(八)2005年至2017年,范某以个人名义与红珠山宾馆分公司合作开展温泉会馆足浴按摩业务。杨某平在范某获得经营权、客人投诉化解、经营款项支付等方面为其提供便利,先后分四次收受范某现金30万元。其中:2014年农历春节前,杨某平在红珠山宾馆五号楼5620房间收受范某现金5万元;2015年农历春节前,杨某平在红珠山宾馆温泉会馆附近收受范某现金 10 万元;2016 年农历春节前,杨某平在红珠山宾馆五号楼 5620 房间收受范某现金 10 万元;2017 年农历春节后,杨某平在红珠山宾馆五号楼 5620 房间收受范某现金 5 万元。

(九)2006 年,杨某以中国建筑技术集团有限公司名义承包了峨眉山旅游股份有限公司发包的红珠山宾馆五号楼改造装饰工程。杨某平在施工场地、人员和车辆进出、施工时间管理、施工水电、工程进度款拨付等方面为杨某提供了便利。2007 年中秋节,杨某平在峨眉山市电力宾馆停车场收受杨某现金 17 万元。2012 年 8 月,杨某以海力建设集团有限公司的名义承包了峨眉山旅游股份有限公司发包的红珠山宾馆七号楼改建工程。杨某平在施工场地、人员和车辆进出、施工时间管理、施工水电、工程进度款拨付等方面为杨某提供了便利,先后收受杨某 3 万美元、索取和收受红珠山宾馆七号楼修建工程项目施工现场负责人张某 2 代杨某送的现金 30 万元。其中:2013 年国庆节,杨某平在红珠山宾馆五号楼 5620 房间收受杨某 3 万美元;2014 年 4 月,鉴于杨某平在上述工程中为杨某提供了便利,杨某平以其母亲要装修房子为由向张某 2 索取财物,张某 2 报经杨某同意后,杨某平在红珠山宾馆六号楼附近收受张某 2 代杨某送的现金 20 万元;2014 年 7 月或 8 月,杨某平在成都市环球中心一楼收受张某 2 代杨某送的现金 10 万元。

二、职务侵占犯罪

杨某平在担任红珠山宾馆分公司总经理期间,利用其主管红珠山宾馆分公司的经营、资金支付审核职务上的便利,安排下属使用红珠山宾馆分公司资金共计 11.381 万元用于购买相机、镜头及配件和手表及表带,并非法占为己有。

(一)2010 年 3 月 10 日,杨某平为满足私欲,以到成都市购买花木为由,安排红珠山宾馆分公司物供部经理郑某到成都市金牛区尼美佳摄影器材经营部为其支付 6.1 万元的“尼康”牌 D3X 相机和镜头款,次日杨某平又安排郑某到该处支付 1780 元的相机配件款。之后,经杨某平同意,郑某及物供部工作人员赵某以虚列或虚增红珠山宾馆分公司花木采购业务的方式将上述 6.278 万元套出。

(二)2012 年 3 月 9 日,杨某平为满足私欲,安排赵某到成都市 × ×路 × ×

广场支付5.103万元购买“沛纳海”牌手表及表带。之后，经杨某平同意，赵某分3次以虚列或虚增红珠山宾馆分公司花木采购业务的方式将上述5.103万元套出。

在审查调查过程中，杨某平主动坦白监察机关已掌握的其涉嫌收受蔡某平财物的犯罪事实，主动交代了监察机关尚未掌握的其索取和非法收受刘某、陆某1、方某、张某1、李某强、冯某、范某、杨某财物的犯罪事实；主动交代了监察机关尚未掌握的其本人利用职务上的便利使用红珠山宾馆分公司资金购买“尼康”牌相机、镜头及配件和“沛纳海”牌手表及表带，并非法占为己有的犯罪事实。

红珠山宾馆分公司为国有控股的上市公司峨眉山旅游股份有限公司下属的分公司。杨某平于2005年1月被峨眉山旅游股份有限公司聘为红珠山宾馆分公司经理，2012年9月被聘为峨眉山红珠山酒店投资管理集团总公司总经理，兼红珠山酒店管理公司总经理、红珠山度假村总经理，2018年12月被免去红珠山宾馆分公司总经理职务。2020年5月12日，乐山市沙湾区监察委员会通知被告人杨某平到乐山市××区××委留置中心谈话。2020年8月4日，沙湾区监委扣押了杨某平使用红珠山宾馆分公司资金6.278万元购买的相机、镜头及配件和方某为杨某平支付2万元购买的“尼康”牌“AF-SMICRONIKKOR105mm1:2.8GED”镜头。

【法院认为】

被告人杨某平利用其担任红珠山宾馆分公司总经理职务上的便利为他人谋取利益，索取、非法收受人民币281.408万元、3万美元，数额巨大；又利用其职务上的便利，侵占公司资金11.381万元，数额较大，其行为已构成非国家工作人员受贿罪、职务侵占罪，依法应予惩处。公诉机关指控成立，本院予以支持。被告人杨某平一人犯数罪应当数罪并罚。被告人杨某平到案后如实供述利用职务便利索取、收受财物的事实，系坦白，依法可以从轻处罚；如实供述监察机关未掌握的利用职务便利侵占公司资金购买物品据为己有的事实，系自首，依法可以从轻或者减轻处罚，且自愿认罪认罚，本院决定对其从轻处罚。辩护人所提与之相关的辩护意见，本院予以采纳。

【法院判决】

四川省乐山市沙湾区人民法院作出一审判决:(1)被告人杨某平犯非国家工作人员受贿罪,判处有期徒刑7年;犯职务侵占罪,判处有期徒刑8个月。数罪并罚,决定执行有期徒刑7年6个月;(2)继续追缴被告人杨某平违法所得的人民币279.408万元、3万美元;对扣押在案的方某支付2万元为杨某平购买的"尼康"牌"AF-SMICRONIKKOR105mm1:2.8GED"镜头,予以没收,由扣押单位上缴国库;责令杨某平退赔红珠山宾馆分公司11.381万元(杨某平使用红珠山宾馆分公司资金6.278万元购买的相机、镜头及配件依法处置后的价款予以扣除)。

本判决已生效。

典型案例 严某荣非国家工作人员受贿案

案号:(2020)闽07刑终232号

【案情简介】

福建省圣农股份发展有限公司(以下简称圣农公司)为外商投资公司。2012年4月10日至2018年11月5日,被告人严某荣担任福建圣农发展(浦城)有限公司(以下简称圣农浦城公司)总经理职务,全面负责公司运营管理。2013年2月至2018年2月,与圣农浦城公司有工程业务往来的王某、曾某、龚某、黄某1、黄某2、黄某3等人,为获得严某荣职务上的照顾与便利,以"拜年""协调费"为名向严某荣赠送现金,严某荣均予收受,共计收受贿赂399,800元。严某荣的具体犯罪事实如下:

1.2013年2月、2014年1月、2015年2月及2016年2月的一天,严某荣在光泽县崇仁乡崇明馆闲坐喝茶之际,王某通过傅某(该二人合伙承包圣农浦城公司的工程项目)以"拜年"为名,四次向严某荣赠送现金,每次20,000元,严某荣共计收受王某贿赂80,000元。

2.2013年及2014年八九月的一天,严某荣两次在浦城县名桂世家小区门口收受工程承包人曾某赠送的现金,每次5000元;2015年及2017年八九月的一天,严某荣两次在浦城县名桂世家小区门口收受曾某赠送的现金,每次10,000元。严某荣共计收受曾某贿赂30,000元。

3.2014年及2015年2月的一天,被告人严某荣两次在光泽县××镇××小区门口收受工程承包人龚某赠送的现金,每次10,000元;2016年2月的一天,被告人严某荣在光泽县××镇××路光泽酒厂门口收受龚某赠送的现金10,000元。严某荣共计收受龚某贿赂30,000元。

4.2017年1月的一天,严某荣在光泽县的家门口收受工程承包人黄某1赠送的现金10,000元。

5.2012年黄某2承包圣农浦城公司鸡舍门项目,邀请严某荣合伙被严某荣拒绝。2018年2月的一天,黄某2以“拜年”为名,将现金49,800元送至光泽县严某荣家门口,严某荣予以收受。

6.2017年黄某3与圣农浦城公司签订砂石料供应合同,之后严某荣在运输车辆、协调关系方面给予黄某3帮助。2018年2月的一天,严某荣与黄某3在浦城大酒店停车场会面,黄某3为表示感谢及谋求日后生意上的关照,以“协调费”名义赠送严某荣现金200,000元,严某荣予以收受。

另查明:

1.圣农浦城公司的基建项目分成征地项目与租地项目两部分,分别由宏源浦城公司与湛卢浦城公司总承包,该二公司再对外招投标施工班组。龚某、黄某1、曾某、王某等承包班组的工程款系直接向圣农浦城公司结算,其工程结算书由圣农浦城公司基建部、财务部先后审核之后报严某荣签字,最后报公司董事长审批。

2.严某荣收受上述贿赂之后,将钱存入其在中国人民银行开户的账户中。2018年八九月,圣农公司监察部接到关于严某荣收受贿赂的匿名举报,圣农公司监察部于2018年10月中下旬开始找严某荣谈话,2018年11月6日及7日严某荣向圣农公司监察部人员如实供述了除黄某2之外的五起受贿事实。2018年12月7日办案民警到圣农公司总部办公楼将严某荣传唤到案,严某荣到案后对全案作了如实供述。2019年9月10日严某荣家属代为向本院退缴赃款399,800元。

【法院认为】

被告人严某荣作为上市企业总经理,非国家工作人员,利用职务上的便利,为他人谋取利益,收受他人贿赂共计人民币399,800元,数额较大,其行为已构成非国家工作人员受贿罪。被告人严某荣向其所在的基层组织有关人员投案,视为自动投案,其到案后作如实供述,根据《最高人民法院关于处理自首和立功具体应用法律若干问题的解释》第1条的有关规定,应认定为自首。

【法院判决】

福建省光泽县人民法院作出判决:(1)被告人严某荣犯非国家工作人员受贿罪,判处有期徒刑2年6个月;(2)被告人严某荣违法所得399,800元予以没收,上缴国库。

一审判决后,被告人严某荣不服,上诉至福建省南平市中级人民法院,二审法院经审理作出终审裁定:驳回上诉、维持原判。

风险提示

一、受贿罪与非国家工作人员受贿罪的区别

受贿罪与非国家工作人员受贿罪在主观和客观方面基本相同,主观上都是出于故意,客观方面都是利用职务上的便利,索取他人财物或非法收受他人财物,为他人谋取利益,两者主要区别在于:

(1)主体不同。受贿罪的主体只能是国家工作人员,非国家工作人员受贿罪的主体是公司、企业或者其他单位的工作人员,根据《最高人民法院、最高人民检察院关于办理商业贿赂刑事案件适用法律若干问题的意见》,非国家工作人员受贿罪主体中的"其他单位"既包括事业单位、社会团体、村民委员会、居民委员会、村民小组等常设性的组织,也包括为组织体育赛事、文艺演出或者其他正当活动而成立的组委会、筹委会、工程承包队等非常设性的组织。

(2)客体不同。受贿罪侵犯了国家工作人员职务行为的廉洁性及公私财物所有权,非国家工作人员受贿罪侵犯的客体是国家对公司、企业以及非国有事业单位、其他组织的工作人员职务活动的管理制度。

二、注意特殊形式的受贿

现实中,受贿类型多种多样,相比直接收受财物的受贿外,还有一些特殊的受贿形式,具有一定的隐蔽性和复杂性,企业要重点防范,避免无意识而触犯刑法。《最高人民法院、最高人民检察院关于办理受贿刑事案件适用法律若干问题的意见》也规定了几种特殊类型的受贿行为,结合实际概括如下:

(1)交易型受贿。以明显低于市场的价格向请托人购买房屋、汽车等物品,以明显高于市场的价格向请托人出售房屋、汽车等物品的,以受贿论处。

(2)干股型受贿。国家工作人员利用职务上的便利为请托人谋取利益,收受请托人提供的干股的,以受贿论处。进行了股权转让登记,或者相关证据证明股份发生了实际转让的,受贿数额按转让行为发生时股份价值计算,所分红利按受贿孳息处理。股份未实际转让,以股份分红名义获取利益的,实际获利数额应当认定为受贿数额。

(3)合作投资型受贿。国家工作人员利用职务上的便利为请托人谋取利益,由请托人出资,合作开办公司或者进行其他合作投资的,以受贿论处,受贿数额为请托人给国家工作人员的出资额。国家工作人员利用职务上的便利为请托人谋取利益,以合作开办公司或者其他合作投资的名义获取利润,没有实际出资和参与管理、经营的,以受贿论处。

(4)委托理财型受贿。国家工作人员利用职务上的便利为请托人谋取利益,以委托请托人投资证券、期货或者其他委托理财的名义,未实际出资而获取收益,或者虽然实际出资,但获取收益明显高于出资应得收益的,以受贿论处。

(5)赌博型受贿。根据《最高人民法院、最高人民检察院关于办理赌博刑事案件具体应用法律若干问题的解释》第7条的规定,国家工作人员利用职务上的便利为请托人谋取利益,通过赌博方式收受请托人财物的,构成受贿。

(6)"挂名领薪"型受贿。国家工作人员利用职务上的便利为请托人谋取利益,要求或者接受请托人以给特定关系人安排工作为名,使特定关系人不实际工作却获取所谓薪酬的,以受贿论处。

(7)特定关系人受贿。国家工作人员利用职务上的便利为请托人谋取利益,授意请托人将有关财物给予特定关系人的,以受贿论处。特定关系人是指与国家工作人员有近亲属、情妇(夫)以及其他共同利益关系的人。

(8)不办权属变更型受贿。国家工作人员利用职务上的便利为请托人谋取利益,收受请托人房屋、汽车等物品,未变更权属登记或者借用他人名义办理权属变更登记的,不影响受贿的认定。

(9)事前受贿与事后受贿。国家工作人员利用职务上的便利为请托人谋取利益之前或者之后,约定在其离职后收受请托人财物,并在离职后收受的,以受贿论处。

此外,还有《刑法》第 388 条规定的“斡旋型受贿”:国家工作人员利用本人职权或者地位形成的便利条件,通过其他国家工作人员职务上的行为,为请托人谋取不正当利益,索取请托人财物或者收受请托人财物的行为;《刑法》第 388 条之一规定的“利用影响力受贿”:国家工作人员的近亲属或者其他与该国家工作人员关系密切的人,通过该国家工作人员职务上的行为,或者利用该国家工作人员职权或者地位形成的便利条件,通过其他国家工作人员职务上的行为,为请托人谋取不正当利益,索取请托人财物或者收受请托人财物,数额较大或者有其他较重情节的行为。

三、注意几类特殊主体的刑事合规

(一)银行或者其他金融机构的工作人员

根据《刑法》第 184 条的规定,银行或者其他金融机构的工作人员在金融业务活动中索取他人财物或者非法收受他人财物,为他人谋取利益的,或者违反国家规定,收受各种名义的回扣、手续费,归个人所有的,依照《刑法》第 163 条的规定,以非国家工作人员受贿罪定罪处罚。但是,国有金融机构工作人员和国有金融机构委派到非国有金融机构从事公务的人员有前款行为的,依照《刑法》第 385 条、第 386 条的规定,以受贿罪定罪处罚。

(二)医疗机构中的工作人员

根据《最高人民法院、最高人民检察院关于办理商业贿赂刑事案件适用法律若干问题的意见》的规定,医疗机构中的国家工作人员,在药品、医疗器械、医用卫生材料等医药产品采购活动中,利用职务上的便利,索取销售方财物,或者非法收受销售方财物,为销售方谋取利益,构成犯罪的,以受贿罪定罪处罚。医疗机构中的非国家工作人员,有前款行为,数额较大的,以非国家工作人员受贿罪定罪处罚。医疗机构中的医务人员,利用开处方的职务便利,以各种名义非法收受药品、医疗器械、医用卫生材料等医药产品销售方财物,为医药产品销售方谋取利益,数额较大的以非国家工作人员受贿罪定罪处罚。

(三)学校及其他教育机构中的工作人员

根据《最高人民法院、最高人民检察院关于办理商业贿赂刑事案件适用法律若干问题的意见》的规定,学校及其他教育机构中的国家工作人员,在教材、教具、校服或者其他物品的采购等活动中,利用职务上的便利,索取销售方财物,或者非法收受销售方财物,为销售方谋取利益,构成犯罪的,以受贿罪定罪处罚。学校及其他教育机构中的非国家工作人员,有前款行为,数额较大的,以非国家工作人员受贿罪定罪处罚。

(四)评标委员会、竞争性谈判采购中谈判小组、询价采购中询价小组的组成人员

根据《最高人民法院、最高人民检察院关于办理商业贿赂刑事案件适用法律若干问题的意见》的规定,依法组建的评标委员会、竞争性谈判采购中谈判小组、询价采购中询价小组的组成人员,在招标、政府采购等事项的评标或者采购活动中,索取他人财物或者非法收受他人财物,为他人谋取利益,数额较大的,以非国家工作人员受贿罪定罪处罚。依法组建的评标委员会、竞争性谈判采购中谈判小组、询价采购中询价小组中国家机关或者其他国有单位的代表有前款行为的,以受贿罪定罪处罚。

四、接受性贿赂是否构成受贿

所谓性贿赂,是指不法分子以提供性服务或雇用性职业者(性工作者)提供性服务的方式向国家工作人员行贿,以使国家工作人员利用职务之便,为其谋取不正当利益的行为。目前,我国《刑法》仅将贿赂的内容限定为物质利益,暂时没有对性贿赂的明文法律规定。因此,单纯的行贿人对受贿人进行的性贿赂,因无法等同于一般的财物,故无法认定,但是,根据广东省中山市中级人民法院作出的关于“晏某军受贿案”的刑事判决的认定,对于行贿人出钱向第三人购买性服务后行贿的,行贿人支付的“嫖资”金额被认定为受贿款项。

刑事合规指引

一、企业应加强自身刑事合规，建立反商业贿赂制度

商业贿赂是一种职权职务性利益交换行为，商业贿赂往往伴随刑事犯罪风险，根据《最高人民法院、最高人民检察院关于办理商业贿赂刑事案件适用法律若干问题的意见》，商业贿赂犯罪涉及《刑法》规定的以下八种罪名：(1)非国家工作人员受贿罪(《刑法》第163条)；(2)对非国家工作人员行贿罪(《刑法》第164条)；(3)受贿罪(《刑法》第385条)；(4)单位受贿罪(《刑法》第387条)；(5)行贿罪(《刑法》第389条)；(6)对单位行贿罪(《刑法》第391条)；(7)介绍贿赂罪(《刑法》第392条)；(8)单位行贿罪(《刑法》第393条)。商业贿赂中的财物，既可以是金钱和实物，也可以是用金钱计算数额的财产性利益，包括：(1)给付或收受现金的贿赂行为；(2)给付或收受各种各样的费用(促销费、赞助费、广告宣传费、劳务费等)、红包、礼金等贿赂行为；(3)给付或收受有价证券(包括债券、股票等)；(4)给付或收受实物(包括各种高档生活用品、奢侈消费品、工艺品、收藏品等，以及房屋、车辆等大宗商品)；(5)以其他形态给付或收受，如减免债务、提供担保、免费娱乐、旅游、考察等财产性利益以及就学、荣誉、特殊待遇等非财产性利益；(6)给予或收受回扣；(7)给予或收受佣金不如实入账，假借佣金之名进行商业贿赂。

商业贿赂手段多样，商业贿赂涉罪风险极高，上市公司在经营过程中，务必要提高刑事合规意识，通过建章立制反商业贿赂，全面排除商业贿赂可能涉及的刑事风险。

二、警惕“假借款，真受贿”行为

国家工作人员利用职务便利为请托人谋利，一种是明知请托人不具有借款需求，仍然以借款为名放款给请托人并收取利息；另一种是明知请托人有借款实际需求而放款给请托人，但收取明显高于正常民间借款利息，均应以受贿论处。前一种情形中，以利息为名收取的所有款项，均系请托人变相所送的贿赂，应全额认定为受贿；后一种情形中国家工作人员以利息为名收取的款项扣除请托人支付给同期正常民间借贷最高利息的差额部分，系国家工作人员收受请托

人变相所送的贿赂,应认定为受贿数额。根据《全国法院审理经济犯罪案件工作座谈会纪要》第 3 条第 6 款,国家工作人员利用职务上的便利,以借为名向他人索取财物,或者非法收受财物为他人谋取利益的,应当认定为受贿。具体认定时,不能仅仅看是否有书面借款手续,应当根据以下因素综合判定:(1)有无正当、合理的借款事由;(2)款项的去向;(3)双方平时关系如何、有无经济往来;(4)出借方是否要求国家工作人员利用职务上的便利为其谋取利益;(5)借款后是否有归还的意思表示及行为;(6)是否有归还的能力;(7)未归还的原因等。

三、注意:"收钱不办事"也构成受贿

根据我国《刑法》的规定,受贿罪是指国家工作人员利用职务上的便利,索取他人财物,或者非法收受他人财物,为他人谋取利益的行为。它的构成要件包括"为他人谋取利益",因此在司法实践中,一些受贿的嫌疑人会以"收了钱,但未办事"为由而否认犯罪。但根据相关判例,国家工作人员明知他人有请托事项而收受其财物,视为承诺"为他人谋取利益",是否已实际为他人谋取利益或谋取到利益,不影响受贿的认定,即"收钱不办事"也是受贿。

四、防范收受行贿人银行卡,即使没使用也有涉罪风险

根据相关司法案例,收受银行卡的,无论受贿人是否实际取出或者消费,卡内的存款数额一般应全额认定为受贿数额。使用银行卡透支的,如果由给予银行卡的一方承担还款责任,透支数额也应当认定为受贿数额。行为人收取财物即构成犯罪既遂,不要求谋取利益,收取后主动返还、转送他人或捐赠公益事业的,仍构成既遂,不构成中止。

五、从相关司法案例中汲取刑事合规经验,避免涉罪

以下笔者通过分析典型案例裁判要旨,以便为上市公司做好反商业贿赂刑事合规提供参考。

1. 行为人利用职务便利为请托人谋取利益,并在事后收取请托人财物的,即使没有充分证据证明行为人在利用职务便利为他人谋取利益时就意在以后收受对方的财物,但行为人事后收受对方财物时明知对方送财物是因为自己的职务行为使对方获得了利益,同样构成受贿罪。——《刑事审判参考》第 64 号

案例

2. 受国有公司委派担任非国有公司诉讼代理人时，可以成为受贿罪的主体。非法收受他人财物，为他人谋取非法利益，在构成受贿罪的同时，又构成其他犯罪的，除法律另有规定外，应当按照《刑法》第 69 条的规定实行数罪并罚。——《刑事审判参考》第 113 号案例

3. 国家工作人员利用职务上的便利以单位名义向有关单位索要“赞助费”并占为己有的行为，应当认定为贪污罪而非受贿罪。——《刑事审判参考》第 334 号案例

4. 国家工作人员利用本单位与其他单位共同开发房地产的职务便利要求合作单位为其亲属提供低价住房的行为，实质上属于利用职务便利索要财物，索取的财物是否为被告人自己占有，不影响受贿罪的成立。被告人少量支付购房款用以掩盖索贿犯罪行为的，其受贿数额应为房屋当时的实际价值与实际支付价款的差额。——《刑事审判参考》第 340 号案例

5. 在国家机关设立的非常设性工作机构中从事公务的非正式在编人员也属于国家工作人员，为受贿罪的犯罪主体。——《刑事审判参考》第 399 号案例

6. 国家工作人员利用职务之便为他人谋取利益，收受请托人无具体金额的会员卡的，受贿数额应当按照实际消费的数额进行计算。低价购买商品房，虽未签订商品房买卖合同且未验收，但买卖双方履行完毕主要买卖义务的，应当认定为受贿。未出资而委托他人购买股票获利的，应当认定为受贿。——《刑事审判参考》第 562 号案例

7. 特定关系人受贿中的“其他共同利益关系的人”的判断，关键在于该人是否与国家工作人员有共同利益关系。对此的理解，应注意把握两点：一是共同利益关系主要是指经济利益关系，纯粹的同学、同事、朋友关系不属于共同利益关系，因为受贿罪的本质是权钱交易，没有经济利益往来的不符合受贿本质特征；二是共同利益关系不限于共同财产关系，除共同财产关系外，情夫情妇亦属于特定关系。国家工作人员利用职务便利要求给特定关系人安排工作，但特定关系人实际付出相应劳动的，不属于挂名领取薪酬的情形，不能认定被告人受贿。——《刑事审判参考》第 584 号案例

8. 国有企业改制期间仍然是国有企业，其资产仍然是国有资产，其中从事监督、管理国有资产等公务的人员依然应认定为国家工作人员。行为人国家工作人员身份不因其与单位签订了解除劳动关系的协议、办理了失业登记而改变。——《刑事审判参考》第 693 号案例

9. 行为人通过上级的职务行为，为请托人谋取不正当利益，索取或者收受财物，属于利用本人职权或者地位形成的便利条件受贿。行为人既是国家工作人员，又与被其利用的其他国家工作人员之间具有不正当男女关系，其利用本人职权或者地位形成的便利条件的行为，应适用《刑法》第 388 条的规定，而不是第 388 条之一的规定。——《刑事审判参考》第 754 号案例

10. 行为人在案发前主动退还贿赂款的，区分三种情形：(1)及时退还或者上交的，不按照受贿处理；(2)因自身或者与其受贿有关联的人、事被查处，为掩饰犯罪而退还或者上交的，不影响认定受贿罪；(3)行为人虽未及时退还或者上交，但在收受财物后至案发前的期间内主动退还或者上交的，构成受贿罪既遂，但可视为“退赃”，作为处罚时的量刑情节。——《刑事审判参考》第 1017 号案例

11. 行为人为了逃避侦查，常常将行贿、受贿行为伪装成合法债权债务关系，常见的有欠条形式、交易形式、收受干股、合作投资、委托理财等。对此，应当结合具体案件，对涉案行为进行实质审查，符合权钱交易本质的，应当认定为受贿。——《刑事审判参考》第 1144 号案例

12. 行为人利用职务便利，为其参股企业或者项目谋利，不属于股东正常参与企业或者项目的经营管理行为。行为人非系企业或者项目的独立或者主要投资授意人的，其利用职务之便为企业或者项目谋利，虽客观上也为自己谋利，但同时亦为他人谋利，不阻却受贿罪中“为他人谋利”的构成要件。行为人利用职务便利，为其参股企业或者项目谋利后，超出出资比例所获分红款，属于非法收受他人的财物。——《刑事审判参考》第 1250 号案例

第四节　行贿罪、单位行贿罪

刑事责任

(一)行贿罪

《刑法》第389条规定:为谋取不正当利益,给予国家工作人员以财物的,是行贿罪。

在经济往来中,违反国家规定,给予国家工作人员以财物,数额较大的,或者违反国家规定,给予国家工作人员以各种名义的回扣、手续费的,以行贿论处。

因被勒索给予国家工作人员以财物,没有获得不正当利益的,不是行贿。

《刑法》第390条规定:对犯行贿罪的,处5年以下有期徒刑或者拘役,并处罚金;因行贿谋取不正当利益,情节严重的,或者使国家利益遭受重大损失的,处5年以上10年以下有期徒刑,并处罚金;情节特别严重的,或者使国家利益遭受特别重大损失的,处10年以上有期徒刑或者无期徒刑,并处罚金或者没收财产。

行贿人在被追诉前主动交代行贿行为的,可以从轻或者减轻处罚。其中,犯罪较轻的,对侦破重大案件起关键作用的,或者有重大立功表现的,可以减轻或者免除处罚。

《刑法》第390条之一规定:为谋取不正当利益,向国家工作人员的近亲属或者其他与该国家工作人员关系密切的人,或者向离职的国家工作人员或者其近亲属以及其他与其关系密切的人行贿的,处3年以下有期徒刑或者拘役,并处罚金;情节严重的,或者使国家利益遭受重大损失的,处3年以上7年以下有期徒刑,并处罚金;情节特别严重的,或者使国家利益遭受特别重大损失的,处7年以上10年以下有期徒刑,并处罚金。

单位犯前款罪的,对单位判处罚金,并对其直接负责的主管人员和其他直接责任人员,处3年以下有期徒刑或者拘役,并处罚金。

(二)单位行贿罪

《刑法》第 393 条规定:单位为谋取不正当利益而行贿,或者违反国家规定,给予国家工作人员以回扣、手续费,情节严重的,对单位判处罚金,并对其直接负责的主管人员和其他直接责任人员,处 5 年以下有期徒刑或者拘役,并处罚金。因行贿取得的违法所得归个人所有的,依照《刑法》第 389 条、第 390 条的规定定罪处罚。

立案标准

(一)行贿罪立案标准

根据《最高人民法院、最高人民检察院关于办理贪污贿赂刑事案件适用法律若干问题的解释》第 7 条的规定,为谋取不正当利益,向国家工作人员行贿,数额在 3 万元以上的,应当依照《刑法》第 390 条的规定以行贿罪追究刑事责任。

行贿数额在 1 万元以上不满 3 万元,具有下列情形之一的,应当依照《刑法》第 390 条的规定以行贿罪追究刑事责任:

(1)向 3 人以上行贿的;

(2)将违法所得用于行贿的;

(3)通过行贿谋取职务提拔、调整的;

(4)向负有食品、药品、安全生产、环境保护等监督管理职责的国家工作人员行贿,实施非法活动的;

(5)向司法工作人员行贿,影响司法公正的;

(6)造成经济损失数额在 50 万元以上不满 100 万元的。

(二)单位行贿罪立案标准

根据《最高人民检察院关于人民检察院直接受理立案侦查案件立案标准的规定(试行)》第 1 条第 8 项的规定,单位行贿罪是指公司、企业、事业单位、机关、团体为谋取不正当利益而行贿,或者违反国家规定,给予国家工作人员以回扣、手续费,情节严重的行为。

涉嫌下列情形之一的，应予立案：

(1)单位行贿数额在20万元以上的。

(2)单位为谋取不正当利益而行贿，数额在10万元以上不满20万元，但具有下列情形之一的：

①为谋取非法利益而行贿的；

②向3人以上行贿的；

③向党政领导、司法工作人员、行政执法人员行贿的；

④致使国家或者社会利益遭受重大损失的。

因行贿取得的违法所得归个人所有的，依照该规定关于个人行贿的规定立案，追究其刑事责任。

典型案例　孔某行贿案

案号：(2016)津0103刑初576号

【案情简介】

被告人孔某自2007年5月担任浙商银行股份有限公司天津分行(以下简称浙商银行)市场拓展三部总经理，负责银行存贷款业务拓展、办理等工作。自2007年起，被告人孔某代表浙商银行协商和办理天津医药集团在该行进行存贷款业务事宜，2010年至2015年，被告人孔某在与天津医药集团的经济往来中，为了维护天津医药集团的客户关系，增加其个人经济收入，多次给予负责该项业务的集团总会计师马某现金、礼品等，共计250万余元。

2015年8月28日，被告人孔某到天津市和平区人民检察院接受调查。

【法院认为】

被告人孔某在经济往来中，违反国家规定，给予国家工作人员钱款，共计250万余元，其行为已构成行贿罪。天津市河西区人民检察院指控被告人孔某犯行贿罪事实清楚，证据确实、充分，罪名成立，本院予以支持。被告人孔某为完成单位业务指标任务，向国家工作人员行贿，其行贿犯罪行为应予惩处，虽行贿数额已达到100万元以上，属于情节严重的情况，但不构成因行贿谋取不正当利益,故仍属行贿一般情节,应在有期徒刑5年以下处罚。检察机关对本案构成谋取不正当利益,情节严重的认定不妥,故予以纠正。案发后,被告人孔某虽有主动向司法机关投案的情形,但不能如实供述自己的主要犯罪事实,故不构成自首。被告人孔某的第一辩护人提出了被告人孔某系初犯,主观恶性不深,其谋取的是本案单位利益,而非谋取个人不正当利益,属行贿的一般情节的辩护意见,较为客观,本院予以采纳;但提出被告人孔某对侦破其他重大案件起关键作用,诉前有主动交代自己的行贿行为,有自首情节的辩护意见,与事实不符,不符合法律规定,本院不予采纳。被告人孔某的第二辩护人提出了本案应属单位犯罪的辩护意见,经查明,被告人所在单位的相关规定不允许采取行贿手段进行营销,辩护人也无证据证实该单位认可被告人的行贿行为,故对其辩护意见,本院不予采纳;但提出被告人为完成单位任务,谋取单位利益,而非为个人获取不正当利益的辩护意见,较为客观,本院予以采纳。被告人孔某的犯罪行为发生在《刑法修正案(九)》生效以前,根据从旧兼从轻的原则,对被告人依照修正后的刑法及司法解释予以处罚。

【法院判决】

天津市河西区人民法院作出一审判决:被告人孔某犯行贿罪,判处有期徒刑3年,缓刑3年,并处罚金10万元。在刑罚执行期间,被告人孔某应当接受相关组织的社区矫正。

本判决已生效。

典型案例 湖南某高压开关公司、廖某单位行贿案

案号:(2016)京01刑初71号

【案情简介】

被告人廖某在担任湖南长高高压开关集团股份公司(以下简称长高集团)副总经理期间,于2006年请托并利用国家电网公司(以下简称国网公司)调研员梅某的职权、地位形成的便利条件,通过国网公司招投标管理中心招投标处处长张某职务上的行为,为长高集团的产品在国网公司招标采购中更多中标提

供帮助。为此,廖某多次给予梅某钱款,共计64万余元。

被告人廖某在担任长高集团副总经理期间,在2007年至2013年,为使长高集团的产品能够在国网公司招标采购中更多中标,多次给予国网公司招投标管理中心招投标处处长、国网国际发展有限公司(以下简称国网国际公司)副总经理、国网物资有限公司(以下简称国网物资公司)副总经理张某贿赂,共计409万余元。

被告人廖某在担任长高集团副总经理期间,于2013年4月至2014年3月,为使长高集团的产品能够在国网公司招标采购中更多中标,多次给予国网公司变电设备集中招标评标委员会综合组专家闫某贿赂,共计30万元。

【法院认为】

法院对于被告单位长高集团的辩护人及被告人廖某的辩护人关于长高集团通过廖某给予梅某、张某和闫某钱款的目的是谋求自身合法权益不受侵犯,未谋取不正当利益,长高集团和廖某的行为不构成单位行贿罪的辩护意见,以及被告单位的辩护人为支持其辩护意见而向法庭宣读、出示的企业法人营业执照、公司变更登记审核表、感谢信及供货合同、国家科学技术进步奖证书等获奖证书、长高集团2006年至2016年中标通知书、中标数据统计、长高集团投标书等证据,经查明,辩护人宣读、出示的企业法人营业执照、公司变更登记审核表等证据仅证明长高集团于2006年由长沙市市内搬迁到望城区,并不能证明长高集团给予梅某涉案的64万余元系为了感谢梅某的相关建议。根据廖某的供述,对于梅某给予长高集团的相关建议,其曾在涉案的64万余元外单独给予现金表示感谢。梅某的证言也证明了该事实,与廖某的供述能够印证。辩护人宣读、出示的感谢信及供货合同、国家科学技术进步奖证书等获奖证书、长高集团2006年至2016年中标通知书、中标数据统计、长高集团投标书等证据证明了长高集团的产品获奖及在国网公司中标的情况,但无法证明张某是否接受廖某的请托为长高集团的产品中标提供帮助。综上所述,被告单位的辩护人向法庭宣读、出示的证据不能支持其证明目的。被告人廖某的供述证明,其为了感谢梅某利用职权、地位形成的便利条件,介绍其认识张某,以及为了通过张某、闫某职务上的行为,为长高集团的产品在国网公司招标采购中更多中标提供帮助而多次给予梅某、张某、闫某钱款,共计

503万余元。廖某的供述还证明,张某、闫某多次向其透露国网公司招投标的保密信息、张某利用职权在评标过程中为长高集团中标提供帮助。证人梅某、张某、闫某的证言与廖某的供述能够印证。在案的证据足以证明长高集团在国网公司招投标中谋取了不正当利益。被告单位长高集团的辩护人及被告人廖某的辩护人的该项辩护意见,缺乏事实和法律依据,法院不予采纳。

被告单位长高集团及其直接负责的主管人员被告人廖某,为谋取不正当利益,给予国家工作人员贿赂,其行为均已构成单位行贿罪。北京市人民检察院第一分院指控被告单位长高集团、被告人廖某犯单位行贿罪的事实清楚,证据确实、充分,指控罪名成立,依法应予惩处。廖某作为长高集团直接负责的主管人员自动投案,如实交代单位的犯罪事实,长高集团及廖某应被认定为自首,依法可对长高集团、廖某从轻处罚,并对廖某宣告缓刑。对于被告人廖某的辩护人的相关辩护意见,法院酌予采纳。

【法院判决】

北京市第一中级人民法院作出一审判决:(1)被告单位长高集团犯单位行贿罪,判处罚金250万元;(2)被告人廖某犯单位行贿罪,判处有期徒刑3年,缓刑5年。

本判决已生效。

风险提示

一、行贿罪和单位行贿罪的认定辨析

在司法实务中,公司、企业等为单位谋取非法利益或者以单位名义为单位全体成员谋取非法利益,由单位的决策机构按照单位的决策程序,由直接责任人具体实施。由于单位行贿行为也是通过自然人实施,因此,不能简单地认为只要是自然人行为就否定单位犯罪,也不能简单地以单位领导实施的行为就认定是单位犯罪,主要从以下三个方面判断:

(1)看行贿意志形成主体。行贿罪的意志主要是个人,单位行贿罪的意志主体可以是单位,但由于单位是拟制法人,本身不能作出决策,必须由单位内部

自然人通过议事或者决策程序,将自然人或单位集体成员的意志上升为整个单位意志并以单位的名义实施,如果是严格遵照议事或决策程序的决策应认定为单位意志,以单位行贿罪定罪处罚。实务中存在借单位之名、行个人决策之实,要从本质上辨别认定是否系单位意志、单位决策,结合实际综合考量。

(2)行贿实施主体不同。单位行贿罪表现为以单位名义实施,为了单位利益;个人行贿一般是以个人名义实施,为了个人利益。至于行贿的财物是个人还是单位所出并不是区别重点。

(3)利益归属不同。行贿取得的利益之归属是判断个人行贿还是单位行贿的重要标准。另外,司法实务中,企业人员行贿的目的往往是从企业获得更多的提成、奖金,而行贿的客观结果往往是既使企业获得了利益也使行贿人自己获得了好处,一种情况是单位内部对员工有业绩要求,则视为单位行贿为宜,因为行贿人所获得的提成、奖金等利益本质上源于单位利益,只有单位获得了更大的利益,行贿人理论上才能分得更多的奖金、提成,个人利益从属、决定于单位利益,至于用于行贿的财物为个人还是单位所出,则在所不论;另一种情况是如果单位内部对员工没有业绩要求,个人行贿后所得利益也归个人,则应视为个人行贿。

二、单位行贿罪中法定代表人承担刑责比例最高

在单位行贿罪中,除了要对单位判处罚金,单位直接负责的主管人员和其他直接责任人员也需要受到刑罚。单位行贿案中,法定代表人、实际控制人、董事长等人往往更易被认定为“单位直接负责的主管人员”,法定代表人或者实际控制人等“一把手”往往被认定构成单位行贿罪,其他参与决策、实施犯罪行为的高层人员、中层管理人员以及职工也可能面临刑事处罚。

三、单位行贿罪的否定

现实中,对于为了进行违法犯罪活动而设立单位,或单位设立后,以实施犯罪为主要活动的,由于不符合单位设立的宗旨,且通常具有借此规避法律制裁的非法目的,故应按个人犯罪处理。根据《最高人民法院关于审理单位犯罪案件具体应用法律有关问题的解释》第 2 条的规定,个人为进行违法犯罪活动而设立的公司、企业、事业单位实施犯罪的,或者公司、企业、事业单位设立后,以实施犯罪为主要活动的,不以单位犯罪论处。

刑事合规指引

一、把握普通馈赠与行贿罪的界限

馈赠行为在日常生活中非常普遍，这是人们传达感情的一种方式，其动机可能是加深情意、帮助他人、表达谢意等。但是这种行为容易与行贿相混淆，甚至经常被利用，以馈赠之名行行贿之实。根据《最高人民法院、最高人民检察院关于办理商业贿赂刑事案件适用法律若干问题的意见》，区分贿赂与馈赠的界限主要应当结合以下因素全面分析、综合判断：(1)发生财物往来的背景，如双方是否存在亲友关系及历史上交往的情形和程度；(2)往来财物的价值；(3)财物往来的缘由、时机和方式，提供财物方对于接受方有无职务上的请托；(4)接受方是否利用职务上的便利为提供方谋取利益。

二、谨防企业被“挂靠”涉罪

“挂靠”行为在企业经营中十分常见。一种是个人“挂靠”单位，单位收取挂靠费或管理费等，被挂靠单位并未从事管理行为，但依旧是各自独立经营，挂靠经营中并没有改变双方的经营管理方式，如果挂靠人以被挂靠人的名义实施犯罪，并没有经过被挂靠单位的决策程序，挂靠人实施的行贿行为应定性为自然人犯罪。另一种是单位“挂靠”单位，没有资质或资质不够的单位，如招标单位需要投标单位具备相应资质而投标单位不具备该类资质，这时，投标单位需要挂靠符合资质条件的单位，如果证实挂靠单位按照其单位决策程序作出以被挂靠单位名义实施行贿的行为，所得利益归挂靠单位，挂靠单位涉嫌单位行贿罪。挂靠过程中，被挂靠企业不仅经常被牵涉民事风险，更有可能伴随刑事风险，因此，企业应完善相应的管理制度，规范决策程序和决策机制，避免被牵涉入罪，最好是拒绝挂靠。《建筑法》第26条明确规定，禁止建筑施工企业超越本企业资质等级许可的业务范围或者以任何形式用其他建筑施工企业的名义承揽工程。禁止建筑施工企业以任何形式允许其他单位或者个人使用本企业的资质证书、营业执照，以本企业的名义承揽工程。

三、避免企业承包过程中涉罪

承包是指行为人通过签订承包合同，取得对企业的经营管理权，并以该企业的名义从事经营活动。采用承包方式经营的单位实施行贿行为的性质，企业需要结合实际综合分析并加以防范。一种是个人承包，发包单位已经转让了部分或全部企业所有权，承包人合法取得了单位经营资格，获取收益属于承包人个人，单位利益与个人利益发生了混同，如果承包人实施行贿犯罪，违法所得归个人所有，应以个人行贿处理。另一种是发包人在被承包人单位中有出资且对承包人具有管制职能，企业按照发包单位的意志运转，此时承包人如以单位名义行贿，其所得的利益包含了单位利益，将涉嫌单位行贿罪。

四、避免员工个人行贿被认定为单位行贿

无论是个人行贿还是单位行贿，具体行为的实施者都是个人，企业要避免在不知情的情况下，因员工个人行为卷入单位行贿而受到处罚，因此，要把握辨识行贿罪与单位行贿罪的界限范围。首先，看该行为是否在员工的职务范围内，或者是否与单位业务有关；其次，违法所得利益是否归属于单位。如果行为人利用职务权限，通过正常工作流程，代表公司做出的行为，利益归于公司的，应当由公司承担责任。因此企业要加强这方面的刑事风控，在职务权限、工作流程和利益归属方面进行相关制度建设、采取有效的防控措施，特别是在利益归属方面，企业需要高度重视。根据《最高人民法院关于审理单位犯罪案件具体应用法律有关问题的解释》第 3 条的规定，如果盗用单位名义实施犯罪，违法所得由实施犯罪的个人私分的，依照刑法有关自然人犯罪的规定定罪处罚。

五、正确界定“谋取不正当利益”的本质，避免涉罪

行贿罪中的“谋取不正当利益”是指行贿人谋取的利益违反法律、法规、规章、政策规定，或者要求国家工作人员违反法律、法规、规章、政策、行业规范的规定，为自己提供帮助或者方便条件。“谋取不正当利益”包括两种情况：一是谋取的利益本身不合法或不符合政策规定，即内容不正当，如意图获取法律禁止的利益；二是虽然利益本身正当，但获取该利益不符合市场经济精神，如违背平等、自由、理性、公平等，因此，违背市场经济精神、破坏市场经济规则也是行贿罪侵害的法益，也应当归入不正当利益。司法实践中，对“谋取不正当利益”的认定范畴是非常广泛的，根据《最高人民法院、最高人民检察院关于办理行贿刑事案件具体应用法律若干问题的解释》第 12 条的规定，行贿犯罪中的“谋取不正当利益”，包括违背公平、公正原则,在经济、组织人事管理等活动中,谋取市场竞争优势的,也应当认定为“谋取不正当利益”。现实中,很多行贿人辩解自己谋取的是正当利益或合法利益,并非非法利益,但鲜为法院认可,千万不可心存侥幸。

六、把握时机积极挽救,避免责任加重

根据《刑法》第390条第2款的规定,行贿人在被追诉前主动交代行贿行为的,可以从轻或者减轻处罚。其中,犯罪较轻的,对侦破重大案件起关键作用的,或者有重大立功表现的,可以减轻或者免除处罚。

行贿人被追诉后如实供述自己罪行的,可以从轻处罚;因其如实供述自己罪行,避免特别严重后果发生的,可以减轻处罚。另根据《最高人民法院、最高人民检察院关于办理职务犯罪案件认定自首、立功等量刑情节若干问题的意见》,单位犯罪案件中,单位集体决定或者单位负责人决定而自动投案,如实交代单位犯罪事实的,或者单位直接负责的主管人员自动投案,如实交代单位犯罪事实的,应当认定为单位自首。单位自首的,直接负责的主管人员和直接责任人员未自动投案,但如实交代自己知道的犯罪事实的,可以视为自首。单位没有自首,直接责任人员自动投案并如实交代自己知道的犯罪事实的,对该直接责任人员应当认定为自首。对于具有自首情节的,可以根据综合情况,依法从轻、减轻或者免除处罚。

第五节　对非国家工作人员行贿罪

刑事责任

《刑法》第164条规定:为谋取不正当利益,给予公司、企业或者其他单位的工作人员以财物,数额较大的,处3年以下有期徒刑或者拘役,并处罚金;数额巨大的,处3年以上10年以下有期徒刑,并处罚金。

为谋取不正当商业利益,给予外国公职人员或者国际公共组织官员以财物的,依照前款的规定处罚。

单位犯前两款罪的，对单位判处罚金，并对其直接负责的主管人员和其他直接责任人员，依照第1款的规定处罚。

行贿人在被追诉前主动交代行贿行为的，可以减轻处罚或者免除处罚。

立案标准

根据《最高人民检察院、公安部关于公安机关管辖的刑事案件立案追诉标准的规定（二）》（2022修订）第11条的规定，为谋取不正当利益，给予公司、企业或者其他单位的工作人员以财物，个人行贿数额在3万元以上的，单位行贿数额在20万元以上的，应予立案追诉。

典型案例　沈某东对非国家工作人员行贿案

案号：（2014）常刑二终字第57号

【案情简介】

2003年4月28日至2006年8月1日，被告人沈某东受聘在中银证券定息收益部任职，2005年7月1日，被告人沈某东经中银证券授权可以在银行间和交易所市场进行债券交易，2006年5月25日，中银证券授权沈某东可以签字确认本人和其他交易员的成交通知单。

被告人徐某祝，2004年10月至2008年9月，受聘在齐鲁银行资金营运部从事银行间市场交易工作；2008年9月至2010年4月，任金融市场部业务主管，负责债券交易工作；2010年4月至2012年9月，任金融市场部总经理助理，负责交易中心工作；2012年9月，任金融市场部副总经理，负责票据中心、交易中心工作。被告人徐某祝，2004年12月17日，取得银行间同业拆借市场交易员资格；2007年7月13日，取得债券托管结算业务资格。

2005年8月8日，上海普银成立，法定代表人为蒋某（沈某东之岳父），股东为蒋某、沈某（沈某东之妹），后上海普银与昆明市商业银行（后更名为富滇银行）签订债券代理结算主协议，并开设债券托管丙类账户，后上海普银先后将债券托管账户转入兴业银行、民生银行。2009年11月，上海普银将债券托管账户转入恒丰银行股份有限公司(以下简称恒丰银行)。2006 年,上海乾银成立,法定代表人为黄某(沈某东之外祖母),股东为黄某、沈某。2006 年 3 月,上海乾银与南京市商业银行(以下简称南京银行)签订债券结算代理业务主协议,并开设债券托管丙类账户,后上海乾银将债券托管账户转入富滇银行。上海乾银、上海普银成立后,被告人沈某东实际控制上述公司从事银行间债券交易。

一、职务侵占

2005 年至 2010 年,被告人沈某东单独或者伙同徐某祝等人利用债券交易员的职务便利,采用将单位债券以较低价格卖出、较高价格买入等手段,将银行等金融机构单位所有的债券利益转移给沈某东控制的丙类账户,后由个人私分非法占为己有。被告人沈某东参与债券交易 40 笔,职务侵占数额人民币 3397.054 万元(以下币种均为人民币),被告人徐某祝参与债券交易 11 笔,职务侵占数额 291.56402 万元。

(一)2005 年 11 月至 2006 年 7 月,被告人沈某东利用自己担任中银证券债券交易员的职务便利,将中银证券的自营债券以较低的价格卖出给自己控制的丙类账户上海普银、上海乾银的代理行,代理行按照事先与丙类户签订的协议,根据沈某东买入、卖出债券的指令,按照代理债券买卖的方式,将债券以市场价格卖出给其他的金融机构,或者让中银证券以较高的价格从自己控制的丙类账户买入债券,从而将中银证券本单位的债券利益转移给自己控制的丙类账户。被告人沈某东采用上述手段先后进行债券交易 13 笔,侵占中银证券单位利益共计 480.57 万元归其个人使用。具体事实分述如下:

1.2005 年 11 月 10 日,被告人沈某东以中银证券的名义与湖北仙桃农村商业银行股份有限公司(以下简称仙桃农商行)的邓某口头约定,由仙桃农商行出资买入券面总额 3000 万元的“04 国债 04”债券并为中银证券代持。2006 年 1 月 18 日该债券市场价格上涨后,被告人沈某东指令邓某将该债券以约定价格卖出给富滇银行。同日,根据沈某东的指令,富滇银行按照代理债券买卖的方式,以市场价格卖出给中国银行股份有限公司(以下简称中国银行)。后沈某东安排中国银行以过券的方式买入该债券并卖出给中银证券。沈某东通过上海普银从上述债券交易中非法获利 86.4 万元。

2.2005年11月17日,被告人沈某东以中银证券的名义,安排中国银行的何某以过券的方式,从中银证券低价买入单位自营的券面总额5000万元的“03国债11”债券后,再卖出给上海普银的代理行富滇银行。同日根据沈某东的指令,富滇银行按照代理债券买卖的方式,以市场价格将债券卖给南京银行。沈某东通过上海普银从上述债券交易中非法获利5.5万元。

3.2005年12月8日,被告人沈某东以中银证券的名义,安排中国银行的何某以过券的方式,买入中银证券单位自营的券面总额6000万元的“02国债15”债券后卖出给仙桃农商行,同时沈某东与仙桃农商行的邓某口头约定让对方出资为中银证券买入该债券并持有一段时间,到期后将指令仙桃农商行以约定价格卖出给第三方,并以交易差价方式支付仙桃农商行因使用自有资金为中银证券持有债券而事先约定好的收益,其间,债券涨跌的风险由中银证券承担(以上交易方式以下简称代持)。2006年1月17日该债券市场价格上涨后,被告人沈某东又安排中国银行以过券的形式从仙桃农商行买入债券并卖出给富滇银行。同日,根据沈某东的指令,富滇银行按照代理债券买卖的方式,以市场价格卖出给湖北省农村信用社。沈某东通过上海普银从上述债券交易中非法获利91.8万元。

4.2005年12月14日,被告人沈某东以中银证券的名义,安排中国银行的何某以过券的方式,买入中银证券自营的券面总额4000万元的“03国债07”债券并卖出给仙桃农商行,同时沈某东口头委托仙桃农商行的交易员邓某让对方为中银证券代持该债券。2005年12月19日,该债券市场价格上涨后,被告人沈某东又安排中国银行的黄某以过券的方式从仙桃农商行买入债券并卖出给富滇银行。同日,根据沈某东的指令,富滇银行按照代理债券买卖的方式,以市场价格卖出给广州银行股份有限公司(以下简称广州银行)。沈某东通过上海普银从上述债券交易中非法获利18.72万元。

5.2005年12月14日,被告人沈某东以中银证券的名义,安排中国银行的何某以过券的方式,买入中银证券单位自营的券面总额3000万元的“04国债07”债券后卖出给仙桃农商行,同时沈某东与仙桃农商行的邓某口头约定让对方为中银证券代持该债券。2006年1月17日该债券市场价格上涨后,被告人沈某东指令邓某将该债券以约定价格卖出给富滇银行。同日,根据沈某东的指令,富滇银行按照代理债券买卖的方式,以市场价格卖出给中银证券。沈某东通过上海普银从上述债券交易中非法获利60.75万元。

6.2006年1月4日,被告人沈某东以中银证券的名义与浙商银行股份有限公司(以下简称浙商银行)的刘某口头约定,将中银证券单位自营的券面总额4000万元的“03国债11”债券卖出给浙商银行进行代持。2006年1月19日,该债券市场价格上涨后,被告人沈某东又指令刘某将该债券以约定的价格卖出给富滇银行。同日,根据沈某东的指令,富滇银行按照代理债券买卖的方式,以市场价格卖出给中国银行。后沈某东再安排中国银行的何某以过券的形式买入该债券并卖出给中银证券。沈某东通过上海普银从上述债券交易中非法获利56.16万元。

7.2006年3月17日,被告人沈某东以中银证券的名义,委托浙商银行的刘某从中国国际金融有限公司(以下简称中金公司)买入券面总额4000万元的“06华润债”债券并代持。2006年3月20日,中银证券从浙商银行购回该债券,同日沈某东将中银证券单位自营的该债券低价卖给上海乾银的代理行南京银行。同日根据沈某东的指令,由南京银行按照代理债券买卖的方式,以市场价格卖出给富滇银行。沈某东通过上海乾银从上述债券交易中非法获利68.76万元。

8.2006年3月21日,被告人沈某东以中银证券的名义,安排中国银行的赵某玲以过券的方式,以较低价格买入中银证券单位自营的券面总额2000万元的“03国债07”债券并卖出给富滇银行。同日根据沈某东的指令,富滇银行按照代理债券买卖的方式,以市场价格卖出给厦门银行股份有限公司。沈某东通过上海普银从上述债券交易中非法获利4.5万元。

9.2006年3月22日,被告人沈某东以中银证券的名义与浙商银行的刘某口头约定,由浙商银行为中银证券向招商银行股份有限公司(以下简称招商银行)申购券面总额3000万元的“06京机电CP01”债券并代持。2006年3月23日,沈某东指令浙商银行将该债券以约定价格卖出给中银证券,后沈某东将中银证券单位自营的该债券以低价卖出给南京银行。同日根据沈某东的指令,南京银行按照代理债券买卖的方式，以市场价格卖出给中国人寿资产管理有限公司。沈某东通过上海乾银从上述债券交易中非法获利21.33万元。

10.2006年5月30日，被告人沈某东以中银证券的名义，安排中国银行的高某以过券的方式较低价格买入中银证券单位自营的券面总额2000万元的“03国债11”债券并卖出给南京银行。同日，根据沈某东的指令，南京银行按照代理债券买卖的方式，以市场价格卖出给民生银行。沈某东通过上海乾银从上述债券交易中非法获利9.36万元。

11.2006年5月31日，被告人沈某东以中银证券的名义与浙商银行的刘某口头约定，由浙商银行为中银证券向招商银行申购券面总额5000万元的“06皖高速CP01”债券并代持。2006年6月1日，沈某东指令浙商银行以约定价格将该债券卖出给中银证券，沈某东将中银证券单位自营的该债券低价卖出给富滇银行。同日，根据沈某东的指令，富滇银行按照代理债券买卖的方式，以市场价格卖出给南京银行。沈某东通过上海普银从上述债券交易中非法获利22.59万元。

12.2006年6月13日，被告人沈某东以中银证券的名义，安排中国银行的赵某玲以过券的方式较低价格买入中银证券单位自营的券面总额2000万元的“05国债11”债券并卖出给南京银行。同日，根据沈某东的指令，南京银行按照代理债券买卖的方式，以市场价格卖出给西安银行股份有限公司。沈某东通过上海乾银从上述债券交易中非法获利17.64万元。

13.2006年7月17日，被告人沈某东以中银证券的名义，安排中国银行的何某以过券的方式较低价格买入中银证券单位自营的券面总额2000万元的“03国债11”债券并卖出给南京银行。同日，根据沈某东的指令，南京银行按照代理债券买卖的方式，以市场价格卖出给民生银行。沈某东通过上海乾银从上述债券交易中非法获利17.06万元。

(二)2008年8月至2010年8月，被告人徐某祝、沈某东经事先共谋，为在银行间债券交易市场中通过债券交易共同谋取利益，商定利用徐某祝担任齐鲁银行债券交易员的职务便利，与沈某东控制的丙类账户上海乾银、上海普银共同合作进行债券交易，由被告人徐某祝将齐鲁银行的自营债券以较低价格卖出给沈某东控制丙类账户的代理行。代理行按照代理债券买卖的方式,以市场价格卖出给其他金融机构,从而将齐鲁银行本单位的债券利益转移给沈某东控制的丙类账户,并约定将获利以五五开的比例进行私分。被告人徐某祝、沈某东采用上述手段先后共同进行11笔债券交易,侵占齐鲁银行单位利益共计291.56402万元,其中被告人徐某祝得款144.620745万元。具体事实分述如下:

1.2008年8月6日,被告人徐某祝、沈某东经事先商定,由徐某祝将齐鲁银行自营的券面总额1000万元的"08湘华菱CP01"债券以较低价格卖出给上海普银的代理行兴业银行。同日,根据沈某东的指令,兴业银行按照代理债券买卖的方式,以市场价格卖出给中金公司。沈某东、徐某祝通过上海普银从上述债券交易中非法获利1830元。

2.2009年9月24日,被告人徐某祝、沈某东经事先商定,由徐某祝安排上海农村商业银行股份有限公司(以下简称上海银行)的张某甲以过券的方式,以较低价格买入齐鲁银行自营的券面总额5000万元的"09三一MTN1"债券并于同日卖出给兴业银行。同日,根据沈某东的指令,兴业银行按照代理债券买卖的方式,分两次以市场价格卖出给东莞证券有限责任公司。沈某东、徐某祝通过上海乾银从上述债券交易中非法获利14.18万元。

3.2010年3月29日,被告人徐某祝、沈某东经事先商定,由徐某祝安排宁夏银行以过券的方式较低价格买入齐鲁银行自营的券面总额5000万元的"09赣州发展债"债券并卖出给上海普银的代理行恒丰银行。同日,根据沈某东的指令,恒丰银行按照代理债券买卖的方式,以市场价格卖出给瑞丰农村商业银行股份有限公司。沈某东、徐某祝通过上海普银从上述债券交易中非法获利36.875万元。

4.2010年4月14日,被告人徐某祝、沈某东经事先商定,由徐某祝安排上海证券有限责任公司(以下简称上海证券)的凌某泓以过券的方式较低价格买入齐鲁银行自营的券面总额1亿元的"09永煤MTN1"债券并卖出给恒丰银行。同日,根据沈某东的指令,恒丰银行按照代理债券买卖的方式,以市场价格卖出给交通银行。沈某东、徐某祝通过上海普银从上述债券交易中非法获利19.14

万元。

5.2010年4月15日,被告人徐某祝、沈某东经事先商定,由徐某祝安排国金证券股份有限公司(以下简称国金证券)以过券的方式较低价格买入齐鲁银行自营的券面总额18,000万元的“09川化MTN1”债券并卖出给恒丰银行。同日,根据沈某东的指令,由恒丰银行按照代理债券买卖的方式,以市场价格卖出给广州证券有限责任公司(以下简称广州证券)。沈某东、徐某祝通过上海普银从上述债券交易中非法获利48.38652万元。

6.2010年4月15日,被告人徐某祝、沈某东经事先商定,由徐某祝安排上海证券的凌某泓以过券的方式较低价格买入齐鲁银行自营的券面总额1.3亿元的“09厦港务MTN1”债券并卖出给恒丰银行。同日根据沈某东的指令,恒丰银行按照代理债券买卖的方式,以市场价格卖出给东海证券股份有限公司(以下简称东海证券)。沈某东、徐某祝通过上海普银从上述债券交易中非法获利18.278万元。

7.2010年7月8日,被告人徐某祝、沈某东经事先商定,由徐某祝安排民生银行的熊某采过券的方式,以较低的价格买入齐鲁银行自营的券面总额2000万元的“09哈城投债”债券并卖出给恒丰银行。同日,根据沈某东的指令,恒丰银行按照代理债券买卖的方式,以市场价格卖出给东海证券。沈某东、徐某祝通过上海普银从上述债券交易中非法获利27.209万元。

8.2010年7月8日,被告人徐某祝、沈某东经事先商定,由徐某祝安排民生银行的熊某以过券的方式,以较低价格买入齐鲁银行自营的券面总额5000万元的“09神火债”债券并卖出给恒丰银行。同日,根据沈某东的指令,恒丰银行按照代理债券买卖的方式,以市场价格卖出给长城证券有限责任公司。沈某东、徐某祝通过上海普银从上述债券交易中非法获利31.6225万元。

9.2010年7月9日,被告人徐某祝、沈某东经事先商定,由沈某东安排珠海华润银行股份有限公司(以下简称珠海华润银行)的邝某以过券的方式较低价格买入齐鲁银行自营的券面总额5000万元的“10萍乡城投债”债券并卖出给恒丰银行。同日,根据沈某东的指令,恒丰银行按照代理债券买卖的方式,以市场价格卖出给英大证券有限责任公司。沈某东、徐某祝通过上海普银从上述债券交易中非法获利27.0725万元。

10.2010年7月14日,被告人徐某祝、沈某东经事先商定,由沈某东安排珠海华润银行的邝某以过券的方式较低价格买入齐鲁银行自营的券面总额5000万元的“09盐国资债”债券并卖出给恒丰银行。同日,根据沈某东的指令,恒丰银行按照代理债券买卖的方式,以市场价格卖出给交银国信中咨东方二号资金信托计划。沈某东、徐某祝通过上海普银从上述交易中非法获利59.3775万元。

11.2010年8月6日,被告人徐某祝、沈某东经事先商定,由徐某祝将齐鲁银行自营的券面总额10,000万元的“09兴蓉债”债券以较低价格卖出给恒丰银行。同日,根据沈某东的指令,恒丰银行按照代理债券买卖的方式,以市场价格卖出给长城证券。沈某东、徐某祝通过上海普银从上述债券交易中非法获利9.24万元。

(三)2006年3月至6月,被告人沈某东与刘某(另案处理)经事先共谋,为在银行间债券市场中通过债券交易共同谋取利益,商定利用刘某的浙商银行债券交易员的职务便利与沈某东控制的丙类账户公司共同合作进行债券交易,由刘某将浙商银行自身的债券配置需求告知沈某东后,沈某东控制的丙类账户上海乾银、上海普银的代理行以市场价格购入浙商银行所需债券,代理行按照代理债券买卖的方式,将债券以二人共同确定的、较高的价格(在前述购买价格上加价)卖出给浙商银行。上述行为提高了浙商银行的交易成本,将本应属于浙商银行的利益转移给沈某东控制的丙类账户,并约定将非法获利按比例进行私分。被告人沈某东伙同刘某采用上述手段先后共同进行8笔债券交易,侵占浙商银行单位利益共计999.3万元,其中刘某分得赃款299.97万元。具体事实分述如下:

1.2006年3月30日,刘某告知沈某东浙商银行需要的债券信息后,被告人沈某东指令上海乾银的代理行南京银行,以市场价格从长江证券股份有限公司买入券面总额8500万元的“01国开16”债券,同日由南京银行按照代理债券买卖的方式,将债券以较高价格卖出给浙商银行。沈某东、刘某通过上海乾银从上述债券交易中非法获利94.86万元。

2.2006年3月31日,刘某告知沈某东浙商银行需要的债券信息后,由沈某东指令上海普银的代理行富滇银行,以市场价格从国海证券股份有限公司(以下简称国海证券)买入券面总额2亿元的“05国债12”债券,同日由富滇银行按照代理债券买卖的方式,将债券以较高的价格卖出给沈某东事先安排的中国银行,中国银行以过券的方式买入债券并卖出给浙商银行。沈某东、刘某通过上海普银从上述债券交易中非法获利153万元。

3.2006年5月19日,刘某告知沈某东浙商银行需要的债券信息后,由沈某东安排中银国际、中国银行以过券的方式,先后以市场价格从长沙银行买入券面总额1亿元的“05国债12”债券,后指令上海普银的代理行富滇银行从中国银行买入该债券,同日由富滇银行按照代理债券买卖的方式,将债券以较高价格卖出给浙商银行。沈某东、刘某通过上海普银从上述债券交易中非法获利98.1万元。

4.2006年5月23日,刘某告知沈某东浙商银行需要的债券信息后,由沈某东安排中银证券、中国银行以过券的方式,先后以市场价格从长沙银行买入券面总额10,000万元的“05国债12”债券,后指令上海乾银的代理行南京银行从中国银行买入该债券,同日由南京银行按照代理债券买卖的方式,将债券以较高价格卖出给浙商银行。沈某东、刘某通过上海乾银从上述债券交易中非法获利93.6万元。

5.2006年6月1日,刘某告知沈某东浙商银行需要的债券信息后,由沈某东指令上海乾银的代理行南京银行,以市场价格从中国平安人寿保险股份有限公司(以下简称平安人寿)买入券面总额2亿元的“03国开01”债券,同日由南京银行按照代理债券买卖的方式,以较高价格分两次将券面总额各1亿元的债券卖出给浙商银行。沈某东、刘某通过上海乾银从上述债券中非法获利162.2万元。

6.2006年6月2日,刘某告知沈某东浙商银行需要的债券信息后,由沈某东安排中银国际以过券的方式,以市场价格从长沙银行买入券面总额1亿元的“05国债12”债券,后沈某东指令上海乾银的代理行南京银行从中银国际买入该债券,同日由南京银行按照代理债券买卖的方式,将债券以较高价格卖出给浙商银行。沈某东、刘某通过上海乾银从上述债券交易中非法获利98.8万元。

7.2006年6月6日,刘某告知沈某东浙商银行需要的债券信息后,由沈某东安排中银国际以过券的方式,以市场价格从平安人寿买入券面总额1.2亿元的“01国债04”债券,后沈某东指令上海乾银的代理行南京银行从中银证券买入该债券,同日由南京银行按照代理债券买卖的方式,以较高价格分两次将券面总额各6000万元的债券卖出给浙商银行。沈某东、刘某通过上海乾银从上述债券交易中非法获利110.64万元。

8.2006年6月8日,刘某告知沈某东浙商银行需要的债券信息后,由沈某东安排中银证券以过券的方式,以市场价格从平安人寿买入券面总额2亿元的“01国债11”债券,后沈某东指令上海普银的代理行富滇银行从中银证券买入该债券,同日由富滇银行按照代理债券买卖的方式,以较高的价格分两次将券面总额各1亿元的债券卖出给浙商银行。沈某东、刘某通过上海普银从上述债券交易中非法获利188.1万元。

(四)2008年8月至12月,被告人沈某东与吴某(另案处理)经事先共谋,为在银行间债券市场中通过债券交易共同谋取利益,商定利用吴某担任嘉实基金管理有限公司(以下简称嘉实基金)基金经理的职务便利,与沈某东控制的丙类账户上海普银、上海乾银共同合作进行债券交易,由吴某以嘉实基金的名义先委托其他金融机构出资买入并代持债券,到约定期限后再通过控制债券交易环节和价格要素,将债券以事先约定的价格卖出给沈某东控制丙类账户的代理行。代理行按照事先与丙类账户签订的协议,根据沈某东买入、卖出债券的指令,按照代理债券买卖的方式,将债券以市场价格卖出给吴某事先联系好的金融机构。整个交易过程中,吴某始终操纵债券在外部进行流转,而未代表嘉实基金购入上述债券,从而将嘉实基金本单位应得的债券利益转移至沈某东控制的丙类账户,获利后被告人沈某东与吴某以四六开的比例进行私分。被告人沈某东伙同吴某采用上述手段先后共同合作进行债券交易5笔,共同侵占嘉实基金单位利益共计1420.78万元,吴某分得赃款851.88万元,沈某东分得赃款568.9万元。具体事实分述如下:

1.2008年8月,吴某以嘉实基金的名义,口头委托中国银行债券交易员奚某在债券一级市场代申购券面总额5亿元的“08进出06”债券。8月25日债券上市当天，吴某为嘉实基金从中国银行买入券面总额2亿元的该债券，同时吴某口头委托奚某让中国银行代持剩余的券面总额3亿元的债券。后奚某又再次委托上海银行为中国银行代持上述债券。

(1)2008年9月11日，吴某指令奚某，由中国银行以约定价格从上海银行购回了1.5亿元的“08进出06”债券，同时吴某指令南京银行交易员史某，以过券的方式从中国银行买入该债券，再将其中1亿元的债券卖出给上海普银的代理行民生银行，同时沈某东按照吴某的安排，指令民生银行从南京银行买入该1亿元的债券，同日由民生银行按照代理债券买卖的方式，以市场价格将债券卖出给吴某事先联系好的汇添富均衡增长基金（以下简称汇添富基金）。沈某东、吴某通过上海普银从上述债券交易中非法获利123.15万元。

(2)2008年9月25日，吴某指令奚某，由中国银行以约定价格从上海银行购回了5000万元的“08进出06”债券，同时安排交通银行交易员葛某以过券的方式从中国银行买入债券并卖出给民生银行，同时沈某东按照吴某的安排，指令民生银行从交通银行买入上述债券，同日由民生银行按照代理债券买卖的方式，以市场价格将债券卖出给吴某事先联系好的汇添富基金。沈某东、吴某通过上海普银从上述债券交易中非法获利115.35万元。

(3)2008年10月8日，吴某指令奚某，由中国银行以约定价格从上海银行购回了1亿元的“08进出06”债券，同时安排交通银行葛某以过券的方式从中国银行买入债券并卖出给民生银行，同时沈某东按照吴某的安排，指令民生银行从交通银行买入上述债券，同日由民生银行按照代理债券买卖的方式，以市场价格将债券卖出给吴某事先联系好的汇添富基金。沈某东、吴某通过上海普银从上述债券交易中非法获利254.87万元。

2.2008年8月，吴某以嘉实基金的名义，口头委托华夏银行股份有限公司（以下简称华夏银行）的债券交易员刘某为嘉实基金出资买入并代持券面总额2亿元“08央行票据34”债券。8月27日，华夏银行由刘某经手从南京银行买入2亿元的上述债券为嘉实基金代持。10月22日，吴某指令刘某将代持的债券卖出给上海乾银的代理行富滇银行，后经刘某安排南京银行以过券的方式从华夏银行买入上述债券并卖出给富滇银行;同时沈某东按照吴某的安排,指令富滇银行从南京银行买入上述债券,同日由富滇银行按照代理债券买卖的方式,以市场价格将债券卖出给兴业银行。沈某东、吴某通过上海乾银从上述债券交易中非法获利47.25万元。

3.2008年8月底,吴某以嘉实基金的名义,口头委托上海汽车工业(集团)总公司(以下简称上汽公司)的朱某在债券一级市场代申购券面总额3亿元的“08央票101”债券并代持该债券。9月3日,上汽公司出资从中国银行买入6.1亿元的上述债券,其中包括为嘉实基金代持的3亿元债券。10月15日,上汽公司代持上述债券6周后市场价格上涨,吴某指令朱某将代持的3亿元的债券卖出给民生银行,同时沈某东按照吴某的安排,指令民生银行从上汽公司的代理行中国银行买入3亿元的上述债券,同日由民生银行按照代理债券买卖的方式,以市场价格将债券卖出给兴业银行。沈某东、吴某通过上海普银从上述债券交易中非法获利137.49万元。

4.2008年10月,吴某以嘉实基金的名义,委托中国银行的交易员奚某在债券一级市场为嘉实基金代申购券面总额2亿元的“08国开17”债券,后吴某又联系交通银行姜某为嘉实基金出资买入并代持上述债券。10月29日,由吴某签字以嘉实基金名义与交通银行签订了《债券开放式回购合同》,约定11月13日、21日由民生银行分两笔以约定价格回购上述债券。10月30日,交通银行按照约定出资从中国银行为嘉实基金买入并代持2亿元的上述债券,10月31日交通银行又委托哈尔滨银行股份有限公司(以下简称哈尔滨银行)出资买入并代持上述债券,11月6日交通银行向哈尔滨银行购回上述债券。

(1)2008年11月13日,吴某指令交通银行姜某将1亿元的“08国开17”债券卖出给民生银行,同时沈某东按照吴某的安排,指令民生银行从交通银行买入1亿元的上述债券,同日由民生银行按照代理债券买卖的方式,以市场价格将债券卖出给泰康人寿保险股份有限公司。沈某东、吴某通过上海普银从上述债券交易中非法获利350.25万元。

(2)2008年11月27日,吴某指令交通银行姜某将1亿元的“08国开17”债券卖出给民生银行,同时沈某东按照吴某的安排,指令民生银行从交通银行买入1亿元的上述债券,同日由民生银行按照代理债券买卖的方式,以市场价格将债券卖出给中国工商银行股份有限公司。某东、吴某通过上海普银从上述债券交易中非法获利135.38万元。

5.2008年11月底,吴某以嘉实基金名义,口头委托中国银行债券交易员奚某在债券一级市场为嘉实基金代申购并代持券面总额1亿元的"08国开20"债券,奚某又委托该债券承销商华西证券有限责任公司(以下简称华西证券)债券交易员杨某代为申购该债券,华西证券共为中国银行代申购3.5亿元"08国开20"债券。12月1日,债券上市当日,奚某口头委托上海银行为中国银行出资从华西证券买入并代持2亿元的债券,其中1亿元债券系中国银行为嘉实基金代持。12月19日,债券价格上涨后,吴某指令奚某将1亿元的债券卖出,奚某遂按约定价格先从上海银行购回上述债券,再将债券卖出给吴某指定的交通银行,后吴某又安排交通银行葛某以过券的方式买入债券并卖出给民生银行;同时沈某东根据吴某的安排,指令民生银行从交通银行买入1亿元的债券,同日由民生银行按照代理债券买卖的方式,以市场价格将债券卖出给中金公司。沈某东、吴某通过上海普银从上述债券交易中非法获利257.04万元。

(五)2008年5月至11月,被告人沈某东与姜某(另案处理)经事先共谋,为在银行间债券市场中利用债券交易共同谋取利益,商定利用姜某担任交通银行债券交易员的职务便利与沈某东控制的丙类账户合作进行债券交易。姜某采用委托其他金融机构出资买入交通银行的自营债券并代为持有、以交通银行名义为沈某东控制的丙类账户认购债券等方式,通过控制债券交易环节和价格要素,将债券以事先约定的较低价格卖出给沈某东控制的上海普银的代理行,由代理行以代理债券买卖的方式,以市场价格将债券卖出,从而将交通银行本单位的债券利益转移给沈某东控制的上海普银,双方同时约定将获利以五五开的比例进行私分。姜某伙同沈某东先后合作进行债券交易3笔,共同侵占交通银行的单位利益共计204.84万元。具体事实分述如下:

1.2008年5月12日,姜某以交通银行的名义,口头委托海富通基金管理有限公司(以下简称海富通基金)的基金经理张某乙,让海富通精选证券投资基金出资买入交通银行自营的券面总额3亿元的“08央行票据44”债券并为交通银行代持。5月21日，代持到期后姜某未将债券购入至交通银行，而是指令张某乙将债券以约定价格卖出给其指定的上海普银的代理行兴业银行，同时沈某东按照姜某的安排，指令兴业银行买入上述债券，同日由兴业银行按照代理债券买卖的方式，以市场价格将该债券卖出给其事先联系好的富滇银行。沈某东、姜某通过上海普银从上述债券交易中非法获利29.98万元。

2.2008年8月，姜某以交通银行的名义，口头向长江证券的交易员王某甲认购券面总额7.7亿元的“08国开14”债券。8月27日（该债券上市交易首日），姜某未将申购到的债券购入至交通银行，而是指令王某甲将其中券面总额3.2亿元的“08国开14”债券卖出给沈某东事先联系好的富滇银行，并由富滇银行以过券的方式买入债券并卖出给兴业银行。同日，根据沈某东的指令，兴业银行按照代理债券买卖的方式，以市场价格分别卖出给中国银行、长沙市农村信用合作社联合社、德意志银行（中国）股份有限公司上海分行及天津农村商业银行股份有限公司。沈某东、姜某通过上海普银从上述债券交易中非法获利159.88万元。

3.2008年8月18日，姜某以交通银行的名义，口头委托海富通基金的张某乙，将交通银行自营的券面总额1.5亿元的“08央行票据44”债券卖出给海富通精选贰号混合型证券投资基金进行代持。8月21日，代持到期后姜某未将债券购入至交通银行，而是指令张某乙将债券卖出给其指定的兴业银行。同时沈某东按照姜某的安排，指令兴业银行买入上述债券，同日由兴业银行按照代理债券买卖的方式，以市场价格卖出给其事先联系好的中国建设银行股份有限公司。沈某东、姜某通过上海普银从上述债券交易中非法获利14.98万元。

二、挪用资金

2008年6月至2010年7月，被告人徐某祝、沈某东经事先共谋，为在银行间债券市场中进行债券交易共同谋取利益，口头约定让齐鲁银行为沈某东控制的丙类账户出资买入债券并代持。随后被告人徐某祝利用其系齐鲁银行债券交易员的职务便利，在资金审批的过程中隐瞒为行外丙类账户代持债券的事实，个人决定挪用齐鲁银行单位资金为沈某东控制的丙类账户买入债券并代持，到期后齐鲁银行以约定价格将债券卖出给丙类账户，再由丙类账户以市场价格卖出获利，并约定将获利以五五开的比例进行私分，同时约定亏损由二人共同承担。被告人徐某祝、沈某东采用上述方式共同进行24笔债券交易，被告人徐某祝、沈某东共计挪用齐鲁银行资金222,908.09276万元，沈某东、徐某祝通过上海乾银、上海普银从债券交易中非法获利共计1795.13033万元，徐某祝得款741.827256万元，上述被挪用的资金未对齐鲁银行造成直接损失。具体事实分述如下：

1.2008年6月2日，被告人徐某祝、沈某东经事先商定，由齐鲁银行为沈某东控制的丙类账户上海普银代持券面总额3000万元的“08鲁黄金CP01”债券，后徐某祝挪用齐鲁银行资金3004.2万元从中国银行申购该债券为上海普银代持。6月12日，沈某东和徐某祝商定将上述债券卖出获利，由徐某祝将债券卖出给上海普银的代理行兴业银行，同日由兴业银行按照沈某东的指令以代理债券买卖的方式，将上述债券以市场价格卖出给恒泰证券有限责任公司。沈某东、徐某祝通过上海普银从上述债券交易中非法获利6.88万元。

2.2008年6月18日，被告人徐某祝、沈某东经事先商定，由齐鲁银行为沈某东控制的丙类账户上海普银代持券面总额3000万元的“08中铝业MTN1”债券，后徐某祝挪用齐鲁银行资金3000万元从中银证券申购该债券为上海普银代持。6月23日，沈某东和徐某祝商定将上述债券卖出获利，由徐某祝将债券卖出给兴业银行，同日由兴业银行按照沈某东的指令以代理债券买卖的方式，将上述债券以市场价格卖出给南京银行。沈某东、徐某祝通过上海普银从上述债券交易中非法获利4.738万元。

3.2008年6月20日，被告人徐某祝、沈某东经事先商定，由齐鲁银行为沈某东控制的丙类账户上海普银代持券面总额2000万元的“08上海港MTN2”债券，后徐某祝挪用齐鲁银行资金2002.71万元从中国银行申购该债券为上海普银代持。6月27日，沈某东和徐某祝商定将上述债券卖出获利，由徐某祝将债券卖出给兴业银行，同日由兴业银行按照沈某东的指令以代理债券买卖的方式，将上述债券以市场价格卖出给民生证券有限责任公司。沈某东、徐某祝通过上海普银从上述债券交易中非法获利6.1万元。

4.2008年8月8日，被告人徐某祝、沈某东经事先商定，由齐鲁银行为沈某东控制的丙类账户上海普银代持券面总额3000万元的“08中电信MTN1”债券，后由徐某祝挪用齐鲁银行资金3053.324959万元从中信证券股份有限公司买入该债券为上海普银代持。9月19日，沈某东、徐某祝商定将上述债券卖出获利，由徐某祝将债券卖出给民生银行，同日由民生银行按照沈某东的指令以代理债券买卖的方式，将上述债券以市场价格卖出给国家开发银行（以下简称国开行）。沈某东、徐某祝通过上海普银从上述债券交易中非法获利75.747万元。

5.2008年8月14日，被告人徐某祝、沈某东经事先商定，由齐鲁银行为沈某东控制的丙类账户上海普银代持券面总额1000万元的“08湘华菱CP02”债券，后徐某祝挪用齐鲁银行资金1000.48万元从中国银行申购该债券为上海普银代持。8月15日，沈某东和徐某祝商定将上述债券卖出获利，由徐某祝将债券卖出给兴业银行，同日由兴业银行按照沈某东的指令以代理债券买卖的方式，将上述债券以市场价格卖出给上海证券。沈某东、徐某祝通过上海普银从上述债券交易中非法获利8080元。

6.2008年8月14日，被告人徐某祝、沈某东经事先商定，由齐鲁银行为沈某东控制的丙类账户上海乾银代持券面总额1000万元的“07农产品CP01”债券，后徐某祝挪用齐鲁银行资金1051.376803万元从招商银行买入该债券为上海乾银代持。9月8日，沈某东和徐某祝商定将上述债券卖出获利，由徐某祝将债券卖出给上海乾银的代理行富滇银行，同日由富滇银行按照沈某东的指令以代理债券买卖的方式，将上述债券以市场价格卖出给大庆市商业银行股份有限公司。沈某东、徐某祝通过上海乾银从上述债券交易中非法获利8180元。

7.2008年8月26日，被告人徐某祝、沈某东经事先商定，由齐鲁银行为沈某东的丙类账户上海普银代持券面总额2亿元的“08央行票据95”债券，后徐某祝挪用齐鲁银行资金19,233.281918万元从兴业银行买入该债券为上海普银代持。9月11日，沈某东和徐某祝商定将该债券卖出获利，由徐某祝将该债券以约定价格卖出给上海普银的代理行民生银行，同日由民生银行按照沈某东的指令以代理债券买卖的方式，将该债券以市场价格卖出给苏格兰皇家银行（中国）有限公司。沈某东、徐某祝通过上海普银从上述债券交易中非法获利6.34万元。

8.2008年9月1日，被告人徐某祝、沈某东经事先商定，由齐鲁银行为沈某东控制的丙类账户上海普银代持券面总额1000万元的“08鲁晨鸣CP02”债券，后徐某祝挪用齐鲁银行资金1000.951万元从中国银行申购该债券为上海普银代持。9月2日，沈某东和徐某祝商定将上述债券卖出获利，由徐某祝将债券卖出给兴业银行，同日由兴业银行按照沈某东的指令以代理债券买卖的方式，将上述债券以市场价格卖出给国泰君安证券股份有限公司（以下简称国泰君安证券）。沈某东、徐某祝通过上海普银从上述债券交易中非法获利5270元。

9.2008年9月4日，被告人徐某祝、沈某东经事先商定，由齐鲁银行为沈某东控制的丙类账户上海普银代持券面总额3000万元的“08中电投MTN2”债券，后由徐某祝挪用齐鲁银行资金3065.104315万元从国开行买入该债券为上海普银代持。9月27日，沈某东和徐某祝商定将上述债券卖出获利，由徐某祝将债券卖出给民生银行，同日由民生银行按照沈某东的指令以代理债券买卖的方式，将上述债券以市场价格卖出给广州银行。沈某东、徐某祝通过上海普银从上述债券交易中非法获利98.28万元。

10.2008年10月13日，被告人徐某祝、沈某东经事先商定，由齐鲁银行为沈某东控制的丙类账户上海乾银代持券面总额3000万元的“08沙钢CP01”债券，后由徐某祝挪用齐鲁银行资金3001.425万元从中国银行申购该债券为上海乾银代持。10月14日，沈某东和徐某祝商定将上述债券卖出获利，由徐某祝将债券卖出给富滇银行，同日由富滇银行按照沈某东的指令以代理债券买卖的方式，将上述债券以市场价格卖出给上海证券。

11.2008年10月13日，被告人徐某祝、沈某东经事先商定，由齐鲁银行为沈某东控制的丙类账户上海乾银代持券面总额3000万元的“08鲁黄金CP02”债券，后由徐某祝挪用齐鲁银行资金3002.856万元从中国银行申购该债券为上海乾银代持。10月14日,沈某东和徐某祝商定将上述债券卖出获利,由徐某祝将债券卖出给富滇银行,同日由富滇银行按照沈某东的指令以代理债券买卖的方式,将上述债券以市场价格卖出给交通银行。沈某东、徐某祝通过上海乾银从上述“08沙钢CP01”“08鲁黄金CP02”债券交易中共非法获利5.421万元。

12.2008年10月15日,被告人徐某祝、沈某东经事先商定,由齐鲁银行为沈某东控制的丙类账户上海乾银代申购“08央票112”债券。后由徐某祝挪用齐鲁银行资金27,000.4万元从债券一级市场申购券面总额2.8亿元的该债券为上海乾银代持。同日,徐某祝先后二次将债券以分销价格卖出给富滇银行,同日由富滇银行按照沈某东的指令以代理债券买卖的方式,将上述债券以市场价格卖出给中国银行。沈某东、徐某祝通过上海乾银从上述债券交易中非法获利30.618万元。

13.2008年11月6日,被告人徐某祝、沈某东经事先商定,由齐鲁银行为沈某东控制的丙类账户上海普银代持“08国开18”债券。后由徐某祝挪用齐鲁银行资金39,955万元从一级市场买入4亿元的该债券为上海普银代持。11月18日,沈某东和徐某祝商定,先卖出其中2亿元的债券,于是徐某祝将2亿元的债券卖出给民生银行,同日由民生银行按照沈某东的指令以代理债券买卖的方式,将上述债券以市场价格卖出给中国银行;11月27日,沈某东和徐某祝商定,将剩余的2亿元债券卖出,于是徐某祝将该债券卖出给民生银行,同日由民生银行按照沈某东的指令以代理债券买卖的方式,将上述债券以市场价格卖出给德意志银行(中国)股份有限公司(以下简称德意志银行)和上海银行。沈某东、徐某祝通过上海普银从上述债券交易中非法获利443.02万元。

14.2010年1月6日,被告人徐某祝、沈某东经事先商定,由齐鲁银行为沈某东控制的丙类账户上海普银代持券面总额2000万元的“09北营钢CP01”债券,后徐某祝挪用齐鲁银行资金2007.103315万元从恒丰银行买入该债券为上海普银代持。1月21日,沈某东和徐某祝决定将上述债券委托东吴证券股份有限公司(以下简称东吴证券)代持,于是被告人徐某祝将债券委托东吴证券进行代持，1月28日，沈某东和徐某祝决定将上述债券卖出获利，于是沈某东指令东吴证券卖出债券，并安排宁夏银行以过券的方式买入债券并卖出给上海普银的代理行恒丰银行，同日由恒丰银行按照沈某东的指令以代理债券买卖的方式，将上述债券以市场价格卖出给齐鲁银行。沈某东、徐某祝通过上海普银从上述债券交易中非法获利7.97438万元。

15.2010年1月6日，被告人徐某祝、沈某东经事先商定，由齐鲁银行为沈某东控制的丙类账户上海普银代持券面总额2000万元的"09阳光CP01"债券，后由徐某祝挪用齐鲁银行资金2012.153151万元从银华增强收益基金买入2000万元该债券为上海普银代持。1月21日，沈某东和徐某祝决定将债券委托东吴证券代持，于是徐某祝将债券委托东吴证券进行代持。1月28日，沈某东和徐某祝决定将上述债券卖出获利，于是沈某东指令东吴证券卖出债券，并安排宁夏银行以过券的方式买入债券并卖出给恒丰银行，同日由恒丰银行按照沈某东的指令以代理债券买卖的方式，将上述债券以市场价格卖出给齐鲁银行。沈某东、徐某祝通过上海普银从上述债券交易中非法获利7.40654万元。

16.2010年1月7日，被告人徐某祝、沈某东经事先商定，由齐鲁银行为沈某东控制的丙类账户上海普银代持"09铁十四CP01"债券，后由徐某祝挪用齐鲁银行资金1008.597219万元从国泰君安证券买入1000万元的该债券为上海普银代持；1月11日，徐某祝又挪用齐鲁银行资金2017.249562万元从国泰君安证券买入2000万元该债券为上海普银代持。1月21日，沈某东和徐某祝决定将上述债券委托东吴证券代持，于是徐某祝将债券委托东吴证券进行代持。1月28日，沈某东和徐某祝决定将上述债券卖出获利，于是沈某东指令东吴证券卖出债券，并安排宁夏银行以过券的方式买入债券并卖出给恒丰银行，同日由恒丰银行按照沈某东的指令以代理债券买卖的方式，将上述债券以市场价格卖出给齐鲁银行。沈某东、徐某祝通过上海普银从上述债券交易中非法获利8.91805万元。

17.2010年1月8日，被告人徐某祝、沈某东经事先商定，由齐鲁银行为沈某东控制的丙类账户上海普银代持"09美邦CP01"债券，后由徐某祝挪用齐鲁银行资金3020.183795万元从中银证券买入3000万元的该债券为上海普银代持；同日徐某祝又挪用齐鲁银行资金2014.369863万元从全国社保基金602组合买入2000万元的该债券为上海普银代持；1月11日，徐某祝再次挪用齐鲁银行资金5038.179178万元从汇添富基金买入5000万元该债券为上海普银代持。1月21日，沈某东和徐某祝决定将1亿元的债券委托东吴证券代持，于是徐某祝将债券委托东吴证券进行代持。1月28日，沈某东和徐某祝决定将上述债券卖出获利，于是沈某东指令东吴证券卖出债券，并安排宁夏银行以过券的方式买入债券并卖出给恒丰银行，同日由恒丰银行按照沈某东的指令以代理债券买卖的方式，将上述债券以市场价格卖出给齐鲁银行。沈某东、徐某祝通过上海普银从上述债券交易中非法获利30.2535万元。

18.2010年1月8日，被告人徐某祝、沈某东经事先商定，由齐鲁银行为沈某东控制的丙类账户上海普银代持券面总额2000万元的“09粤温氏CP01”债券，后由徐某祝挪用齐鲁银行资金2019.748137万元从德意志银行买入2000万元的债券为上海普银代持。1月21日，沈某东和徐某祝决定将上述债券委托东吴证券代持，于是徐某祝将债券委托东吴证券进行代持。1月28日，沈某东和徐某祝决定将上述债券卖出获利，于是沈某东指令东吴证券卖出债券，并安排宁夏银行以过券的方式买入债券并卖出给恒丰银行，同日由恒丰银行按照沈某东的指令以代理债券买卖的方式，将上述债券以市场价格卖出给齐鲁银行。沈某东、徐某祝通过上海普银从上述债券交易中非法获利5.4646万元。

19.2010年3月18日，被告人沈某东、徐某祝经事先商定，由齐鲁银行为沈某东控制的丙类账户上海普银代持“10重汽MTN1”“10新汶矿MTN1”债券，后徐某祝挪用齐鲁银行资金5009.5万元从兴业银行申购5000万元的“10重汽MTN1”债券为上海普银代持；同日徐某祝又挪用齐鲁银行资金2013.28万元从中国银行申购面额2000万元的“10新汶矿MTN1”债券为上海普银代持。3月19日，沈某东和徐某祝商定，由徐某祝将上述债券卖出给国金证券，安排国金证券以组合过券的方式以约定价格将这两笔债券买入并卖出给恒丰银行；同日由恒丰银行按照沈某东的指令以代理债券买卖的方式，将上述债券以市场价格卖出给渤海证券有限责任公司。沈某东、徐某祝通过上海普银从上述债券交易中非法获利17.66645万元。

20.2010年4月15日,被告人徐某祝、沈某东经事先商定,由齐鲁银行为沈某东的丙类账户上海普银代持“10新希望MTN1”债券,后由徐某祝挪用齐鲁银行资金12,045万元从兴业银行和中国农业银行股份有限公司申购1.2亿元该债券为上海普银代持。4月19日,沈某东和徐某祝商定将其中4000万元的债券卖出获利,由徐某祝将其中4000万元的债券卖出给恒丰银行,同日由恒丰银行按照沈某东的指令以代理债券买卖的方式,将上述债券以市场价格卖出给国泰君安证券。6月22日,徐某祝和沈某东商定将剩余8000万元的债券卖出获利,于是徐某祝安排民生银行以过券的方式买入债券并卖出给恒丰银行,同日由恒丰银行按照沈某东的指令以代理债券买卖的方式,将上述债券以市场价格卖出给国泰君安证券。沈某东、徐某祝通过上海普银从上述债券交易中非法获利63.4816万元。

21.2010年4月中旬,被告人徐某祝、沈某东经事先商定,由齐鲁银行为沈某东控制的丙类账户上海普银代持“10扬中城投债”债券。4月14日,徐某祝先后两次挪用齐鲁银行资金共计8073.540726万元分别从兴业证券股份有限公司和华泰联合证券股份有限公司买入8000万元的该债券为上海普银代持;4月15日,徐某祝挪用齐鲁银行资金5050.964658万元从华泰证券买入5000万元的债券为上海普银代持;4月19日,徐某祝又先后三次挪用齐鲁银行资金共计4039.441973万元从广发增强债券基金、工行年金广发基金和唐山钢铁年金广发基金买入4000万元的债券为上海普银代持。4月29日,被告人徐某祝将上述1.7亿元的债券委托国海证券代持,5月12日徐某祝又将债券委托中航证券有限责任公司(以下简称中航证券)继续进行代持。中航证券代持的上述债券在5月12日至27日、5月27日至6月10日分别产生60余万元和260余万元盈利。为将上述盈利转移给沈某东丙类账户,徐某祝和沈某东经过商定,先由徐某祝安排中航证券采用以中航证券低价亏损卖出的方式,通过“10央行票据42”债券、“10央行票据32”债券两笔债券交易,将中航证券前述代持获取的盈利返还给齐鲁银行,然后徐某祝再安排齐鲁银行将“10央行票据

42”“10 央行票据 32”两笔债券以过券的方式买入并卖出给恒丰银行，同日由恒丰银行按照沈某东的指令以代理债券买卖的方式将债券以市场价格卖出，从而将 1.7 亿元“10 扬中城投债”债券在中航证券代持期间产生的盈利转移给上海普银。沈某东、徐某祝通过上海普银从上述债券交易中非法获利 299.1898 万元。

22.2010 年 5 月 21 日，被告人徐某祝、沈某东经事先商定，由齐鲁银行为沈某东控制的丙类账户上海普银代持“10 中油股 MTN2”债券，后由徐某祝挪用齐鲁银行资金 10,001.087671 万元从交通银行申购 1 亿元的债券为上海普银代持。5 月 25 日，沈某东和徐某祝商定将债券卖出获利，由徐某祝将债券卖出给恒丰银行，同日由恒丰银行按照沈某东的指令以代理债券买卖的方式，将上述债券以市场价格卖出给上海浦东发展银行股份有限公司。沈某东、徐某祝通过上海普银从中非法获利 68.1772 万元。

23.2010 年 7 月 9 日，被告人徐某祝、沈某东经事先商定，由齐鲁银行为沈某东控制的丙类账户上海普银公司代持券面总额 3.2 亿元的“10 长沙城投债”债券，后由徐某祝先后两次挪用齐鲁银行资金 32,853.168219 万元从第一创业证券有限责任公司买入该债券为上海普银代持。同日，徐某祝将上述债券委托银泰证券有限责任公司进行代持，7 月 22 日齐鲁银行将该债券回购。7 月 26 日，沈某东和徐某祝经商定后，徐某祝将该笔债券以约定价格卖出给恒丰银行，同日由恒丰银行按照沈某东的指令以代理债券买卖的方式，将其中 7000 万元的债券以市场价格卖出给广州证券获利，剩余的 2.5 亿元的债券又委托东吴证券进行代持。7 月 28 日，沈某东指令东吴证券将其中的 1.5 亿元的债券卖给恒丰银行，同日由恒丰银行按照沈某东的指令以代理债券买卖的方式，将债券以市场价格卖出给中国光大银行股份有限公司；另外 1 亿元的债券，沈某东则指令东吴证券卖出给齐鲁银行，7 月 28 日，徐某祝挪用齐鲁银行资金 10,316.905205 万元从东吴证券买入 1 亿元的债券继续为上海普银代持。7 月 30 日，沈某东和徐某祝决定将 1 亿元的债券卖出获利，由徐某祝将债券卖出给恒丰银行，同日由恒丰银行按照沈某东的指令以代理债券买卖的方式，分两次将 1 亿元的债券以市场价格卖出给珠海华润银行、广州证券。沈某东、徐某祝通过上海普银从上述债券交易中非法获利601.35621万元。

24.2010年7月12日，被告人徐某祝、沈某东经事先商定，由齐鲁银行为沈某东控制的丙类账户上海普银代持券面总额5000万元的“10附息国债20”债券，后由徐某祝挪用齐鲁银行资金4996.510091万元从一级市场申购该债券为上海普银代持。7月15日，沈某东和徐某祝决定将债券卖出获利，于是徐某祝将债券卖出给恒丰银行，同日由恒丰银行按照沈某东的指令以代理债券买卖的方式，将上述债券以市场价格卖出给浦发银行。沈某东、徐某祝通过上海普银从上述债券交易中非法获利5.945万元。

三、对非国家工作人员行贿

1.2008年6月，交通银行在承销“08中交建MTN2”债券的过程中，被告人沈某东为了使其控制的丙类账户能够成功申购该债券，先委托宁波鄞州农村合作银行、齐鲁银行、富滇银行等三家金融机构通过代其控制的丙类账户上海普银向交通银行申购该债券。同时，交通银行债券交易员姜某在债券申购过程中接受沈某东的请托，帮助联系光大证券、中信建投、河北银行等三家金融机构为其丙类账户进行代申购。后姜某利用其债券交易员身份，帮助沈某东向本单位债券发行部门的冯某推荐上述六家金融机构。6月5日，即“08中交建MTN2”债券上市交易首日，经姜某推荐的上述机构共从交通银行买入券面总额1亿元的“08中交建MTN2”债券，当日上述机构分别按照沈某东或姜某的指令，以过券的方式将该债券卖出给上海普银的代理行兴业银行。后沈某东指令兴业银行从上述机构买入上述债券，同日由兴业银行按照代理债券买卖的方式，以市场价格卖出给民生银行。沈某东通过上海普银从上述债券交易中非法获利75.42万元。

2.2008年6月，在交通银行承销“08中铝MTN1”债券的过程中，被告人沈某东为了使其控制的丙类账户能够成功申购该债券，先委托宁波鄞州农村合作银行、齐鲁银行、富滇银行、杭州银行、宁夏银行、高华证券、长沙银行等七家金融机构通过代其控制的丙类账户上海普银向交通银行申购该债券。同时，姜某接受沈某东请托，帮助联系德邦证券、中信建投等两家金融机构为沈某东控制的丙类账户代申购债券。后姜某利用其债券交易员身份，帮助沈某东向本单位债券发行部门的冯某推荐上述九家金融机构,6 月 6 日,即“08 中铝 MTN1”债券上市交易首日,经姜某推荐的上述机构共从交通银行买入券面总额 1.1 亿元的“08 中铝 MTN1”债券,后分别按照沈某东或姜某的指令,当日以过券的方式将该债券卖出给兴业银行。同时,沈某东指令兴业银行从上述机构买入上述债券,同日由兴业银行按照代理债券买卖的方式,以市场价格分别卖出给上海银行和深圳农商行。沈某东通过上海普银从上述债券交易中非法获利 71.894003 万元。11 月 5 日,被告人沈某东将上述“08 中交建 MTN2”“08 中铝 MTN1”两笔债券交易获利中的 70 万元,以银行转账的方式贿送给姜某。

被告人沈某东在被追诉前,主动交代司法机关尚未掌握的其向姜某行贿的事实。被告人徐某祝使用赃款购买位于山东省济南市帝景苑 3 号楼 1 - 1101 室房屋 1 套,并使用赃款以王某彦(徐某祝之岳母)的名义购买川信 · 南京泰发物资贸易有限公司流动资金贷款集合资金信托计划 400 万份(认购价 400 万元)、中融 - 中国庆华新能源园区工程建设项目集合资金信托计划 300 万份(认购价 300 万元)。

2013 年 3 月 29 日,公安机关依法查封沈某东、蒋某名下的位于上海市浦东新区花木路 916 弄 1 号 1101 室的房屋。10 月 16 日,公安机关依法查封徐某祝名下的位于山东省济南市市中区帝景苑 3 号楼 1 - 1101 室的房屋。

本案在审理过程中,2014 年 5 月 5 日,法院依法冻结沈某东控制的证券账户(内有片仔癀股票 334,207 股、贵州茅台股票 2700 股及资金 6014.59 元)。同日,法院依法冻结徐某祝的证券账户(内有中信证券 1500 股、保利地产 3042 股、上海普天 1300 股及资金 2315.91 元)。

刘某到案后退出职务侵占赃款 589.131095 万元,吴某的家属代其退出职务侵占赃款 1252.52 万元及孳息 35.389695 万元。姜某的家属代其退出职务侵占赃款 110 万元及受贿赃款 70 万元。2014 年 6 月 4 日,被告人徐某祝的家属代其退出挪用资金的违法所得 300 万元及孳息 31.509631 万元(上述款项除刘某退出的 299.79 万元暂存于江苏省常州市天宁区人民检察院处的外,其余款项均暂存于江苏省常州市天宁区人民法院)。

【法院认为】

被告人沈某东、徐某祝身为公司工作人员，利用职务上的便利，单独或伙同他人，将本单位财物非法占为己有，数额巨大，二被告人的行为均已构成职务侵占罪，部分犯罪属共同犯罪。被告人徐某祝身为齐鲁银行工作人员，伙同被告人沈某东经事先预谋后，利用职务上的便利，个人决定以单位名义将本单位资金供其他单位使用，谋取个人利益，属挪用资金归个人使用，数额巨大，二被告人的行为均已构成挪用资金罪，属共同犯罪。被告人沈某东在债券申购活动中为谋取竞争优势，到达使其控制的丙类账户实现获利的目的，属谋取不正当利益，而给予金融机构工作人员以财物，数额巨大，其行为已构成对非国家工作人员行贿罪。被告人沈某东、徐某祝犯数罪，依法应数罪并罚。被告人沈某东在被追诉前主动交代行贿行为，依法可以减轻处罚。被告人沈某东归案后，如实供述公安机关尚未掌握的对非国家工作人员行贿的罪行，属自首，依法可以从轻处罚。被告人徐某祝的家属能代其退出部分赃款，可酌情从轻处罚。

【法院判决】

江苏省常州市天宁区人民法院作出一审判决：以被告人沈某东犯职务侵占罪，判处有期徒刑6年6个月，并处没收个人财产1600万元；犯挪用资金罪，判处有期徒刑6年；犯对非国家工作人员行贿罪，判处有期徒刑1年。最终决定执行有期徒刑9年，并处没收个人财产1600万元。以被告人徐某祝犯职务侵占罪，判处有期徒刑5年，并处没收个人财产1400万元；犯挪用资金罪，判处有期徒刑6年。最终决定执行有期徒刑7年，并处没收个人财产1400万元。判决对被告人沈某东在职务侵占罪中尚未退出的赃款1300.78216万元，继续予以追缴；对被告人沈某东在挪用资金罪中尚未退出的违法所得1053.303074万元，继续追缴并上缴国库；对被告人徐某祝在职务侵占罪中尚未退出的赃款144.620745万元，继续予以追缴；对被告人徐某祝退出的挪用资金的违法所得300万元及孳息31.509631万元，予以没收并上缴国库；对被告人徐某祝在挪用资金罪中尚未退出的违法所得441.827256万元，继续追缴并上缴国库。

一审判决后，沈某东、徐某祝不服提出上诉，江苏省常州市中级人民法院经审理作出终审裁定：驳回上诉，维持原判。

典型案例 宁某足对非国家工作人员行贿案

案号：(2020)赣0191刑初155号

【案情简介】

欧菲光集团股份有限公司(以下简称欧菲光集团公司)系外商投资的股份有限公司，南昌欧菲光电技术有限公司(以下简称欧菲光电公司)属欧菲光集团公司的控股子公司。被告人邹某荣于2007年3月入职欧菲光集团公司，先后任欧菲光电公司生产总监、副总经理、欧菲光集团公司精密光学事业群总经理等职。2014年1月至2017年4月，邹某荣利用其担任欧菲光电公司影像制造一处总监、副总经理、总处副总经理的职务便利，收受供应商深圳华麟电路技术有限公司(以下简称华麟电路公司)业务经理宁某足的"好处费"，共计人民币849,900元。2019年12月13日，公安机关将邹某荣、宁某足抓获归案。案发后，邹某荣向司法机关退缴了上述所有赃款。

被告人宁某足曾因犯对非国家工作人员行贿罪于2019年12月26日被江西省南昌经济技术开发区人民法院判处有期徒刑6个月，并处罚金人民币10万元(已缴纳人民币1万元)。该案在审理期间，宁某足共被羁押16天(2019年2月25日被刑事拘留，同年3月4日被取保候审，同年10月24日被逮捕，同年10月31日被取保候审)。

被告人邹某荣于2007年3月入职欧菲光集团公司后一直在该集团公司上班，目前系该公司核心管理团队中的重要成员、核心技术资深专家，现任欧菲精密光学事业群第一负责人(事业群总经理)，先后被评为江西省劳动模范、南昌市高层次D类人才，当前邹某荣及其团队共申请发明专利和实用新型专利325件(已取得证书54件、待领证书11件、受理中260件)。欧菲光集团公司出具书面证明，向司法机关反映邹某荣在该公司入职后一直工作在核心的技术岗位和管理岗位，为公司带来了巨大的技术价值和经济效益，其组建的欧菲精密光学事业群的镜头业务为欧菲光集团公司未来三年的主要业务增长点，在技术创新、核心客户合作、增加企业产值、创税等方面有重要贡献，并认为如失去此核心人才将对公司发展和光学业务产生严重影响，建议司法机关能够考虑公司的实际发展需要，对邹某荣从轻处罚，判处非监禁刑。

【法院认为】

被告人邹某荣身为欧菲光电公司的经营管理人员，利用职务上的便利，为他人谋取利益，非法收受他人钱财共计人民币849,900元，数额较大，其行为已构成非国家工作人员受贿罪；被告人宁某足作为华麟电路公司工作人员，为谋取不正当利益，给予其他公司工作人员钱财共计人民币849,900元，数额较大，其行为已构成对非国家工作人员行贿罪。公诉机关指控二被告人的罪名成立。被告人邹某荣在归案后能够如实供述自己的罪行，具有坦白情节，且认罪认罚，依法可以从轻处罚；鉴于其积极退缴全部违法所得，有悔罪表现，据此可酌情从轻处罚。被告人宁某足当庭认罪认罚，可酌情从轻处罚。辩护人提出邹某荣具有坦白情节，认罪认罚，有积极退赃的悔罪表现，且在工作中一贯表现良好，属于高新科技专业人才，对企业、区域经济发展有较为突出贡献的辩护意见，本院予以采纳；辩护人提出宁某足当庭认罪态度较好的辩护意见，本院予以采纳。被告人宁某足系在前罪对非国家工作人员行贿罪刑罚执行期间发现本漏罪，依法应数罪并罚。

【法院判决】

江西省南昌高新技术产业开发区作出一审判决：(1)被告人邹某荣犯非国家工作人员受贿罪，判处有期徒刑3年，缓刑3年；(2)被告人宁某足犯对非国家工作人员行贿罪，判处有期徒刑8个月，并处罚金人民币12万元；连同前罪对非国家工作人员行贿罪所判有期徒刑6个月，并处罚金人民币10万元，决定执行有期徒刑10个月，并处罚金人民币22万元(已缴纳人民币1万元，余款限判决生效后1个月内缴纳)；(3)被告人邹某荣退缴在案的违法所得人民币849,900元予以没收，上缴国库。

本判决已生效。

风险提示

一、本罪与向公司、企业或者其他单位人员一般行贿行为的界限

根据《刑法》第164条的规定,向公司、企业人员行贿,达到数额较大的才构成犯罪。根据相关追诉标准,即达到金额6万元以上才构成。因此,如果向公司、企业人员行贿,数额未达到较大的,属于向公司、企业人员一般行贿行为,不能以本罪论处。

二、注意本罪的行贿对象

本罪的行贿对象是公司、企业或者其他单位的工作人员。同时,根据《最高人民法院、最高人民检察院关于办理商业贿赂刑事案件适用法律若干问题的意见》第2条的规定,《刑法》第164条规定的"其他单位",既包括事业单位、社会团体、村民委员会、居民委员会、村民小组等常设性的组织,也包括为组织体育赛事、文艺演出或者其他正当活动而成立的组委会、筹委会、工程承包队等非常设性的组织。此外,"公司、企业或者其他单位的工作人员",包括国有公司、企业以及其他国有单位中的非国家工作人员。但是,国有公司、企业或者其他国有单位中从事公务的人员和国有公司、企业或者其他国有单位委派到非国有公司、企业以及其他单位从事公务的人员不是本罪的行贿对象。另外,外国公职人员或者国际公共组织官员也是本罪的行贿对象,但是,外国公职人员或者国际公共组织官员成为本罪的行贿对象时,要求行为人主观上是为谋取不正当商业利益。

三、注意本罪与行贿罪的区别

本罪与行贿罪有许多相似之处,行为人在主观特征上均为直接故意,且均为谋取不正当利益;在客观特征上行为人均向受贿人实施了给予财物,且数额较大的行为,但两罪在本质上是不同的:(1)犯罪主体不同。该罪的主体为商品经济的经营者,具有特定性,而行贿罪的主体为一般主体,其范围较本罪主体更广泛。(2)行贿的对象不同。该罪的行贿对象是公司、企业人员,而行贿罪的对象是国家工作人员。(3)侵犯的客体不同。该罪侵犯的客体是公司、企业人员职务的廉洁、公正制度,公司、企业的正常业务及管理活动,更为主要的是侵犯社会主义市场经济的公平竞争秩序；而行贿罪所侵犯的客体是国家工作人员职务的廉洁性。(4)法定刑不同。对非国家工作人员行贿，数额较大的，处3年以下有期徒刑或者拘役；数额巨大的，处3年以上10年以下有期徒刑，并处罚金。犯行贿罪的，处5年以下有期徒刑或者拘役，并处罚金；因行贿谋取不正当利益，情节严重的，或者使国家利益遭受重大损失的，处5年以上10年以下有期徒刑，并处罚金；情节特别严重的，或者使国家利益遭受特别重大损失的，处10年以上有期徒刑或者无期徒刑，并处罚金或者没收财产。

刑事合规指引

一、加强企业刑事合规管理，避免企业因高管个人行为牵涉入罪

上市公司应加强对高管等人员的刑事合规管理，建立完善反商业贿赂规章制度，对非国家工作人员行贿罪的犯罪主体为一般主体，个人和单位均可成为本罪主体，现实中要防止有的高管为了相关业绩或商业竞争优势而作出的相关商业贿赂行为被认定为单位行为，导致企业受到牵连，因此，企业应做好企业与员工之间的刑事风险防火墙，可通过建立禁止商业贿赂的整套制度、企业和员工签署禁止商业贿赂责任书、企业和第三方合同约定禁止商业贿赂条款、企业对违纪员工的处罚机制等一系列措施，同时，企业内部有接收、处理、反馈举报事项的清晰制度，有明确的处理部门和责任人员，企业具备完善的商业贿赂举报机制且举报机制得到落实，企业没有支持、放任或默认员工的商业贿赂行为也是企业抗辩的理由。

二、准确理解对"谋取不正当利益"的认定，避免涉刑

根据《最高人民法院、最高人民检察院关于办理行贿刑事案件具体应用法律若干问题的解释》第12条的规定，行贿犯罪中的"谋取不正当利益"，是指行贿人谋取的利益违反法律、法规、规章、政策规定，或者要求国家工作人员违反法律、法规、规章、政策、行业规范的规定，为自己提供帮助或者方便条件。违背公平、公正原则，在经济、组织人事管理等活动中，谋取竞争优势的，应当认定为"谋取不正当利益"。根据《最高人民法院、最高人民检察院关于办理商业贿赂

刑事案件适用法律若干问题的意见》第 9 条的规定，行贿犯罪中的“谋取不正当利益”，是指行贿人谋取违反法律、法规、规章或者政策规定的利益，或者要求对方违反法律、法规、规章、政策、行业规范的规定提供帮助或者方便条件。在招标投标、政府采购等商业活动中，违背公平原则，给予相关人员财物以谋取竞争优势的，属于“谋取不正当利益”。应当注意的是，向外国公职人员或者国际公共组织官员行贿时，要求行为人为谋取“不正当商业利益”，其范围要小于“不正当利益”。

三、准确把握“财物”的范围，避免无意识涉刑

根据《最高人民法院、最高人民检察院关于办理商业贿赂刑事案件适用法律若干问题的意见》第 7 条的规定，商业贿赂中的财物，既包括金钱和实物，也包括可以用金钱计算数额的财产性利益，如提供房屋装修、含有金额的会员卡、代币卡(券)、旅游费用等。具体数额以实际支付的资费为准。根据《最高人民法院、最高人民检察院关于办理贪污贿赂刑事案件适用法律若干问题的解释》第 12 条的规定，贿赂犯罪中的“财物”，包括货币、物品和财产性利益。财产性利益包括可以折算为货币的物质利益如房屋装修、债务免除等，以及需要支付货币的其他利益如会员服务、旅游等。后者的犯罪数额，以实际支付或者应当支付的数额计算。

四、正确把握贿赂与普通馈赠的界限

在认定向公司、企业人员行贿罪时，要注意划清与请客送礼或普通馈赠的界限。在现实生活中，礼尚往来的请客送礼一般都以公开的方式进行，且礼品的价值一般较小，行为人没有明显的、直接的谋取不正当利益的动机和目的，这与本罪的行贿行为有本质区别。司法实践中主要应当结合以下因素分析：(1)发生财物往来的背景，看双方是否存在亲友关系及历史上交往的情形和程度；(2)往来财物的价值；(3)财物往来的缘由、时机和方式，提供财物方对于接受方有无职务上的请托；(4)接受方是否利用职务上的便利为提供方谋取利益。

五、被追诉前积极处理，争取减轻或免除处罚

《刑法》第 164 条第 4 款就对非国家工作人员行贿罪的减轻处罚或免除处罚的情节作了特别规定，行贿人在被追诉前主动交待行贿行为的，可以减轻处罚或者免除处罚,这也是积极化解刑事风险,阻却入罪的重要途径。

第六节　国有公司、企业、事业单位人员失职罪

刑事责任

《刑法》第 168 条规定:国有公司、企业的工作人员,由于严重不负责任或者滥用职权,造成国有公司、企业破产或者严重损失,致使国家利益遭受重大损失的,处 3 年以下有期徒刑或者拘役;致使国家利益遭受特别重大损失的,处 3 年以上 7 年以下有期徒刑。

国有事业单位的工作人员有前款行为,致使国家利益遭受重大损失的,依照前款的规定处罚。

国有公司、企业、事业单位的工作人员,徇私舞弊,犯前两款罪的,依照第 1 款的规定从重处罚。

典型案例　黄某国有公司人员失职案

案号:(2015)鄂洪山刑初字第 00849 号

【案情简介】

湖北长江出版集团整体转企改制成为湖北长江出版传媒集团有限公司(以下简称长江集团公司),湖北省人民政府作为出资人,授权湖北省财政厅依法对长江集团公司经营性国有资产进行监管,湖北省财政厅持有该公司 100% 的股份。长江集团公司通过借壳上市将所属全部资产纳入上市资产(含下属子公司崇文书局全部股权),通过拍卖受让上海华源企业发展股份有限公司(以下简称上海华源公司)股份成为其控股股东。上海华源公司更名为长江股份公司后,崇文书局成为长江股份公司全资子公司。

2012 年 7 月 5 日,长江股份公司以董事长办公会议纪要的形式确认被告人

黄某为崇文书局经营负责人,以任免通知的形式聘任被告人黄某为崇文书局执行董事、常务副总经理、法定代表人,免去其省新华书店董事、副总经理职务。

2012年11月,被告人黄某代表崇文书局到湖北省教育技术装备处与吴某洲(湖北省教育技术装备处副处长)、吴某萍(省新华书店教材事业部经理)就采购、发行2012年农村义务教育免费教科书《新华字典》项目相关事宜进行谈判,拟定采用崇文书局2012年出版的杨合鸣主编的《学生新华字典》(双色版)作为该项目版本。

2012年12月10日,姜某萍(湖北省学生资助管理中心主任)代表湖北省学生资助管理中心(买方)、彭某代表省新华书店(卖方)、被告人黄某代表崇文书局(相关方)签订了"2012年补充协议",该协议确定2012年秋季向农村学生免费发放崇文书局出版的学生用《学生新华字典》。

2012年12月17日,被告人黄某为有效降低项目成本,尽快启动"2012年补充协议",主持召开崇文书局生产调度会,在未告知湖北省教育厅、长江股份公司、省新华书店的情况下,确定按照邹某(崇文书局副总经理)提议的以《全能新华字典》(单色版)正文,替换杨合鸣版《学生新华字典》正文印制方案启动"2012年补充协议"项目。

2012年12月19日,崇文书局以增补杨合鸣版《学生新华字典》(双色版)为由向湖北省新闻出版局获取选题号201200984,并向国家数据中心申请获取CIP数据。

2012年12月21日,被告人黄某为尽快使"2012年补充协议"项目进入印刷阶段,授意邹某与李某模(武汉心语辞书文化公司总经理)签订协议,将《全能新华字典》的书名更名为《学生新华字典》。事后,被告人黄某明知崇文书局《学生新华字典》(2013年版)封面部分系杨合鸣版《学生新华字典》(双色版)的封面部分拼接而成;明知崇文书局《学生新华字典》(2013年版)正文部分系原《全能新华字典》的正文,在未对该部分完成三审三校的情况下,仍授意崇文书局工作人员直接使用崇文书局预留书号ISBN978-7-5403-1386-9、杨合鸣版《学生新华字典》(双色版)的选题号201200984及CIP数据,在未注明责任编辑、作者的情况下,以单色版本将崇文书局《学生新华字典》(2013年版)交付印刷厂印刷。

2012年12月28日，姜某萍、彭某及被告人黄某因故以倒签的形式再次签订了“2012年补充协议”，该协议确定2012年秋季向农村学生免费发放崇文书局出版的《学生新华字典》。

2013年1月8日，曾某阳（湖北省新闻出版局副局长）针对崇文书局《学生新华字典》（2013年版）事件出现的违规问题，责令长江股份公司及崇文书局立即停止该书的印制、配送，但未果。

2013年5月5日，崇文书局《学生新华字典》（2013年版）因质量问题被媒体曝光。当晚，姜某萍、彭某及被告人黄某因故以倒签的形式重新签订了“2012年补充协议”，该协议确定2012年秋季向农村学生免费发放崇文书局出版的《学生新华字典》。

2013年5月6日，原国家新闻出版总署出版产品质量监督检测中心对崇文书局《学生新华字典》（2013年版）进行检测后认定该书编校差错率为18.11‱，编校质量不合格。当日，湖北省新闻出版广电局约谈湖北省新闻出版局、长江股份公司，要求全部收回已配送的崇文书局《学生新华字典》（2013年版），并集中销毁。

2013年5月8日，湖北省教育厅、湖北省新闻出版局下发《省教育厅、省新闻出版局办公室关于配合做好〈学生新华字典〉（2013年版）收回和销毁工作的紧急通知》，要求“崇文书局”将问题字典全部找回并集中销毁。

2013年5月24日，原国家新闻出版广电总局[1]依据原新闻出版总署出版产品监督检测中心提供的《〈学生新华字典〉质量检测报告》、《出版管理条例》及《图书质量管理规定》涉及的相关法规，作出责令崇文书局全部回收崇文书局《学生新华字典》（2013年版）一书的行政处罚决定；并对湖北省新闻出版广电局于2013年7月30日作出的责令崇文书局法定代表人黄某停职检查，收回、销毁《学生新华字典》（2013年版）等处理情况，以复函的形式予以认可。

---

〔1〕2018年国务院机构改革方案，在国家新闻出版广电总局广播电视管理职责的基础上组建中华人民共和国国家广播电视总局，不再保留国家新闻出版广电总局。

2014年4月1日，被告人黄某到湖北省公安厅经济犯罪侦查支队投案。截至2014年10月15日，崇文书局《学生新华字典》(2013年版)事件造成崇文书局直接经济损失共计14,183,435.74元。

【法院认为】

(一)崇文书局的企业性质问题

经查明，根据《最高人民法院、最高人民检察院作出关于办理国家出资企业中职务犯罪案件具体应用法律若干问题的意见》(以下简称意见)第7条的规定，本意见所称"国家出资企业"，包括国家出资的国有独资公司、国有独资企业以及国有资本控股公司、国有资本参股公司。本案中，崇文书局是长江股份公司的全资子公司，长江股份公司属于国有独资公司长江集团公司的控股公司，故崇文书局亦属国有控股公司，即国家出资企业。

(二)黄某的主体身份问题

经查明，意见第6条规定，经国家机关、国有公司、企业、事业单位提名、推荐、任命、批准等，在国有控股、参股公司及其分支机构中从事公务的人员，应当认定为国家工作人员。具体的任命机构和程序，不影响国家工作人员的认定。经国家出资企业中负有管理、监督国有资产职责的组织批准或者研究决定，代表其在国有控股、参股公司及其分支机构中从事组织、领导、监督、经营、管理工作的人员，应当认定为国家工作人员。根据该规定，国家出资企业中国家工作人员的认定必须符合两个要件：其一，国家出资企业中负有管理、监督国有资产职责的组织批准或者研究决定；其二，从事组织、领导、监督、经营、管理工作的人员。本案中，湖北长江出版集团整体转企改制组建长江集团公司之后，黄某经长江集团公司党委多次任免，在该集团公司内部担任管理人员，属于在国有控股公司中从事公务的人员。2012年6月，长江集团公司下辖控股子公司长江股份公司成立后，第一次召开董事长办公会，确认该公司党委成立之前由董事长办公会暂时代行干部管理职责，另确认黄某担任崇文书局负责人。7月5日，长江股份公司作为崇文书局的唯一股东，其董事长办公会依据公司章程，以书面形式聘任黄某为崇文书局执行董事、常务副总经理、法定代表人，免去其省新华书店董事、副总经理职务。7月30日，崇文书局换发企业法人营业执照，黄某成为该国家出资企业的实际负责人。从形式上看，聘任黄某的主体确系长江股份公司董事长办公会，而非该公司党委，但实质上，黄某依然属于长江集团公司内部管理人员，依然履行代表委任单位从事组织、领导、监督、经营、管理工作的职责。长江股份公司作为长江集团公司的控股子公司，其董事长办公会暂时代行干部管理职责，系国有控股公司内部的人事管理行为，不能据此排除所任命人员从事公务主体资格的认定。因此，黄某的劳动身份属于股份制上市公司工作人员，亦属于刑法意义上"国家工作人员"。

（三）黄某是否存在失职的问题

经查明，意见第4条规定，国家出资企业中的国家工作人员在公司、企业改制或者国有资产处置过程中严重不负责任或者滥用职权，致使国家利益遭受重大损失的，依照《刑法》第168条的规定，以国有公司、企业人员失职罪或者国有公司、企业人员滥用职权罪定罪处罚。本案中，黄某在担任崇文书局实际负责人期间，本应依法正确履行职责，但在负责崇文书局履行国家免费提供教科书的政府采购项目上，为实现经济利益的最大化，一味降低生产成本，不认真组织人员审查工具类书籍质量、不负责落实相关行业明文规定，盲目拼凑版本交付印刷，未认真履行管理职责，未尽到监督义务，致使国家利益遭受重大损失，造成资源严重浪费，属于刑法意义上的"严重不负责任"。

（四）黄某与涉案经济损失的关联性问题

公诉机关指控崇文书局因《学生新华字典》（2013年版）事件造成的经济损失共计14,183,435.74元，经查明，该数额仅涉及印制该字典的耗用纸张、印刷费两项成本。公诉机关提交的相应证据，是经崇文书局清理购销合同、销售合同、印刷合同、记账凭证、增值税专用发票、费用报销单等纸质资料的前提下，由崇文书局核实确认后作出的明确结论，故该事件造成的经济损失客观存在，足以认定。原国家新闻出版广电总局作为国务院直属机构，属于监督出版机构、印刷业以及出版物质量的国家行政管理机关。该局于2013年5月24日依据原新闻出版总署出版产品监督检测中心提供的《〈学生新华字典〉质量检测报告》、《出版管理条例》及《图书质量管理规定》涉及的相关法规，作出责令崇文书局全部回收《学生新华字典》一书的行政处罚决定；并对湖北省新闻出版广电总局于2013年7月30日作出的责令收回、销毁《学生新华字典》(2013年版)的处理情况,以复函的形式予以认可。该行为旨在迅速消除《学生新华字典》(2013年版)事件造成的社会恶劣影响,属于履行行政管理职责,并不影响本案的犯罪构成。黄某一意孤行,致使崇文书局一再错过减少、挽回、补救该局经济损失的机会,其失职行为与该局的巨额经济损失存在刑法上的因果关系。

被告人黄某身为国有控股公司中的国家工作人员,理应对与其职务相联系的公共事务以及监督、管理国有财产的职务活动依法履行职责,而被告人黄某在崇文书局《学生新华字典》(2013年版)事件中,由于严重不负责任,造成国家利益遭受重大损失,该行为已构成国有公司人员失职罪。公诉机关指控的事实及罪名成立,法院予以确认。被告人黄某及其辩护人提出的无罪辩护意见,与审理查明的事实相悖,辩护人提交的证据亦无法证实其辩护观点,均不予采纳。

【法院判决】

湖北省武汉市洪山区人民法院作出一审判决:被告人黄某犯国有公司人员失职罪,判处有期徒刑1年,缓刑1年。

本判决已生效。

典型案例 周某东国有公司人员失职案

案号:(2017)川1622刑初150号

【案情简介】

被告人周某东于2014年2月至2016年8月在中国农业银行武胜县支行(国有控股)担任客户部副主任,主持客户部工作,在履职期间,违规向飞龙分理处主任李某1提供本人的C3账户号和密码,明知李某1使用本人账户操作C3系统,未提出反对且未报告。赛马分理处主任刘某、飞龙分理处主任李某1变造、伪造信贷资料66户,通过本应由被告人周某东审核通过的银行C3系统进入贷款审批,其中在赛马分理处主任刘某、飞龙分理处主任李某1报送办理的8

户虚假贷款资料中,被告人周某东在相关单据上签名确认,贷款共计306万元,被告人周某东在未对虚假贷款资料中的营业执照、产权证等信贷资料进行调查核实的情况下就签名确认,并得出贷款资料完整有效、担保合法的调查结论,提出同意贷款意见,最终该306万元贷款全部被骗贷,上述贷款被分理处主任刘某、李某1在明知系虚假资料骗取的情况下而贷给他人,贷款到期后仅追回陆某贷款2.5万元,其他贷款303.5万元现未追回。

【法院认为】

武胜县人民检察院指控被告人周某东国有公司人员失职罪的罪名成立。《中国农业银行信贷业务担保管理办法》第48条规定:客户部门对评估调查材料和外部评估报告的真实性、初评价值的合理性负责。被告人周某东作为国有控股的中国农业银行武胜县支行客户部负责人,其职责要求其应对贷款资料的真实性负责,但被告人周某东对刘某、李某1变造、伪造信贷300余万元资料未调查、核实,却签字确认,致使国家资产被骗贷300余万元,贷款到期不能按时收回,给国家造成重大损失,其行为侵犯了国有公司财产权益和社会主义市场经济秩序,触犯了《刑法》第168条的规定,构成国有公司人员失职罪。公诉机关关于被告人周某东到案后如实供述,具有坦白情节,可从轻处罚的公诉意见与查明的事实相符,本院予以采纳。中国农业银行内部规定的贷款流程较多,被告人周某东身为客户部负责人对贷款资料真实性负责,仅是其中一个流程,国家资产被骗贷300余万元非被告人周某东一人的责任所在,量刑时可予以考虑该情形。

【法院判决】

广安市武胜县人民法院作出一审判决:被告人周某东犯国有公司人员失职罪,判处有期徒刑1年,缓刑2年。

本判决已生效。

风险提示

一、国有公司、企业、事业单位人员失职罪与国有公司、企业、事业单位人员滥用职权罪的区别

两罪的主体相同，两罪主观方面都是间接故意或过失，两罪都属结果犯，只有造成国有公司、企业破产或者严重损失，致使国家利益遭受重大损失，才构成犯罪。

两罪的主要区别在于客观方面不同，国有公司、企业、事业单位人员失职罪客观方面表现为严重不负责任，国有公司、企业、事业单位人员滥用职权罪在客观方面表现为滥用职权。

二、"国有公司、企业"出资设立的公司是否属于"国有公司、企业"

根据《企业国有资产交易监督管理办法》第4条的规定，本办法所称国有及国有控股企业、国有实际控制企业包括：(1)政府部门、机构、事业单位出资设立的国有独资企业(公司)，以及上述单位、企业直接或间接合计持股为100%的国有全资企业；(2)本条第1项中所列单位、企业单独或共同出资，合计拥有产(股)权比例超过50%，且其中之一为最大股东的企业；(3)本条第1～2项中所列企业对外出资，拥有股权比例超过50%的各级子企业；(4)政府部门、机构、事业单位、单一国有及国有控股企业直接或间接持股比例未超过50%，但为第一大股东，并且通过股东协议、公司章程、董事会决议或者其他协议安排能够对其实际支配的企业。

因此，从企业控制力的角度看，"国有公司、企业"还应涵盖国有控股企业，其中，对国有股权超过50%的绝对控股企业，因国有股权处于绝对控制地位，应属"国有公司、企业"范畴；对国有股权处于相对控股的企业，如需纳入"国有公司、企业"范畴，需要考虑股权协议、公司章程、分配模式、经营模式等因素，根据综合实际情况判断是否处于实际支配地位。

刑事合规指引

一、尽职必尽责，避免被认定为“严重不负责任”

企业应对相关人员加强履职尽责合规管理，使其做到尽职必尽责，避免被认定为“严重不负责任”。“严重不负责任”，主要是指行为人不履行或不正确履行职责的行为。界定是否属于“严重不负责任”，应从以下两个方面把握：首先，行为人是否负有职责，这是不负责任的前提条件。其次，行为人在履职过程中是否不履行或不正确履行，这是不负责任的实质表现。不履行职责，即行为人能够履行职责但却不履行，通常表现为放弃职守。不正确履行职责，即行为人虽然履行了一定职责，但是不遵照法律法规、上级单位或者本单位内部的规章制度对其职责的要求去做，不尊重客观经济规律，对市场需求不作可行性分析和论证，不听取各方面意见，独断专行，致使企业经营决策发生重大失误，在经济交往活动中由于种种原因上当受骗后，不主动及时向司法机关报案等。需要强调的是，如果行为人认真履行职责义务，严格遵守职责要求和程序，即使出现了严重后果，也不能认定其是不负责任，不应认定为犯罪。通过对司法实践中最为常见的失职行为进行归纳总结：行为人放弃履行职责或不正确履行职责，导致重大隐患未被及时发现，或发现隐患未予纠正、未采取有效措施；对应当预见的情况未能预见，或者虽已预见但轻信能够避免而未采取有效措施，引发了重大损害结果的发生等，应认定为“严重不负责任”。

二、严格把握“国有公司、企业、事业单位人员”的认定标准，谨防被扩大认定而涉刑

（一）国有控股、参股股份有限公司中的从事公务的人员

《最高人民法院关于如何认定国有控股、参股股份有限公司中的国有公司、企业人员的解释》明确规定，国有公司、企业委派到国有控股、参股公司从事公务的人员，以国有公司、企业人员论。

（二）国家出资企业中的国家工作人员

《最高人民法院、最高人民检察院关于办理国家出资企业中职务犯罪案件具体应用法律若干问题的意见》第6条对其作了认定：(1)经国家机关、国有公

司、企业、事业单位提名、推荐、任命、批准等，在国有控股、参股公司及其分支机构中从事公务的人员，应当认定为国家工作人员，具体的任命机构和程序，不影响国家工作人员的认定；(2)经国家出资企业中负有管理、监督国有资产职责的组织批准或者研究决定，代表其在国有控股、参股公司及其分支机构中从事组织、领导、监督、经营、管理工作的人员，应当认定为国家工作人员；(3)国家出资企业中的国家工作人员，在国家出资企业中持有个人股份或者同时接受非国有股东委托的，不影响其国家工作人员身份的认定。根据该规定，国家出资企业中国家工作人员的认定必须符合两个要件：其一，国家出资企业中负有管理、监督国有资产职责的组织批准或者研究决定；其二，从事组织、领导、监督、经营、管理工作的人员。

(三)中国农业发展银行及其分支机构的工作人员

根据《最高人民检察院研究室关于中国农业发展银行及其分支机构的工作人员法律适用问题的答复》，中国农业发展银行及其分支机构的工作人员严重不负责任或者滥用职权，构成犯罪的，应当依照《刑法》第 168 条的规定追究刑事责任。

第七节　签订、履行合同失职被骗罪

刑事责任

《刑法》第 167 条规定：国有公司、企业、事业单位直接负责的主管人员，在签订、履行合同过程中，因严重不负责任被诈骗，致使国家利益遭受重大损失的，处 3 年以下有期徒刑或者拘役；致使国家利益遭受特别重大损失的，处 3 年以上 7 年以下有期徒刑。

典型案例　宋某签订、履行合同失职被骗案

案号:(2016)京0108刑初373号

【案情简介】

中材集团有限公司是国有独资的有限责任公司,中材供应链有限公司是中材集团有限公司的全资子公司;中材东方贸易有限公司的前身是中国建材装备有限公司,2011年更名为中材东方贸易有限公司,是中材集团有限公司实际控制的上市公司中国中材国际工程股份有限公司的全资子公司。中材供应链有限公司和中材东方贸易有限公司的办公地点均位于北京市海淀区三里河路21号甘家口大厦10层。被告人宋某任中材供应链有限公司商贸物流事业部总经理、中材东方贸易有限公司商贸物流部副部长,两部门均负责钢材等大宗货物采购、销售及已签署合同的跟踪执行,宋某作为两部门最高领导,负责签订合同、部门管理等。

2012年7月至9月,冯某担任法定代表人的浩轩贸易有限公司与中材供应链有限公司、中材东方贸易有限公司签订合同,委托涉案单位向恒和贸易有限公司采购钢材。被告人宋某作为商贸物流部门负责人,在签订、履行合同过程中未认真审核浩轩贸易有限公司的资产状况、履约能力,放任其部门员工在浩轩贸易有限公司未提供任何担保或采取任何保障措施、未审核恒和贸易有限公司出具的代领承兑汇票委托书是否真实的情况下,将本应交给合同相对方恒和贸易有限公司的多张巨额银行承兑汇票,交由浩轩贸易有限公司员工转交,致使冯某以伪造恒和贸易有限公司印章的方式将其持有的汇票承兑,骗取中材供应链有限公司人民币1.16亿元。

2012年7月至8月,周某任总经理的宏宇金属材料有限公司与中材供应链有限公司、中材东方贸易有限公司签订合同,委托涉案单位向国电南京有限公司采购钢材。被告人宋某作为商贸物流部门的负责人,未发现国电南京有限公司与周某存在关联关系,致使周某以隐瞒与国电南京有限公司不存在真实货物交易,将货物款占为己有的方式,骗取中材供应链有限公司人民币8004万元。

2015年4月17日,被告人宋某在公司人员陪同下到公安机关投案。

【法院认为】

被告人宋某身为国有公司直接负责的主管人员，在签订、履行合同过程中，因严重不负责任被诈骗，致使国家利益遭受特别重大损失，其行为已构成签订、履行合同失职被骗罪，应予惩处。北京市海淀区人民检察院指控被告人宋某犯签订、履行合同失职被骗罪的事实清楚，证据确实、充分，指控罪名成立。

【法院判决】

北京市海淀区人民法院作出一审判决：被告人宋某犯签订、履行合同失职被骗罪，判处有期徒刑3年。

本判决已生效。

典型案例 胡某岚签订、履行合同失职被骗案

案号：(2020)晋01刑终152号

【案情简介】

一、签订、履行合同失职被骗罪

2012年3月，山西煤炭进出口集团有限公司(以下简称山煤集团)为追求销售业绩，主导该集团下属的上市公司山煤国际能源集团股份有限公司的全资子公司山煤煤炭进出口有限公司(以下简称山煤进出口公司)与青岛德正资源控股有限公司实际控制人陈某鸿(已判决)所控制的青岛德诚矿业有限公司(以下简称青岛德诚公司)开展有色金属贸易合作并签订《合作框架协议》，开展氧化铝、铝锭、电解铜等有色金属的进口、转口和国内销售业务。2012年7月至2013年12月，双方先后签订5份《备忘录》，将上述框架协议履行期限延长至2014年。在陈某鸿的指使下，由江某(陈某鸿案同案人员)利用“德正系”公司作为上下游交易方使用虚假仓单同山煤进出口公司签署采购、销售合同，进行代理贸易，共计骗取山煤进出口公司在38笔国际转口贸易中开具的信用证折合17.78亿元及3.4亿元货款。

具体交易事实如下：

1. 2014年1月13日，江某等人以我国香港特别行政区广南公司（以下简称香港广南公司）名义将3份伪造的电解铜仓单销售给中信澳大利亚资源有限公司，并约定由青岛德诚公司回购。4月3日，青岛德诚公司未回购，江某让山煤进出口公司购买上述仓单，约定由新联国际公司向山煤进出口公司回购，骗取山煤进出口公司2份信用证。"德正系"案发后，新联国际公司未回购，造成山煤进出口公司损失1.45亿元。

2. 2012年3月至12月，江某等人伪造了32份大港公司的铝锭仓单，随后质押给环球仓储（新加坡）有限公司，由该公司对应出具内容虚假的铝锭监管仓单227份，江某等人以香港广南公司名义销售给中信澳公司、中钢（新加坡）有限公司、金属地带有限公司等，并约定由青岛德诚公司回购。2014年2月至4月，青岛德诚公司未回购，江某让山煤进出口公司购买上述仓单，并约定由新联国际公司、香港广南公司向山煤进出口公司回购。骗取山煤进出口公司35份信用证。"德正系"案发后，新联国际公司等未回购，造成山煤进出口公司损失16.07亿元。案发后查明，中信澳公司等收到上述信用证后，将其中的31笔资金支付给香港广南公司，1笔支付给恒润致远公司，1笔支付给德意志银行，1笔支付给我国香港特别行政区柏银公司。

3. 2013年6月5日，江某等人伪造了1份大港公司的氧化铝仓单，后质押给上海运亚仓储管理有限公司（以下简称上海运亚公司），骗取上海运亚公司出具监管仓单，随后销售给永辉资源有限公司，并约定由青岛德诚公司回购。2014年3月14日，青岛德诚公司未回购，江某让山煤进出口公司购买上述仓单，并约定由新联国际公司向山煤进出口公司回购，骗取山煤进出口公司1份信用证。"德正系"案发后，新联国际公司未回购，造成山煤进出口公司损失2585.32万元。

4. 2013年11月至2014年4月，陈某鸿指使利用青岛德诚公司、青岛亿达公司作为山煤进出口公司的交易上下游公司开展贸易，贸易中并无实际的货物交易，仅利用货权转移证明进行流转。山煤进出口公司通过银行承兑汇票、电汇支付货款，巨额资金被"德正系"公司占用，"德正系"案发后青岛亿达公司未支付货款，造成山煤进出口公司直接损失3.4亿元。

在上述贸易过程中，山煤集团于2013年年初任命被告人郭某担任山煤进出口公司执行董事、总经理，由郭某全面负责公司的经营管理；2013年6月，任命被告人胡某岚担任山煤进出口公司副经理，分管业务一部，由胡某岚具体负责代理青岛德诚公司的转口、内贸业务。经查明，在贸易中被告人郭某、胡某岚违反山煤集团《合同管理办法》、山煤进出口公司《煤炭出口、非煤转口业务管理办法》的有关规定，没有对青岛德诚公司及其指定的上下游客户的经营状况、财务状况、履约能力、商业信誉等进行调查，而是安排业务员温某君、曹某军等人将《客户调查表》交给青岛德诚公司的王某、翟某等人代为填写。在签订合同过程中，温某君等人通过青岛德诚公司王某等人与上下游企业传递合同，始终没有与上下游企业有过接触。郭某在对上下游企业不了解的情况下，草率签订采购、销售合同，未能及时发现"德正系"公司操纵的融资性贸易中存在的巨大风险。合同签订后，温某君等人向授信银行提供相关开证资料，申请开具国际远期信用证或承兑汇票，用于支付货款。贸易期间，郭某、胡某岚等人简单认为持有仓单即持有货权，没有对持有的大量仓单对应货物进行查验，未能发现持有的仓单存在虚假。郭某、胡某岚没有安排公司人员对购销货物进行专门的查验、核库，疏于对货物的动态管控，致使山煤进出口公司出具的价值17.78亿元的信用证及3.4亿元货款被陈某鸿控制的"德正系"公司非法占有。

二、国有公司人员滥用职权罪

2012年9月以后，山煤进出口公司为了控制代理青岛德诚公司贸易的风险，开始质押全部仓单，即待下游客户支付货款后才予交付。12月21日，山煤进出口公司根据山煤集团的要求，制定了《煤炭出口、非煤转口业务管理办法》，其中明确规定"我方受委托代理开立的远期信用证到单后，暂持代表货权的仓单作为抵押，待下游客户电汇付款后再将单据交还至下游客户。如直接交单于下游客户，则须有委托代理方以其项下其他资产作为担保，与我方签订保证合同"。2013年1月初，江某向郭某、胡某岚提出调整质押仓单比例的要求。被告人郭某在请示王某涛后，于1月4日与江某签订第4份《备忘录》，其中约定2013年年底开展的转口业务按照每月仓单抵押与不抵押比例7∶3(押仓单70%，不押仓单30%)进行配比。在履行电解铜贸易期间，业务员任某圆在收到上游企业提供的仓单或海运提单等有关凭证后，在未取得青岛德诚公司资产抵押的情况下，胡某岚即安排任某圆将仓单或海运提单提前交给了青岛德诚公司王某。“德正系”案发后，山煤进出口公司仅持有涉及1笔贸易的6份上海运亚公司出具的电解铜仓单，而将本应持有的涉及13笔贸易，累计56份上海运亚公司出具的电解铜仓单提前交付给了青岛德诚公司。2014年6月，山煤进出口公司利用仅持有的6份上海运亚公司仓单从上海洋山保税区提出该笔电解铜1407.32吨，已销售约1206.74吨，回笼资金6073.34万元。因山煤进出口公司违规提前交付仓单，导致无法追索货权，截至2016年4月8日，已造成直接经济损失约3.95亿元。

另查明，2017年3月23日，办案人员电话传唤郭某、胡某岚到案接受调查，该自行到公安机关接受讯问，后被刑事拘留。

【法院认为】

一审法院认为，被告人郭某、胡某岚作为国有公司、企业单位直接负责的主管人员，在签订、履行合同过程中，因严重不负责任被骗，致使国家利益遭受特别重大损失，其行为构成签订、履行合同失职被骗罪。被告人郭某、胡某岚作为国有公司、企业的工作人员，滥用职权，造成国有公司、企业严重损失，致使国家利益遭受特别重大损失，其行为构成国有公司人员滥用职权罪。公诉机关指控罪名均成立。关于二被告人是否构成签订、履行合同失职被骗罪，经查，在涉案的贸易中，二被告人作为直接负责的主管人员，在与“德正系”公司签订、履行合同过程中，作为交易一方未对青岛德诚公司及其指定的上下游客户的经营状况、财务状况、履约能力、商业信誉等进行调查；始终未与上下游客户直接接触；未实地查验货物；未核实所持仓单真伪；未采取有效措施防控风险，致使被骗，国家利益遭受了特别重大损失，其行为符合该罪犯罪构成要件，相关辩护意见不予采纳。关于二被告人是否构成国有公司人员滥用职权罪，经查明，王某涛、任某圆证言、胡某岚供述证实，最初贸易中不押单，后为防范风险从2012年9月以后开始全部押单，在此期间按上级安排由胡某岚主持制定了《煤炭出口、非煤转口业务管理办法》，该文件经郭某、王某涛等人审核报送集团，二被告人在明知存在上述规定的情况下，却应江某等人的要求，未经公司开会研究或报请上级单位同意,擅自与对方签订第4份《备忘录》将全部押单改为部分押单,致使国家利益遭受特别重大损失,应当以国有公司人员滥用职权罪追究其刑事责任,相关辩解辩护意见不予采纳。其他辩护意见中的合理部分,予以采纳。二被告人在侦查人员电话传唤后主动到案,并如实供述公诉机关指控的第一项罪名的主要犯罪事实,依法应认定为自首,可以从轻处罚。二被告人在判决宣告以前一人犯二罪,应当数罪并罚。

郭某、胡某岚不服一审判决上诉后,二审法院经审理认为,上诉人郭某、胡某岚作为国有公司、企业单位直接负责的主管人员,在签订、履行合同过程中,因严重不负责任被骗,致使国家利益遭受特别重大损失,其行为构成签订、履行合同失职被骗罪。

关于一审认定上诉人郭某、胡某岚作为国有公司、企业的工作人员,滥用职权,造成国有公司、企业损失严重,致使国家利益遭受特别重大损失,构成国有公司人员滥用职权罪。经查明,山煤进出口公司的情况说明与证人证言相互印证,《煤炭出口、非煤转口业务管理办法》并未在公司正式下发,该管理办法不能作为指控二上诉人犯罪的依据,原判认定二上诉人构成国有公司人员滥用职权罪不当,其行为符合签订、履行合同失职被骗罪的法律规定,原判认定不当,依法予以纠正。出庭检察员及辩护人、上诉人相关意见予以采信。

关于上诉人胡某岚及辩护人所提"不构成签订履行合同失职被骗罪和国有公司滥用职权罪,而是构成国有公司人员失职罪"的意见,经查,上诉人胡某岚作为国有公司、企业单位直接负责的主管人员,负责具体业务,对公司业务的可行性、可靠性应当审查把关,并提出合理建议,但由于其没有认真履行职责,从而导致国家利益遭受特别重大损失,原审认定罪名符合法律规定,故相关意见不予采信。

关于上诉人郭某、胡某岚及辩护人提出"量刑偏重"的意见,经查明,因二上诉人的行为导致国家利益受到特别重大损失,原审已在法律规定幅度内给予裁量,量刑并无不当,故相关上诉及辩护意见不予采信。

【法院判决】

太原市小店区人民法院一审判决如下:(1)被告人郭某犯签订、履行合同失职被骗罪,判处有期徒刑3年3个月;犯国有公司人员滥用职权罪,判处有期徒刑3年6个月。决定合并执行有期徒刑5年9个月。(2)被告人胡某岚犯签订、履行合同失职被骗罪,判处有期徒刑3年3个月;犯国有公司人员滥用职权罪,判处有期徒刑3年6个月。决定合并执行有期徒刑5年9个月。

一审判决后,郭某、胡某岚不服提出上诉,太原市中级人民法院经审理作出终审判决:(1)撤销太原市小店区人民法院(2019)晋0105刑初668号刑事判决。(2)上诉人郭某犯签订、履行合同失职被骗罪,判处有期徒刑3年3个月。(3)上诉人胡某岚犯签订、履行合同失职被骗罪,判处有期徒刑3年3个月。

风险提示

一、注意签订、履行合同失职被骗罪与国家机关工作人员签订、履行合同失职被骗罪区别

两种犯罪的相同之处在于主观方面都是出于过失,客观方面都是在签订、履行合同过程中,由于严重不负责任而被骗,致使国家利益遭受重大损失。区别在于犯罪主体不同,前者是公司、企业、事业单位直接负责的主管人员,而后者仅限于国家机关工作人员。

二、注意本罪构成中被"诈骗"的定性

本罪客观方面表现为国有公司、企业、事业单位直接负责的主管人员,在签订、履行合同过程中,因严重不负责任被"诈骗"。根据《最高人民法院刑二庭审判长会议纪要:关于签订、履行合同失职被骗犯罪是否以对方当事人的行为构成诈骗犯罪为要件的意见》,认定签订、履行合同失职被骗罪和国家机关工作人员签订、履行合同失职被骗罪应当以对方当事人涉嫌诈骗,行为构成犯罪为前提。也就是说,司法机关在办理案件过程中,只要认定对方当事人的行为已经涉嫌构成诈骗犯罪,就可依法认定行为人构成签订、履行合同失职被骗罪或者国家机关工作人员签订、履行合同失职被骗罪,而不需要搁置或者中止审理,直至对方当事人被人民法院审理并判决构成诈骗犯罪。

刑事合规指引

一、加强签订履行合同过程中刑事合规，谨防审批决策者一律承担终极责任

由于认定是否构成严重不负责任，需要结合每个公司的具体规章制度，合同审批管理制度，岗位责任制度、机构设置模式等因素综合分析，现实中，不同公司合同签订程序存在多样性和复杂性，存在合同通过是经各部门评审、实行民主集中制，集体研究通过，行为人并不享有排他性决策权，仅是具有会后程序上的签字权的情况；也有的是签订、履行合同是在法人代表或实际控制人的要求下签订、履行合同，并非自己做主的情况，但实务中可能都是实际具有审批签字权的人承担终极的刑事责任。因此，企业有必要聘请专业人士做好刑事合规和刑事风控，根据企业量身定做符合实际运营的有效刑事合规方案，避免将审批决策环节的负责人一律定罪入刑。

二、准确把握"严重不负责任"的认定界限，避免涉刑

《刑法》第167条中的"严重不负责任"，是指国有公司、企业、事业单位的人员，在签订、履行合同的过程中，怠于履行谨慎注意的义务，不履行或不正确履行自己主管、分管合同签订和履行业务的职责，滥用职权或玩忽职守，盲目轻信对方，不认真审查对方的资信、履约能力、货源、合同的标的、数量、质量等情况，致使合同对方当事人的诈骗行为有机可乘，结果被诈骗造成重大经济损失。本罪属于结果犯，构成本罪必须是"严重不负责任"并致使"国家利益遭受重大损失"，包括造成大量资金、财物被诈骗；因为被骗，对方根本不会付款或无法供货；工厂濒临破产倒闭等。构成此罪必须是"严重不负责任"并达到致使"国家利益遭受重大损失"的后果，两者缺一不可。如果不是"严重不负责任"，只是正常的工作失误造成重大经济损失的情况，只能作为工作失误处理，不应认定此罪；如果属于"严重不负责任"，但未造成重大损失的，属一般的工作过失渎职行为，可由有关部门给予批评教育，或行政处分。

三、注意合同"签订、履行"行为的内涵和外延，避免无意识涉刑

本罪行为须发生在签订、履行合同过程中。根据《民法典》合同编的规定，合同有订立、效力、履行、变更、转让、权利义务终止，违约责任等内容。签订、履行合同是其中两个过程阶段，合同签订、履行可从广义、狭义两方面理解。从狭义上看，合同的签订包括当事人主体资格的确定、合同的形式、合同的条款、订立合同的方式、合同的成立、格式条款和缔约过失责任等内容，在合同签订过程中最容易被诈骗的是预付定金，如果对方没有履行能力，又无履约诚意，国有公司、国有企业、国有事业单位若过失疏于考察对方的实际情况，就可能导致预付定金被诈骗。合同的履行包括履行的原则、合同条款不明确履行、第三人的间接履行、抗辩权的行使、代位权的行使、撤销权的行使等内容，在合同履行阶段最容易被诈骗的是预付货款或预交货款。从广义上看，合同的变更、转让、权利义务终止都应属于签订、履行合同阶段。如果有企业在合同变更、转让过程中失职被对方诈骗，也应构成此罪，因为合同的变更、转让也应达到一致协议，属于合同签订过程，也可能归为此罪。行为人通过履行合同、解除合同、抵销债务、债务提存、免除债务、混同债权债务的情况下导致合同权利义务终止，应属于合同履行终止，仍应归为履行阶段，如在这些阶段中失职被诈骗，也可成立本罪。

第九章　上市公司作为被害人和自诉人的刑事案例及合规指引

第一节　盗　窃　罪

刑事责任

《刑法》第 264 条规定：盗窃公私财物，数额较大的，或者多次盗窃、入户盗窃、携带凶器盗窃、扒窃的，处 3 年以下有期徒刑、拘役或者管制，并处或者单处罚金；数额巨大或者有其他严重情节的，处 3 年以上 10 年以下有期徒刑，并处罚金；数额特别巨大或者有其他特别严重情节的，处 10 年以上有期徒刑或者无期徒刑，并处罚金或者没收财产。

立案标准

《最高人民法院、最高人民检察院关于办理盗窃刑事案件适用法律若干问题的解释》第 1 条规定：盗窃公私财物价值 1000 元至 3000 元以上、3 万元至 10 万元以上、30 万元至 50 万元以上的，应当分别认定为《刑法》第 264 条规定的“数额较大”“数额巨大”“数额特别巨大”。

各省、自治区、直辖市高级人民法院、人民检察院可以根据本地区经济发展状况，并考虑社会治安状况，在前款规定的数额幅度内，确定本地区执行的具体数额标准，报最高人民法院、最高人民检察院批准。

在跨地区运行的公共交通工具上盗窃，盗窃地点无法查证的，盗窃数额是否达到“数额较大”“数额巨大”“数额特别巨大”，应当根据受理案件所在地省、自治区、直辖市高级人民法院、人民检察院确定的有关数额标准认定。

盗窃毒品等违禁品，应当按照盗窃罪处理的，根据情节轻重量刑。

第2条规定：盗窃公私财物，具有下列情形之一的，“数额较大”的标准可以按照第1条规定标准的50%确定：

(1)曾因盗窃受过刑事处罚的；

(2)一年内曾因盗窃受过行政处罚的；

(3)组织、控制未成年人盗窃的；

(4)自然灾害、事故灾害、社会安全事件等突发事件期间，在事件发生地盗窃的；

(5)盗窃残疾人、孤寡老人、丧失劳动能力人的财物的；

(6)在医院盗窃病人或者其亲友财物的；

(7)盗窃救灾、抢险、防汛、优抚、扶贫、移民、救济款物的；

(8)因盗窃造成严重后果的。

第3条规定：2年内盗窃3次以上的，应当认定为“多次盗窃”。

非法进入供他人家庭生活，与外界相对隔离的住所盗窃的，应当认定为“入户盗窃”。

携带枪支、爆炸物、管制刀具等国家禁止个人携带的器械盗窃，或者为了实施违法犯罪携带其他足以危害他人人身安全的器械盗窃的，应当认定为“携带凶器盗窃”。

在公共场所或者公共交通工具上盗窃他人随身携带的财物的，应当认定为“扒窃”。

第6条规定：盗窃公私财物，具有本解释第2条第3项至第8项规定情形之一，或者入户盗窃、携带凶器盗窃，数额达到本解释第1条规定的“数额巨大”“数额特别巨大”50%的，可以分别认定为《刑法》第264条规定的“其他严重情节”或者“其他特别严重情节”。

典型案例 浙江古越龙山绍兴酒业股份有限公司员工方某全盗窃案

案号:(2019)浙0602刑初42号

【案情简介】

2018年3月至5月,被告人方某全在浙江古越龙山绍兴酒业股份有限公司古越龙山酒厂工作期间,多次利用工作之便,从车间内窃得2005年手工原浆黄酒37坛、陈年窖藏八年花雕17坛、陈年十年花雕1坛、金某十年1坛、三年陈黄酒4坛、泥封黄酒7坛及当年原浆白酒420斤,并藏匿于家中。经评估,上述物品合计价值人民币29,144元。

2018年5月23日11时许,被告人方某全在浙江古越龙山绍兴酒股份有限公司古越龙山酒厂内被警察抓获归案。案发后,赃物已被追回并发还被害单位。

【法院认为】

被告人方某全以非法占有为目的,多次秘密窃取公私财物,数额较大,其行为已构成盗窃罪。公诉机关指控的罪名成立,法院予以支持。被告人方某全到案后能如实供述犯罪事实,坦白态度较好,依法予以从轻处罚;多次盗窃,酌情予以从重处罚;其系初犯,且赃物已被追回,酌情予以从轻处罚。根据被告人方某全的犯罪情节及其悔罪表现,对其依法适用缓刑。

【法院判决】

浙江省绍兴市越城区人民法院作出一审判决:被告人方某全犯盗窃罪,判处有期徒刑1年3个月,缓刑1年6个月,并处罚金人民币8000元。

本判决已生效。

典型案例 刘某、姜某军等盗窃案

案号:(2015)长刑终字第00080号

【案情简介】

2013年8月至9月,被告人刘某、姜某军经事先预谋,由被告人刘某、金某某利用在被害单位一汽轿车股份有限公司发传中心车间工作的方便,二人乘上夜班无人之机,分别将一汽轿车股份有限公司的汽车零件盗出,金某某把盗得零件交给刘某,刘某再将二人所盗全部零件通过其找来的司机袁某松用车运出厂外交给被告人姜某军,最后由姜某军负责销赃。

被告人刘某、袁某松、姜某军先后盗窃汽车零件10余次,盗窃进气歧管总成(型号LF94-13100-C)288个、节流阀体总成(型号L3R4-13640)110个、气缸垫总成(型号1003030A37K)1100个、活塞子总成(型号L3TF-1110X)240个、连杆总成(型号LFK4-11210)140个、正时链条涨紧器(型号LF0212500)144个、进气门(型号1007011-37K)210个、气缸盖子总成(型号L3G2-1010X-C)10个、水泵总成(型号LF94-15100-A)60个、发动机进水管带调温器总成(型号I306010-37K)112个、进气凸轮轴正时链轮及VVT总成(型号LF94-1242Y-B)16个、曲轮轴正时链轮(型号L501-11316-B)42个、机油泵驱动链条总成(型号I026065-37K)72个、点火组件(型号3503040A37K)5个、火花塞(型号LFG1-18110)220个、机油滤清器总成(型号SH0114302)50个、主轴瓦上瓦(型号L3G2-11851A-11857A)160个、主轴瓦下瓦(型号L3G2-11851A-11857A)160个、第三止推瓦上瓦(型号L3K9-11364)30个。经鉴定,被告人刘某、姜某军、袁某松盗窃上述物品价值342,425元。

被告人刘某、袁某松、金某某、姜某军先后盗窃汽车零件5次,盗窃节流阀体总成(型号L3R4-13640)20个、发动机进水管带调温器总成(型号I306010-37K)16个、机油泵驱动链条总成(型号I026065-37K)15个、汽缸垫总成(型号1003030A37K)80个、点火组件(型号3503040A37K)15个、火花塞(型号LFG1-18110)20个、进气门(型号1007011-37K)160个。经鉴定:被告人刘某、姜某军、袁某松、金某某盗窃上述物品价值11,373元。

案发后,在被告人姜某军处扣押进气歧管总成72个、节流阀体总成72个、主轴瓦上瓦160个、主轴瓦下瓦160个、第三止推瓦上瓦30个、火花塞240个、机油滤清器总成50个,合计价值77,074元,现已发还被害单位。被告人金某某对所盗零件按价退赔。

综上所述,被告人刘某、姜某军、袁某松、盗窃价值共计357,135元;被告人金某某盗窃价值共计11,373元。

【法院认为】

一审法院认为:被告人刘某、姜某军、袁某松、金某某以非法占有为目的,结伙盗窃公私财物,被告人刘某、姜某军、袁某松盗窃数额特别巨大,被告人金某某盗窃数额较大,其行为均已构成盗窃罪,应依法惩处。公诉机关指控的事实及罪名成立。被告人刘某、姜某军、袁某松多次盗窃,给被害单位造成特别巨大的经济损失,均应酌情从重处罚。被告人姜某军返还部分赃物,可酌情从轻处罚。被告人袁某松在犯罪过程中比照被告人刘某、姜某军所起作用相对较小,可酌情从轻处罚。

二审法院认为:上诉人刘某、姜某军、袁某松、原审被告人金某某以非法占有为目的,结伙盗窃公私财物,上诉人刘某、姜某军、袁某松盗窃数额特别巨大,原审被告人金某某盗窃数额较大,其行为均已构成盗窃罪,应依法惩处。虽然一审对上诉人刘某、姜某军、袁某松盗窃物品价值计算有误,应予纠正,但原审对三上诉人量刑适当。

【法院判决】

长春汽车经济技术开发区人民法院作出一审判决如下:(1)被告人刘某犯盗窃罪,判处有期徒刑12年,并处罚金20万元;(2)被告人姜某军犯盗窃罪,判处有期徒刑11年,并处罚金20万元;(3)被告人袁某松犯盗窃罪,判处有期徒刑10年,并处罚金15万元;(4)被告人金某某犯盗窃罪,判处有期徒刑1年2个月,并处罚金2万元;(5)责令被告人刘某、姜某军、袁某松退赔被害单位357,135元(其中价值77,074元的零件已发还,计入已退赔数额)。

一审判决后,刘某、姜某军、袁某松不服提出上诉,长春市中级人民法院经审理作出终审判决:(1)维持长春汽车经济技术开发区人民法院(2014)长汽开刑初字第120号刑事判决中第1项,即被告人刘某犯盗窃罪,判处有期徒刑12年,并处罚金20万元;第2项,即被告人姜某军犯盗窃罪,判处有期徒刑11年,并处罚金20万元;第3项,即被告人袁某松犯盗窃罪,判处有期徒刑10年,并处罚金15万元;第4项,即被告人金某某犯盗窃罪,判处有期徒刑1年2个月,并处罚金2万元;(2)撤销长春汽车经济技术开发区人民法院(2014)长汽开刑初字第120号刑事判决中第5项,即责令被告人刘某、姜某军、袁某松退赔被害单位357,135元(其中价值77,074元的零件已发还,计入已退赔数额);(3)责令上诉人(原审被告人)刘某、姜某军、袁松退赔被害单位一汽轿车股份有限公司发传中心353,798元(其中价值77,074元的零件已发还,计入已退赔数额)。

刑事合规指引

一、加强人事合规管理,填补企业管理漏洞

现实中,大多数企业内部的盗窃犯罪均为监守自盗,监守自盗无疑暴露出了企业在员工合规管理方面的缺失,近年来监守自盗案件呈上升趋势,这些案件不仅数额巨大、社会危害性很大,而且这类盗窃案的损失绝不是被盗物品本身的价值,因盗窃而产生的间接损失远超其自身价值的几倍、几十倍乃至数百倍,严重影响了企业的正常生产经营,必须要引起高度重视。加强人事合规管理是杜绝企业家贼的重要途径,企业人事招聘要做到把好第一关,核实应聘人员是否有犯罪记录、工作经历以及学历的准确性等。企业应制定更加细致、覆盖企业全角落、有针对性的管理规章,加强相关岗位间的监督和牵制,堵塞各种可能出现的漏洞,使企业员工有章可循。同时还应根据形势变化和实际情况,不断对规章制度进行修订和补充,使之不断完善,适应新情况,从制度上消除滋生企业内部盗窃产生的"温床"。

二、建立企业内部治安保卫工作,杜绝监管盲区

上市公司应重视单位内部的安全保障工作,提高内保意识,可建立企业内部治安保卫部门,建立好人防、技防、物防等防范设施,更好地排查企业内部安全隐患,避免出现监管死角,不给犯罪分子可乘之机。当出现企业利益被侵犯时,及时收集和保全证据,为司法机关提供案件线索和必要的证明材料。

三、对员工开展法治教育,提高员工刑事合规意识

加强对企业员工的法治教育,不仅要让他们了解有关法律的基本常识,而且要让他们明白违法犯罪的法律后果和责任,以及于国家、于社会、于家庭、于个人造成的危害和损失,从而使每位员工做到知法、懂法、守法。深刻揭露企业

员工内盗犯罪的危害性，剖析犯罪分子堕落的轨迹和思想根源，提高企业员工的自律意识和合规观念。

第二节　伪造公司、企业、事业单位、人民团体印章罪

刑事责任

《刑法》第 280 条规定：伪造、变造、买卖或者盗窃、抢夺、毁灭国家机关的公文、证件、印章的，处 3 年以下有期徒刑、拘役、管制或者剥夺政治权利，并处罚金；情节严重的，处 3 年以上 10 年以下有期徒刑，并处罚金。

伪造公司、企业、事业单位、人民团体的印章的，处 3 年以下有期徒刑、拘役、管制或者剥夺政治权利，并处罚金。

伪造、变造、买卖居民身份证、护照、社会保障卡、驾驶证等依法可以用于证明身份的证件的，处 3 年以下有期徒刑、拘役、管制或者剥夺政治权利，并处罚金；情节严重的，处 3 年以上 7 年以下有期徒刑，并处罚金。

立案标准

本罪是行为犯，只要行为人实施了伪造公司、企业、事业单位、人民团体印章的行为，原则上就构成犯罪，应当立案追究。

典型案例　贾某龙伪造公司印章案

案号：(2020)川 1325 刑初 152 号

【案情简介】

被告人贾某龙系四川美尚弘公司员工，代理销售珀莱雅化妆品股份有限公司的珀莱雅化妆品。2018 年 9 月，贾某龙发现西充县晋城镇“欧芭莎”美容院

使用的珀莱雅化妆品有假冒嫌疑,经多次交涉无果,贾某龙产生了举报“欧芭莎”美容院使用假冒产品的想法。2018年12月初,贾某龙向西充县市场监督管理局举报并提供了加盖有“珀莱雅化妆品股份有限公司”印文的协查申请、授权委托书、鉴定书。西充县市场监督管理局接到举报后对“欧芭莎”美容院销售的珀莱雅化妆品进行了扣押并开展调查。经调查发现,“欧芭莎”美容院销售的珀莱雅化妆品为正品。西充县市场监督管理局发现贾某龙的行为可能涉嫌犯罪,向西充县公安局移送,2019年3月15日西充县公安局立案侦查。经南充市公安局物证鉴定所鉴定,贾某龙向西充县市场监督管理局提供的协查申请、授权委托书、鉴定书上加盖的“珀莱雅化妆品股份有限公司”印章的印文与真实的公司印章不是同一印章盖印形成。

贾某龙经民警电话通知后到案,并如实供述了起诉书指控的犯罪事实。

【法院认为】

被告人贾某龙伪造珀莱雅化妆品股份有限公司的印章,其行为已构成伪造公司印章罪,应当依法惩处。公诉机关指控被告人贾某龙犯伪造公司印章罪事实清楚,证据确实充分,指控罪名成立。贾某龙经民警电话通知后主动到案,并如实供述了起诉书指控的犯罪事实,系自首,可以从轻或者减轻处罚,辩护人该意见予以采纳。被告人系初犯、偶犯,与查明事实相符,辩方该意见予以采纳。

【法院判决】

四川省西充县人民法院作出一审判决:被告人贾某龙犯伪造公司印章罪,判处有期徒刑6个月,缓刑1年,并处罚金人民币2000元。

本判决已生效。

典型案例 余某伪造公司印章案

案号:(2019)陕0429刑初103号

【案情简介】

2019年1月5日,被告人余某在旬邑县北大街携伪造的中国邮政储蓄银行

“个人购房/购车借款及担保合同”、户名为燕某某的中国邮政储蓄银行“一本通/绿卡通交易明细(客户)”、咸阳某某房地产经纪有限公司收据等资料交于燕某某,让其用于申请提取住房公积金时,当场被公安民警抓获。后民警在被告人余某驾驶车辆中查获伪造的咸阳某某房地产经纪有限公司财务专用章61010005702598一枚。

2016年至2019年,被告人余某将伪造的购房、购车合同,银行交易明细,收据等相关资料先后提供给在旬邑县工作的张某某、卢某某、王某乙、燕某某,为四人非法办理住房公积金提取,骗取国家住房公积金,从中获利6600元(公安机关追缴4500元。本案审理期间,被告人家属已退缴2100元)。

【法院认为】

被告人余某使用明知是伪造的公司印章,加盖于伪造的资料内,提供给他人进行非法活动,从中牟利,其行为触犯了《刑法》第280条之规定,构成伪造公司印章罪,旬邑县人民检察院指控被告人的部分犯罪事实及部分罪名成立,应以伪造公司印章罪追究其刑事责任;对公诉机关指控被告人伪造事业单位印章罪部分的犯罪事实,证据不足,不予支持。对被告人辩称其没有伪造印章,也不知所送东西来源,其只是中间送货赚取路费报酬;辩护人谈某艳辩称公诉机关指控被告人余某犯伪造公司、事业单位印章罪的证据不足,罪名不能成立,被告人应无罪之意见,经查,被告人在供述中称是一名叫“勇哥”的浙江人让其送的伪造资料,但又未提供“勇哥”具体联系方式,对其辩护意见未做出合理解释,对侦查机关的讯问亦以听不见为由拒绝回答,另据公诉机关提供证据现能够证明被告人对自己所送资料系伪造是明知,且卢某某等人证言均能证明系与被告人联系提取住房公积金事宜,与被告人亦能正常沟通,故对以上意见均不予采信。鉴于被告人家属已代其缴纳涉案赃款,法院量刑时依法对其酌情从轻处罚。

【法院判决】

陕西省旬邑县人民法院作出一审判决:(1)被告人余某犯伪造公司印章罪,判处有期徒刑1年,并处罚金5000元;(2)违法所得赃款6600元依法予以没收,上缴国库。

本判决已生效。

刑事合规指引

一、建立企业印章管理合规制度，避免企业利益受损

企业应建立印章管理合规制度，按照规定程序登记和使用，明确企业各部门管理职责。包括：(1)建立印章使用审批权限、范围以及审批责任制度，针对不同类型的合同制定不同的审批制度并严格落实。(2)在印章保管方面，印章应实行专人专柜保管，慎重选择保管人员，并由其签订保管责任书，明确保管责任和义务。(3)同一印章避免多刻，印章越多，管理难度越大，风险越大。(4)明确各印章适用范围，对各类印章适用范围作出清楚明确的规定，避免交叉乱用。(5)谨防随意加盖空白合同书、授权委托书等，谨防将印章交予挂靠人使用。(6)建立印章收回、销毁制度。印章需要更新或更换，要及时收回并按程序上报企业印章管理部门销毁。(7)企业应定期检查印章使用情况，印章管理部门应按照印章管理规定对所属单位印章使用情况进行检查，发现问题及时采取相应措施。

二、谨防企业被认定“表见代理”承担责任

如果被认定为伪造或变造的印章，企业也可能被牵涉而承担责任，结合具体的情况分析：(1)完全无关的他人伪造印章，企业无任何过错的，企业不承担责任；(2)企业员工伪造、变造印章，或企业管理制度有明显过错的，企业要承担责任，我国《民法典》合同编第172条规定了表见代理制度：“行为人没有代理权、超越代理权或者代理权终止后，仍然实施代理行为，相对人有理由相信行为人有代理权的，该代理行为有效。”因此，企业应建立印章合规管理制度，企业印章应当专人专管，严格控制用章的审批，这也可以在案发后帮助企业以己方无过错、伪造风险不可控等理由进行抗辩。

三、发现印章被假冒或盗抢，及时报案处理

企业发现印章被假冒或盗抢后，要及时报案，并向公安机关提供相关线索，并取得报案证明，设立相应的应急方案，同时可在当地报纸上刊登遗失声明公告并及时申请新的公章，尽早通过法律途径维护企业权益。如果没有及时报案，没有采取有效应对措施，对于有关争议事项，可能被认定存有过失，假冒的

印章继续使用,风险增大,最终可能被牵连承担相关民事或刑事责任。

第三节　信用卡诈骗罪

刑事责任

《刑法》第196条规定:有下列情形之一,进行信用卡诈骗活动,数额较大的,处5年以下有期徒刑或者拘役,并处2万元以上20万元以下罚金;数额巨大或者有其他严重情节的,处5年以上10年以下有期徒刑,并处5万元以上50万元以下罚金;数额特别巨大或者有其他特别严重情节的,处10年以上有期徒刑或者无期徒刑,并处5万元以上50万元以下罚金或者没收财产:

(1)使用伪造的信用卡,或者使用以虚假的身份证明骗领的信用卡的;

(2)使用作废的信用卡的;

(3)冒用他人信用卡的;

(4)恶意透支的。

前款所称恶意透支,是指持卡人以非法占有为目的,超过规定限额或者规定期限透支,并且经发卡银行催收后仍不归还的行为。

盗窃信用卡并使用的,依照本法第264条"盗窃罪"的规定定罪处罚。

立案标准

根据《最高人民检察院、公安部关于公安机关管辖的刑事案件立案追诉标准的规定(二)》(2022修订)第49条的规定,进行信用卡诈骗活动,涉嫌下列情形之一的,应予立案追诉:

(1)使用伪造的信用卡、以虚假的身份证明骗领的信用卡、作废的信用卡或者冒用他人信用卡,进行诈骗活动,数额在5000元以上的;

(2)恶意透支,数额在5万元以上的。

本条规定的“恶意透支”，是指持卡人以非法占有为目的，超过规定限额或者规定期限透支，经发卡银行两次有效催收后超过3个月仍不归还的。

恶意透支的数额，是指公安机关刑事立案时尚未归还的实际透支的本金数额，不包括利息、复利、滞纳金、手续费等发卡银行收取的费用。归还或者支付的数额，应当认定为归还实际透支的本金。

恶意透支，数额在5万元以上不满50万元的，在提起公诉前全部归还或者具有其他情节轻微情形的，可以不起诉。但是，因信用卡诈骗受过2次以上处罚的除外。

典型案例　沈某霞信用卡诈骗案

案号：(2021)闽05刑终226号

【案情简介】

2010年6月，被告人沈某霞在平安银行股份有限公司办理一张信用卡并透支使用。至2015年6月2日，被告人沈某霞共透支本金人民币12,168.45元，超过规定期限并经发卡银行两次催收超过3个月仍不归还，且逃避银行催收。

2012年6月，被告人沈某霞在上海浦东发展银行股份有限公司办理一张信用卡并透支使用。至2015年6月22日，被告人沈某霞共透支本金人民币40,015.43元，超过规定期限并经发卡银行两次催收超过3个月仍不归还，且逃避银行催收。案发后，已还款人民币2100元。

2012年6月，被告人沈某霞在中国民生银行股份有限公司办理一张信用卡并透支使用。至2016年1月10日，被告人沈某霞共透支本金人民币49,615.76元，超过规定期限并经发卡银行两次催收超过3个月仍不归还，且逃避银行催收。

2012年6月，被告人沈某霞在中国光大银行股份有限公司办理一张信用卡并透支使用。至2015年4月22日，被告人沈某霞共透支本金人民币41,800.80元，超过规定期限并经发卡银行两次催收超过3个月仍不归还，且逃避银行催收。案发后，已还款人民币2114元。

2012年6月、2015年1月，被告人沈某霞先后在中国建设银行股份有限公司石狮分行办理两张信用卡并透支使用。至2015年7月20日,被告人沈某霞共透支本金人民币8738.37元,超过规定期限并经发卡银行两次催收超过3个月仍不归还,且逃避银行催收。案发后,已还款人民币2050元。

2012年9月,被告人沈某霞在兴业银行股份有限公司泉州分行石狮支行办理一张信用卡并透支使用。至2015年3月22日,被告人沈某霞共透支本金人民币64,773.80元,超过规定期限并经发卡银行两次催收超过3个月仍不归还,且逃避银行催收。案发后,已还清所有透支本金,并取得银行谅解。

2013年2月,被告人沈某霞在中国银行股份有限公司石狮支行办理一张信用卡并透支使用。至2015年3月9日,被告人沈某霞共透支本金人民币19,973.53元,超过规定期限并经发卡银行两次催收超过3个月仍不归还,且逃避银行催收。

2013年3月,被告人沈某霞在中信银行股份有限公司办理一张信用卡并透支使用。至2015年8月5日,被告人沈某霞共透支本金人民币13,662.80元,超过规定期限并经发卡银行两次催收超过3个月仍不归还,且逃避银行催收。

2018年11月22日,公安人员在晋江市隘门附近出租房内抓获被告人沈某霞。

另查明,被告人沈某霞案发后归还平安银行股份有限公司人民币2050元,归还中国民生银行股份有限公司人民币11,700元,归还中信银行股份有限公司人民币5753元。

【法院认为】

被告人沈某霞以非法占有为目的,超过规定期限透支信用卡本金人民币250,748.94元,数额较大,且经发卡银行两次有效催收后超过3个月仍不归还,其行为已构成信用卡诈骗罪。公诉机关指控的罪名成立。被告人沈某霞归案后自愿认罪认罚,依法予以从轻处罚。被告人沈某霞恶意透支多张信用卡,酌情予以从重处罚。被告人沈某霞案发后归还部分透支款项,酌情从轻处罚。

【法院判决】

福建省石狮市人民法院作出一审判决:(1)被告人沈某霞犯信用卡诈骗罪,

判处有期徒刑1年4个月，并处罚金人民币2万元；(2)追缴被告人沈某霞违法所得人民币160,208.14元，分别发还被害单位平安银行股份有限公司人民币10,118.45元、上海浦东发展银行股份有限公司人民币37,915.43元、中国民生银行股份有限公司人民币37,915.76元、中国光大银行股份有限公司人民币39,686.8元、中国建设银行股份有限公司石狮分行人民币6688.37元、中国银行股份有限公司石狮支行人民币19,973.53元、中信银行股份有限公司人民币7909.8元。

一审判决后，沈某霞不服提出上诉，福建省泉州市中级人民法院经审理作出终审裁定：驳回上诉，维持原判。

典型案例　王某信用卡诈骗案

案号：(2018)宁0502刑初300号

【案情简介】

2014年9月25日，被告人王某向中国银行股份有限公司中卫分行申领1张卡号为×××的长城环球通信用卡后使用。至2017年6月12日透支本金10,267.98元未偿还。自2016年12月以来，中国银行股份有限公司中卫分行先后采取打电话、登报公告方式多次催收，王某仍拒不偿还本息。截至2018年4月19日，已经造成银行利息、滞纳金及费用合计15,335.81元未还。2018年11月5日，被告人王某向中国银行股份有限公司中卫支行偿还14,386.32元。

2015年5月25日，被告人王某向中国农业银行股份有限公司中卫支行申请1张卡号为×××的金穗信用卡后使用。至2016年12月3日透支本金49,991.82元未偿还。自2017年1月以来，中国农业银行股份有限公司中卫支行先后采取打电话、登报公告、邮寄催收通知书、上门等方式多次催收，王某仍拒不偿还本息。截至2017年7月31日，已经造成银行本息、滞纳金及违约金合计58,599.35元未还。2018年6月22日，被告人王某亲属向中国农业银行股份有限公司中卫支行归还本息等费用合计70,000元，并取得谅解。

2018 年 4 月 8 日,被告人王某在广东省深圳市被深圳市公安局沙头角派出所民警抓获归案,到案后如实供述了自己的犯罪事实。

【法院认为】

被告人王某以非法占有为目的,违反信用卡管理法规,恶意透支,进行信用卡诈骗 60,259.8 元,数额较大,其行为构成信用卡诈骗罪。公诉机关指控的犯罪事实及罪名成立。被告人王某如实供述自己的罪行,可以从轻处罚;偿还全部透支款息并取得中国农业银行中卫支行的谅解,可以从宽处罚。被告人王某在一审判决前全部归还恶意透支本金、利息等,可以免予刑事处罚。

【法院判决】

宁夏回族自治区中卫市沙坡头区人民法院作出一审判决:被告人王某犯信用卡诈骗罪,免予刑事处罚。

本判决已生效。

刑事合规指引

一、建立健全信用卡管理制度和运行合规机制

信用卡诈骗罪是企业被动涉刑频次最高的刑事案件,企业应建立健全信用卡管理制度和运行合规机制,完善刑事合规风险管理。通过加强申领人资信调查、授权审批制度、发卡机构催收制度、客户信用信息跟踪制度、信用卡数据处理、技术风险管理、网络建设、严格的操作制度等一系列信用管理制度及运行合规机制,建立健全银行卡案件的报备、预警及通报制度,避免被动涉刑受到侵害。

二、严格信用卡业务管理人员和从业人员录用标准与合规管理

信用卡诈骗罪的犯罪主体,主要是社会上的违法犯罪分子,他们利用信用卡进行财物诈骗。但是,有的信用卡犯罪往往是与信用卡管理人员或其他从业人员的渎职行为有关,也有的是内外勾结,结成共犯,必须引起企业的高度重视。因此,在设置信用卡诈骗防范机制时,首要建立好各级信用卡从业人员的录用标准及合规管理机制。

三、提高信用卡的技术含量,完善服务手段

针对当前信用卡很容易被窃取、涂改和伪造的问题,信用卡服务系统应该

加快技术改造升级，以IC智能卡取代磁条卡，通过加印持卡人的照片、指纹识别等增加信息存储量，开发先进的防伪应用软件和研制伪卡鉴别仪，加大信用卡犯罪防范力度。

四、加强对持卡人安全防范宣传教育

银行在持卡人领取、保管、使用信用卡过程中，对预留签名、密码设置、遗失挂失、消费、提款、业务查询等问题要加大对持卡人的安全防范宣传，密切加强与发卡机构、公安机关等部门的联系，从持卡人自身增强刑事合规管理能力，避免因持卡人行为不规范给自身和银行带来侵害。

五、建立健全预防打击机制，有效打击信用卡违法犯罪

通过建立警银联合预防打击机制，将防控的触角延伸到各信用卡特约商户，积极动员发卡银行在各商户单位中建立自动报警和图像监控等装置，并与公安机关的有线无线通信、图像监控、微机管理、区域报警工程等高科技手段并用，畅通案情通报信息渠道，加大打击力度。

第四节　贷款诈骗罪

刑事责任

根据《刑法》第193条的规定，有下列情形之一，以非法占有为目的，诈骗银行或者其他金融机构的贷款，数额较大的，处5年以下有期徒刑或者拘役，并处2万元以上20万元以下罚金；数额巨大或者有其他严重情节的，处5年以上10年以下有期徒刑，并处5万元以上50万元以下罚金；数额特别巨大或者有其他特别严重情节的，处10年以上有期徒刑或者无期徒刑，并处5万元以上50万元以下罚金或者没收财产：

（1）编造引进资金、项目等虚假理由的；

（2）使用虚假的经济合同的；

（3）使用虚假的证明文件的；

(4)使用虚假的产权证明作担保或者超出抵押物价值重复担保的;

(5)以其他方法诈骗贷款的。

立案标准

根据《最高人民检察院、公安部关于公安机关管辖的刑事案件立案追诉标准的规定(二)》(2022修订)第45条的规定,以非法占有为目的,诈骗银行或者其他金融机构的贷款,数额在5万元以上的,应予立案追诉。

典型案例 肖某雷等贷款诈骗案

案号:(2021)京03刑终395号

【案情简介】

被告人肖某雷长期以帮助他人向金融机构申请办理各种贷款为业,自2019年起,被告人付某涛及张某1就为被告人肖某雷工作。被告人肖某雷于2017年以张某超的名义注册了北京红花雨文化传媒有限公司,于2019年3月21日以被告人付某涛的名义注册了中顺通科技(北京)有限公司。在被告人肖某雷的指使下,张某1向工商登记机关申请将中科昊明科贸(北京)有限公司的法定代表人变更为张某1,工商登记机关于2020年4月9日将该公司的法定代表人变更为张某1。被告人肖某雷在北京市顺义区南彩镇后郝家疃村租赁了一个院子,作为办公地点。

自2020年3月起,被告人肖某雷伙同被告人付某涛等人,通过互联网等途径对外宣称能够帮助他人向银行申请贷款。中介人员魏某1、陈某1、被告人邹某等人介绍一些有意办理贷款、无稳定职业和收入的社会人员给被告人肖某雷。被告人肖某雷让这些社会人员居住在其承租的位于后郝家疃村的院子里,被告人肖某雷和中介人员以贷款成功后只需偿还分期付款中的6期,之后有钱就还,没钱就不还等话术诱惑这些有意办理贷款的社会人员向银行申请贷款。被告人肖某雷对这些社会人员如何回答银行工作人员的问题进行培训。2020年3月至6月,被告人肖某雷、付某涛等人采用伪造中顺通科技(北京)有限公司等的工作证明、收入证明等证明文件的方式，对不符合办理贷款条件的前述社会人员进行包装，以前述社会人员在北京祥瑞聚鑫汽车销售服务有限公司、北京华通伟业汽车销售服务有限公司、北京申银汽车服务有限公司购置汽车的名义向兴业银行申请汽车分期贷款。最终，隋某、代某、魏某2、张某2、岳某、赫某、任某1、任某2、王某、包某、陈某2、傅某、梅某这13名社会人员贷款申请获得兴业银行批准，兴业银行因此发放贷款本金共计188.8万元（银行将贷款支付给汽车销售公司，被告人肖某雷等人与贷款人将汽车从汽车销售公司领走）。被告人肖某雷等人领走汽车后，通过低价对外出售或抵押，在扣除垫付首付款及办理其他事项的手续费、15%～40%的服务费、银行贷款的前6期还款金额和给介绍人的好处费后，将剩余款项支付给贷款申请人。在此过程中，被告人付某涛帮助被告人肖某雷接送贷款申请人、制作虚假证明文件、接听兴业银行工作人员的回访电话等。被告人邹某为被告人肖某雷介绍两名社会人员骗领汽车分期贷款本金共计28.8万元，从被告人肖某雷处获取好处费3万元。

2020年6月3日，民警在被告人肖某雷承租的院子里将被告人肖某雷、付某涛、邹某查获，民警在该院子里还发现多名准备申请贷款的人员（含涉案的部分成功申请贷款人员）。民警同时在该院子里还扣押了手机、平板电脑、POS机、纸质材料等物品。民警从被告人肖某雷及中间人陈某1处起获了11张涉案信用卡。另有一辆贷款人从汽车销售公司领走的涉案大众汽车被民警扣押并移送本院。

贷款人和中间人及被告人肖某雷等人于2020年6月3日（案发之日）前偿还兴业银行贷款共计10万余元，其中岳某军的账户偿还兴业银行0.3万元。贷款人和中间人及被告人肖某雷等人于2021年4月19日前偿还兴业银行贷款共计27万余元。案发后，被告人邹某向公诉机关主动缴纳退赔款3万元，贷款人代某向公诉机关缴纳退赔款0.9万元，张某1向公诉机关缴纳退赔款5万元。

【法院认为】

被告人肖某雷伙同付某涛、邹某以非法占有为目的，使用虚假的证明文件，诈骗银行贷款,其中被告人肖某雷、付某涛诈骗的数额特别巨大,被告人邹某诈骗的数额巨大,3名被告人的行为均侵犯了社会主义市场经济秩序和单位的财产权利,已构成贷款诈骗罪,依法应予惩处。案发前,被告人肖某雷、付某涛、邹某及相关贷款申请人偿还的金额应当从诈骗的金额中扣除。经认定,被告人肖某雷、付某涛诈骗的金额为178万余元,被告人邹某诈骗的金额为28.5万元。被告人肖某雷曾因故意犯罪被判处有期徒刑,在刑罚执行完毕后5年内再犯应当判处有期徒刑以上刑罚之罪,系累犯,应当从重处罚。被告人肖某雷未能如实供述对涉案贷款具有非法占有的目的,也未如实供述同案犯付某涛在共同犯罪中的行为,无法认定其具有如实供述的情节,但其基本如实供述了以相关人员的名义申请贷款的过程,酌情对其从轻处罚。另外,被告人肖某雷揭发他人违法犯罪的事实因未能查证属实,不能认定其具有立功表现。被告人付某涛当庭未能如实供述自己的犯罪行为,无法认定其具有如实供述的从轻情节。鉴于被告人付某涛在共同犯罪中起次要或辅助作用,系从犯,依法对其减轻处罚;被告人邹某在共同犯罪中起次要或辅助作用,系从犯,其到案后能够如实供述犯罪事实,自愿认罪认罚,能够部分退赔被害单位的经济损失,依法对其减轻处罚,并宣告缓刑。

【法院判决】

北京市顺义区人民法院作出一审判决:(1)被告人肖某雷犯贷款诈骗罪,判处有期徒刑11年6个月,剥夺政治权利2年,并处罚金20万元;(2)被告人付某涛犯贷款诈骗罪,判处有期徒刑6年,并处罚金8万元;(3)被告人邹某犯贷款诈骗罪,判处有期徒刑3年,缓刑3年,并处罚金3万元;(4)在案的退赔款89,000元发还兴业银行股份有限公司北京分行;(5)责令被告人肖某雷、付某涛继续退赔被害单位兴业银行股份有限公司北京分行的其余经济损失1,523,970元(在案扣押的大众汽车一辆折价后用于折抵被告人肖某雷、付某涛的退赔款),被告人邹某在200,579元的范围内与被告人肖某雷、付某涛承担共同退赔责任;(6)在案扣押的信用卡11张予以没收;(7)扣押的被告人肖某雷等人的手机共15部、苹果牌平板电脑3台、POS机6台、纸质材料1份由扣押机关自行处理。

一审判决后,被告人肖某雷、付某涛不服提出上诉,北京市第三中级人民法院经审理作出终审裁定:驳回上诉,维持原判。

典型案例　林某生贷款诈骗案

案号:(2021)闽01刑终369号

【案情简介】

2005年3月25日,福建中经纬船务有限公司(以下简称中经纬公司)成立,被告人林某生担任法定代表人、执行董事,林某为股东(已判刑)。5月12日,厦门厦经纬船务有限公司(以下简称厦经纬公司)成立,被告人林某生担任法定代表人、执行董事,林某为监事、股东。2010年12月14日,厦经纬公司的法定代表人、执行董事、总经理变更为林某,但被告人林某生始终是中经纬公司、厦经纬公司的实际控制人。

2010年1月,在自身及中经纬公司、厦经纬公司经济状况恶化的情况下,被告人林某生虚构中经纬公司与福建华信控股股份有限公司的燃油购销合同,同时以厦经纬公司为担保,提供虚构的"凯明"轮作为抵押物并伪造相关《海上船舶检验证书簿》、船舶国籍证等材料,骗取交通银行贷款人民币3600万元,用于偿还高利贷、公司贷款、个人开销等,造成银行经济损失人民币1800万元。

2010年12月,在自身及中经纬公司、厦经纬公司经济状况恶化的情况下,被告人林某生虚构厦经纬公司建造新船需要资金周转的事实,同时以中经纬公司为担保,提供虚构的"华丰77"轮、"渤海2"轮作为抵押物并伪造相关《海上船舶检验证书簿》、船舶国籍证等材料,骗取民生银行贷款人民币5000万元,用于偿还高利贷、公司贷款、个人开销等,造成银行经济损失人民币4490万元。

2018年5月29日,被告人林某生被公安民警抓获。

【法院认为】

被告人林某生以非法占有为目的,骗取银行贷款人民币6290万元,其行为已构成贷款诈骗罪,且数额特别巨大。

【法院判决】

福州市鼓楼区人民法院作出一审判决:(1)被告人林某生犯贷款诈骗罪,判处有期徒刑14年,并处罚金人民币50万元;(2)责令被告人林某生退赔被害单位交通银行股份有限公司福建省分行人民币1800万元、退赔被害单位中国民生银行股份有限公司福州分行人民币4490万元。

一审判决后,被告人林某生不服提出上诉,福建省福州市中级人民法院经审理作出终审裁定:驳回上诉,维持原判。

刑事合规指引

对银行等金融机构企业做好预防贷款诈骗的刑事合规,避免被动涉刑提出如下建议:

一、建立和完善企业内部合规管理制度

通过建立和完善内部合规管理制度,聚焦受理与调查、抵质押物评估与核保、风险评价与审批、合同签订与贷款发放、支付与贷后管理等各个环节,在科学制定和严格执行尽职免责制度基础上,建立健全贷款各操作环节的考核问责机制。

二、防止"内外勾结"犯罪

要防止企业人员与外部不法分子勾结犯罪,根据2020年2月20日中国银行保险监督管理委员会发布的《中国银保监会办公厅关于预防银行业保险业从业人员金融违法犯罪的指导意见》中,明确要求银行须防范金融违法犯罪,防范高级管理人员强令、指使、暗示、授意下属越权、违规违章办理业务等行为,特别是要防范银行从业人员与外部人员共谋,利用空壳主体和虚假资料骗取银行贷款的诈骗行为。现实中,大量不法分子采取团伙分工作案,买通银行工作人员,里应外合给银行造成了巨大损失。因此,要加强从业人员聘用管理,提出必要的职业道德、资质、履职经验、专业素质及其他个人素质标准要求,避免企业被动涉刑受到侵害。

三、熟悉各种可能的贷款诈骗手段,对应做好刑事合规

相关企业应熟悉常见的贷款诈骗类型,如将真假存单调包;利用伪造营业执照、租赁场地、提供虚假财务报表等手段骗取银行贷款；利用网上银行存在的技术漏洞，采取虚假质押方式非法取得贷款。同时，由于金融风险会借助于技术进步、互联网渠道等发生演变，随着科技的进步和互联网的创新，企业还应适时调整预防手段，查找可能存在的漏洞，做好刑事合规控制。

四、慎用外部评估机构

银行在与外部评估机构合作中，须定期衡量外部评估机构是否存在虚估担保物价值的行为，并设置内部针对评估机构的预警名单库，暂停、取消与那些被列入警示名单的机构合作。

五、对贷款人做好充分尽调

银行应穷尽各种贷款调查方式，以实地调查为主、间接调查为辅，采取现场核实、大数据等途径和方法对贷款人进行充分尽调，避免受到贷款诈骗侵害。

六、强化银行从业人员的合规培训

要向对经营管理、风险控制有决策权或重要影响力的各级管理人员定期传达监管要求、解析监管政策、提示风险，增强合规经营和刑事合规意识。持续开展各业务条线合规培训，培育恪守职业道德、严守规章制度的合规文化，强化风险提示和警示教育，充分预防贷款过程中的潜在合规风险。

七、加强与相关机构的联动协调，防范与打击并重

要加强与监察机关、公安机关、司法机关和其他金融管理部门沟通协作，建立联席会议、信息共享、案件移送、行政执法与刑事司法衔接等机制，加强交流互训，形成防范与打击合力，不给贷款诈骗不法分子可乘之机。

第五节　假冒注册商标罪

刑事责任

根据《刑法》第 213 条的规定，未经注册商标所有人许可，在同一种商品、服务上使用与其注册商标相同的商标，情节严重的，处 3 年以下有期徒刑，并处或者单处罚金;情节特别严重的,处3年以上10年以下有期徒刑,并处罚金。

典型案例 陈某强假冒注册商标案

案号:(2020)浙0281刑初591号

【案情简介】

2018年5月至2019年9月,被告人陈某强先后在余姚市××街道××村××号××谢家车头74号等地,将陈某1等人提供的低档品牌的塑料原料,换包成假冒他人注册商标的塑料原料,换包的劳务费按80元/吨结算。

2019年3月,陈某1未经"中国石化"注册商标所有人中国石油化工集团有限公司许可,从网上采购镇海石化聚丙烯塑料2吨,并采购印有"中国石化"商标、"中国石化扬子石油化工有限公司"字样的塑料包装袋,经被告人陈某强换包后,将2吨假冒"中国石化"牌1215C型号聚丙烯塑料销售给泰州奥派模塑新材料有限公司,销售金额共计21,400元。

2019年5月,陈某1未经"中国石化"注册商标所有人中国石油化工集团有限公司许可,从余姚市塑料城采购"台塑"牌5012聚丙烯塑料5吨,并采购印有"中国石化"商标、"中国石化上海石油化工股份有限公司"字样的塑料包装袋,经被告人陈某强换包后,将5吨假冒"中国石化"牌M250E型号聚丙烯塑料销售给常州市枭炜塑料有限公司,销售金额共计59,500元。

2019年5月31日至8月18日,陈某1未经"COSMOPLENE"注册商标所有人住友化学株式会社许可,从浙江创锦石化有限公司、宁波起初塑料有限公司、宁波德越塑料化工有限公司采购"台塑"牌3080型号聚丙烯塑料合计11吨,并从谭某1(另案处理)处采购印有"COSMOPLENE"商标、"AW161"等字样的塑料包装袋,经被告人陈某强换包后,将11吨假冒"COSMOPLENE"牌AW161型号聚丙烯塑料销售给嘉兴乐儿宝婴童用品有限公司,销售金额共计123,199.96元。

2019年7月3日至5日,胡某1未经"CHIMEI"注册商标所有人奇美实业股份有限公司许可,从宁波欣仰新材料有限公司购得"台化牌"AC2300型号

PC/ABS 塑料合计 6 吨，通过向谭某 1（另案处理）处购买印有“CHIMEI”商标、“PC 合金树脂”等字样塑料包装袋，经被告人陈某强进行换包后销售给宁波方晟电子有限公司，销售金额共计 117,000 元。

2019 年 7 月至 9 月，谭某 2 未经注册商标所有人中国石油化工集团有限公司许可，从浙江德升物产有限公司和宁波浩承发进出口有限公司购入镇海炼化 M30RH 型号塑料合计 8 吨，又从谭某 1（另案处理）处购得印有“中国石化”等商标及“中国石油化工股份有限公司北京燕山分公司”“K9026”等字样的塑料包装袋，并由被告人陈某强进行换包后销售给杭州兆铭精密机械有限公司，销售金额共计 86,225 余元。

2019 年 7 月至 8 月，易某 1 未经注册商标所有人许可，由陈某强帮助其采用更换包装的方式，先后将 17.3 吨价格较低的其他品牌的聚丙烯换包成“Hanwha”“TOTAL”注册商标的 HJ730L 型号的聚丙烯，以余姚市常润塑胶原料有限公司的名义销售给宁波坤达模具有限公司，销售金额共计 176,750 元。

2018 年 8 月至 2019 年 6 月，郑某未经注册商标所有人许可，由被告人陈某强帮助其采用换包装的方式，先后将 48 吨价格较低的其他塑料原料冒充“DuPont”500P 型号的塑料原料，销售给余姚市宝泰贸易有限公司，销售金额共计 782,800 元。

2018 年 12 月至 2019 年 4 月，陈某 2 未经“LOTTE”注册商标所有人的许可，从谭某 1 处购得假冒“LOTTE”注册商标的塑料包装袋，由被告人陈某强帮助其更换包装，将共计 9 吨价格较低的其他聚丙烯塑料冒充乐天化学株式会社的 PC 塑料原料销售给温岭市正诚电器有限公司，销售金额共计 159,200 元。

2019 年 7 月 3 日，易某 2 未经“covestro”注册商标所有人科思创德国股份有限公司许可，从宁波市羽翊化工有限公司购得 PC02－10R 型号塑料 10 吨，通过向谭某 1（另案处理）处购买印有“covestro”商标的塑料包装袋，经被告人陈某强换包后销售给南通鑫辰塑胶有限公司，销售金额共计 170,000 元。

2019 年 7 月至 9 月，汪某未经“POLIMA××”注册商标所有人爱亚披司大众有限公司许可，从上海凯羲塑胶化工有限公司、余姚市中晨贸易有限公司购得 PPM800E 型号塑料 10 吨，经被告人陈某强换包后销售给浙江宝惠婴儿用品有限公司,销售金额共计123,000元。

2019年4月,莫某1、莫某2未经“中国石化”注册商标所有人中国石油化工集团有限公司及其授权厂家的许可,由被告人陈某强帮助使用假冒“中国石化”注册商标的塑料包装袋更换包装后,将10吨价格较低的其他聚丙烯塑料冒充中国石化上海石油化工股份有限公司的M800E型号聚丙烯塑料原料销售给余姚市天亿进出口有限公司,销售金额共计110,500元。

2019年7月,王某以上海唐雄化工科技有限公司的名义,从余姚市东玉塑化有限公司、宁波鑫正尚国际贸易有限公司先后购得伊朗石化62N07型号聚乙烯塑料产品10吨。王某通过向谭某1购买“昆仑独山子”DMDA-8008型号包装袋,由莫某林、被告人陈某强帮助采用更换包装的方式,将上述10吨塑料产品冒充“昆仑独山子”DMDA-8008型号的塑料产品以余姚梓宸塑化有限公司的名义销售给安徽美威特文具制造有限公司,销售金额共计90,500元。其中被告人陈某强换包的数量为5吨,销售金额45,250元。

2019年8月,周某经注册商标所有人许可,由被告人陈某强帮助其采用换包装的方式,将18吨价格较低的其他塑料原料冒充“昆仑独山子”DMDA-8008型号的塑料原料,销售给上海云塑贸易有限公司,销售金额共计189,900元。

【法院认为】

被告人陈某强未经注册商标所有人许可,在同一种商品上使用与其注册商标相同的商标,且假冒两种以上注册商标,涉案金额2,160,000元,情节特别严重,其行为已构成假冒注册商标罪。公诉机关指控的罪名成立。在共同犯罪中,被告人陈某强起次要作用,系从犯,对于从犯,依法应当从轻处罚。被告人陈某强归案后如实供述自己的罪行,又在庭审中自愿认罪,依法可以从轻处罚。被告人陈某强的辩护人提出对被告人陈某强从轻处罚的意见,本院予以采纳。

【法院判决】

浙江省余姚市人民法院作出一审判决:被告人陈某强犯假冒注册商标罪,判处有期徒刑3年3个月,并处罚金5万元。

本判决已生效。

典型案例 陈某河销售假冒注册商标的商品案

案号:(2020)晋03刑终161号

【案情简介】

山西杏花村汾酒厂股份有限公司是“古井亭”“杏花村”商标的注册人,并续展注册有效期至2029年12月。

2019年1月至8月,被告人陈某河多次将假冒“汾酒”系列酒从山西省文水县运至平定县,销售给被告人苗某军,被告人苗某军将该酒存放于平定县其租住的库房内。被告人苗某军购得此酒后,于2019年7月以每箱180元的价格向李某某出售2箱假冒53度玻璃瓶汾酒。2019年8月23日,平定县公安局食品药品犯罪侦查大队在被告人苗某军租住的库房内查获假冒汾酒12个种类共计489箱。经山西杏花村汾酒厂股份有限公司、山西杏花村汾酒集团有限公司打假办公室鉴定,被查扣汾酒均为假冒该公司注册商标产品。经平定县价格认证中心认定,上述491箱假冒汾酒的总价格为276,634元,其中被查扣的489箱假冒汾酒总价格为275,734元。

【法院认为】

被告人陈某河销售明知是假冒注册商标的商品,销售金额达276,634元,数额巨大;被告人苗某军向被告人陈某河购买假冒注册商标的商品后大部分商品尚未销售,货值金额达275,734元,数额巨大,两被告人之行为均已构成销售假冒注册商标的商品罪,依法均应予惩处。平定县人民检察院指控罪名成立。被告人苗某军购买假冒注册商标的商品后大部分商品尚未销售即被查扣,属犯罪未遂,依法可比照既遂犯减轻处罚。鉴于被告人苗某军认罪态度较好,可酌情轻处。被告人陈某河辩护人提出本案所涉假冒注册商标的商品实际销售金额未达到该罪立案标准及被告人苗某军辩护人提出本案不能以市场价格定处的辩护意见,现有在案证据无法查清本案所涉假冒注册商标的商品实际销售价格且该商品没有标价,该假冒注册商标的商品依法应按照市场中间价格计算,辩护人的辩护意见与查明事实及相关法律规定不符,不予采纳。

【法院判决】

山西省平定县人民法院作出一审判决:(1)被告人陈某河犯销售假冒注册商标的商品罪,判处有期徒刑3年6个月,并处罚金14万元;(2)被告人苗某军犯销售假冒注册商标的商品罪,判处有期徒刑1年,缓刑2年,并处罚金7万元。

一审判决后,被告人陈某河不服提出上诉,山西省阳泉市中级人民法院经审理作出终审裁定:驳回上诉,维持原判。

刑事合规指引

一、加强商标标识的合规管理,防止被冒用

企业的商标标识及包装的设计人员,应当熟悉商标法律并能灵活运用,监管部门查处的假冒商标案件,有不少与企业对商标标识、包装物的管理不合规有很大关系。有些企业因保管不善,导致商标标识物被盗、流失;有些是未对标识物印刷厂、纸箱厂等进行严格审查,这些都是导致商标侵权事件发生的常见因素。产品经消费者消费后,产品包装等标识物可能仍完好无缺,为防止以此进行假冒产品的制作与售卖,可以设计出产品经消费者消费后标识物即遭破坏的标识物,或者可以将商标直接印在商品上。

二、经常对商标市场信息进行调查,发现被侵权时及时采取维权措施,避免损失扩大

企业需要专业部门经常对商标进行市场调查,要求各地经销商及分公司密切关注市场上同类产品企业商标标识,对商标使用情况进行监控,一旦发现有侵权嫌疑时,立即提出异议,及时加以制止;如果确定对方侵权的,需要收集并准备好相应的商标侵权的证据,并向相关行政机关举报投诉或向司法机关提起诉讼,进行索赔;情节严重的,及时到公安机关报案处理,进而有效遏制假冒商标的违法犯罪行为。

三、做好品牌战略布局,筑起"商标保护防火墙"

企业需要做好品牌战略布局,通过对自身的商标的梳理将其以法律形式确

权,商标一共分为45类,企业可以根据自己产品的类别进行注册,但是一些企业产品可能会涵盖多个层面,因此一定要注意保护相关的多个类别,可以注册防御性商标,筑起一道"商标保护防火墙",一旦发现商标被仿冒假冒,情节严重的及时报案处理,用法律武器保护企业知识产权。

四、注重全面预防,并与监管执法部门建立预防打击配合机制

企业应注重从生产到销售各个环节的预防工作,各部门相互协调配合,严厉打击一切假冒注册商标的违法犯罪行为,同时加强与市场监管机关、公安执法等部门的密切配合,形成整治合力,务必做到打击与预防并重,形成全面威慑效应。

附录　相关规定

最高人民检察院、司法部、财政部、生态环境部、国务院国有资产监督管理委员会、国家税务总局、国家市场监督管理总局、中华全国工商业联合会、中国国际贸易促进委员会关于印发《关于建立涉案企业合规第三方监督评估机制的指导意见(试行)》的通知

(2021年6月3日公布实施)

为深入学习贯彻党的十九大和十九届二中、三中、四中、五中全会精神,全面贯彻习近平法治思想,在依法推进企业合规改革试点工作中建立健全涉案企业合规第三方监督评估机制,有效惩治预防企业违法犯罪,服务保障经济社会高质量发展,助力推进国家治理体系和治理能力现代化,最高人民检察院、司法部、财政部、生态环境部、国务院国有资产监督管理委员会、国家税务总局、国家市场监督管理总局、全国工商联、中国国际贸易促进委员会研究制定了《关于建立涉案企业合规第三方监督评估机制的指导意见(试行)》,现印发你们,请结合实际认真贯彻落实。贯彻落实中遇到的重要情况和问题,请及时层报最高人民检察院、司法部、财政部、生态环境部、国务院国有资产监督管理委员会、国家税务总局、国家市场监督管理总局、全国工商联、中国国际贸易促进委员会。

关于建立涉案企业合规第三方监督评估机制的指导意见（试行）

为贯彻落实习近平总书记重要讲话精神和党中央重大决策部署，在依法推进企业合规改革试点工作中建立健全涉案企业合规第三方监督评估机制，有效惩治预防企业违法犯罪，服务保障经济社会高质量发展，助力推进国家治理体系和治理能力现代化，根据刑法、刑事诉讼法等法律法规及相关政策精神，制定本指导意见。

第一章 总 则

第一条 涉案企业合规第三方监督评估机制(以下简称第三方机制)，是指人民检察院在办理涉企犯罪案件时，对符合企业合规改革试点适用条件的，交由第三方监督评估机制管理委员会(以下简称第三方机制管委会)选任组成的第三方监督评估组织(以下简称第三方组织)，对涉案企业的合规承诺进行调查、评估、监督和考察。考察结果作为人民检察院依法处理案件的重要参考。

第二条 第三方机制的建立和运行，应当遵循依法有序、公开公正、平等保护、标本兼治的原则。

第三条 第三方机制适用于公司、企业等市场主体在生产经营活动中涉及的经济犯罪、职务犯罪等案件，既包括公司、企业等实施的单位犯罪案件，也包括公司、企业实际控制人、经营管理人员、关键技术人员等实施的与生产经营活动密切相关的犯罪案件。

第四条 对于同时符合下列条件的涉企犯罪案件，试点地区人民检察院可以根据案件情况适用本指导意见：

(一)涉案企业、个人认罪认罚；

(二)涉案企业能够正常生产经营，承诺建立或者完善企业合规制度，具备启动第三方机制的基本条件；

(三)涉案企业自愿适用第三方机制。

第五条 对于具有下列情形之一的涉企犯罪案件，不适用企业合规试点以及第三方机制：

（一）个人为进行违法犯罪活动而设立公司、企业的；

（二）公司、企业设立后以实施犯罪为主要活动的；

（三）公司、企业人员盗用单位名义实施犯罪的；

（四）涉嫌危害国家安全犯罪、恐怖活动犯罪的；

（五）其他不宜适用的情形。

第二章 第三方机制管委会的组成和职责

第六条 最高人民检察院、国务院国有资产监督管理委员会、财政部、全国工商联会同司法部、生态环境部、国家税务总局、国家市场监督管理总局、中国国际贸易促进委员会等部门组建第三方机制管委会，全国工商联负责承担管委会的日常工作，国务院国有资产监督管理委员会、财政部负责承担管委会中涉及国有企业的日常工作。

第三方机制管委会履行下列职责：

（一）研究制定涉及第三方机制的规范性文件；

（二）研究论证第三方机制涉及的重大法律政策问题；

（三）研究制定第三方机制专业人员名录库的入库条件和管理办法；

（四）研究制定第三方组织及其人员的工作保障和激励制度；

（五）对试点地方第三方机制管委会和第三方组织开展日常监督和巡回检查；

（六）协调相关成员单位对所属或者主管的中华全国律师协会、中国注册会计师协会、中国企业联合会、中国注册税务师协会、中国贸促会全国企业合规委员会（中国贸促会商事法律服务中心）以及其他行业协会、商会、机构等在企业合规领域的业务指导，研究制定涉企犯罪的合规考察标准；

（七）统筹协调全国范围内第三方机制的其他工作。

第七条 第三方机制管委会各成员单位建立联席会议机制，由最高人民检察院、国务院国有资产监督管理委员会、财政部、全国工商联负责同志担任召集人，根据工作需要定期或者不定期召开会议，研究有关重大事项和规范性文件，确定阶段性工作重点和措施。

各成员单位应当按照职责分工，认真落实联席会议确定的工作任务和议定事项，建立健全日常联系、联合调研、信息共享、宣传培训等机制，推动企业合规改革试点和第三方机制相关工作的顺利进行。

第八条　试点地方的人民检察院和国资委、财政部门、工商联应当结合本地实际，参照本指导意见第六条、第七条规定组建本地区的第三方机制管委会并建立联席会议机制。

试点地方第三方机制管委会履行下列职责：

（一）建立本地区第三方机制专业人员名录库，并根据各方意见建议和工作实际进行动态管理；

（二）负责本地区第三方组织及其成员的日常选任、培训、考核工作，确保其依法依规履行职责；

（三）对选任组成的第三方组织及其成员开展日常监督和巡回检查；

（四）对第三方组织的成员违反本指导意见的规定，或者实施其他违反社会公德、职业伦理的行为，严重损害第三方组织形象或公信力的，及时向有关主管机关、协会等提出惩戒建议，涉嫌违法犯罪的，及时向公安司法机关报案或者举报，并将其列入第三方机制专业人员名录库黑名单；

（五）统筹协调本地区第三方机制的其他工作。

第九条　第三方机制管委会应当组建巡回检查小组，按照本指导意见第六条第五项、第八条第三项的规定，对相关组织和人员在第三方机制相关工作中的履职情况开展不预先告知的现场抽查和跟踪监督。

巡回检查小组成员可以由人大代表、政协委员、人民监督员、退休法官、检察官以及会计审计等相关领域的专家学者担任。

第三章　第三方机制的启动和运行

第十条　人民检察院在办理涉企犯罪案件时，应当注意审查是否符合企业合规试点以及第三方机制的适用条件，并及时征询涉案企业、个人的意见。涉案企业、个人及其辩护人、诉讼代理人或者其他相关单位、人员提出适用企业合规试点以及第三方机制申请的,人民检察院应当依法受理并进行审查。

人民检察院经审查认为涉企犯罪案件符合第三方机制适用条件的,可以商请本地区第三方机制管委会启动第三方机制。第三方机制管委会应当根据案件具体情况以及涉案企业类型,从专业人员名录库中分类随机抽取人员组成第三方组织,并向社会公示。

第三方组织组成人员名单应当报送负责办理案件的人民检察院备案。人民检察院或者涉案企业、个人、其他相关单位、人员对选任的第三方组织组成人员提出异议的,第三方机制管委会应当调查核实并视情况做出调整。

第十一条 第三方组织应当要求涉案企业提交专项或者多项合规计划,并明确合规计划的承诺完成时限。

涉案企业提交的合规计划,主要围绕与企业涉嫌犯罪有密切联系的企业内部治理结构、规章制度、人员管理等方面存在的问题,制定可行的合规管理规范,构建有效的合规组织体系,健全合规风险防范报告机制,弥补企业制度建设和监督管理漏洞,防止再次发生相同或者类似的违法犯罪。

第十二条 第三方组织应当对涉案企业合规计划的可行性、有效性与全面性进行审查,提出修改完善的意见建议,并根据案件具体情况和涉案企业承诺履行的期限,确定合规考察期限。

在合规考察期内,第三方组织可以定期或者不定期对涉案企业合规计划履行情况进行检查和评估,可以要求涉案企业定期书面报告合规计划的执行情况,同时抄送负责办理案件的人民检察院。第三方组织发现涉案企业或其人员尚未被办案机关掌握的犯罪事实或者新实施的犯罪行为,应当中止第三方监督评估程序,并向负责办理案件的人民检察院报告。

第十三条 第三方组织在合规考察期届满后,应当对涉案企业的合规计划完成情况进行全面检查、评估和考核,并制作合规考察书面报告,报送负责选任第三方组织的第三方机制管委会和负责办理案件的人民检察院。

第十四条 人民检察院在办理涉企犯罪案件过程中,应当将第三方组织合规考察书面报告、涉案企业合规计划、定期书面报告等合规材料,作为依法作出批准或者不批准逮捕、起诉或者不起诉以及是否变更强制措施等决定，提出量刑建议或者检察建议、检察意见的重要参考。

人民检察院发现涉案企业在预防违法犯罪方面制度不健全、不落实，管理不完善，存在违法犯罪隐患，需要及时消除的，可以结合合规材料，向涉案企业提出检察建议。

人民检察院对涉案企业作出不起诉决定，认为需要给予行政处罚、处分或者没收其违法所得的，应当结合合规材料，依法向有关主管机关提出检察意见。

人民检察院通过第三方机制，发现涉案企业或其人员存在其他违法违规情形的，应当依法将案件线索移送有关主管机关、公安机关或者纪检监察机关处理。

第十五条　人民检察院对于拟作不批准逮捕、不起诉、变更强制措施等决定的涉企犯罪案件，可以根据《人民检察院审查案件听证工作规定》召开听证会，并邀请第三方组织组成人员到会发表意见。

第十六条　负责办理案件的人民检察院应当履行下列职责：

（一）对第三方组织组成人员名单进行备案审查，发现组成人员存在明显不适当情形的，及时向第三方机制管委会提出意见建议；

（二）对涉案企业合规计划、定期书面报告进行审查，向第三方组织提出意见建议；

（三）对第三方组织合规考察书面报告进行审查，向第三方机制管委会提出意见建议，必要时开展调查核实工作；

（四）依法办理涉案企业、个人及其辩护人、诉讼代理人或者其他相关单位、人员在第三方机制运行期间提出的申诉、控告或者有关申请、要求；

（五）刑事诉讼法、人民检察院刑事诉讼规则等法律、司法解释规定的其他法定职责。

第十七条　第三方组织及其组成人员在合规考察期内，可以针对涉案企业合规计划、定期书面报告开展必要的检查、评估，涉案企业应当予以配合。

第三方组织及其组成人员应当履行下列义务：

（一）遵纪守法，勤勉尽责，客观中立；

（二）不得泄露履职过程中知悉的国家秘密、商业秘密和个人隐私；

（三）不得利用履职便利，索取、收受贿赂或者非法侵占涉案企业、个人的财物；

（四）不得利用履职便利，干扰涉案企业正常生产经营活动。

第三方组织组成人员系律师、注册会计师、税务师（注册税务师）等中介组织人员的，在履行第三方监督评估职责期间不得违反规定接受可能有利益关系的业务；在履行第三方监督评估职责结束后一年以内，上述人员及其所在中介组织不得接受涉案企业、个人或者其他有利益关系的单位、人员的业务。

第十八条 涉案企业或其人员在第三方机制运行期间，认为第三方组织或其组成人员存在行为不当或者涉嫌违法犯罪的，可以向负责选任第三方组织的第三方机制管委会反映或者提出异议，或者向负责办理案件的人民检察院提出申诉、控告。

涉案企业及其人员应当按照时限要求认真履行合规计划，不得拒绝履行或者变相不履行合规计划、拒不配合第三方组织合规考察或者实施其他严重违反合规计划的行为。

第四章 附 则

第十九条 纪检监察机关认为涉嫌行贿的企业符合企业合规试点以及第三方机制适用条件，向人民检察院提出建议的，人民检察院可以参照适用本指导意见。

第二十条 试点地方人民检察院、国资委、财政部门、工商联可以结合本地实际，参照本指导意见会同有关部门制定具体实施办法，并按照试点工作要求报送备案。

本指导意见由最高人民检察院、国务院国有资产监督管理委员会、财政部、全国工商联会同司法部、生态环境部、国家税务总局、国家市场监督管理总局、中国国际贸易促进委员会负责解释，自印发之日起施行。

最高人民法院、最高人民检察院关于办理侵犯知识产权刑事案件具体应用法律若干问题的解释(三)

(2020年8月31日最高人民法院审判委员会第1811次会议、2020年8月21日最高人民检察院第十三届检察委员会第四十八次会议通过　2020年9月12日公布　法释〔2020〕10号　自2020年9月14日起施行)

为依法惩治侵犯知识产权犯罪,维护社会主义市场经济秩序,根据《中华人民共和国刑法》《中华人民共和国刑事诉讼法》等有关规定,现就办理侵犯知识产权刑事案件具体应用法律的若干问题解释如下:

第一条　具有下列情形之一的,可以认定为刑法第二百一十三条规定的"与其注册商标相同的商标":

(一)改变注册商标的字体、字母大小写或者文字横竖排列,与注册商标之间基本无差别的;

(二)改变注册商标的文字、字母、数字等之间的间距,与注册商标之间基本无差别的;

(三)改变注册商标颜色,不影响体现注册商标显著特征的;

(四)在注册商标上仅增加商品通用名称、型号等缺乏显著特征要素,不影响体现注册商标显著特征的;

(五)与立体注册商标的三维标志及平面要素基本无差别的;

(六)其他与注册商标基本无差别、足以对公众产生误导的商标。

第二条　在刑法第二百一十七条规定的作品、录音制品上以通常方式署名的自然人、法人或者非法人组织,应当推定为著作权人或者录音制作者,且该作品、录音制品上存在着相应权利,但有相反证明的除外。

在涉案作品、录音制品种类众多且权利人分散的案件中,有证据证明涉案复制品系非法出版、复制发行,且出版者、复制发行者不能提供获得著作权人、录音制作者许可的相关证据材料的,可以认定为刑法第二百一十七条规定的

"未经著作权人许可""未经录音制作者许可"。但是，有证据证明权利人放弃权利、涉案作品的著作权或者录音制品的有关权利不受我国著作权法保护、权利保护期限已经届满的除外。

第三条 采取非法复制、未经授权或者超越授权使用计算机信息系统等方式窃取商业秘密的，应当认定为刑法第二百一十九条第一款第一项规定的"盗窃"。

以贿赂、欺诈、电子侵入等方式获取权利人的商业秘密的，应当认定为刑法第二百一十九条第一款第一项规定的"其他不正当手段"。

第四条 实施刑法第二百一十九条规定的行为，具有下列情形之一的，应当认定为"给商业秘密的权利人造成重大损失"：

（一）给商业秘密的权利人造成损失数额或者因侵犯商业秘密违法所得数额在三十万元以上的；

（二）直接导致商业秘密的权利人因重大经营困难而破产、倒闭的；

（三）造成商业秘密的权利人其他重大损失的。

给商业秘密的权利人造成损失数额或者因侵犯商业秘密违法所得数额在二百五十万元以上的，应当认定为刑法第二百一十九条规定的"造成特别严重后果"。

第五条 实施刑法第二百一十九条规定的行为造成的损失数额或者违法所得数额，可以按照下列方式认定：

（一）以不正当手段获取权利人的商业秘密，尚未披露、使用或者允许他人使用的，损失数额可以根据该项商业秘密的合理许可使用费确定。

（二）以不正当手段获取权利人的商业秘密后，披露、使用或者允许他人使用的，损失数额可以根据权利人因被侵权造成销售利润的损失确定，但该损失数额低于商业秘密合理许可使用费的，根据合理许可使用费确定。

（三）违反约定、权利人有关保守商业秘密的要求，披露、使用或者允许他人使用其所掌握的商业秘密的，损失数额可以根据权利人因被侵权造成销售利润的损失确定。

（四）明知商业秘密是不正当手段获取或者是违反约定、权利人有关保守商业秘密的要求披露、使用、允许使用,仍获取、使用或者披露的,损失数额可以根据权利人因被侵权造成销售利润的损失确定。

(五)因侵犯商业秘密行为导致商业秘密已为公众所知悉或者灭失的,损失数额可以根据该项商业秘密的商业价值确定。商业秘密的商业价值,可以根据该项商业秘密的研究开发成本、实施该项商业秘密的收益综合确定。

(六)因披露或者允许他人使用商业秘密而获得的财物或者其他财产性利益,应当认定为违法所得。

前款第二项、第三项、第四项规定的权利人因被侵权造成销售利润的损失,可以根据权利人因被侵权造成销售量减少的总数乘以权利人每件产品的合理利润确定;销售量减少的总数无法确定的,可以根据侵权产品销售量乘以权利人每件产品的合理利润确定;权利人因被侵权造成销售量减少的总数和每件产品的合理利润均无法确定的,可以根据侵权产品销售量乘以每件侵权产品的合理利润确定。商业秘密系用于服务等其他经营活动的,损失数额可以根据权利人因被侵权而减少的合理利润确定。

商业秘密的权利人为减轻对商业运营、商业计划的损失或者重新恢复计算机信息系统安全、其他系统安全而支出的补救费用,应当计入给商业秘密的权利人造成的损失。

第六条 在刑事诉讼程序中,当事人、辩护人、诉讼代理人或者案外人书面申请对有关商业秘密或者其他需要保密的商业信息的证据、材料采取保密措施的,应当根据案件情况采取组织诉讼参与人签署保密承诺书等必要的保密措施。

违反前款有关保密措施的要求或者法律法规规定的保密义务的,依法承担相应责任。擅自披露、使用或者允许他人使用在刑事诉讼程序中接触、获取的商业秘密,符合刑法第二百一十九条规定的,依法追究刑事责任。

第七条 除特殊情况外,假冒注册商标的商品、非法制造的注册商标标识、侵犯著作权的复制品、主要用于制造假冒注册商标的商品、注册商标标识或者侵权复制品的材料和工具,应当依法予以没收和销毁。

上述物品需要作为民事、行政案件的证据使用的,经权利人申请,可以在民事、行政案件终结后或者采取取样、拍照等方式对证据固定后予以销毁。

第八条 具有下列情形之一的，可以酌情从重处罚，一般不适用缓刑：

（一）主要以侵犯知识产权为业的；

（二）因侵犯知识产权被行政处罚后再次侵犯知识产权构成犯罪的；

（三）在重大自然灾害、事故灾难、公共卫生事件期间，假冒抢险救灾、防疫物资等商品的注册商标的；

（四）拒不交出违法所得的。

第九条 具有下列情形之一的，可以酌情从轻处罚：

（一）认罪认罚的；

（二）取得权利人谅解的；

（三）具有悔罪表现的；

（四）以不正当手段获取权利人的商业秘密后尚未披露、使用或者允许他人使用的。

第十条 对于侵犯知识产权犯罪的，应当综合考虑犯罪违法所得数额、非法经营数额、给权利人造成的损失数额、侵权假冒物品数量及社会危害性等情节，依法判处罚金。

罚金数额一般在违法所得数额的一倍以上五倍以下确定。违法所得数额无法查清的，罚金数额一般按照非法经营数额的百分之五十以上一倍以下确定。违法所得数额和非法经营数额均无法查清，判处三年以下有期徒刑、拘役、管制或者单处罚金的，一般在三万元以上一百万元以下确定罚金数额；判处三年以上有期徒刑的，一般在十五万元以上五百万元以下确定罚金数额。

第十一条 本解释发布施行后，之前发布的司法解释和规范性文件与本解释不一致的，以本解释为准。

第十二条 本解释自 2020 年 9 月 14 日起施行。

最高人民法院、最高人民检察院关于办理利用未公开信息交易刑事案件适用法律若干问题的解释

（2018年9月10日最高人民法院审判委员会第1748次会议、2018年11月30日最高人民检察院第十三届检察委员会第十次会议通过　法释〔2019〕10号　2019年6月27日公布　自2019年7月1日起施行）

为依法惩治证券、期货犯罪，维护证券、期货市场管理秩序，促进证券、期货市场稳定健康发展，保护投资者合法权益，根据《中华人民共和国刑法》《中华人民共和国刑事诉讼法》的规定，现就办理利用未公开信息交易刑事案件适用法律的若干问题解释如下：

第一条　刑法第一百八十条第四款规定的"内幕信息以外的其他未公开的信息"，包括下列信息：

（一）证券、期货的投资决策、交易执行信息；

（二）证券持仓数量及变化、资金数量及变化、交易动向信息；

（三）其他可能影响证券、期货交易活动的信息。

第二条　内幕信息以外的其他未公开的信息难以认定的，司法机关可以在有关行政主（监）管部门的认定意见的基础上，根据案件事实和法律规定作出认定。

第三条　刑法第一百八十条第四款规定的"违反规定"，是指违反法律、行政法规、部门规章、全国性行业规范有关证券、期货未公开信息保护的规定，以及行为人所在的金融机构有关信息保密、禁止交易、禁止利益输送等规定。

第四条　刑法第一百八十条第四款规定的行为人"明示、暗示他人从事相关交易活动"，应当综合以下方面进行认定：

（一）行为人具有获取未公开信息的职务便利；

（二）行为人获取未公开信息的初始时间与他人从事相关交易活动的初始时间具有关联性；

（三）行为人与他人之间具有亲友关系、利益关联、交易终端关联等关联关系；

（四）他人从事相关交易的证券、期货品种、交易时间与未公开信息所涉证券、期货品种、交易时间等方面基本一致；

（五）他人从事的相关交易活动明显不具有符合交易习惯、专业判断等正当理由；

（六）行为人对明示、暗示他人从事相关交易活动没有合理解释。

第五条 利用未公开信息交易，具有下列情形之一的，应当认定为刑法第一百八十条第四款规定的“情节严重”：

（一）违法所得数额在一百万元以上的；

（二）二年内三次以上利用未公开信息交易的；

（三）明示、暗示三人以上从事相关交易活动的。

第六条 利用未公开信息交易，违法所得数额在五十万元以上，或者证券交易成交额在五百万元以上，或者期货交易占用保证金数额在一百万元以上，具有下列情形之一的，应当认定为刑法第一百八十条第四款规定的“情节严重”：

（一）以出售或者变相出售未公开信息等方式，明示、暗示他人从事相关交易活动的；

（二）因证券、期货犯罪行为受过刑事追究的；

（三）二年内因证券、期货违法行为受过行政处罚的；

（四）造成恶劣社会影响或者其他严重后果的。

第七条 刑法第一百八十条第四款规定的“依照第一款的规定处罚”，包括该条第一款关于“情节特别严重”的规定。

利用未公开信息交易，违法所得数额在一千万元以上的，应当认定为“情节特别严重”。

违法所得数额在五百万元以上，或者证券交易成交额在五千万元以上，或者期货交易占用保证金数额在一千万元以上，具有本解释第六条规定的四种情形之一的，应当认定为“情节特别严重”。

第八条　二次以上利用未公开信息交易,依法应予行政处理或者刑事处理而未经处理的,相关交易数额或者违法所得数额累计计算。

第九条　本解释所称“违法所得”,是指行为人利用未公开信息从事与该信息相关的证券、期货交易活动所获利益或者避免的损失。

行为人明示、暗示他人利用未公开信息从事相关交易活动,被明示、暗示人员从事相关交易活动所获利益或者避免的损失,应当认定为“违法所得”。

第十条　行为人未实际从事与未公开信息相关的证券、期货交易活动的,其罚金数额按照被明示、暗示人员从事相关交易活动的违法所得计算。

第十一条　符合本解释第五条、第六条规定的标准,行为人如实供述犯罪事实,认罪悔罪,并积极配合调查,退缴违法所得的,可以从轻处罚;其中犯罪情节轻微的,可以依法不起诉或者免予刑事处罚。

符合刑事诉讼法规定的认罪认罚从宽适用范围和条件的,依照刑事诉讼法的规定处理。

第十二条　本解释自 2019 年 7 月 1 日起施行。

最高人民法院、最高人民检察院关于办理操纵证券、期货市场刑事案件适用法律若干问题的解释

（2018年9月3日最高人民法院审判委员会第1747次会议、2018年12月12日最高人民检察院第十三届检察委员会第十一次会议通过 2019年6月27日公布 法释〔2019〕9号 自2019年7月1日起施行）

为依法惩治证券、期货犯罪，维护证券、期货市场管理秩序，促进证券、期货市场稳定健康发展，保护投资者合法权益，根据《中华人民共和国刑法》《中华人民共和国刑事诉讼法》的规定，现就办理操纵证券、期货市场刑事案件适用法律的若干问题解释如下：

第一条 行为人具有下列情形之一的，可以认定为刑法第一百八十二条第一款第四项规定的"以其他方法操纵证券、期货市场"：

（一）利用虚假或者不确定的重大信息，诱导投资者作出投资决策，影响证券、期货交易价格或者证券、期货交易量，并进行相关交易或者谋取相关利益的；

（二）通过对证券及其发行人、上市公司、期货交易标的公开作出评价、预测或者投资建议，误导投资者作出投资决策，影响证券、期货交易价格或者证券、期货交易量，并进行与其评价、预测、投资建议方向相反的证券交易或者相关期货交易的；

（三）通过策划、实施资产收购或者重组、投资新业务、股权转让、上市公司收购等虚假重大事项，误导投资者作出投资决策，影响证券交易价格或者证券交易量，并进行相关交易或者谋取相关利益的；

（四）通过控制发行人、上市公司信息的生成或者控制信息披露的内容、时点、节奏，误导投资者作出投资决策，影响证券交易价格或者证券交易量，并进行相关交易或者谋取相关利益的；

（五）不以成交为目的，频繁申报、撤单或者大额申报、撤单，误导投资者作

出投资决策,影响证券、期货交易价格或者证券、期货交易量,并进行与申报相反的交易或者谋取相关利益的;

(六)通过囤积现货,影响特定期货品种市场行情,并进行相关期货交易的;

(七)以其他方法操纵证券、期货市场的。

第二条　操纵证券、期货市场,具有下列情形之一的,应当认定为刑法第一百八十二条第一款规定的"情节严重":

(一)持有或者实际控制证券的流通股份数量达到该证券的实际流通股份总量百分之十以上,实施刑法第一百八十二条第一款第一项操纵证券市场行为,连续十个交易日的累计成交量达到同期该证券总成交量百分之二十以上的;

(二)实施刑法第一百八十二条第一款第二项、第三项操纵证券市场行为,连续十个交易日的累计成交量达到同期该证券总成交量百分之二十以上的;

(三)实施本解释第一条第一项至第四项操纵证券市场行为,证券交易成交额在一千万元以上的;

(四)实施刑法第一百八十二条第一款第一项及本解释第一条第六项操纵期货市场行为,实际控制的账户合并持仓连续十个交易日的最高值超过期货交易所限仓标准的二倍,累计成交量达到同期该期货合约总成交量百分之二十以上,且期货交易占用保证金数额在五百万元以上的;

(五)实施刑法第一百八十二条第一款第二项、第三项及本解释第一条第一项、第二项操纵期货市场行为,实际控制的账户连续十个交易日的累计成交量达到同期该期货合约总成交量百分之二十以上,且期货交易占用保证金数额在五百万元以上的;

(六)实施本解释第一条第五项操纵证券、期货市场行为,当日累计撤回申报量达到同期该证券、期货合约总申报量百分之五十以上,且证券撤回申报额在一千万元以上、撤回申报的期货合约占用保证金数额在五百万元以上的;

(七)实施操纵证券、期货市场行为,违法所得数额在一百万元以上的。

第三条 操纵证券、期货市场，违法所得数额在五十万元以上，具有下列情形之一的，应当认定为刑法第一百八十二条第一款规定的“情节严重”：

（一）发行人、上市公司及其董事、监事、高级管理人员、控股股东或者实际控制人实施操纵证券、期货市场行为的；

（二）收购人、重大资产重组的交易对方及其董事、监事、高级管理人员、控股股东或者实际控制人实施操纵证券、期货市场行为的；

（三）行为人明知操纵证券、期货市场行为被有关部门调查，仍继续实施的；

（四）因操纵证券、期货市场行为受过刑事追究的；

（五）二年内因操纵证券、期货市场行为受过行政处罚的；

（六）在市场出现重大异常波动等特定时段操纵证券、期货市场的；

（七）造成恶劣社会影响或者其他严重后果的。

第四条 具有下列情形之一的，应当认定为刑法第一百八十二条第一款规定的“情节特别严重”：

（一）持有或者实际控制证券的流通股份数量达到该证券的实际流通股份总量百分之十以上，实施刑法第一百八十二条第一款第一项操纵证券市场行为，连续十个交易日的累计成交量达到同期该证券总成交量百分之五十以上的；

（二）实施刑法第一百八十二条第一款第二项、第三项操纵证券市场行为，连续十个交易日的累计成交量达到同期该证券总成交量百分之五十以上的；

（三）实施本解释第一条第一项至第四项操纵证券市场行为，证券交易成交额在五千万元以上的；

（四）实施刑法第一百八十二条第一款第一项及本解释第一条第六项操纵期货市场行为，实际控制的账户合并持仓连续十个交易日的最高值超过期货交易所限仓标准的五倍，累计成交量达到同期该期货合约总成交量百分之五十以上，且期货交易占用保证金数额在二千五百万元以上的；

（五）实施刑法第一百八十二条第一款第二项、第三项及本解释第一条第一项、第二项操纵期货市场行为，实际控制的账户连续十个交易日的累计成交量达到同期该期货合约总成交量百分之五十以上，且期货交易占用保证金数额在二千五百万元以上的；

（六）实施操纵证券、期货市场行为，违法所得数额在一千万元以上的。

实施操纵证券、期货市场行为，违法所得数额在五百万元以上，并具有本解释第三条规定的七种情形之一的，应当认定为"情节特别严重"。

第五条　下列账户应当认定为刑法第一百八十二条中规定的"自己实际控制的账户"：

（一）行为人以自己名义开户并使用的实名账户；

（二）行为人向账户转入或者从账户转出资金，并承担实际损益的他人账户；

（三）行为人通过第一项、第二项以外的方式管理、支配或者使用的他人账户；

（四）行为人通过投资关系、协议等方式对账户内资产行使交易决策权的他人账户；

（五）其他有证据证明行为人具有交易决策权的账户。

有证据证明行为人对前款第一项至第三项账户内资产没有交易决策权的除外。

第六条　二次以上实施操纵证券、期货市场行为，依法应予行政处理或者刑事处理而未经处理的，相关交易数额或者违法所得数额累计计算。

第七条　符合本解释第二条、第三条规定的标准，行为人如实供述犯罪事实，认罪悔罪，并积极配合调查，退缴违法所得的，可以从轻处罚；其中犯罪情节轻微的，可以依法不起诉或者免予刑事处罚。

符合刑事诉讼法规定的认罪认罚从宽适用范围和条件的，依照刑事诉讼法的规定处理。

第八条　单位实施刑法第一百八十二条第一款行为的，依照本解释规定的定罪量刑标准，对其直接负责的主管人员和其他直接责任人员定罪处罚，并对单位判处罚金。

第九条　本解释所称"违法所得"，是指通过操纵证券、期货市场所获利益或者避免的损失。

本解释所称"连续十个交易日",是指证券、期货市场开市交易的连续十个交易日,并非指行为人连续交易的十个交易日。

第十条 对于在全国中小企业股份转让系统中实施操纵证券市场行为,社会危害性大,严重破坏公平公正的市场秩序的,比照本解释的规定执行,但本解释第二条第一项、第二项和第四条第一项、第二项除外。

第十一条 本解释自2019年7月1日起施行。

最高人民法院关于虚开增值税专用发票定罪量刑标准有关问题的通知

（法〔2018〕226号　2018年8月22日公布施行）

各省、自治区、直辖市高级人民法院，解放军军事法院，新疆维吾尔自治区高级人民法院生产建设兵团分院：

为正确适用刑法第二百零五条关于虚开增值税专用发票罪的有关规定，确保罪责刑相适应，现就有关问题通知如下：

一、自本通知下发之日起，人民法院在审判工作中不再参照执行《最高人民法院关于适用〈全国人民代表大会常务委员会关于惩治虚开、伪造和非法出售增值税专用发票犯罪的决定〉的若干问题的解释》（法发〔1996〕30号）第一条规定的虚开增值税专用发票罪的定罪量刑标准。

二、在新的司法解释颁行前，对虚开增值税专用发票刑事案件定罪量刑的数额标准，可以参照《最高人民法院关于审理骗取出口退税刑事案件具体应用法律若干问题的解释》（法释〔2002〕30号）第三条的执行规定，即虚开的税款数额在五万元以上的，以虚开增值税专用发票罪处三年以下有期徒刑或者拘役，并处二万元以上二十万元以下罚金；虚开的税款数额在五十万元以上的，认定为刑法第二百零五条规定的"数额较大"；虚开的税款数额在二百五十万元以上的，认定为刑法第二百零五条规定的"数额巨大"。

以上通知，请遵照执行。执行中发现的新情况、新问题请及时报告我院。

最高人民法院、最高人民检察院关于办理贪污贿赂刑事案件适用法律若干问题的解释

(2016年3月28日由最高人民法院审判委员会第1680次会议、2016年3月25日由最高人民检察院第十二届检察委员会第50次会议通过 2016年4月18日公布 法释〔2016〕9号 自2016年4月18日起施行)

为依法惩治贪污贿赂犯罪活动,根据刑法有关规定,现就办理贪污贿赂刑事案件适用法律的若干问题解释如下:

第一条 贪污或者受贿数额在三万元以上不满二十万元的,应当认定为刑法第三百八十三条第一款规定的“数额较大”,依法判处三年以下有期徒刑或者拘役,并处罚金。

贪污数额在一万元以上不满三万元,具有下列情形之一的,应当认定为刑法第三百八十三条第一款规定的“其他较重情节”,依法判处三年以下有期徒刑或者拘役,并处罚金:

(一)贪污救灾、抢险、防汛、优抚、扶贫、移民、救济、防疫、社会捐助等特定款物的;

(二)曾因贪污、受贿、挪用公款受过党纪、行政处分的;

(三)曾因故意犯罪受过刑事追究的;

(四)赃款赃物用于非法活动的;

(五)拒不交代赃款赃物去向或者拒不配合追缴工作,致使无法追缴的;

(六)造成恶劣影响或者其他严重后果的。

受贿数额在一万元以上不满三万元,具有前款第二项至第六项规定的情形之一,或者具有下列情形之一的,应当认定为刑法第三百八十三条第一款规定的“其他较重情节”,依法判处三年以下有期徒刑或者拘役,并处罚金:

(一)多次索贿的;

(二)为他人谋取不正当利益,致使公共财产、国家和人民利益遭受损失的;

（三）为他人谋取职务提拔、调整的。

第二条 贪污或者受贿数额在二十万元以上不满三百万元的，应当认定为刑法第三百八十三条第一款规定的“数额巨大”，依法判处三年以上十年以下有期徒刑，并处罚金或者没收财产。

贪污数额在十万元以上不满二十万元，具有本解释第一条第二款规定的情形之一的，应当认定为刑法第三百八十三条第一款规定的“其他严重情节”，依法判处三年以上十年以下有期徒刑，并处罚金或者没收财产。

受贿数额在十万元以上不满二十万元，具有本解释第一条第三款规定的情形之一的，应当认定为刑法第三百八十三条第一款规定的“其他严重情节”，依法判处三年以上十年以下有期徒刑，并处罚金或者没收财产。

第三条 贪污或者受贿数额在三百万元以上的，应当认定为刑法第三百八十三条第一款规定的“数额特别巨大”，依法判处十年以上有期徒刑、无期徒刑或者死刑，并处罚金或者没收财产。

贪污数额在一百五十万元以上不满三百万元，具有本解释第一条第二款规定的情形之一的，应当认定为刑法第三百八十三条第一款规定的“其他特别严重情节”，依法判处十年以上有期徒刑、无期徒刑或者死刑，并处罚金或者没收财产。

受贿数额在一百五十万元以上不满三百万元，具有本解释第一条第三款规定的情形之一的，应当认定为刑法第三百八十三条第一款规定的“其他特别严重情节”，依法判处十年以上有期徒刑、无期徒刑或者死刑，并处罚金或者没收财产。

第四条 贪污、受贿数额特别巨大，犯罪情节特别严重、社会影响特别恶劣、给国家和人民利益造成特别重大损失的，可以判处死刑。

符合前款规定的情形，但具有自首，立功，如实供述自己罪行、真诚悔罪、积极退赃，或者避免、减少损害结果的发生等情节，不是必须立即执行的，可以判处死刑缓期二年执行。

符合第一款规定情形的，根据犯罪情节等情况可以判处死刑缓期二年执行，同时裁判决定在其死刑缓期执行二年期满依法减为无期徒刑后，终身监禁，不得减刑、假释。

第五条 挪用公款归个人使用,进行非法活动,数额在三万元以上的,应当依照刑法第三百八十四条的规定以挪用公款罪追究刑事责任;数额在三百万元以上的,应当认定为刑法第三百八十四条第一款规定的“数额巨大”。具有下列情形之一的,应当认定为刑法第三百八十四条第一款规定的“情节严重”:

(一)挪用公款数额在一百万元以上的;

(二)挪用救灾、抢险、防汛、优抚、扶贫、移民、救济特定款物,数额在五十万元以上不满一百万元的;

(三)挪用公款不退还,数额在五十万元以上不满一百万元的;

(四)其他严重的情节。

第六条 挪用公款归个人使用,进行营利活动或者超过三个月未还,数额在五万元以上的,应当认定为刑法第三百八十四条第一款规定的“数额较大”;数额在五百万元以上的,应当认定为刑法第三百八十四条第一款规定的“数额巨大”。具有下列情形之一的,应当认定为刑法第三百八十四条第一款规定的“情节严重”:

(一)挪用公款数额在二百万元以上的;

(二)挪用救灾、抢险、防汛、优抚、扶贫、移民、救济特定款物,数额在一百万元以上不满二百万元的;

(三)挪用公款不退还,数额在一百万元以上不满二百万元的;

(四)其他严重的情节。

第七条 为谋取不正当利益,向国家工作人员行贿,数额在三万元以上的,应当依照刑法第三百九十条的规定以行贿罪追究刑事责任。

行贿数额在一万元以上不满三万元,具有下列情形之一的,应当依照刑法第三百九十条的规定以行贿罪追究刑事责任:

(一)向三人以上行贿的;

(二)将违法所得用于行贿的;

(三)通过行贿谋取职务提拔、调整的;

(四)向负有食品、药品、安全生产、环境保护等监督管理职责的国家工作人

员行贿,实施非法活动的;

(五)向司法工作人员行贿,影响司法公正的;

(六)造成经济损失数额在五十万元以上不满一百万元的。

第八条 犯行贿罪,具有下列情形之一的,应当认定为刑法第三百九十条第一款规定的"情节严重":

(一)行贿数额在一百万元以上不满五百万元的;

(二)行贿数额在五十万元以上不满一百万元,并具有本解释第七条第二款第一项至第五项规定的情形之一的;

(三)其他严重的情节。

为谋取不正当利益,向国家工作人员行贿,造成经济损失数额在一百万元以上不满五百万元的,应当认定为刑法第三百九十条第一款规定的"使国家利益遭受重大损失"。

第九条 犯行贿罪,具有下列情形之一的,应当认定为刑法第三百九十条第一款规定的"情节特别严重":

(一)行贿数额在五百万元以上的;

(二)行贿数额在二百五十万元以上不满五百万元,并具有本解释第七条第二款第一项至第五项规定的情形之一的;

(三)其他特别严重的情节。

为谋取不正当利益,向国家工作人员行贿,造成经济损失数额在五百万元以上的,应当认定为刑法第三百九十条第一款规定的"使国家利益遭受特别重大损失"。

第十条 刑法第三百八十八条之一规定的利用影响力受贿罪的定罪量刑适用标准,参照本解释关于受贿罪的规定执行。

刑法第三百九十条之一规定的对有影响力的人行贿罪的定罪量刑适用标准,参照本解释关于行贿罪的规定执行。

单位对有影响力的人行贿数额在二十万元以上的,应当依照刑法第三百九十条之一的规定以对有影响力的人行贿罪追究刑事责任。

第十一条 刑法第一百六十三条规定的非国家工作人员受贿罪、第二百七十一条规定的职务侵占罪中的“数额较大”“数额巨大”的数额起点，按照本解释关于受贿罪、贪污罪相对应的数额标准规定的二倍、五倍执行。

刑法第二百七十二条规定的挪用资金罪中的“数额较大”、“数额巨大”以及“进行非法活动”情形的数额起点，按照本解释关于挪用公款罪“数额较大”、“情节严重”以及“进行非法活动”的数额标准规定的二倍执行。

刑法第一百六十四条第一款规定的对非国家工作人员行贿罪中的“数额较大”“数额巨大”的数额起点，按照本解释第七条、第八条第一款关于行贿罪的数额标准规定的二倍执行。

第十二条 贿赂犯罪中的“财物”，包括货币、物品和财产性利益。财产性利益包括可以折算为货币的物质利益如房屋装修、债务免除等，以及需要支付货币的其他利益如会员服务、旅游等。后者的犯罪数额，以实际支付或者应当支付的数额计算。

第十三条 具有下列情形之一的，应当认定为“为他人谋取利益”，构成犯罪的，应当依照刑法关于受贿犯罪的规定定罪处罚：

（一）实际或者承诺为他人谋取利益的；

（二）明知他人有具体请托事项的；

（三）履职时未被请托，但事后基于该履职事由收受他人财物的。

国家工作人员索取、收受具有上下级关系的下属或者具有行政管理关系的被管理人员的财物价值三万元以上，可能影响职权行使的，视为承诺为他人谋取利益。

第十四条 根据行贿犯罪的事实、情节，可能被判处三年有期徒刑以下刑罚的，可以认定为刑法第三百九十条第二款规定的“犯罪较轻”。

根据犯罪的事实、情节，已经或者可能被判处十年有期徒刑以上刑罚的，或者案件在本省、自治区、直辖市或者全国范围内有较大影响的，可以认定为刑法第三百九十条第二款规定的“重大案件”。

具有下列情形之一的，可以认定为刑法第三百九十条第二款规定的“对侦破重大案件起关键作用”：

（一）主动交待办案机关未掌握的重大案件线索的；

（二）主动交待的犯罪线索不属于重大案件的线索，但该线索对于重大案件侦破有重要作用的；

（三）主动交待行贿事实，对于重大案件的证据收集有重要作用的；

（四）主动交待行贿事实，对于重大案件的追逃、追赃有重要作用的。

第十五条　对多次受贿未经处理的，累计计算受贿数额。

国家工作人员利用职务上的便利为请托人谋取利益前后多次收受请托人财物，受请托之前收受的财物数额在一万元以上的，应当一并计入受贿数额。

第十六条　国家工作人员出于贪污、受贿的故意，非法占有公共财物、收受他人财物之后，将赃款赃物用于单位公务支出或者社会捐赠的，不影响贪污罪、受贿罪的认定，但量刑时可以酌情考虑。

特定关系人索取、收受他人财物，国家工作人员知道后未退还或者上交的，应当认定国家工作人员具有受贿故意。

第十七条　国家工作人员利用职务上的便利，收受他人财物，为他人谋取利益，同时构成受贿罪和刑法分则第三章第三节、第九章规定的渎职犯罪的，除刑法另有规定外，以受贿罪和渎职犯罪数罪并罚。

第十八条　贪污贿赂犯罪分子违法所得的一切财物，应当依照刑法第六十四条的规定予以追缴或者责令退赔，对被害人的合法财产应当及时返还。对尚未追缴到案或者尚未足额退赔的违法所得，应当继续追缴或者责令退赔。

第十九条　对贪污罪、受贿罪判处三年以下有期徒刑或者拘役的，应当并处十万元以上五十万元以下的罚金；判处三年以上十年以下有期徒刑的，应当并处二十万元以上犯罪数额二倍以下的罚金或者没收财产；判处十年以上有期徒刑或者无期徒刑的，应当并处五十万元以上犯罪数额二倍以下的罚金或者没收财产。

对刑法规定并处罚金的其他贪污贿赂犯罪，应当在十万元以上犯罪数额二倍以下判处罚金。

第二十条　本解释自2016年4月18日起施行。最高人民法院、最高人民检察院此前发布的司法解释与本解释不一致的，以本解释为准。

最高人民法院、最高人民检察院关于办理行贿刑事案件具体应用法律若干问题的解释

（2012年5月14日最高人民法院审判委员会第1547次会议、2012年8月21日最高人民检察院第十一届检察委员会第77次会议通过 2012年12月26日公布 法释〔2012〕22号 自2013年1月1日起施行）

为依法惩治行贿犯罪活动，根据刑法有关规定，现就办理行贿刑事案件具体应用法律的若干问题解释如下：

第一条 为谋取不正当利益，向国家工作人员行贿，数额在一万元以上的，应当依照刑法第三百九十条的规定追究刑事责任。

第二条 因行贿谋取不正当利益，具有下列情形之一的，应当认定为刑法第三百九十条第一款规定的"情节严重"：

（一）行贿数额在二十万元以上不满一百万元的。

（二）行贿数额在十万元以上不满二十万元，并具有下列情形之一的：

1. 向三人以上行贿的；

2. 将违法所得用于行贿的；

3. 为实施违法犯罪活动，向负有食品、药品、安全生产、环境保护等监督管理职责的国家工作人员行贿，严重危害民生、侵犯公众生命财产安全的；

4. 向行政执法机关、司法机关的国家工作人员行贿，影响行政执法和司法公正的。

（三）其他情节严重的情形。

第三条 因行贿谋取不正当利益，造成直接经济损失数额在一百万元以上的，应当认定为刑法第三百九十条第一款规定的"使国家利益遭受重大损失"。

第四条 因行贿谋取不正当利益，具有下列情形之一的，应当认定为刑法第三百九十条第一款规定的"情节特别严重"：

（一）行贿数额在一百万元以上的。

（二）行贿数额在五十万元以上不满一百万元，并具有下列情形之一的：

1. 向三人以上行贿的；

2. 将违法所得用于行贿的；

3. 为实施违法犯罪活动，向负有食品、药品、安全生产、环境保护等监督管理职责的国家工作人员行贿，严重危害民生、侵犯公众生命财产安全的；

4. 向行政执法机关、司法机关的国家工作人员行贿，影响行政执法和司法公正的。

（三）造成直接经济损失数额在五百万元以上的。

（四）其他情节特别严重的情形。

第五条　多次行贿未经处理的，按照累计行贿数额处罚。

第六条　行贿人谋取不正当利益的行为构成犯罪的，应当与行贿犯罪实行数罪并罚。

第七条　因行贿人在被追诉前主动交代行贿行为而破获相关受贿案件的，对行贿人不适用刑法第六十八条关于立功的规定，依照刑法第三百九十条第二款的规定，可以减轻或者免除处罚。

单位行贿的，在被追诉前，单位集体决定或者单位负责人决定主动交代单位行贿行为的，依照刑法第三百九十条第二款的规定，对单位及相关责任人员可以减轻处罚或者免除处罚；受委托直接办理单位行贿事项的直接责任人员在被追诉前主动交代自己知道的单位行贿行为的，对该直接责任人员可以依照刑法第三百九十条第二款的规定减轻处罚或者免除处罚。

第八条　行贿人被追诉后如实供述自己罪行的，依照刑法第六十七条第三款的规定，可以从轻处罚；因其如实供述自己罪行，避免特别严重后果发生的，可以减轻处罚。

第九条　行贿人揭发受贿人与其行贿无关的其他犯罪行为，查证属实的，依照刑法第六十八条关于立功的规定，可以从轻、减轻或者免除处罚。

第十条　实施行贿犯罪，具有下列情形之一的，一般不适用缓刑和免予刑事处罚：

（一）向三人以上行贿的；

(二)因行贿受过行政处罚或者刑事处罚的;

(三)为实施违法犯罪活动而行贿的;

(四)造成严重危害后果的;

(五)其他不适用缓刑和免予刑事处罚的情形。

具有刑法第三百九十条第二款规定的情形的,不受前款规定的限制。

第十一条 行贿犯罪取得的不正当财产性利益应当依照刑法第六十四条的规定予以追缴、责令退赔或者返还被害人。

因行贿犯罪取得财产性利益以外的经营资格、资质或者职务晋升等其他不正当利益,建议有关部门依照相关规定予以处理。

第十二条 行贿犯罪中的"谋取不正当利益",是指行贿人谋取的利益违反法律、法规、规章、政策规定,或者要求国家工作人员违反法律、法规、规章、政策、行业规范的规定,为自己提供帮助或者方便条件。

违背公平、公正原则,在经济、组织人事管理等活动中,谋取竞争优势的,应当认定为"谋取不正当利益"。

第十三条 刑法第三百九十条第二款规定的"被追诉前",是指检察机关对行贿人的行贿行为刑事立案前。

最高人民法院、最高人民检察院印发《关于办理职务犯罪案件严格适用缓刑、免予刑事处罚若干问题的意见》的通知

(法发〔2012〕17号　2012年8月8日公布施行)

各省、自治区、直辖市高级人民法院、人民检察院、解放军军事法院、军事检察院、新疆维吾尔自治区高级人民法院生产建设兵团分院、新疆生产建设兵团人民检察院:

现将最高人民法院、最高人民检察院《关于办理职务犯罪案件严格适用缓刑、免予刑事处罚若干问题的意见》印发给你们,请认真贯彻执行。

关于办理职务犯罪案件严格适用缓刑、免予刑事处罚若干问题的意见

为进一步规范贪污贿赂、渎职等职务犯罪案件缓刑、免予刑事处罚的适用,确保办理职务犯罪案件的法律效果和社会效果,根据刑法有关规定并结合司法工作实际,就职务犯罪案件缓刑、免予刑事处罚的具体适用问题,提出以下意见:

一、严格掌握职务犯罪案件缓刑、免予刑事处罚的适用。职务犯罪案件的刑罚适用直接关系反腐败工作的实际效果。人民法院、人民检察院要深刻认识职务犯罪的严重社会危害性,正确贯彻宽严相济刑事政策,充分发挥刑罚的惩治和预防功能。要在全面把握犯罪事实和量刑情节的基础上严格依照刑法规定的条件适用缓刑、免予刑事处罚,既要考虑从宽情节,又要考虑从严情节:既要做到刑罚与犯罪相当。又要做到刑罚执行方式与犯罪相当,切实避免缓刑、免予刑事处罚不当适用造成的消极影响。

二、具有下列情形之一的职务犯罪分子，一般不适用缓刑或者免予刑事处罚：

（一）不如实供述罪行的；

（二）不予退缴赃款赃物或者将赃款赃物用于非法活动的；

（三）属于共同犯罪中情节严重的主犯的；

（四）犯有数个职务犯罪依法实行并罚或者以一罪处理的；

（五）曾因职务违纪违法行为受过行政处分的；

（六）犯罪涉及的财物属于救灾、抢险、防汛、优抚、扶贫、移民、救济、防疫等特定款物的；

（七）受贿犯罪中具有索贿情节的；

（八）渎职犯罪中徇私舞弊情节或者滥用职权情节恶劣的；

（九）其他不应适用缓刑、免予刑事处罚的情形。

三、不具有本意见第二条规定的情形，全部退缴赃款赃物，依法判处三年有期徒刑以下刑罚，符合刑法规定的缓刑适用条件的贪污、受贿犯罪分子，可以适用缓刑；符合刑法第三百八十三条第一款第（三）项的规定，依法不需要判处刑罚的。可以免予刑事处罚。

不具有本意见第二条所列情形，挪用公款进行营利活动或者超过三个月未还构成犯罪，一审宣判前已将公款归还，依法判处三年有期徒刑以下刑罚，符合刑法规定的缓刑适用条件的，可以适用缓刑；在案发前已归还，情节轻微，不需要判处刑罚的，可以免予刑事处罚。

四、人民法院审理职务犯罪案件时应当注意听取检察机关、被告人、辩护人提出的量刑意见，分析影响性案件案发前后的社会反映，必要时可以征求案件查办等机关的意见。对于情节恶劣、社会反映强烈的职务犯罪案件，不得适用缓刑、免予刑事处罚。

五、对于具有本意见第二条规定的情形之一，但根据全案事实和量刑情节，检察机关认为确有必要适用缓刑或者免予刑事处罚并据此提出量刑建议的，应经检察委员会讨论决定；审理法院认为确有必要适用缓刑或者免予刑事处罚的，应经审判委员会讨论决定。

最高人民法院、最高人民检察院关于办理内幕交易、泄露内幕信息刑事案件具体应用法律若干问题的解释

（2011年10月31日最高人民法院审判委员会第1529次会议、2012年2月27日最高人民检察院第十一届检察委员会第72次会议通过　2012年3月29日公布　法释〔2012〕6号　自2012年6月1日起施行）

为维护证券、期货市场管理秩序，依法惩治证券、期货犯罪，根据刑法有关规定，现就办理内幕交易、泄露内幕信息刑事案件具体应用法律的若干问题解释如下：

第一条　下列人员应当认定为刑法第一百八十条第一款规定的"证券、期货交易内幕信息的知情人员"：

（一）证券法第七十四条规定的人员；

（二）期货交易管理条例第八十五条第十二项规定的人员。

第二条　具有下列行为的人员应当认定为刑法第一百八十条第一款规定的"非法获取证券、期货交易内幕信息的人员"：

（一）利用窃取、骗取、套取、窃听、利诱、刺探或者私下交易等手段获取内幕信息的；

（二）内幕信息知情人员的近亲属或者其他与内幕信息知情人员关系密切的人员，在内幕信息敏感期内，从事或者明示、暗示他人从事，或者泄露内幕信息导致他人从事与该内幕信息有关的证券、期货交易，相关交易行为明显异常，且无正当理由或者正当信息来源的；

（三）在内幕信息敏感期内，与内幕信息知情人员联络、接触，从事或者明示、暗示他人从事，或者泄露内幕信息导致他人从事与该内幕信息有关的证券、期货交易，相关交易行为明显异常，且无正当理由或者正当信息来源的。

第三条　本解释第二条第二项、第三项规定的"相关交易行为明显异常"，要综合以下情形，从时间吻合程度、交易背离程度和利益关联程度等方面予以

认定:

(一)开户、销户、激活资金账户或者指定交易(托管)、撤销指定交易(转托管)的时间与该内幕信息形成、变化、公开时间基本一致的;

(二)资金变化与该内幕信息形成、变化、公开时间基本一致的;

(三)买入或者卖出与内幕信息有关的证券、期货合约时间与内幕信息的形成、变化和公开时间基本一致的;

(四)买入或者卖出与内幕信息有关的证券、期货合约时间与获悉内幕信息的时间基本一致的;

(五)买入或者卖出证券、期货合约行为明显与平时交易习惯不同的;

(六)买入或者卖出证券、期货合约行为,或者集中持有证券、期货合约行为与该证券、期货公开信息反映的基本面明显背离的;

(七)账户交易资金进出与该内幕信息知情人员或者非法获取人员有关联或者利害关系的;

(八)其他交易行为明显异常情形。

第四条 具有下列情形之一的,不属于刑法第一百八十条第一款规定的从事与内幕信息有关的证券、期货交易:

(一)持有或者通过协议、其他安排与他人共同持有上市公司百分之五以上股份的自然人、法人或者其他组织收购该上市公司股份的;

(二)按照事先订立的书面合同、指令、计划从事相关证券、期货交易的;

(三)依据已被他人披露的信息而交易的;

(四)交易具有其他正当理由或者正当信息来源的。

第五条 本解释所称"内幕信息敏感期"是指内幕信息自形成至公开的期间。

证券法第六十七条第二款所列"重大事件"的发生时间,第七十五条规定的"计划"、"方案"以及期货交易管理条例第八十五条第十一项规定的"政策"、"决定"等的形成时间,应当认定为内幕信息的形成之时。

影响内幕信息形成的动议、筹划、决策或者执行人员,其动议、筹划、决策或者执行初始时间,应当认定为内幕信息的形成之时。

内幕信息的公开,是指内幕信息在国务院证券、期货监督管理机构指定的报刊、网站等媒体披露。

第六条 在内幕信息敏感期内从事或者明示、暗示他人从事或者泄露内幕信息导致他人从事与该内幕信息有关的证券、期货交易,具有下列情形之一的,应当认定为刑法第一百八十条第一款规定的“情节严重”:

(一)证券交易成交额在五十万元以上的;

(二)期货交易占用保证金数额在三十万元以上的;

(三)获利或者避免损失数额在十五万元以上的;

(四)三次以上的;

(五)具有其他严重情节的。

第七条 在内幕信息敏感期内从事或者明示、暗示他人从事或者泄露内幕信息导致他人从事与该内幕信息有关的证券、期货交易,具有下列情形之一的,应当认定为刑法第一百八十条第一款规定的“情节特别严重”:

(一)证券交易成交额在二百五十万元以上的;

(二)期货交易占用保证金数额在一百五十万元以上的;

(三)获利或者避免损失数额在七十五万元以上的;

(四)具有其他特别严重情节的。

第八条 二次以上实施内幕交易或者泄露内幕信息行为,未经行政处理或者刑事处理的,应当对相关交易数额依法累计计算。

第九条 同一案件中,成交额、占用保证金额、获利或者避免损失额分别构成情节严重、情节特别严重的,按照处罚较重的数额定罪处罚。

构成共同犯罪的,按照共同犯罪行为人的成交总额、占用保证金总额、获利或者避免损失总额定罪处罚,但判处各被告人罚金的总额应掌握在获利或者避免损失总额的一倍以上五倍以下。

第十条 刑法第一百八十条第一款规定的“违法所得”,是指通过内幕交易行为所获利益或者避免的损失。

内幕信息的泄露人员或者内幕交易的明示、暗示人员未实际从事内幕交易的,其罚金数额按照因泄露而获悉内幕信息人员或者被明示、暗示人员从事内幕交易的违法所得计算。

第十一条 单位实施刑法第一百八十条第一款规定的行为,具有本解释第六条规定情形之一的,按照刑法第一百八十条第二款的规定定罪处罚。

最高人民法院关于审理非法集资刑事案件具体应用法律若干问题的解释(2022 修正)

(2010 年 11 月 22 日最高人民法院审判委员会第 1502 次会议通过　根据 2021 年 12 月 30 日最高人民法院审判委员会第 1860 次会议通过的《最高人民法院关于修改〈最高人民法院关于审理非法集资刑事案件具体应用法律若干问题的解释〉的决定》修正　法释〔2022〕5 号　自 2022 年 3 月 1 日起施行)

为依法惩治非法吸收公众存款、集资诈骗等非法集资犯罪活动,根据《中华人民共和国刑法》的规定,现就审理此类刑事案件具体应用法律的若干问题解释如下:

第一条　违反国家金融管理法律规定,向社会公众(包括单位和个人)吸收资金的行为,同时具备下列四个条件的,除刑法另有规定的以外,应当认定为刑法第一百七十六条规定的"非法吸收公众存款或者变相吸收公众存款":

(一)未经有关部门依法许可或者借用合法经营的形式吸收资金;

(二)通过网络、媒体、推介会、传单、手机信息等途径向社会公开宣传;

(三)承诺在一定期限内以货币、实物、股权等方式还本付息或者给付回报;

(四)向社会公众即社会不特定对象吸收资金。

未向社会公开宣传,在亲友或者单位内部针对特定对象吸收资金的,不属于非法吸收或者变相吸收公众存款。

第二条　实施下列行为之一,符合本解释第一条第一款规定的条件的,应当依照刑法第一百七十六条的规定,以非法吸收公众存款罪定罪处罚:

(一)不具有房产销售的真实内容或者不以房产销售为主要目的,以返本销售、售后包租、约定回购、销售房产份额等方式非法吸收资金的;

(二)以转让林权并代为管护等方式非法吸收资金的;

(三)以代种植(养殖)、租种植(养殖)、联合种植(养殖)等方式非法吸收资金的；

（四）不具有销售商品、提供服务的真实内容或者不以销售商品、提供服务为主要目的，以商品回购、寄存代售等方式非法吸收资金的；

（五）不具有发行股票、债券的真实内容，以虚假转让股权、发售虚构债券等方式非法吸收资金的；

（六）不具有募集基金的真实内容，以假借境外基金、发售虚构基金等方式非法吸收资金的；

（七）不具有销售保险的真实内容，以假冒保险公司、伪造保险单据等方式非法吸收资金的；

（八）以网络借贷、投资入股、虚拟币交易等方式非法吸收资金的；

（九）以委托理财、融资租赁等方式非法吸收资金的；

（十）以提供"养老服务"、投资"养老项目"、销售"老年产品"等方式非法吸收资金的；

（十一）利用民间"会""社"等组织非法吸收资金的；

（十二）其他非法吸收资金的行为。

第三条 非法吸收或者变相吸收公众存款，具有下列情形之一的，应当依法追究刑事责任：

（一）非法吸收或者变相吸收公众存款数额在100万元以上的；

（二）非法吸收或者变相吸收公众存款对象150人以上的；

（三）非法吸收或者变相吸收公众存款，给存款人造成直接经济损失数额在50万元以上的。

非法吸收或者变相吸收公众存款数额在50万元以上或者给存款人造成直接经济损失数额在25万元以上，同时具有下列情节之一的，应当依法追究刑事责任：

（一）曾因非法集资受过刑事追究的；

（二）二年内曾因非法集资受过行政处罚的；

（三）造成恶劣社会影响或者其他严重后果的。

第四条 非法吸收或者变相吸收公众存款，具有下列情形之一的，应当认定为刑法第一百七十六条规定的"数额巨大或者有其他严重情节"：

(一)非法吸收或者变相吸收公众存款数额在500万元以上的；

(二)非法吸收或者变相吸收公众存款对象500人以上的；

(三)非法吸收或者变相吸收公众存款,给存款人造成直接经济损失数额在250万元以上的。

非法吸收或者变相吸收公众存款数额在250万元以上或者给存款人造成直接经济损失数额在150万元以上,同时具有本解释第三条第二款第三项情节的,应当认定为"其他严重情节"。

第五条 非法吸收或者变相吸收公众存款,具有下列情形之一的,应当认定为刑法第一百七十六条规定的"数额特别巨大或者有其他特别严重情节"：

(一)非法吸收或者变相吸收公众存款数额在5000万元以上的；

(二)非法吸收或者变相吸收公众存款对象5000人以上的；

(三)非法吸收或者变相吸收公众存款,给存款人造成直接经济损失数额在2500万元以上的。

非法吸收或者变相吸收公众存款数额在2500万元以上或者给存款人造成直接经济损失数额在1500万元以上,同时具有本解释第三条第二款第三项情节的,应当认定为"其他特别严重情节"。

第六条 非法吸收或者变相吸收公众存款的数额,以行为人所吸收的资金全额计算。在提起公诉前积极退赃退赔,减少损害结果发生的,可以从轻或者减轻处罚;在提起公诉后退赃退赔的,可以作为量刑情节酌情考虑。

非法吸收或者变相吸收公众存款,主要用于正常的生产经营活动,能够在提起公诉前清退所吸收资金,可以免予刑事处罚;情节显著轻微危害不大的,不作为犯罪处理。

对依法不需要追究刑事责任或者免予刑事处罚的,应当依法将案件移送有关行政机关。

第七条 以非法占有为目的,使用诈骗方法实施本解释第二条规定所列行为的,应当依照刑法第一百九十二条的规定,以集资诈骗罪定罪处罚。

使用诈骗方法非法集资,具有下列情形之一的,可以认定为"以非法占有为

目的”:

(一)集资后不用于生产经营活动或者用于生产经营活动与筹集资金规模明显不成比例,致使集资款不能返还的;

(二)肆意挥霍集资款,致使集资款不能返还的;

(三)携带集资款逃匿的;

(四)将集资款用于违法犯罪活动的;

(五)抽逃、转移资金、隐匿财产,逃避返还资金的;

(六)隐匿、销毁账目,或者搞假破产、假倒闭,逃避返还资金的;

(七)拒不交代资金去向,逃避返还资金的;

(八)其他可以认定非法占有目的的情形。

集资诈骗罪中的非法占有目的,应当区分情形进行具体认定。行为人部分非法集资行为具有非法占有目的的,对该部分非法集资行为所涉集资款以集资诈骗罪定罪处罚;非法集资共同犯罪中部分行为人具有非法占有目的,其他行为人没有非法占有集资款的共同故意和行为的,对具有非法占有目的的行为人以集资诈骗罪定罪处罚。

第八条 集资诈骗数额在 10 万元以上的,应当认定为“数额较大”;数额在 100 万元以上的,应当认定为“数额巨大”。

集资诈骗数额在 50 万元以上,同时具有本解释第三条第二款第三项情节的,应当认定为刑法第一百九十二条规定的“其他严重情节”。

集资诈骗的数额以行为人实际骗取的数额计算,在案发前已归还的数额应予扣除。行为人为实施集资诈骗活动而支付的广告费、中介费、手续费、回扣,或者用于行贿、赠与等费用,不予扣除。行为人为实施集资诈骗活动而支付的利息,除本金未归还可予折抵本金以外,应当计入诈骗数额。

第九条 犯非法吸收公众存款罪,判处三年以下有期徒刑或者拘役,并处或者单处罚金的,处五万元以上一百万元以下罚金;判处三年以上十年以下有期徒刑的,并处十万元以上五百万元以下罚金;判处十年以上有期徒刑的,并处五十万元以上罚金。

犯集资诈骗罪,判处三年以上七年以下有期徒刑的,并处十万元以上五百万元以下罚金;判处七年以上有期徒刑或者无期徒刑的,并处五十万元以上罚金或者没收财产。

第十条　未经国家有关主管部门批准,向社会不特定对象发行、以转让股权等方式变相发行股票或者公司、企业债券,或者向特定对象发行、变相发行股票或者公司、企业债券累计超过200人的,应当认定为刑法第一百七十九条规定的"擅自发行股票或者公司、企业债券"。构成犯罪的,以擅自发行股票、公司、企业债券罪定罪处罚。

第十一条　违反国家规定,未经依法核准擅自发行基金份额募集基金,情节严重的,依照刑法第二百二十五条的规定,以非法经营罪定罪处罚。

第十二条　广告经营者、广告发布者违反国家规定,利用广告为非法集资活动相关的商品或者服务作虚假宣传,具有下列情形之一的,依照刑法第二百二十二条的规定,以虚假广告罪定罪处罚:

(一)违法所得数额在10万元以上的;

(二)造成严重危害后果或者恶劣社会影响的;

(三)二年内利用广告作虚假宣传,受过行政处罚二次以上的;

(四)其他情节严重的情形。

明知他人从事欺诈发行证券,非法吸收公众存款,擅自发行股票、公司、企业债券,集资诈骗或者组织、领导传销活动等集资犯罪活动,为其提供广告等宣传的,以相关犯罪的共犯论处。

第十三条　通过传销手段向社会公众非法吸收资金,构成非法吸收公众存款罪或者集资诈骗罪,同时又构成组织、领导传销活动罪的,依照处罚较重的规定定罪处罚。

第十四条　单位实施非法吸收公众存款、集资诈骗犯罪的,依照本解释规定的相应自然人犯罪的定罪量刑标准,对单位判处罚金,并对其直接负责的主管人员和其他直接责任人员定罪处罚。

第十五条　此前发布的司法解释与本解释不一致的,以本解释为准。

最高人民法院、最高人民检察院印发《关于办理国家出资企业中职务犯罪案件具体应用法律若干问题的意见》的通知

（法发〔2010〕49号　2010年11月26日公布施行）

各省、自治区、直辖市高级人民法院、人民检察院，解放军军事法院、军事检察院，新疆维吾尔自治区高级人民法院生产建设兵团分院、新疆生产建设兵团人民检察院：

现将《最高人民法院、最高人民检察院关于办理国家出资企业中职务犯罪案件具体应用法律若干问题的意见》印发给你们，请认真贯彻执行。

最高人民法院、最高人民检察院关于办理国家出资企业中职务犯罪案件具体应用法律若干问题的意见

随着企业改制的不断推进，人民法院、人民检察院在办理国家出资企业中的贪污、受贿等职务犯罪案件时遇到了一些新情况、新问题。这些新情况、新问题具有一定的特殊性和复杂性，需要结合企业改制的特定历史条件，依法妥善地进行处理。现根据刑法规定和相关政策精神，就办理此类刑事案件具体应用法律的若干问题，提出以下意见：

一、关于国家出资企业工作人员在改制过程中隐匿公司、企业财产归个人持股的改制后公司、企业所有的行为的处理

国家工作人员或者受国家机关、国有公司、企业、事业单位、人民团体委托管理、经营国有财产的人员利用职务上的便利，在国家出资企业改制过程中故意通过低估资产、隐瞒债权、虚设债务、虚构产权交易等方式隐匿公司、企业财产，转为本人持有股份的改制后公司、企业所有，应当依法追究刑事责任的，依

照刑法第三百八十二条、第三百八十三条的规定，以贪污罪定罪处罚。贪污数额一般应当以所隐匿财产全额计算；改制后公司、企业仍有国有股份的，按股份比例扣除归于国有的部分。

所隐匿财产在改制过程中已为行为人实际控制，或者国家出资企业改制已经完成的，以犯罪既遂处理。

第一款规定以外的人员实施该款行为的，依照刑法第二百七十一条的规定，以职务侵占罪定罪处罚；第一款规定以外的人员与第一款规定的人员共同实施该款行为的，以贪污罪的共犯论处。

在企业改制过程中未采取低估资产、隐瞒债权、虚设债务、虚构产权交易等方式故意隐匿公司、企业财产的，一般不应当认定为贪污；造成国有资产重大损失，依法构成刑法第一百六十八条或者第一百六十九条规定的犯罪的，依照该规定定罪处罚。

二、关于国有公司、企业在改制过程中隐匿公司、企业财产归职工集体持股的改制后公司、企业所有的行为的处理

国有公司、企业违反国家规定，在改制过程中隐匿公司、企业财产，转为职工集体持股的改制后公司、企业所有的，对其直接负责的主管人员和其他直接责任人员，依照刑法第三百九十六条第一款的规定，以私分国有资产罪定罪处罚。

改制后的公司、企业中只有改制前公司、企业的管理人员或者少数职工持股，改制前公司、企业的多数职工未持股的，依照本意见第一条的规定，以贪污罪定罪处罚。

三、关于国家出资企业工作人员使用改制公司、企业的资金担保个人贷款，用于购买改制公司、企业股份的行为的处理

国家出资企业的工作人员在公司、企业改制过程中为购买公司、企业股份，利用职务上的便利，将公司、企业的资金或者金融凭证、有价证券等用于个人贷款担保的，依照刑法第二百七十二条或者第三百八十四条的规定. 以挪用资金罪或者挪用公款罪定罪处罚。

行为人在改制前的国家出资企业持有股份的，不影响挪用数额的认定，但量刑时应当酌情考虑。

经有关主管部门批准或者按照有关政策规定，国家出资企业的工作人员为购买改制公司、企业股份实施前款行为的，可以视具体情况不作为犯罪处理。

四、关于国家工作人员在企业改制过程中的渎职行为的处理

国家出资企业中的国家工作人员在公司、企业改制或者国有资产处置过程中严重不负责任或者滥用职权，致使国家利益遭受重大损失的，依照刑法第一百六十八条的规定，以国有公司、企业人员失职罪或者国有公司、企业人员滥用职权罪定罪处罚。

国家出资企业中的国家工作人员在公司、企业改制或者国有资产处置过程中徇私舞弊，将国有资产低价折股或者低价出售给其本人未持有股份的公司、企业或者其他个人，致使国家利益遭受重大损失的，依照刑法第一百六十九条的规定，以徇私舞弊低价折股、出售国有资产罪定罪处罚。

国家出资企业中的国家工作人员在公司、企业改制或者国有资产处置过程中徇私舞弊，将国有资产低价折股或者低价出售给特定关系人持有股份或者本人实际控制的公司、企业，致使国家利益遭受重大损失的，依照刑法第三百八十二条、第三百八十三条的规定，以贪污罪定罪处罚。贪污数额以国有资产的损失数额计算。

国家出资企业中的国家工作人员因实施第一款、第二款行为收受贿赂，同时又构成刑法第三百八十五条规定之罪的，依照处罚较重的规定定罪处罚。

五、关于改制前后主体身份发生变化的犯罪的处理

国家工作人员在国家出资企业改制前利用职务上的便利实施犯罪，在其不再具有国家工作人员身份后又实施同种行为，依法构成不同犯罪的，应当分别定罪，实行数罪并罚。

国家工作人员利用职务上的便利，在国家出资企业改制过程中隐匿公司、企业财产，在其不再具有国家工作人员身份后将所隐匿财产据为己有的，依照刑法第三百八十二条、第三百八十三条的规定，以贪污罪定罪处罚。

国家工作人员在国家出资企业改制过程中利用职务上的便利为请托人谋取利益，事先约定在其不再具有国家工作人员身份后收受请托人财物，或者在身份变化前后连续收受请托人财物的,依照刑法第三百八十五条、第三百八十六条的规定,以受贿罪定罪处罚。

六、关于国家出资企业中国家工作人员的认定

经国家机关、国有公司、企业、事业单位提名、推荐、任命、批准等,在国有控股、参股公司及其分支机构中从事公务的人员,应当认定为国家工作人员。具体的任命机构和程序,不影响国家工作人员的认定。

经国家出资企业中负有管理、监督国有资产职责的组织批准或者研究决定,代表其在国有控股、参股公司及其分支机构中从事组织、领导、监督、经营、管理工作的人员,应当认定为国家工作人员。

国家出资企业中的国家工作人员,在国家出资企业中持有个人股份或者同时接受非国有股东委托的,不影响其国家工作人员身份的认定。

七、关于国家出资企业的界定

本意见所称"国家出资企业",包括国家出资的国有独资公司、国有独资企业,以及国有资本控股公司、国有资本参股公司。

是否属于国家出资企业不清楚的,应遵循"谁投资、谁拥有产权"的原则进行界定。企业注册登记中的资金来源与实际出资不符的,应根据实际出资情况确定企业的性质。企业实际出资情况不清楚的,可以综合工商注册、分配形式、经营管理等因素确定企业的性质。

八、关于宽严相济刑事政策的具体贯彻

办理国家出资企业中的职务犯罪案件时,要综合考虑历史条件、企业发展、职工就业、社会稳定等因素,注意具体情况具体分析,严格把握犯罪与一般违规行为的区分界限。对于主观恶意明显、社会危害严重、群众反映强烈的严重犯罪,要坚决依法从严惩处;对于特定历史条件下、为了顺利完成企业改制而实施的违反国家政策法律规定的行为,行为人无主观恶意或者主观恶意不明显,情节较轻,危害不大的,可以不作为犯罪处理。

对于国家出资企业中的职务犯罪,要加大经济上的惩罚力度,充分重视财产刑的适用和执行,最大限度地挽回国家和人民利益遭受的损失。不能退赃的,在决定刑罚时,应当作为重要情节予以考虑。

最高人民法院、最高人民检察院印发《关于办理职务犯罪案件认定自首、立功等量刑情节若干问题的意见》的通知

（法发〔2009〕13号　2009年3月12日公布施行）

各省、自治区、直辖市高级人民法院、人民检察院，解放军军事法院、军事检察院，新疆维吾尔自治区高级人民法院生产建设兵团分院、新疆生产建设兵团人民检察院：

现将最高人民法院、最高人民检察院《关于办理职务犯罪案件认定自首、立功等量刑情节若干问题的意见》印发给你们，请认真贯彻执行。

关于办理职务犯罪案件认定自首、立功等量刑情节若干问题的意见

为依法惩处贪污贿赂、渎职等职务犯罪，根据刑法和相关司法解释的规定，结合办案工作实际，现就办理职务犯罪案件有关自首、立功等量刑情节的认定和处理问题，提出如下意见：

一、关于自首的认定和处理

根据《刑法》第六十七条第一款的规定，成立自首需同时具备自动投案和如实供述自己的罪行两个要件。犯罪事实或者犯罪分子未被办案机关掌握，或者虽被掌握，但犯罪分子尚未受到调查谈话、讯问，或者未被宣布采取调查措施或者强制措施时，向办案机关投案的，是自动投案。在此期间如实交代自己的主要犯罪事实的，应当认定为自首。

犯罪分子向所在单位等办案机关以外的单位、组织或者有关负责人员投案的，应当视为自动投案。

没有自动投案,在办案机关调查谈话、讯问、采取调查措施或者强制措施期间,犯罪分子如实交代办案机关掌握的线索所针对的事实的,不能认定为自首。

没有自动投案,但具有以下情形之一的,以自首论:(1)犯罪分子如实交代办案机关未掌握的罪行,与办案机关已掌握的罪行属不同种罪行的;(2)办案机关所掌握线索针对的犯罪事实不成立,在此范围外犯罪分子交代同种罪行的。

单位犯罪案件中,单位集体决定或者单位负责人决定而自动投案,如实交代单位犯罪事实的,或者单位直接负责的主管人员自动投案,如实交代单位犯罪事实的,应当认定为单位自首。单位自首的,直接负责的主管人员和直接责任人员未自动投案,但如实交代自己知道的犯罪事实的,可以视为自首;拒不交代自己知道的犯罪事实或者逃避法律追究的,不应当认定为自首。单位没有自首,直接责任人员自动投案并如实交代自己知道的犯罪事实的,对该直接责任人员应当认定为自首。

对于具有自首情节的犯罪分子,办案机关移送案件时应当予以说明并移交相关证据材料。

对于具有自首情节的犯罪分子,应当根据犯罪的事实、性质、情节和对于社会的危害程度,结合自动投案的动机、阶段、客观环境,交代犯罪事实的完整性、稳定性以及悔罪表现等具体情节,依法决定是否从轻、减轻或者免除处罚以及从轻、减轻处罚的幅度。

二、关于立功的认定和处理

立功必须是犯罪分子本人实施的行为。为使犯罪分子得到从轻处理,犯罪分子的亲友直接向有关机关揭发他人犯罪行为,提供侦破其他案件的重要线索,或者协助司法机关抓捕其他犯罪嫌疑人的,不应当认定为犯罪分子的立功表现。

据以立功的他人罪行材料应当指明具体犯罪事实;据以立功的线索或者协助行为对于侦破案件或者抓捕犯罪嫌疑人要有实际作用。犯罪分子揭发他人犯罪行为时没有指明具体犯罪事实的;揭发的犯罪事实与查实的犯罪事实不具有关联性的;提供的线索或者协助行为对于其他案件的侦破或者其他犯罪嫌疑人的抓捕不具有实际作用的,不能认定为立功表现。

犯罪分子揭发他人犯罪行为,提供侦破其他案件重要线索的,必须经查证属实,才能认定为立功。审查是否构成立功,不仅要审查办案机关的说明材料,还要审查有关事实和证据以及与案件定性处罚相关的法律文书,如立案决定书、逮捕决定书、侦查终结报告、起诉意见书、起诉书或者判决书等。

据以立功的线索、材料来源有下列情形之一的,不能认定为立功:(1)本人通过非法手段或者非法途径获取的;(2)本人因原担任的查禁犯罪等职务获取的;(3)他人违反监管规定向犯罪分子提供的;(4)负有查禁犯罪活动职责的国家机关工作人员或者其他国家工作人员利用职务便利提供的。

犯罪分子检举、揭发的他人犯罪,提供侦破其他案件的重要线索,阻止他人的犯罪活动,或者协助司法机关抓捕的其他犯罪嫌疑人,犯罪嫌疑人、被告人依法可能被判处无期徒刑以上刑罚的,应当认定为有重大立功表现。其中,可能被判处无期徒刑以上刑罚,是指根据犯罪行为的事实、情节可能判处无期徒刑以上刑罚。案件已经判决的,以实际判处的刑罚为准。但是,根据犯罪行为的事实、情节应当判处无期徒刑以上刑罚,因被判刑人有法定情节经依法从轻、减轻处罚后判处有期徒刑的,应当认定为重大立功。

对于具有立功情节的犯罪分子,应当根据犯罪的事实、性质、情节和对于社会的危害程度,结合立功表现所起作用的大小、所破获案件的罪行轻重、所抓获犯罪嫌疑人可能判处的法定刑以及立功的时机等具体情节,依法决定是否从轻、减轻或者免除处罚以及从轻、减轻处罚的幅度。

三、关于如实交代犯罪事实的认定和处理

犯罪分子依法不成立自首,但如实交代犯罪事实,有下列情形之一的,可以酌情从轻处罚:(1)办案机关掌握部分犯罪事实,犯罪分子交代了同种其他犯罪事实的;(2)办案机关掌握的证据不充分,犯罪分子如实交代有助于收集定案证据的。

犯罪分子如实交代犯罪事实,有下列情形之一的,一般应当从轻处罚:(1)办案机关仅掌握小部分犯罪事实,犯罪分子交代了大部分未被掌握的同种犯罪事实的;(2)如实交代对于定案证据的收集有重要作用的。

四、关于赃款赃物追缴等情形的处理

贪污案件中赃款赃物全部或者大部分追缴的,一般应当考虑从轻处罚。

受贿案件中赃款赃物全部或者大部分追缴的,视具体情况可以酌定从轻处罚。

犯罪分子及其亲友主动退赃或者在办案机关追缴赃款赃物过程中积极配合的,在量刑时应当与办案机关查办案件过程中依职权追缴赃款赃物的有所区别。

职务犯罪案件立案后,犯罪分子及其亲友自行挽回的经济损失,司法机关或者犯罪分子所在单位及其上级主管部门挽回的经济损失,或者因客观原因减少的经济损失,不予扣减,但可以作为酌情从轻处罚的情节。

最高人民法院、最高人民检察院关于印发《关于办理商业贿赂刑事案件适用法律若干问题的意见》的通知

（法发〔2008〕33号　2008年11月20日公布施行）

各省、自治区、直辖市高级人民法院、人民检察院，解放军军事法院、军事检察院，新疆维吾尔自治区高级人民法院生产建设兵团分院、新疆生产建设兵团人民检察院：

现将最高人民法院、最高人民检察院《关于办理商业贿赂刑事案件适用法律若干问题的意见》印发给你们，请认真贯彻执行。

最高人民法院、最高人民检察院关于办理商业贿赂刑事案件适用法律若干问题的意见

为依法惩治商业贿赂犯罪，根据刑法有关规定，结合办案工作实际，现就办理商业贿赂刑事案件适用法律的若干问题，提出如下意见：

一、商业贿赂犯罪涉及刑法规定的以下八种罪名：(1)非国家工作人员受贿罪（刑法第一百六十三条）；(2)对非国家工作人员行贿罪（刑法第一百六十四条）；(3)受贿罪（刑法第三百八十五条）；(4)单位受贿罪（刑法第三百八十七条）；(5)行贿罪（刑法第三百八十九条）；(6)对单位行贿罪（刑法第三百九十一条）；(7)介绍贿赂罪（刑法第三百九十二条）；(8)单位行贿罪（刑法第三百九十三条）。

二、刑法第一百六十三条、第一百六十四条规定的“其他单位”，既包括事业单位、社会团体、村民委员会、居民委员会、村民小组等常设性的组织，也包括为组织体育赛事、文艺演出或者其他正当活动而成立的组委会、筹委会、工程承包队等非常设性的组织。

三、刑法第一百六十三条、第一百六十四条规定的“公司、企业或者其他单位的工作人员”,包括国有公司、企业以及其他国有单位中的非国家工作人员。

四、医疗机构中的国家工作人员,在药品、医疗器械、医用卫生材料等医药产品采购活动中,利用职务上的便利,索取销售方财物,或者非法收受销售方财物,为销售方谋取利益,构成犯罪的,依照刑法第三百八十五条的规定,以受贿罪定罪处罚。

医疗机构中的非国家工作人员,有前款行为,数额较大的,依照刑法第一百六十三条的规定,以非国家工作人员受贿罪定罪处罚。

医疗机构中的医务人员,利用开处方的职务便利,以各种名义非法收受药品、医疗器械、医用卫生材料等医药产品销售方财物,为医药产品销售方谋取利益,数额较大的,依照刑法第一百六十三条的规定,以非国家工作人员受贿罪定罪处罚。

五、学校及其他教育机构中的国家工作人员,在教材、教具、校服或者其他物品的采购等活动中,利用职务上的便利,索取销售方财物,或者非法收受销售方财物,为销售方谋取利益,构成犯罪的,依照刑法第三百八十五条的规定,以受贿罪定罪处罚。

学校及其他教育机构中的非国家工作人员,有前款行为,数额较大的,依照刑法第一百六十三条的规定,以非国家工作人员受贿罪定罪处罚。

学校及其他教育机构中的教师,利用教学活动的职务便利,以各种名义非法收受教材、教具、校服或者其他物品销售方财物,为教材、教具、校服或者其他物品销售方谋取利益,数额较大的,依照刑法第一百六十三条的规定,以非国家工作人员受贿罪定罪处罚。

六、依法组建的评标委员会、竞争性谈判采购中谈判小组、询价采购中询价小组的组成人员,在招标、政府采购等事项的评标或者采购活动中,索取他人财物或者非法收受他人财物,为他人谋取利益,数额较大的,依照刑法第一百六十三条的规定,以非国家工作人员受贿罪定罪处罚。

依法组建的评标委员会、竞争性谈判采购中谈判小组、询价采购中询价小组中国家机关或者其他国有单位的代表有前款行为的,依照刑法第三百八十五条的规定,以受贿罪定罪处罚。

七、商业贿赂中的财物,既包括金钱和实物,也包括可以用金钱计算数额的财产性利益,如提供房屋装修、含有金额的会员卡、代币卡(券)、旅游费用等。具体数额以实际支付的资费为准。

八、收受银行卡的,不论受贿人是否实际取出或者消费,卡内的存款数额一般应全额认定为受贿数额。使用银行卡透支的,如果由给予银行卡的一方承担还款责任,透支数额也应当认定为受贿数额。

九、在行贿犯罪中,“谋取不正当利益”,是指行贿人谋取违反法律、法规、规章或者政策规定的利益,或者要求对方违反法律、法规、规章、政策、行业规范的规定提供帮助或者方便条件。

在招标投标、政府采购等商业活动中,违背公平原则,给予相关人员财物以谋取竞争优势的,属于“谋取不正当利益”。

十、办理商业贿赂犯罪案件,要注意区分贿赂与馈赠的界限。主要应当结合以下因素全面分析、综合判断:(1)发生财物往来的背景,如双方是否存在亲友关系及历史上交往的情形和程度;(2)往来财物的价值;(3)财物往来的缘由、时机和方式,提供财物方对于接受方有无职务上的请托;(4)接受方是否利用职务上的便利为提供方谋取利益。

十一、非国家工作人员与国家工作人员通谋,共同收受他人财物,构成共同犯罪的,根据双方利用职务便利的具体情形分别定罪追究刑事责任:

(1)利用国家工作人员的职务便利为他人谋取利益的,以受贿罪追究刑事责任。

(2)利用非国家工作人员的职务便利为他人谋取利益的,以非国家工作人员受贿罪追究刑事责任。

(3)分别利用各自的职务便利为他人谋取利益的,按照主犯的犯罪性质追究刑事责任,不能分清主从犯的,可以受贿罪追究刑事责任。

最高人民法院、最高人民检察院关于印发《关于办理受贿刑事案件适用法律若干问题的意见》的通知

（法发〔2007〕22号　2007年7月8日公布施行）

各省、自治区、直辖市高级人民法院、人民检察院，解放军军事法院、军事检察院，新疆维吾尔自治区高级人民法院生产建设兵团分院、新疆生产建设兵团人民检察院：

现将《最高人民法院、最高人民检察院关于办理受贿刑事案件适用法律若干问题的意见》印发给你们，请认真贯彻执行。

最高人民法院、最高人民检察院关于办理受贿刑事案件适用法律若干问题的意见

为依法惩治受贿犯罪活动，根据刑法有关规定，现就办理受贿刑事案件具体适用法律若干问题，提出以下意见：

一、关于以交易形式收受贿赂问题

国家工作人员利用职务上的便利为请托人谋取利益，以下列交易形式收受请托人财物的，以受贿论处：

（1）以明显低于市场的价格向请托人购买房屋、汽车等物品的；

（2）以明显高于市场的价格向请托人出售房屋、汽车等物品的；

（3）以其他交易形式非法收受请托人财物的。

受贿数额按照交易时当地市场价格与实际支付价格的差额计算。

前款所列市场价格包括商品经营者事先设定的不针对特定人的最低优惠价格。根据商品经营者事先设定的各种优惠交易条件，以优惠价格购买商品的，不属于受贿。

二、关于收受干股问题

干股是指未出资而获得的股份。国家工作人员利用职务上的便利为请托人谋取利益，收受请托人提供的干股的，以受贿论处。进行了股权转让登记，或者相关证据证明股份发生了实际转让的，受贿数额按转让行为时股份价值计算，所分红利按受贿孳息处理。股份未实际转让，以股份分红名义获取利益的，实际获利数额应当认定为受贿数额。

三、关于以开办公司等合作投资名义收受贿赂问题

国家工作人员利用职务上的便利为请托人谋取利益，由请托人出资，“合作”开办公司或者进行其他“合作”投资的，以受贿论处。受贿数额为请托人给国家工作人员的出资额。

国家工作人员利用职务上的便利为请托人谋取利益，以合作开办公司或者其他合作投资的名义获取“利润”，没有实际出资和参与管理、经营的，以受贿论处。

四、关于以委托请托人投资证券、期货或者其他委托理财的名义收受贿赂问题

国家工作人员利用职务上的便利为请托人谋取利益，以委托请托人投资证券、期货或者其他委托理财的名义，未实际出资而获取“收益”，或者虽然实际出资，但获取“收益”明显高于出资应得收益的，以受贿论处。受贿数额，前一情形，以“收益”额计算；后一情形，以“收益”额与出资应得收益额的差额计算。

五、关于以赌博形式收受贿赂的认定问题

根据《最高人民法院、最高人民检察院关于办理赌博刑事案件具体应用法律若干问题的解释》第七条规定，国家工作人员利用职务上的便利为请托人谋取利益，通过赌博方式收受请托人财物的，构成受贿。

实践中应注意区分贿赂与赌博活动、娱乐活动的界限。具体认定时，主要应当结合以下因素进行判断：

(1)赌博的背景、场合、时间、次数；

(2)赌资来源；

(3)其他赌博参与者有无事先通谋；

(4)输赢钱物的具体情况和金额大小。

六、关于特定关系人“挂名”领取薪酬问题

国家工作人员利用职务上的便利为请托人谋取利益,要求或者接受请托人以给特定关系人安排工作为名,使特定关系人不实际工作却获取所谓薪酬的,以受贿论处。

七、关于由特定关系人收受贿赂问题

国家工作人员利用职务上的便利为请托人谋取利益,授意请托人以本意见所列形式,将有关财物给予特定关系人的,以受贿论处。

特定关系人与国家工作人员通谋,共同实施前款行为的,对特定关系人以受贿罪的共犯论处。特定关系人以外的其他人与国家工作人员通谋,由国家工作人员利用职务上的便利为请托人谋取利益,收受请托人财物后双方共同占有的,以受贿罪的共犯论处。

八、关于收受贿赂物品未办理权属变更问题

国家工作人员利用职务上的便利为请托人谋取利益,收受请托人房屋、汽车等物品,未变更权属登记或者借用他人名义办理权属变更登记的,不影响受贿的认定。

认定以房屋、汽车等物品为对象的受贿,应注意与借用的区分。具体认定时,除双方交代或者书面协议之外,主要应当结合以下因素进行判断:

(1)有无借用的合理事由;

(2)是否实际使用;

(3)借用时间的长短;

(4)有无归还的条件;

(5)有无归还的意思表示及行为。

九、关于收受财物后退还或者上交问题

国家工作人员收受请托人财物后及时退还或者上交的,不是受贿。

国家工作人员受贿后,因自身或者与其受贿有关联的人、事被查处,为掩饰犯罪而退还或者上交的,不影响认定受贿罪。

十、关于在职时为请托人谋利，离职后收受财物问题

国家工作人员利用职务上的便利为请托人谋取利益之前或者之后，约定在其离职后收受请托人财物，并在离职后收受的，以受贿论处。

国家工作人员利用职务上的便利为请托人谋取利益，离职前后连续收受请托人财物的，离职前后收受部分均应计入受贿数额。

十一、关于"特定关系人"的范围

本意见所称"特定关系人"，是指与国家工作人员有近亲属、情妇(夫)以及其他共同利益关系的人。

十二、关于正确贯彻宽严相济刑事政策的问题

依照本意见办理受贿刑事案件，要根据刑法关于受贿罪的有关规定和受贿罪权钱交易的本质特征，准确区分罪与非罪、此罪与彼罪的界限，惩处少数，教育多数。在从严惩处受贿犯罪的同时，对于具有自首、立功等情节的，依法从轻、减轻或者免除处罚。

最高人民法院、最高人民检察院关于办理侵犯知识产权刑事案件具体应用法律若干问题的解释(二)

(2007年4月4日最高人民法院审判委员会第1422次会议、最高人民检察院第十届检察委员会第75次会议通过 2007年4月5日公布 法释〔2007〕6号 自2007年4月5日起施行)

为维护社会主义市场经济秩序,依法惩治侵犯知识产权犯罪活动,根据刑法、刑事诉讼法有关规定,现就办理侵犯知识产权刑事案件具体应用法律的若干问题解释如下:

第一条 以营利为目的,未经著作权人许可,复制发行其文字作品、音乐、电影、电视、录像作品、计算机软件及其他作品,复制品数量合计在五百张(份)以上的,属于刑法第二百一十七条规定的"有其他严重情节";复制品数量在二千五百张(份)以上的,属于刑法第二百一十七条规定的"有其他特别严重情节"。

第二条 刑法第二百一十七条侵犯著作权罪中的"复制发行",包括复制、发行或者既复制又发行的行为。

侵权产品的持有人通过广告、征订等方式推销侵权产品的,属于刑法第二百一十七条规定的"发行"。

非法出版、复制、发行他人作品,侵犯著作权构成犯罪的,按照侵犯著作权罪定罪处罚。

第三条 侵犯知识产权犯罪,符合刑法规定的缓刑条件的,依法适用缓刑。有下列情形之一的,一般不适用缓刑:

(一)因侵犯知识产权被刑事处罚或者行政处罚后,再次侵犯知识产权构成犯罪的;

(二)不具有悔罪表现的;

(三)拒不交出违法所得的;

(四)其他不宜适用缓刑的情形。

第四条 对于侵犯知识产权犯罪的,人民法院应当综合考虑犯罪的违法所得、非法经营数额、给权利人造成的损失、社会危害性等情节,依法判处罚金。罚金数额一般在违法所得的一倍以上五倍以下,或者按照非法经营数额的50%以上一倍以下确定。

第五条 被害人有证据证明的侵犯知识产权刑事案件,直接向人民法院起诉的,人民法院应当依法受理;严重危害社会秩序和国家利益的侵犯知识产权刑事案件,由人民检察院依法提起公诉。

第六条 单位实施刑法第二百一十三条至第二百一十九条规定的行为,按照《最高人民法院、最高人民检察院关于办理侵犯知识产权刑事案件具体应用法律若干问题的解释》和本解释规定的相应个人犯罪的定罪量刑标准定罪处罚。

第七条 以前发布的司法解释与本解释不一致的,以本解释为准。

最高人民检察院关于渎职侵权犯罪案件立案标准的规定

（2005 年 12 月 29 日最高人民检察院第十届检察委员会第 49 次会议通过　高检发释字〔2006〕2 号　2006 年 9 月 21 日公布施行）

根据《中华人民共和国刑法》、《中华人民共和国刑事诉讼法》和其他法律的有关规定，对国家机关工作人员渎职和利用职权实施的侵犯公民人身权利、民主权利犯罪案件的立案标准规定如下：

一、渎职犯罪案件

（一）滥用职权案（第三百九十七条）

滥用职权罪是指国家机关工作人员超越职权，违法决定、处理其无权决定、处理的事项，或者违反规定处理公务，致使公共财产、国家和人民利益遭受重大损失的行为。

涉嫌下列情形之一的，应予立案：

1. 造成死亡 1 人以上，或者重伤 2 人以上，或者重伤 1 人、轻伤 3 人以上，或者轻伤 5 人以上的；

2. 导致 10 人以上严重中毒的；

3. 造成个人财产直接经济损失 10 万元以上，或者直接经济损失不满 10 万元，但间接经济损失 50 万元以上的；

4. 造成公共财产或者法人、其他组织财产直接经济损失 20 万元以上，或者直接经济损失不满 20 万元，但间接经济损失 100 万元以上的；

5. 虽未达到 3、4 两项数额标准，但 3、4 两项合计直接经济损失 20 万元以上，或者合计直接经济损失不满 20 万元，但合计间接经济损失 100 万元以上的；

6. 造成公司、企业等单位停业、停产 6 个月以上，或者破产的；

7. 弄虚作假，不报、缓报、谎报或者授意、指使、强令他人不报、缓报、谎报情况，导致重特大事故危害结果继续、扩大，或者致使抢救、调查、处理工作延

误的;

8. 严重损害国家声誉,或者造成恶劣社会影响的;

9. 其他致使公共财产、国家和人民利益遭受重大损失的情形。

国家机关工作人员滥用职权,符合刑法第九章所规定的特殊渎职罪构成要件的,按照该特殊规定追究刑事责任;主体不符合刑法第九章所规定的特殊渎职罪的主体要件,但滥用职权涉嫌前款第1项至第9项规定情形之一的,按照刑法第397条的规定以滥用职权罪追究刑事责任。

(二)玩忽职守案(第三百九十七条)

玩忽职守罪是指国家机关工作人员严重不负责任,不履行或者不认真履行职责,致使公共财产、国家和人民利益遭受重大损失的行为。

涉嫌下列情形之一的,应予立案:

1. 造成死亡1人以上,或者重伤3人以上,或者重伤2人、轻伤4人以上,或者重伤1人、轻伤7人以上,或者轻伤10人以上的;

2. 导致20人以上严重中毒的;

3. 造成个人财产直接经济损失15万元以上,或者直接经济损失不满15万元,但间接经济损失75万元以上的;

4. 造成公共财产或者法人、其他组织财产直接经济损失30万元以上,或者直接经济损失不满30万元,但间接经济损失150万元以上的;

5. 虽未达到3、4两项数额标准,但3、4两项合计直接经济损失30万元以上,或者合计直接经济损失不满30万元,但合计间接经济损失150万元以上的;

6. 造成公司、企业等单位停业、停产1年以上,或者破产的;

7. 海关、外汇管理部门的工作人员严重不负责任,造成100万美元以上外汇被骗购或者逃汇1000万美元以上的;

8. 严重损害国家声誉,或者造成恶劣社会影响的;

9. 其他致使公共财产、国家和人民利益遭受重大损失的情形。

国家机关工作人员玩忽职守,符合刑法第九章所规定的特殊渎职罪构成要件的,按照该特殊规定追究刑事责任;主体不符合刑法第九章所规定的特殊渎职罪的主体要件,但玩忽职守涉嫌前款第 1 项至第 9 项规定情形之一的,按照刑法第 397 条的规定以玩忽职守罪追究刑事责任。

(三)故意泄露国家秘密案(第三百九十八条)

故意泄露国家秘密罪是指国家机关工作人员或者非国家机关工作人员违反保守国家秘密法,故意使国家秘密被不应知悉者知悉,或者故意使国家秘密超出了限定的接触范围,情节严重的行为。

涉嫌下列情形之一的,应予立案:

1. 泄露绝密级国家秘密 1 项(件)以上的;

2. 泄露机密级国家秘密 2 项(件)以上的;

3. 泄露秘密级国家秘密 3 项(件)以上的;

4. 向非境外机构、组织、人员泄露国家秘密,造成或者可能造成危害社会稳定、经济发展、国防安全或者其他严重危害后果的;

5. 通过口头、书面或者网络等方式向公众散布、传播国家秘密的;

6. 利用职权指使或者强迫他人违反国家保守秘密法的规定泄露国家秘密的;

7. 以牟取私利为目的泄露国家秘密的;

8. 其他情节严重的情形。

(四)过失泄露国家秘密案(第三百九十八条)

过失泄露国家秘密罪是指国家机关工作人员或者非国家机关工作人员违反保守国家秘密法,过失泄露国家秘密,或者遗失国家秘密载体,致使国家秘密被不应知悉者知悉或者超出了限定的接触范围,情节严重的行为。

涉嫌下列情形之一的,应予立案:

1. 泄露绝密级国家秘密 1 项(件)以上的;

2. 泄露机密级国家秘密 3 项(件)以上的;

3. 泄露秘密级国家秘密 4 项(件)以上的;

4. 违反保密规定,将涉及国家秘密的计算机或者计算机信息系统与互联网相连接,泄露国家秘密的;

5. 泄露国家秘密或者遗失国家秘密载体,隐瞒不报、不如实提供有关情况

或者不采取补救措施的;

6. 其他情节严重的情形。

(五)徇私枉法案(第三百九十九条第一款)

徇私枉法罪是指司法工作人员徇私枉法、徇情枉法,对明知是无罪的人而使他受追诉、对明知是有罪的人而故意包庇不使他受追诉,或者在刑事审判活动中故意违背事实和法律作枉法裁判的行为。

涉嫌下列情形之一的,应予立案:

1. 对明知是没有犯罪事实或者其他依法不应当追究刑事责任的人,采取伪造、隐匿、毁灭证据或者其他隐瞒事实、违反法律的手段,以追究刑事责任为目的立案、侦查、起诉、审判的;

2. 对明知是有犯罪事实需要追究刑事责任的人,采取伪造、隐匿、毁灭证据或者其他隐瞒事实、违反法律的手段,故意包庇使其不受立案、侦查、起诉、审判的;

3. 采取伪造、隐匿、毁灭证据或者其他隐瞒事实、违反法律的手段,故意使罪重的人受较轻的追诉,或者使罪轻的人受较重的追诉的;

4. 在立案后,采取伪造、隐匿、毁灭证据或者其他隐瞒事实、违反法律的手段,应当采取强制措施而不采取强制措施,或者虽然采取强制措施,但中断侦查或者超过法定期限不采取任何措施,实际放任不管,以及违法撤销、变更强制措施,致使犯罪嫌疑人、被告人实际脱离司法机关侦控的;

5. 在刑事审判活动中故意违背事实和法律,作出枉法判决、裁定,即有罪判无罪、无罪判有罪,或者重罪轻判、轻罪重判的;

6. 其他徇私枉法应予追究刑事责任的情形。

(六)民事、行政枉法裁判案(第三百九十九条第二款)

民事、行政枉法裁判罪是指司法工作人员在民事、行政审判活动中,故意违背事实和法律作枉法裁判,情节严重的行为。

涉嫌下列情形之一的,应予立案:

1. 枉法裁判,致使当事人或者其近亲属自杀、自残造成重伤、死亡,或者精神失常的;

2. 枉法裁判,造成个人财产直接经济损失 10 万元以上,或者直接经济损失不满 10 万元,但间接经济损失 50 万元以上的;

3. 枉法裁判,造成法人或者其他组织财产直接经济损失 20 万元以上,或者直接经济损失不满 20 万元,但间接经济损失 100 万元以上的;

4. 伪造、变造有关材料、证据,制造假案枉法裁判的;

5. 串通当事人制造伪证,毁灭证据或者篡改庭审笔录而枉法裁判的;

6. 徇私情、私利,明知是伪造、变造的证据予以采信,或者故意对应当采信的证据不予采信,或者故意违反法定程序,或者故意错误适用法律而枉法裁判的;

7. 其他情节严重的情形。

(七)执行判决、裁定失职案(第三百九十九条第三款)

执行判决、裁定失职罪是指司法工作人员在执行判决、裁定活动中,严重不负责任,不依法采取诉讼保全措施、不履行法定执行职责,或者违法采取保全措施、强制执行措施,致使当事人或者其他人的利益遭受重大损失的行为。

涉嫌下列情形之一的,应予立案:

1. 致使当事人或者其近亲属自杀、自残造成重伤、死亡,或者精神失常的;

2. 造成个人财产直接经济损失 15 万元以上,或者直接经济损失不满 15 万元,但间接经济损失 75 万元以上的;

3. 造成法人或者其他组织财产直接经济损失 30 万元以上,或者直接经济损失不满 30 万元,但间接经济损失 150 万元以上的;

4. 造成公司、企业等单位停业、停产 1 年以上,或者破产的;

5. 其他致使当事人或者其他人的利益遭受重大损失的情形。

(八)执行判决、裁定滥用职权案(第三百九十九条第三款)

执行判决、裁定滥用职权罪是指司法工作人员在执行判决、裁定活动中,滥用职权,不依法采取诉讼保全措施、不履行法定执行职责,或者违法采取保全措施、强制执行措施,致使当事人或者其他人的利益遭受重大损失的行为。

涉嫌下列情形之一的,应予立案:

1. 致使当事人或者其近亲属自杀、自残造成重伤、死亡,或者精神失常的;

2. 造成个人财产直接经济损失 10 万元以上,或者直接经济损失不满 10 万元,但间接经济损失 50 万元以上的;

3. 造成法人或者其他组织财产直接经济损失 20 万元以上,或者直接经济损失不满 20 万元,但间接经济损失 100 万元以上的;

4. 造成公司、企业等单位停业、停产 6 个月以上,或者破产的;

5. 其他致使当事人或者其他人的利益遭受重大损失的情形。

(九)私放在押人员案(第四百条第一款)

私放在押人员罪是指司法工作人员私放在押(包括在羁押场所和押解途中)的犯罪嫌疑人、被告人或者罪犯的行为。

涉嫌下列情形之一的,应予立案:

1. 私自将在押的犯罪嫌疑人、被告人、罪犯放走,或者授意、指使、强迫他人将在押的犯罪嫌疑人、被告人、罪犯放走的;

2. 伪造、变造有关法律文书、证明材料,以使在押的犯罪嫌疑人、被告人、罪犯逃跑或者被释放的;

3. 为私放在押的犯罪嫌疑人、被告人、罪犯,故意向其通风报信、提供条件,致使该在押的犯罪嫌疑人、被告人、罪犯脱逃的;

4. 其他私放在押的犯罪嫌疑人、被告人、罪犯应予追究刑事责任的情形。

(十)失职致使在押人员脱逃案(第四百条第二款)

失职致使在押人员脱逃罪是指司法工作人员由于严重不负责任,不履行或者不认真履行职责,致使在押(包括在羁押场所和押解途中)的犯罪嫌疑人、被告人、罪犯脱逃,造成严重后果的行为。

涉嫌下列情形之一的,应予立案:

1. 致使依法可能判处或者已经判处 10 年以上有期徒刑、无期徒刑、死刑的犯罪嫌疑人、被告人、罪犯脱逃的;

2. 致使犯罪嫌疑人、被告人、罪犯脱逃 3 人次以上的;

3. 犯罪嫌疑人、被告人、罪犯脱逃以后,打击报复报案人、控告人、举报人、被害人、证人和司法工作人员等,或者继续犯罪的;

4. 其他致使在押的犯罪嫌疑人、被告人、罪犯脱逃,造成严重后果的情形。

(十一)徇私舞弊减刑、假释、暂予监外执行案(第四百零一条)

徇私舞弊减刑、假释、暂予监外执行罪是指司法工作人员徇私舞弊,对不符合减刑、假释、暂予监外执行条件的罪犯予以减刑、假释、暂予监外执行的行为。

涉嫌下列情形之一的,应予立案:

1. 刑罚执行机关的工作人员对不符合减刑、假释、暂予监外执行条件的罪犯,捏造事实,伪造材料,违法报请减刑、假释、暂予监外执行的;

2. 审判人员对不符合减刑、假释、暂予监外执行条件的罪犯,徇私舞弊,违法裁定减刑、假释或者违法决定暂予监外执行的;

3. 监狱管理机关、公安机关的工作人员对不符合暂予监外执行条件的罪犯,徇私舞弊,违法批准暂予监外执行的;

4. 不具有报请、裁定、决定或者批准减刑、假释、暂予监外执行权的司法工作人员利用职务上的便利,伪造有关材料,导致不符合减刑、假释、暂予监外执行条件的罪犯被减刑、假释、暂予监外执行的;

5. 其他徇私舞弊减刑、假释、暂予监外执行应予追究刑事责任的情形。

(十二)徇私舞弊不移交刑事案件案(第四百零二条)

徇私舞弊不移交刑事案件罪是指工商行政管理、税务、监察等行政执法人员,徇私舞弊,对依法应当移交司法机关追究刑事责任的案件不移交,情节严重的行为。

涉嫌下列情形之一的,应予立案:

1. 对依法可能判处 3 年以上有期徒刑、无期徒刑、死刑的犯罪案件不移交的;

2. 不移交刑事案件涉及 3 人次以上的;

3. 司法机关提出意见后,无正当理由仍然不予移交的;

4. 以罚代刑,放纵犯罪嫌疑人,致使犯罪嫌疑人继续进行违法犯罪活动的;

5. 行政执法部门主管领导阻止移交的;

6. 隐瞒、毁灭证据,伪造材料,改变刑事案件性质的;

7. 直接负责的主管人员和其他直接责任人员为牟取本单位私利而不移交刑事案件,情节严重的;

8.其他情节严重的情形。

(十三)滥用管理公司、证券职权案(第四百零三条)

滥用管理公司、证券职权罪是指工商行政管理、证券管理等国家有关主管部门的工作人员徇私舞弊,滥用职权,对不符合法律规定条件的公司设立、登记申请或者股票、债券发行、上市申请予以批准或者登记,致使公共财产、国家和人民利益遭受重大损失的行为,以及上级部门、当地政府强令登记机关及其工作人员实施上述行为的行为。

涉嫌下列情形之一的,应予立案:

1.造成直接经济损失50万元以上的;

2.工商行政管理部门的工作人员对不符合法律规定条件的公司设立、登记申请,违法予以批准、登记,严重扰乱市场秩序的;

3.金融证券管理机构的工作人员对不符合法律规定条件的股票、债券发行、上市申请,违法予以批准,严重损害公众利益,或者严重扰乱金融秩序的;

4.工商行政管理部门、金融证券管理机构的工作人员对不符合法律规定条件的公司设立、登记申请或者股票、债券发行、上市申请违法予以批准或者登记,致使犯罪行为得逞的;

5.上级部门、当地政府直接负责的主管人员强令登记机关及其工作人员,对不符合法律规定条件的公司设立、登记申请或者股票、债券发行、上市申请予以批准或者登记,致使公共财产、国家或者人民利益遭受重大损失的;

6.其他致使公共财产、国家和人民利益遭受重大损失的情形。

(十四)徇私舞弊不征、少征税款案(第四百零四条)

徇私舞弊不征、少征税款罪是指税务机关工作人员徇私舞弊,不征、少征应征税款,致使国家税收遭受重大损失的行为。

涉嫌下列情形之一的,应予立案:

1.徇私舞弊不征、少征应征税款,致使国家税收损失累计达10万元以上的;

2.上级主管部门工作人员指使税务机关工作人员徇私舞弊不征、少征应征税款,致使国家税收损失累计达10万元以上的;

3.徇私舞弊不征、少征应征税款不满10万元,但具有索取或者收受贿赂或

者其他恶劣情节的;

4. 其他致使国家税收遭受重大损失的情形。

(十五)徇私舞弊发售发票、抵扣税款、出口退税案(第四百零五条第一款)

徇私舞弊发售发票、抵扣税款、出口退税罪是指税务机关工作人员违反法律、行政法规的规定,在办理发售发票、抵扣税款、出口退税工作中徇私舞弊,致使国家利益遭受重大损失的行为。

涉嫌下列情形之一的,应予立案:

1. 徇私舞弊,致使国家税收损失累计达10万元以上的;

2. 徇私舞弊,致使国家税收损失累计不满10万元,但发售增值税专用发票25份以上或者其他发票50份以上或者增值税专用发票与其他发票合计50份以上,或者具有索取、收受贿赂或者其他恶劣情节的;

3. 其他致使国家利益遭受重大损失的情形。

(十六)违法提供出口退税凭证案(第四百零五条第二款)

违法提供出口退税凭证罪是指海关、外汇管理等国家机关工作人员违反国家规定,在提供出口货物报关单、出口收汇核销单等出口退税凭证的工作中徇私舞弊,致使国家利益遭受重大损失的行为。

涉嫌下列情形之一的,应予立案:

1. 徇私舞弊,致使国家税收损失累计达10万元以上的;

2. 徇私舞弊,致使国家税收损失累计不满10万元,但具有索取、收受贿赂或者其他恶劣情节的;

3. 其他致使国家利益遭受重大损失的情形。

(十七)国家机关工作人员签订、履行合同失职被骗案(第四百零六条)

国家机关工作人员签订、履行合同失职被骗罪是指国家机关工作人员在签订、履行合同过程中,因严重不负责任,不履行或者不认真履行职责被诈骗,致使国家利益遭受重大损失的行为。

涉嫌下列情形之一的,应予立案:

1. 造成直接经济损失30万元以上,或者直接经济损失不满30万元,但间接经济损失150万元以上的;

2. 其他致使国家利益遭受重大损失的情形。

(十八)违法发放林木采伐许可证案(第四百零七条)

违法发放林木采伐许可证罪是指林业主管部门的工作人员违反森林法的规定,超过批准的年采伐限额发放林木采伐许可证或者违反规定滥发林木采伐许可证,情节严重,致使森林遭受严重破坏的行为。

涉嫌下列情形之一的,应予立案:

1. 发放林木采伐许可证允许采伐数量累计超过批准的年采伐限额,导致林木被超限额采伐10立方米以上的;

2. 滥发林木采伐许可证,导致林木被滥伐20立方米以上,或者导致幼树被滥伐1000株以上的;

3. 滥发林木采伐许可证,导致防护林、特种用途林被滥伐5立方米以上,或者幼树被滥伐200株以上的;

4. 滥发林木采伐许可证,导致珍贵树木或者国家重点保护的其他树木被滥伐的;

5. 滥发林木采伐许可证,导致国家禁止采伐的林木被采伐的;

6. 其他情节严重,致使森林遭受严重破坏的情形。

林业主管部门工作人员之外的国家机关工作人员,违反森林法的规定,滥用职权或者玩忽职守,致使林木被滥伐40立方米以上或者幼树被滥伐2000株以上,或者致使防护林、特种用途林被滥伐10立方米以上或者幼树被滥伐400株以上,或者致使珍贵树木被采伐、毁坏4立方米或者4株以上,或者致使国家重点保护的其他植物被采伐、毁坏后果严重的,或者致使国家严禁采伐的林木被采伐、毁坏情节恶劣的,按照刑法第397条的规定以滥用职权罪或者玩忽职守罪追究刑事责任。

(十九)环境监管失职案(第四百零八条)

环境监管失职罪是指负有环境保护监督管理职责的国家机关工作人员严重不负责任,不履行或者不认真履行环境保护监管职责导致发生重大环境污染事故,致使公私财产遭受重大损失或者造成人身伤亡的严重后果的行为。

涉嫌下列情形之一的,应予立案:

1. 造成死亡1人以上,或者重伤3人以上,或者重伤2人、轻伤4人以上,或者重伤1人、轻伤7人以上,或者轻伤10人以上的;

2. 导致30人以上严重中毒的;

3. 造成个人财产直接经济损失15万元以上,或者直接经济损失不满15万元,但间接经济损失75万元以上的;

4. 造成公共财产、法人或者其他组织财产直接经济损失30万元以上,或者直接经济损失不满30万元,但间接经济损失150万元以上的;

5. 虽未达到3、4两项数额标准,但3、4两项合计直接经济损失30万元以上,或者合计直接经济损失不满30万元,但合计间接经济损失150万元以上的;

6. 造成基本农田或者防护林地、特种用途林地10亩以上,或者基本农田以外的耕地50亩以上,或者其他土地70亩以上被严重毁坏的;

7. 造成生活饮用水地表水源和地下水源严重污染的;

8. 其他致使公私财产遭受重大损失或者造成人身伤亡严重后果的情形。

(二十)传染病防治失职案(第四百零九条)

传染病防治失职罪是指从事传染病防治的政府卫生行政部门的工作人员严重不负责任,不履行或者不认真履行传染病防治监管职责,导致传染病传播或者流行,情节严重的行为。

涉嫌下列情形之一的,应予立案:

1. 导致甲类传染病传播的;

2. 导致乙类、丙类传染病流行的;

3. 因传染病传播或者流行,造成人员重伤或者死亡的;

4. 因传染病传播或者流行,严重影响正常的生产、生活秩序的;

5. 在国家对突发传染病疫情等灾害采取预防、控制措施后,对发生突发传染病疫情等灾害的地区或者突发传染病病人、病原携带者、疑似突发传染病病人,未按照预防、控制突发传染病疫情等灾害工作规范的要求做好防疫、检疫、隔离、防护、救治等工作,或者采取的预防、控制措施不当,造成传染范围扩大或者疫情、灾情加重的；

6. 在国家对突发传染病疫情等灾害采取预防、控制措施后，隐瞒、缓报、谎报或者授意、指使、强令他人隐瞒、缓报、谎报疫情、灾情，造成传染范围扩大或者疫情、灾情加重的；

7. 在国家对突发传染病疫情等灾害采取预防、控制措施后，拒不执行突发传染病疫情等灾害应急处理指挥机构的决定、命令，造成传染范围扩大或者疫情、灾情加重的；

8. 其他情节严重的情形。

(二十一)非法批准征用、占用土地案(第四百一十条)

非法批准征用、占用土地罪是指国家机关工作人员徇私舞弊，违反土地管理法、森林法、草原法等法律以及有关行政法规中关于土地管理的规定，滥用职权，非法批准征用、占用耕地、林地等农用地以及其他土地，情节严重的行为。

涉嫌下列情形之一的，应予立案：

1. 非法批准征用、占用基本农田10亩以上的；

2. 非法批准征用、占用基本农田以外的耕地30亩以上的；

3. 非法批准征用、占用其他土地50亩以上的；

4. 虽未达到上述数量标准，但造成有关单位、个人直接经济损失30万元以上，或者造成耕地大量毁坏或者植被遭到严重破坏的；

5. 非法批准征用、占用土地，影响群众生产、生活，引起纠纷，造成恶劣影响或者其他严重后果的；

6. 非法批准征用、占用防护林地、特种用途林地分别或者合计10亩以上的；

7. 非法批准征用、占用其他林地20亩以上的；

8. 非法批准征用、占用林地造成直接经济损失30万元以上，或者造成防护林地、特种用途林地分别或者合计5亩以上或者其他林地10亩以上毁坏的；

9. 其他情节严重的情形。

(二十二)非法低价出让国有土地使用权案(第四百一十条)

非法低价出让国有土地使用权罪是指国家机关工作人员徇私舞弊，违反土地管理法、森林法、草原法等法律以及有关行政法规中关于土地管理的规定,滥用职权,非法低价出让国有土地使用权,情节严重的行为。

涉嫌下列情形之一的,应予立案:

1. 非法低价出让国有土地30亩以上,并且出让价额低于国家规定的最低价额标准的百分之六十的;

2. 造成国有土地资产流失价额30万元以上的;

3. 非法低价出让国有土地使用权,影响群众生产、生活,引起纠纷,造成恶劣影响或者其他严重后果的;

4. 非法低价出让林地合计30亩以上,并且出让价额低于国家规定的最低价额标准的百分之六十的;

5. 造成国有资产流失30万元以上的;

6. 其他情节严重的情形。

(二十三)放纵走私案(第四百一十一条)

放纵走私罪是指海关工作人员徇私舞弊,放纵走私,情节严重的行为。

涉嫌下列情形之一的,应予立案:

1. 放纵走私犯罪的;

2. 因放纵走私致使国家应收税额损失累计达10万元以上的;

3. 放纵走私行为3起次以上的;

4. 放纵走私行为,具有索取或者收受贿赂情节的;

5. 其他情节严重的情形。

(二十四)商检徇私舞弊案(第四百一十二条第一款)

商检徇私舞弊罪是指出入境检验检疫机关、检验检疫机构工作人员徇私舞弊,伪造检验结果的行为。

涉嫌下列情形之一的,应予立案:

1. 采取伪造、变造的手段对报检的商品的单证、印章、标志、封识、质量认证标志等作虚假的证明或者出具不真实的证明结论的;

2. 将送检的合格商品检验为不合格,或者将不合格商品检验为合格的;

3. 对明知是不合格的商品,不检验而出具合格检验结果的;

4. 其他伪造检验结果应予追究刑事责任的情形。

(二十五)商检失职案(第四百一十二条第二款)

商检失职罪是指出入境检验检疫机关、检验检疫机构工作人员严重不负责任,对应当检验的物品不检验,或者延误检验出证、错误出证,致使国家利益遭受重大损失的行为。

涉嫌下列情形之一的,应予立案:

1. 致使不合格的食品、药品、医疗器械等商品出入境,严重危害生命健康的;

2. 造成个人财产直接经济损失 15 万元以上,或者直接经济损失不满 15 万元,但间接经济损失 75 万元以上的;

3. 造成公共财产、法人或者其他组织财产直接经济损失 30 万元以上,或者直接经济损失不满 30 万元,但间接经济损失 150 万元以上的;

4. 未经检验,出具合格检验结果,致使国家禁止进口的固体废物、液态废物和气态废物等进入境内的;

5. 不检验或者延误检验出证、错误出证,引起国际经济贸易纠纷,严重影响国家对外经贸关系,或者严重损害国家声誉的;

6. 其他致使国家利益遭受重大损失的情形。

(二十六)动植物检疫徇私舞弊案(第四百一十三条第一款)

动植物检疫徇私舞弊罪是指出入境检验检疫机关、检验检疫机构工作人员徇私舞弊,伪造检疫结果的行为。

涉嫌下列情形之一的,应予立案:

1. 采取伪造、变造的手段对检疫的单证、印章、标志、封识等作虚假的证明或者出具不真实的结论的;

2. 将送检的合格动植物检疫为不合格,或者将不合格动植物检疫为合格的;

3. 对明知是不合格的动植物,不检疫而出具合格检疫结果的;

4. 其他伪造检疫结果应予追究刑事责任的情形。

(二十七)动植物检疫失职案(第四百一十三条第二款)

动植物检疫失职罪是指出入境检验检疫机关、检验检疫机构工作人员严重不负责任，对应当检疫的检疫物不检疫，或者延误检疫出证、错误出证，致使国家利益遭受重大损失的行为。

涉嫌下列情形之一的，应予立案：

1. 导致疫情发生，造成人员重伤或者死亡的；

2. 导致重大疫情发生、传播或者流行的；

3. 造成个人财产直接经济损失 15 万元以上，或者直接经济损失不满 15 万元，但间接经济损失 75 万元以上的；

4. 造成公共财产或者法人、其他组织财产直接经济损失 30 万元以上，或者直接经济损失不满 30 万元，但间接经济损失 150 万元以上的；

5. 不检疫或者延误检疫出证、错误出证，引起国际经济贸易纠纷，严重影响国家对外经贸关系，或者严重损害国家声誉的；

6. 其他致使国家利益遭受重大损失的情形。

（二十八）放纵制售伪劣商品犯罪行为案（第四百一十四条）

放纵制售伪劣商品犯罪行为罪是指对生产、销售伪劣商品犯罪行为负有追究责任的国家机关工作人员徇私舞弊，不履行法律规定的追究职责，情节严重的行为。

涉嫌下列情形之一的，应予立案：

1. 放纵生产、销售假药或者有毒、有害食品犯罪行为的；

2. 放纵生产、销售伪劣农药、兽药、化肥、种子犯罪行为的；

3. 放纵依法可能判处 3 年有期徒刑以上刑罚的生产、销售伪劣商品犯罪行为的；

4. 对生产、销售伪劣商品犯罪行为不履行追究职责，致使生产、销售伪劣商品犯罪行为得以继续的；

5. 3 次以上不履行追究职责，或者对 3 个以上有生产、销售伪劣商品犯罪行为的单位或者个人不履行追究职责的；

6. 情节严重的情形。

（二十九）办理偷越国（边）境人员出入境证件案（第四百一十五条）

办理偷越国（边）境人员出入境证件罪是指负责办理护照、签证以及其他出入境证件的国家机关工作人员,对明知是企图偷越国(边)境的人员,予以办理出入境证件的行为。

负责办理护照、签证以及其他出入境证件的国家机关工作人员涉嫌在办理护照、签证以及其他出入境证件的过程中,对明知是企图偷越国(边)境的人员而予以办理出入境证件的,应予立案。

(三十)放行偷越国(边)境人员案(第四百一十五条)

放行偷越国(边)境人员罪是指边防、海关等国家机关工作人员,对明知是偷越国(边)境的人员予以放行的行为。

边防、海关等国家机关工作人员涉嫌在履行职务过程中,对明知是偷越国(边)境的人员而予以放行的,应予立案。

(三十一)不解救被拐卖、绑架妇女、儿童案(第四百一十六条第一款)

不解救被拐卖、绑架妇女、儿童罪是指对被拐卖、绑架的妇女、儿童负有解救职责的公安、司法等国家机关工作人员接到被拐卖、绑架的妇女、儿童及其家属的解救要求或者接到其他人的举报,而对被拐卖、绑架的妇女、儿童不进行解救,造成严重后果的行为。

涉嫌下列情形之一的,应予立案:

1. 导致被拐卖、绑架的妇女、儿童或者其家属重伤、死亡或者精神失常的;

2. 导致被拐卖、绑架的妇女、儿童被转移、隐匿、转卖,不能及时进行解救的;

3. 对被拐卖、绑架的妇女、儿童不进行解救3人次以上的;

4. 对被拐卖、绑架的妇女、儿童不进行解救,造成恶劣社会影响的;

5. 其他造成严重后果的情形。

(三十二)阻碍解救被拐卖、绑架妇女、儿童案(第四百一十六条第二款)

阻碍解救被拐卖、绑架妇女、儿童罪是指对被拐卖、绑架的妇女、儿童负有解救职责的公安、司法等国家机关工作人员利用职务阻碍解救被拐卖、绑架的妇女、儿童的行为。

涉嫌下列情形之一的,应予立案:

1. 利用职权,禁止、阻止或者妨碍有关部门、人员解救被拐卖、绑架的妇女、儿童的；

2. 利用职务上的便利，向拐卖、绑架者或者收买者通风报信，妨碍解救工作正常进行的；

3. 其他利用职务阻碍解救被拐卖、绑架的妇女、儿童应予追究刑事责任的情形。

（三十三）帮助犯罪分子逃避处罚案（第四百一十七条）

帮助犯罪分子逃避处罚罪是指有查禁犯罪活动职责的司法及公安、国家安全、海关、税务等国家机关工作人员，向犯罪分子通风报信、提供便利，帮助犯罪分子逃避处罚的行为。

涉嫌下列情形之一的，应予立案：

1. 向犯罪分子泄漏有关部门查禁犯罪活动的部署、人员、措施、时间、地点等情况的；

2. 向犯罪分子提供钱物、交通工具、通讯设备、隐藏处所等便利条件的；

3. 向犯罪分子泄漏案情的；

4. 帮助、示意犯罪分子隐匿、毁灭、伪造证据，或者串供、翻供的；

5. 其他帮助犯罪分子逃避处罚应予追究刑事责任的情形。

（三十四）招收公务员、学生徇私舞弊案（第四百一十八条）

招收公务员、学生徇私舞弊罪是指国家机关工作人员在招收公务员、省级以上教育行政部门组织招收的学生工作中徇私舞弊，情节严重的行为。

涉嫌下列情形之一的，应予立案：

1. 徇私舞弊，利用职务便利，伪造、变造人事、户口档案、考试成绩或者其他影响招收工作的有关资料，或者明知是伪造、变造的上述材料而予以认可的；

2. 徇私舞弊，利用职务便利，帮助 5 名以上考生作弊的；

3. 徇私舞弊招收不合格的公务员、学生 3 人次以上的；

4. 因徇私舞弊招收不合格的公务员、学生，导致被排挤的合格人员或者其近亲属自杀、自残造成重伤、死亡，或者精神失常的；

5. 因徇私舞弊招收公务员、学生，导致该项招收工作重新进行的；

6. 其他情节严重的情形。

(三十五)失职造成珍贵文物损毁、流失案(第四百一十九条)

失职造成珍贵文物损毁、流失罪是指文物行政部门、公安机关、工商行政管理部门、海关、城乡建设规划部门等国家机关工作人员严重不负责任,造成珍贵文物损毁或者流失,后果严重的行为。

涉嫌下列情形之一的,应予立案:

1. 导致国家一、二、三级珍贵文物损毁或者流失的;

2. 导致全国重点文物保护单位或者省、自治区、直辖市级文物保护单位损毁的;

3. 其他后果严重的情形。

二、国家机关工作人员利用职权实施的侵犯公民人身权利、民主权利犯罪案件

(一)国家机关工作人员利用职权实施的非法拘禁案(第二百三十八条)

非法拘禁罪是指以拘禁或者其他方法非法剥夺他人人身自由的行为。

国家机关工作人员利用职权非法拘禁,涉嫌下列情形之一的,应予立案:

1. 非法剥夺他人人身自由 24 小时以上的;

2. 非法剥夺他人人身自由,并使用械具或者捆绑等恶劣手段,或者实施殴打、侮辱、虐待行为的;

3. 非法拘禁,造成被拘禁人轻伤、重伤、死亡的;

4. 非法拘禁,情节严重,导致被拘禁人自杀、自残造成重伤、死亡,或者精神失常的;

5. 非法拘禁 3 人次以上的;

6. 司法工作人员对明知是没有违法犯罪事实的人而非法拘禁的;

7. 其他非法拘禁应予追究刑事责任的情形。

(二)国家机关工作人员利用职权实施的非法搜查案(第二百四十五条)

非法搜查罪是指非法搜查他人身体、住宅的行为。

国家机关工作人员利用职权非法搜查,涉嫌下列情形之一的,应予立案:

1. 非法搜查他人身体、住宅,并实施殴打、侮辱等行为的;

2. 非法搜查,情节严重,导致被搜查人或者其近亲属自杀、自残造成重伤、

死亡,或者精神失常的;

3. 非法搜查,造成财物严重损坏的;

4. 非法搜查3人(户)次以上的;

5. 司法工作人员对明知是与涉嫌犯罪无关的人身、住宅非法搜查的;

6. 其他非法搜查应予追究刑事责任的情形。

(三)刑讯逼供案(第二百四十七条)

刑讯逼供罪是指司法工作人员对犯罪嫌疑人、被告人使用肉刑或者变相肉刑逼取口供的行为。

涉嫌下列情形之一的,应予立案:

1. 以殴打、捆绑、违法使用械具等恶劣手段逼取口供的;

2. 以较长时间冻、饿、晒、烤等手段逼取口供,严重损害犯罪嫌疑人、被告人身体健康的;

3. 刑讯逼供造成犯罪嫌疑人、被告人轻伤、重伤、死亡的;

4. 刑讯逼供,情节严重,导致犯罪嫌疑人、被告人自杀、自残造成重伤、死亡,或者精神失常的;

5. 刑讯逼供,造成错案的;

6. 刑讯逼供3人次以上的;

7. 纵容、授意、指使、强迫他人刑讯逼供,具有上述情形之一的;

8. 其他刑讯逼供应予追究刑事责任的情形。

(四)暴力取证案(第二百四十七条)

暴力取证罪是指司法工作人员以暴力逼取证人证言的行为。

涉嫌下列情形之一的,应予立案:

1. 以殴打、捆绑、违法使用械具等恶劣手段逼取证人证言的;

2. 暴力取证造成证人轻伤、重伤、死亡的;

3. 暴力取证,情节严重,导致证人自杀、自残造成重伤、死亡,或者精神失常的;

4. 暴力取证,造成错案的;

5. 暴力取证3人次以上的;

6. 纵容、授意、指使、强迫他人暴力取证，具有上述情形之一的；

7. 其他暴力取证应予追究刑事责任的情形。

（五）虐待被监管人案（第二百四十八条）

虐待被监管人罪是指监狱、拘留所、看守所、拘役所、劳教所等监管机构的监管人员对被监管人进行殴打或者体罚虐待，情节严重的行为。

涉嫌下列情形之一的，应予立案：

1. 以殴打、捆绑、违法使用械具等恶劣手段虐待被监管人的；

2. 以较长时间冻、饿、晒、烤等手段虐待被监管人，严重损害其身体健康的；

3. 虐待造成被监管人轻伤、重伤、死亡的；

4. 虐待被监管人，情节严重，导致被监管人自杀、自残造成重伤、死亡，或者精神失常的；

5. 殴打或者体罚虐待 3 人次以上的；

6. 指使被监管人殴打、体罚虐待其他被监管人，具有上述情形之一的；

7. 其他情节严重的情形。

（六）报复陷害案（第二百五十四条）

报复陷害罪是指国家机关工作人员滥用职权、假公济私，对控告人、申诉人、批评人、举报人实行报复陷害的行为。

涉嫌下列情形之一的，应予立案：

1. 报复陷害，情节严重，导致控告人、申诉人、批评人、举报人或者其近亲属自杀、自残造成重伤、死亡，或者精神失常的；

2. 致使控告人、申诉人、批评人、举报人或者其近亲属的其他合法权利受到严重损害的；

3. 其他报复陷害应予追究刑事责任的情形。

（七）国家机关工作人员利用职权实施的破坏选举案（第二百五十六条）

破坏选举罪是指在选举各级人民代表大会代表和国家机关领导人员时，以暴力、威胁、欺骗、贿赂、伪造选举文件、虚报选举票数或者编造选举结果等手段破坏选举或者妨害选民和代表自由行使选举权和被选举权，情节严重的行为。

国家机关工作人员利用职权破坏选举,涉嫌下列情形之一的,应予立案:

1. 以暴力、威胁、欺骗、贿赂等手段,妨害选民、各级人民代表大会代表自由行使选举权和被选举权,致使选举无法正常进行,或者选举无效,或者选举结果不真实的;

2. 以暴力破坏选举场所或者选举设备,致使选举无法正常进行的;

3. 伪造选民证、选票等选举文件,虚报选举票数,产生不真实的选举结果或者强行宣布合法选举无效、非法选举有效的;

4. 聚众冲击选举场所或者故意扰乱选举场所秩序,使选举工作无法进行的;

5. 其他情节严重的情形。

三、附则

(一)本规定中每个罪案名称后所注明的法律条款系《中华人民共和国刑法》的有关条款。

(二)本规定所称"以上"包括本数;有关犯罪数额"不满",是指已达到该数额百分之八十以上的。

(三)本规定中的"国家机关工作人员",是指在国家机关中从事公务的人员,包括在各级国家权力机关、行政机关、司法机关和军事机关中从事公务的人员。在依照法律、法规规定行使国家行政管理职权的组织中从事公务的人员,或者在受国家机关委托代表国家行使职权的组织中从事公务的人员,或者虽未列入国家机关人员编制但在国家机关中从事公务的人员,在代表国家机关行使职权时,视为国家机关工作人员。在乡(镇)以上中国共产党机关、人民政协机关中从事公务的人员,视为国家机关工作人员。

(四)本规定中的"直接经济损失",是指与行为有直接因果关系而造成的财产损毁、减少的实际价值;"间接经济损失",是指由直接经济损失引起和牵连的其他损失,包括失去的在正常情况下可以获得的利益和为恢复正常的管理活动或者挽回所造成的损失所支付的各种开支、费用等。

有下列情形之一的,虽然有债权存在,但已无法实现债权的,可以认定为已经造成了经济损失:(1)债务人已经法定程序被宣告破产,且无法清偿债务;

(2)债务人潜逃,去向不明;(3)因行为人责任,致使超过诉讼时效;(4)有证据证明债权无法实现的其他情况。

直接经济损失和间接经济损失,是指立案时确已造成的经济损失。移送审查起诉前,犯罪嫌疑人及其亲友自行挽回的经济损失,以及由司法机关或者犯罪嫌疑人所在单位及其上级主管部门挽回的经济损失,不予扣减,但可作为对犯罪嫌疑人从轻处理的情节考虑。

(五)本规定中的"徇私舞弊",是指国家机关工作人员为徇私情、私利,故意违背事实和法律,伪造材料,隐瞒情况,弄虚作假的行为。

(六)本规定自公布之日起施行。本规定发布前有关人民检察院直接受理立案侦查的国家机关工作人员渎职和利用职权实施的侵犯公民人身权利、民主权利犯罪案件的立案标准,与本规定有重复或者不一致的,适用本规定。

对于本规定施行前发生的国家机关工作人员渎职和利用职权实施的侵犯公民人身权利、民主权利犯罪案件,按照《最高人民法院、最高人民检察院关于适用刑事司法解释时间效力问题的规定》办理。

最高人民法院、最高人民检察院关于办理侵犯知识产权刑事案件具体应用法律若干问题的解释

（2004年11月2日最高人民法院审判委员会第1331次会议、2004年11月11日最高人民检察院第十届检察委员会第28次会议通过　2004年12月8日发布　法释〔2004〕19号　自2004年12月22日起施行）

为依法惩治侵犯知识产权犯罪活动，维护社会主义市场经济秩序，根据刑法有关规定，现就办理侵犯知识产权刑事案件具体应用法律的若干问题解释如下：

第一条　未经注册商标所有人许可，在同一种商品上使用与其注册商标相同的商标，具有下列情形之一的，属于刑法第二百一十三条规定的“情节严重”，应当以假冒注册商标罪判处三年以下有期徒刑或者拘役，并处或者单处罚金：

（一）非法经营数额在五万元以上或者违法所得数额在三万元以上的；

（二）假冒两种以上注册商标，非法经营数额在三万元以上或者违法所得数额在二万元以上的；

（三）其他情节严重的情形。

具有下列情形之一的，属于刑法第二百一十三条规定的“情节特别严重”，应当以假冒注册商标罪判处三年以上七年以下有期徒刑，并处罚金：

（一）非法经营数额在二十五万元以上或者违法所得数额在十五万元以上的；

（二）假冒两种以上注册商标，非法经营数额在十五万元以上或者违法所得数额在十万元以上的；

（三）其他情节特别严重的情形。

第二条　销售明知是假冒注册商标的商品，销售金额在五万元以上的，属于刑法第二百一十四条规定的“数额较大”，应当以销售假冒注册商标的商品罪判处三年以下有期徒刑或者拘役，并处或者单处罚金。

销售金额在二十五万元以上的，属于刑法第二百一十四条规定的“数额巨大”，应当以销售假冒注册商标的商品罪判处三年以上七年以下有期徒刑，并处罚金。

第三条 伪造、擅自制造他人注册商标标识或者销售伪造、擅自制造的注册商标标识，具有下列情形之一的，属于刑法第二百一十五条规定的“情节严重”，应当以非法制造、销售非法制造的注册商标标识罪判处三年以下有期徒刑、拘役或者管制，并处或者单处罚金：

（一）伪造、擅自制造或者销售伪造、擅自制造的注册商标标识数量在二万件以上，或者非法经营数额在五万元以上，或者违法所得数额在三万元以上的；

（二）伪造、擅自制造或者销售伪造、擅自制造两种以上注册商标标识数量在一万件以上，或者非法经营数额在三万元以上，或者违法所得数额在二万元以上的；

（三）其他情节严重的情形。

具有下列情形之一的，属于刑法第二百一十五条规定的“情节特别严重”，应当以非法制造、销售非法制造的注册商标标识罪判处三年以上七年以下有期徒刑，并处罚金：

（一）伪造、擅自制造或者销售伪造、擅自制造的注册商标标识数量在十万件以上，或者非法经营数额在二十五万元以上，或者违法所得数额在十五万元以上的；

（二）伪造、擅自制造或者销售伪造、擅自制造两种以上注册商标标识数量在五万件以上，或者非法经营数额在十五万元以上，或者违法所得数额在十万元以上的；

（三）其他情节特别严重的情形。

第四条 假冒他人专利，具有下列情形之一的，属于刑法第二百一十六条规定的“情节严重”，应当以假冒专利罪判处三年以下有期徒刑或者拘役，并处或者单处罚金：

（一）非法经营数额在二十万元以上或者违法所得数额在十万元以上的；

（二）给专利权人造成直接经济损失五十万元以上的；

（三）假冒两项以上他人专利，非法经营数额在十万元以上或者违法所得数额在五万元以上的；

（四）其他情节严重的情形。

第五条　以营利为目的，实施刑法第二百一十七条所列侵犯著作权行为之一，违法所得数额在三万元以上的，属于“违法所得数额较大”；具有下列情形之一的，属于“有其他严重情节”，应当以侵犯著作权罪判处三年以下有期徒刑或者拘役，并处或者单处罚金：

（一）非法经营数额在五万元以上的；

（二）未经著作权人许可，复制发行其文字作品、音乐、电影、电视、录像作品、计算机软件及其他作品，复制品数量合计在一千张（份）以上的；

（三）其他严重情节的情形。

以营利为目的，实施刑法第二百一十七条所列侵犯著作权行为之一，违法所得数额在十五万元以上的，属于“违法所得数额巨大”；具有下列情形之一的，属于“有其他特别严重情节”，应当以侵犯著作权罪判处三年以上七年以下有期徒刑，并处罚金：

（一）非法经营数额在二十五万元以上的；

（二）未经著作权人许可，复制发行其文字作品、音乐、电影、电视、录像作品、计算机软件及其他作品，复制品数量合计在五千张（份）以上的；

（三）其他特别严重情节的情形。

第六条　以营利为目的，实施刑法第二百一十八条规定的行为，违法所得数额在十万元以上的，属于“违法所得数额巨大”，应当以销售侵权复制品罪判处三年以下有期徒刑或者拘役，并处或者单处罚金。

第七条　实施刑法第二百一十九条规定的行为之一，给商业秘密的权利人造成损失数额在五十万元以上的，属于“给商业秘密的权利人造成重大损失”，应当以侵犯商业秘密罪判处三年以下有期徒刑或者拘役，并处或者单处罚金。

给商业秘密的权利人造成损失数额在二百五十万元以上的，属于刑法第二百一十九条规定的“造成特别严重后果”，应当以侵犯商业秘密罪判处三年以上七年以下有期徒刑，并处罚金。

第八条 刑法第二百一十三条规定的“相同的商标”,是指与被假冒的注册商标完全相同,或者与被假冒的注册商标在视觉上基本无差别、足以对公众产生误导的商标。

刑法第二百一十三条规定的“使用”,是指将注册商标或者假冒的注册商标用于商品、商品包装或者容器以及产品说明书、商品交易文书,或者将注册商标或者假冒的注册商标用于广告宣传、展览以及其他商业活动等行为。

第九条 刑法第二百一十四条规定的“销售金额”,是指销售假冒注册商标的商品后所得和应得的全部违法收入。

具有下列情形之一的,应当认定为属于刑法第二百一十四条规定的“明知”:

(一)知道自己销售的商品上的注册商标被涂改、调换或者覆盖的;

(二)因销售假冒注册商标的商品受到过行政处罚或者承担过民事责任,又销售同一种假冒注册商标的商品的;

(三)伪造、涂改商标注册人授权文件或者知道该文件被伪造、涂改的;

(四)其他知道或者应当知道是假冒注册商标的商品的情形。

第十条 实施下列行为之一的,属于刑法第二百一十六条规定的“假冒他人专利”的行为:

(一)未经许可,在其制造或者销售的产品、产品的包装上标注他人专利号的;

(二)未经许可,在广告或者其他宣传材料中使用他人的专利号,使人将所涉及的技术误认为是他人专利技术的;

(三)未经许可,在合同中使用他人的专利号,使人将合同涉及的技术误认为是他人专利技术的;

(四)伪造或者变造他人的专利证书、专利文件或者专利申请文件的。

第十一条 以刊登收费广告等方式直接或者间接收取费用的情形,属于刑法第二百一十七条规定的“以营利为目的”。

刑法第二百一十七条规定的“未经著作权人许可”,是指没有得到著作权人授权或者伪造、涂改著作权人授权许可文件或者超出授权许可范围的情形。

通过信息网络向公众传播他人文字作品、音乐、电影、电视、录像作品、计算机软件及其他作品的行为,应当视为刑法第二百一十七条规定的"复制发行"。

第十二条　本解释所称"非法经营数额",是指行为人在实施侵犯知识产权行为过程中,制造、储存、运输、销售侵权产品的价值。已销售的侵权产品的价值,按照实际销售的价格计算。制造、储存、运输和未销售的侵权产品的价值,按照标价或者已经查清的侵权产品的实际销售平均价格计算。侵权产品没有标价或者无法查清其实际销售价格的,按照被侵权产品的市场中间价格计算。

多次实施侵犯知识产权行为,未经行政处理或者刑事处罚的,非法经营数额、违法所得数额或者销售金额累计计算。

本解释第三条所规定的"件",是指标有完整商标图样的一份标识。

第十三条　实施刑法第二百一十三条规定的假冒注册商标犯罪,又销售该假冒注册商标的商品,构成犯罪的,应当依照刑法第二百一十三条的规定,以假冒注册商标罪定罪处罚。

实施刑法第二百一十三条规定的假冒注册商标犯罪,又销售明知是他人的假冒注册商标的商品,构成犯罪的,应当实行数罪并罚。

第十四条　实施刑法第二百一十七条规定的侵犯著作权犯罪,又销售该侵权复制品,构成犯罪的,应当依照刑法第二百一十七条的规定,以侵犯著作权罪定罪处罚。

实施刑法第二百一十七条规定的侵犯著作权犯罪,又销售明知是他人的侵权复制品,构成犯罪的,应当实行数罪并罚。

第十五条　单位实施刑法第二百一十三条至第二百一十九条规定的行为,按照本解释规定的相应个人犯罪的定罪量刑标准的三倍定罪量刑。

第十六条　明知他人实施侵犯知识产权犯罪,而为其提供贷款、资金、账号、发票、证明、许可证件,或者提供生产、经营场所或者运输、储存、代理进出口等便利条件、帮助的,以侵犯知识产权犯罪的共犯论处。

第十七条　以前发布的有关侵犯知识产权犯罪的司法解释,与本解释相抵触的,自本解释施行后不再适用。

最高人民法院关于审理偷税抗税刑事案件具体应用法律若干问题的解释

（2002年11月4日最高人民法院审判委员会第1254次会议通过 法释〔2002〕33号 2002年11月7日公布施行）

为依法惩处偷税、抗税犯罪活动，根据刑法的有关规定，现就审理偷税、抗税刑事案件具体应用法律的若干问题解释如下：

第一条 纳税人实施下列行为之一，不缴或者少缴应纳税款，偷税数额占应纳税额的百分之十以上且偷税数额在一万元以上的，依照刑法第二百零一条第一款的规定定罪处罚：

（一）伪造、变造、隐匿、擅自销毁账簿、记账凭证；

（二）在账簿上多列支出或者不列、少列收入；

（三）经税务机关通知申报而拒不申报纳税；

（四）进行虚假纳税申报；

（五）缴纳税款后，以假报出口或者其他欺骗手段，骗取所缴纳的税款。

扣缴义务人实施前款行为之一，不缴或者少缴已扣、已收税款，数额在一万元以上且占应缴税额百分之十以上的，依照刑法第二百零一条第一款的规定定罪处罚。扣缴义务人书面承诺代纳税人支付税款的，应当认定扣缴义务人"已扣、已收税款"。

实施本条第一款、第二款规定的行为，偷税数额在五万元以下，纳税人或者扣缴义务人在公安机关立案侦查以前已经足额补缴应纳税款和滞纳金，犯罪情节轻微，不需要判处刑罚的，可以免予刑事处罚。

第二条 纳税人伪造、变造、隐匿、擅自销毁用于记账的发票等原始凭证的行为，应当认定为刑法第二百零一条第一款规定的伪造、变造、隐匿、擅自销毁记账凭证的行为。

具有下列情形之一的，应当认定为刑法第二百零一条第一款规定的"经税务机关通知申报”：

（一）纳税人、扣缴义务人已经依法办理税务登记或者扣缴税款登记的；

（二）依法不需要办理税务登记的纳税人，经税务机关依法书面通知其申报的；

（三）尚未依法办理税务登记、扣缴税款登记的纳税人、扣缴义务人，经税务机关依法书面通知其申报的。

刑法第二百零一条第一款规定的“虚假的纳税申报”，是指纳税人或者扣缴义务人向税务机关报送虚假的纳税申报表、财务报表、代扣代缴、代收代缴税款报告表或者其他纳税申报资料，如提供虚假申请，编造减税、免税、抵税、先征收后退还税款等虚假资料等。

刑法第二百零一条第三款规定的“未经处理”，是指纳税人或者扣缴义务人在五年内多次实施偷税行为，但每次偷税数额均未达到刑法第二百零一条规定的构成犯罪的数额标准，且未受行政处罚的情形。

纳税人、扣缴义务人因同一偷税犯罪行为受到行政处罚，又被移送起诉的，人民法院应当依法受理。依法定罪并判处罚金的，行政罚款折抵罚金。

第三条 偷税数额，是指在确定的纳税期间，不缴或者少缴各税种税款的总额。

偷税数额占应纳税额的百分比，是指一个纳税年度中的各税种偷税总额与该纳税年度应纳税总额的比例。不按纳税年度确定纳税期的其他纳税人，偷税数额占应纳税额的百分比，按照行为人最后一次偷税行为发生之日前一年中各税种偷税总额与该年纳税总额的比例确定。纳税义务存续期间不足一个纳税年度的，偷税数额占应纳税额的百分比，按照各税种偷税总额与实际发生纳税义务期间应当缴纳税款总额的比例确定。

偷税行为跨越若干个纳税年度，只要其中一个纳税年度的偷税数额及百分比达到刑法第二百零一条第一款规定的标准，即构成偷税罪。各纳税年度的偷税数额应当累计计算，偷税百分比应当按照最高的百分比确定。

第四条 两年内因偷税受过二次行政处罚，又偷税且数额在一万元以上的，应当以偷税罪定罪处罚。

第五条 实施抗税行为具有下列情形之一的，属于刑法第二百零二条规定的“情节严重”：

（一）聚众抗税的首要分子；

（二）抗税数额在十万元以上的；

（三）多次抗税的；

（四）故意伤害致人轻伤的；

（五）具有其他严重情节。

第六条 实施抗税行为致人重伤、死亡，构成故意伤害罪、故意杀人罪的，分别依照刑法第二百三十四条第二款、第二百三十二条的规定定罪处罚。

与纳税人或者扣缴义务人共同实施抗税行为的，以抗税罪的共犯依法处罚。

最高人民法院关于审理骗取出口退税刑事案件具体应用法律若干问题的解释

（2002年9月9日最高人民法院审判委员会第1241次会议通过
2002年9月17日公布 法释〔2002〕30号 自2002年9月23日起施行）

为依法惩治骗取出口退税犯罪活动，根据《中华人民共和国刑法》的有关规定，现就审理骗取出口退税刑事案件具体应用法律的若干问题解释如下：

第一条 刑法第二百零四条规定的"假报出口"，是指以虚构已税货物出口事实为目的，具有下列情形之一的行为：

（一）伪造或者签订虚假的买卖合同；

（二）以伪造、变造或者其他非法手段取得出口货物报关单、出口收汇核销单、出口货物专用缴款书等有关出口退税单据、凭证；

（三）虚开、伪造、非法购买增值税专用发票或者其他可以用于出口退税的发票；

（四）其他虚构已税货物出口事实的行为。

第二条 具有下列情形之一的，应当认定为刑法第二百零四条规定的"其他欺骗手段"：

（一）骗取出口货物退税资格的；

（二）将未纳税或者免税货物作为已税货物出口的；

（三）虽有货物出口，但虚构该出口货物的品名、数量、单价等要素，骗取未实际纳税部分出口退税款的；

（四）以其他手段骗取出口退税款的。

第三条 骗取国家出口退税款5万元以上的，为刑法第二百零四条规定的"数额较大"；骗取国家出口退税款50万元以上的，为刑法第二百零四条规定的"数额巨大"；骗取国家出口退税款250万元以上的，为刑法第二百零四条规定的"数额特别巨大"。

第四条 具有下列情形之一的，属于刑法第二百零四条规定的“其他严重情节”：

（一）造成国家税款损失 30 万元以上并且在第一审判决宣告前无法追回的；

（二）因骗取国家出口退税行为受过行政处罚，两年内又骗取国家出口退税款数额在 30 万元以上的；

（三）情节严重的其他情形。

第五条 具有下列情形之一的，属于刑法第二百零四条规定的“其他特别严重情节”：

（一）造成国家税款损失 150 万元以上并且在第一审判决宣告前无法追回的；

（二）因骗取国家出口退税行为受过行政处罚，两年内又骗取国家出口退税款数额在 150 万元以上的；

（三）情节特别严重的其他情形。

第六条 有进出口经营权的公司、企业，明知他人意欲骗取国家出口退税款，仍违反国家有关进出口经营的规定，允许他人自带客户、自带货源、自带汇票并自行报关，骗取国家出口退税款的，依照刑法第二百零四条第一款、第二百一十一条的规定定罪处罚。

第七条 实施骗取国家出口退税行为，没有实际取得出口退税款的，可以比照既遂犯从轻或者减轻处罚。

第八条 国家工作人员参与实施骗取出口退税犯罪活动的，依照刑法第二百零四条第一款的规定从重处罚。

第九条 实施骗取出口退税犯罪，同时构成虚开增值税专用发票罪等其他犯罪的，依照刑法处罚较重的规定定罪处罚。

最高人民法院关于适用财产刑若干问题的规定

(2000年11月15日最高人民法院审判委员会第1139次会议通过
2000年12月13日公布　法释〔2000〕45号　自2000年12月19日起施行)

为正确理解和执行刑法有关财产刑的规定,现就适用财产刑的若干问题规定如下:

第一条　刑法规定"并处"没收财产或者罚金的犯罪,人民法院在对犯罪分子判处主刑的同时,必须依法判处相应的财产刑;刑法规定"可以并处"没收财产或者罚金的犯罪,人民法院应当根据案件具体情况及犯罪分子的财产状况,决定是否适用财产刑。

第二条　人民法院应当根据犯罪情节,如违法所得数额、造成损失的大小等,并综合考虑犯罪分子缴纳罚金的能力,依法判处罚金。刑法没有明确规定罚金数额标准的,罚金的最低数额不能少于一千元。

对未成年人犯罪应当从轻或者减轻判处罚金,但罚金的最低数额不能少于五百元。

第三条　依法对犯罪分子所犯数罪分别判处罚金的,应当实行并罚,将所判处的罚金数额相加,执行总和数额。

一人犯数罪依法同时并处罚金和没收财产的,应当合并执行;但并处没收全部财产的,只执行没收财产刑。

第四条　犯罪情节较轻,适用单处罚金不致再危害社会并具有下列情形之一的,可以依法单处罚金:

(一)偶犯或者初犯;

(二)自首或者有立功表现的;

(三)犯罪时不满十八周岁的;

(四)犯罪预备、中止或者未遂的;

(五)被胁迫参加犯罪的;

（六）全部退赃并有悔罪表现的；

（七）其他可以依法单处罚金的情形。

第五条 刑法第五十三条规定的"判决指定的期限"应当在判决书中予以确定；"判决指定的期限"应为从判决发生法律效力第二日起最长不超过三个月。

第六条 刑法第五十三条规定的"由于遭遇不能抗拒的灾祸缴纳确实有困难的"，主要是指因遭受火灾、水灾、地震等灾祸而丧失财产；罪犯因重病、伤残等而丧失劳动能力，或者需要罪犯抚养的近亲属患有重病，需支付巨额医药费等，确实没有财产可供执行的情形。

具有刑法第五十三条规定"可以酌情减少或者免除"事由的，由罪犯本人、亲属或者犯罪单位向负责执行的人民法院提出书面申请，并提供相应的证明材料。人民法院审查以后，根据实际情况，裁定减少或者免除应当缴纳的罚金数额。

第七条 刑法第六十条规定的"没收财产以前犯罪分子所负的正当债务"，是指犯罪分子在判决生效前所负他人的合法债务。

第八条 罚金刑的数额应当以人民币为计算单位。

第九条 人民法院认为依法应当判处被告人财产刑的，可以在案件审理过程中，决定扣押或者冻结被告人的财产。

第十条 财产刑由第一审人民法院执行。

犯罪分子的财产在异地的，第一审人民法院可以委托财产所在地人民法院代为执行。

第十一条 自判决指定的期限届满第二日起，人民法院对于没有法定减免事由不缴纳罚金的，应当强制其缴纳。

对于隐藏、转移、变卖、损毁已被扣押、冻结财产情节严重的，依照刑法第三百一十四条的规定追究刑事责任。

最高人民法院关于审理单位犯罪案件具体应用法律有关问题的解释

(1999年6月18日最高人民法院审判委员会第1069次会议通过
1999年6月25日发布 法释〔1999〕14号 自1999年7月3日起施行)

为依法惩治单位犯罪活动,根据刑法的有关规定,现对审理单位犯罪案件具体应用法律的有关问题解释如下:

第一条 刑法第三十条规定的“公司、企业、事业单位”,既包括国有、集体所有的公司、企业事业单位,也包括依法设立的合资经营、合作经营企业和具有法人资格的独资、私营等公司、企业、事业单位。

第二条 个人为进行违法犯罪活动而设立的公司、企业、事业单位实施犯罪的,或者公司、企业、事业单位设立后,以实施犯罪为主要活动的,不以单位犯罪论处。

第三条 盗用单位名义实施犯罪,违法所得由实施犯罪的个人私分的,依照刑法有关自然人犯罪的规定定罪处罚。

最高人民法院关于处理自首和立功具体应用法律若干问题的解释

(1998年4月6日最高人民法院审判委员会第972次会议通过
1998年4月6日公布　法释〔1998〕8号　自1998年5月9日起施行)

为正确认定自首和立功,对具有自首或者立功表现的犯罪分子依法适用刑罚,现就具体应用法律的若干问题解释如下:

第一条　根据刑法第六十七条第一款的规定,犯罪以后自动投案,如实供述自己的罪行的,是自首。

(一)自动投案,是指犯罪事实或者犯罪嫌疑人未被司法机关发觉,或者虽被发觉,但犯罪嫌疑人尚未受到讯问、未被采取强制措施时,主动、直接向公安机关、人民检察院或者人民法院投案。

犯罪嫌疑人向其所在单位、城乡基层组织或者其他有关负责人员投案的;犯罪嫌疑人因病、伤或者为了减轻犯罪后果,委托他人先代为投案,或者先以信电投案的;罪行尚未被司法机关发觉,仅因形迹可疑,被有关组织或者司法机关盘问、教育后,主动交代自己的罪行的;犯罪后逃跑,在被通缉、追捕过程中,主动投案的,经查实确已准备去投案。或者正在投案途中,被公安机关捕获的,应当视为自动投案。

并非出于犯罪嫌疑人主动,而是经亲友规劝、陪同投案的;公安机关通知犯罪嫌疑人的亲友,或者亲友主动报案后,将犯罪嫌疑人送去投案的,也应当视为自动投案。

犯罪嫌疑人自动投案后又逃跑的,不能认定为自首。

(二)如实供述自己的罪行,是指犯罪嫌疑人自动投案后,如实交代自己的主要犯罪事实。

犯有数罪的犯罪嫌疑人仅如实供述数罪中部分罪行的,只对如实供述部分犯罪的行为,认定为自首。

共同犯罪案件中的犯罪嫌疑人,除如实供述自己的罪行,还应当如实供述所知的同案犯,主犯则应当供述所知其他同案犯的共同犯罪事实,才能认定为自首。

犯罪嫌疑人自动投案并如实供述自己的罪行后又翻供的,不能认定为自首;但在一审判决前又能如实供述的,应当认定为自首。

第二条 根据刑法第六十七条第二款的规定,被采取强制措施的犯罪嫌疑人、被告人和已宣判的罪犯,如实供述司法机关尚未掌握的罪行,与司法机关已掌握的或者判决确定的罪行属不同种罪行的,以自首论。

第三条 根据刑法第六十七条第一款的规定,对于自首的犯罪分子,可以从轻或者减轻处罚;对于犯罪较轻的,可以免除处罚。具体确定从轻、减轻还是免除处罚,应当根据犯罪轻重,并考虑自首的具体情节。

第四条 被采取强制措施的犯罪嫌疑人、被告人和已宣判的罪犯,如实供述司法机关尚未掌握的或者判决确定的罪行属同种罪行的,可以酌情从轻处罚;如实供述的同种罪行较重的,一般应当从轻处罚。

第五条 根据刑法第六十八条第一款的规定,犯罪分子到案后的检举、揭发他人犯罪行为,包括共同犯罪案件中的犯罪分子揭发同案犯共同犯罪以外的其他犯罪,经查证属实;提供侦破其他案件的重大线索,经查证属实;阻止他人犯罪活动;协助司法机关抓捕其他犯罪嫌疑人(包括同案犯);具有其他有利于国家和社会的突出表现的,应当认定为有立功表现。

第六条 共同犯罪案件的犯罪分子到案后,揭发同案犯共同犯罪事实的,可以酌情予以从轻处罚。

第七条 根据刑法第六十八条第一款的规定,犯罪分子有检举、揭发他人重大犯罪行为,经查证属实;提供侦破其他重大案件的重要线索,经查证属实;阻止他人重大犯罪活动;协助司法机关抓捕其他重大犯罪嫌疑人(包括同案犯);对国家和社会有其他重大贡献等表现的,应当认定为有重大立功表现。

前款所称"重大犯罪"、"重大案件"、"重大犯罪嫌疑人"的标准,一般是指犯罪嫌疑人、被告人可能被判处无期徒刑以上刑罚或者案件在本省、自治区、直辖市或者全国范围内有较大影响等情形。